TIAN JIN ZHI YE JIAO

LI LUN CHUANG XIN HE SHI JIAN TUO ZHAN

天津职业教育的

理论创新和实践拓展

▲ 主编/荣长海

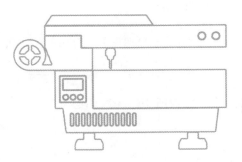

天津社会科学院出版社

图书在版编目（CIP）数据

天津职业教育的理论创新和实践拓展／荣长海主编.
--天津：天津社会科学院出版社，2019.12
ISBN 978-7-5563-0616-9

Ⅰ.①天… Ⅱ.①荣… Ⅲ.①职业教育－教育研究－
天津 Ⅳ.G719.2

中国版本图书馆 CIP 数据核字（2020）第 006143 号

天津职业教育的理论创新和实践拓展
TIANJIN ZHIYE JIAOYU DE LILUN CHUANGXIN HE SHIJIAN TUOZHAN

出 版 发 行：天津社会科学院出版社
出 版 人：张博
地　　　址：天津市南开区迎水道 7 号
邮　　　编：300191
电话/传真：（022）23360165（总编室）
　　　　　　（022）23075303（发行科）
网　　　址：www. tass-tj. org. cn
印　　　刷：北京盛通印刷股份有限公司

开　　　本：787×1092 毫米　1/16
印　　　张：24
字　　　数：410 千字
版　　　次：2019 年 12 月第 1 版　2019 年 12 月第 1 次印刷
定　　　价：78.00 元

目　录

第一部分　国家有关职业教育的理念和政策解读

第二部分　天津高职院校发展特色和未来规划案例

第三部分　天津高职院校双创教育实践和科研成果转化案例

第四部分　天津中职院校发展特色案例

前　言

　　这是一部汇集天津职业教育理论创新和实践拓展成果的专门著作,是以天津市高等职业技术教育研究会(以下简称"研究会")和天津市三方现代职业教育发展研究院(以下简称"研究院")为纽带团结起来的天津市相关研究人员的共同研究成果。由研究会首任会长、研究院现任院长荣长海教授领衔完成了两项国家社科基金课题——"'后示范时期'高职院校教育质量标准与评价体系研究"(一般课题)和"职业教育现代化的内涵、标准、实现路径和监测指标研究"(重点课题)之后,这些课题组成员合力从不同角度对天津职业教育的理论与实践问题进行了全面的思考和总结。这本书可以说是上述两个国家课题研究成果的应用,是对相关研究内容的深化。

　　研究会自 2011 年 12 月成立以来,始终坚持把高等职业教育的研究放在首位:每年研究会组织课题申报,同时对课题研究人员进行科研培训,并在课题开展过程中督促各责任单位做好开题、中期检查工作,在结题阶段组织专家集中评审。经过持续不断的科研训练,各高职院校教师普遍提高了科研水平,承担更高级别课题和获得科研成果奖励的教师日益增多。与此同时,研究会每年召开一次高层次的学术年会,邀请国内知名职业教育家和重要负责人发表学术演讲,有效地提升了各高职院校领导和教师的科研素养。2018 年 7 月,在研究会基础上成立了研究院,更加重视科学研究工作。研究院自成立后一直与研究会共同举办大型科研活动,共同承担研究课题,取得了重要的研究成果,其中比较典型的课题和成果是:国家社会科学基金"十二五"规划 2013 年度教育学一般课题"'后示范时期'高职院校教育质量标准与评价体系研究",共有天津市 12 所高职院校领导参与子课题研究,并于 2016 年 11 月出版了与课题名称相同的 30 万字的专著;国家社会科学基金"十三五"规划 2016 年度教育学重点课题"职业教育现代化的内涵、标准、实现路径和监测指标研究",共有天津市 13 所高职院校领导参与子课题研究,并于 2019 年 9 月出版了长达 67 万字的《职业教育现代化导论》一书。这两项成果在深化职业教育理论研究的同时,也对职业教育实践发展发挥了一定的助推作用,其标志性特征在于,上述两书中的部分应用性成果进入了职业教育决策部门的视野,使研究院在为职业院校提供咨询服务时有了科学的理论依据。

自 2014 年以来,国家对职业教育的重视程度日益增加。2014 年召开的全国职业教育工作会议,集中传达学习了近平总书记和李克强总理关于加强发展我国职业教育的重要指示,会后国务院和有关部委下发了多项重要政策文件。到 2017 年党的十九大召开,习近平总书记更是明确提出"职业教育和培训体系",并从不同角度对职业教育培养人才问题进行了论述。2019 年 1 月,国务院颁发《国家职业教育改革实施方案》,对我国职业教育未来发展提出了根本性变革的要求。与此同时,天津市经过国家职业教育改革创新试验区、示范区、现代示范区建设几个阶段,在职业教育实践中获得了一系列新经验。对于以习近平同志为核心的党中央和国家行政部门所提出的重要论述、政策及其实践,需要我们进行系统地梳理、深入地分析和科学地总结。对此,研究会和研究院组织相关专家从不同角度开展了卓有成效的工作。2019 年 6 月,天津市社会科学界联合会向研究院下达了委托研究课题"天津高职教育的理论创新和实践拓展",要求研究院组织专家将职业教育的理论创新及其在天津的实践创造进行系统化研究。经过各职业院校领导和专家半年的辛勤劳动,研究结果形成了这本 40 万字的名为《天津职业教育的理论创新和实践拓展》的著作。这是研究会成立以来完成的第三部著作,是一部集中反映职业教育理论发展及其在天津实践的新书,也是天津市广大从事职业教育理论研究和实践发展人员的集体智慧结晶。

本书由研究会、研究院联合组织编写,由荣长海教授统编、统修全部书稿。在本书编写过程中,各高职院校的科研处负责人参与了研讨活动,组织相应的调查问卷并承担资料整理工作,特别是书中涉及的各职业院校的领导同志直接为本书撰稿,更增添了本书的科研含量,在此特向各职业院校领导同志和各校科研部门负责同志表示衷心的感谢!研究会秘书处和研究院综合部的同志在资料整理、文稿打印等方面做了大量工作,在此也一并表示感谢。

天津市高等职业技术教育研究会

天津市三方现代职业教育发展研究院

2019 年 12 月 30 日

第一部分

国家有关职业教育的理念和政策解读

党的十八大以来,以习近平同志为核心的党中央就发展职业教育出台了一系列重要政策,习近平总书记也直接提出了相关要求。这些重要政策和论述主要集中于 2014 年在全国职业教育工作会议前后发出的重要文件。党的十九大以来关于职业教育的一系列重要部署,主要体现在十九大报告和《国家职业教育改革实施方案》中。深入学习、科学领会这些重要论述和相关政策,对于深化职业教育的理论研究、拓展职业教育的实践发展,都具有重要意义。

一、关于职业教育的地位和内涵

（一）作为一种类型教育的职业教育的地位和作用

中国特色社会主义进入新时代,职业教育的实践发展和理论提升必须反映新时代的要求。党的十八大以来,习近平总书记对职业教育的一系列重要论述,集中体现了党中央关于新时代职业教育地位的新判断与发展新要求,这在中国共产党的历史上是从未有过的。这些重要论述基于新时代我国职业教育所取得的新成就和面临的新问题,具有明确的针对性和高度的指导性,有利于丰富中国特色教育理论进而丰富习近平新时代中国特色社会主义思想,必将对我国职业教育的未来发展产生深远影响。这些重要论述的作用有以下三点:

一是将职业教育提升到与普通教育同等的重要地位。习近平总书记指出,职业教育是国民教育体系和人力资源开发的重要组成部分,必须高度重视、加快发展。由习近平总书记主持召开的中央全面深化改革委员会第五次会议通过的《国家职业教育改革实施方案》开宗明义指出:"职业教育与普通教育是两种不同教育类型,具有同等重要地位。"这些论述深刻揭示了新时代职业教育的战略地位,是在现代职业教育体系框架全面建成、职业教育服务经济社会发展功能日趋凸显条件下提出的重要论断。学习贯彻习近平总书记关于职业教育工作的要求,必须着眼于职业教育地位上的重大突破与类型上的重大转变,把握好职业教育现代化建设的改革发展目标,完善国家职业教育制度体系的总体部署,推动职业教育有力支撑经济社会发展的动能持续显现。

二是从国家现代化的全局视角阐明职业教育的战略地位。习近平总书记指出,要坚持科技兴国战略和人才强国战略,坚持把教育放在优先发展的战略地位,并强调完善职业教育和培训体系,深化产教融合、校企合作,建设知识型、技能型、创新型劳动者大军。这些论述深刻阐明了现代化职业教育体系建设的发展方向,为职业教育纳入国家现代化建设的总体布局提供了基本遵循。《国家职业教育改革实施方案》明确指出:"没有职业教育现代化就没有教育现代化。"这就要提高促进经济发展与民生改善的政治站位,下大力气破除阻滞职业教育结构性调整的矛盾问题;牢固树立新发展理念,更加突出职业教育在整个教育改革创新中的重要地位,有力促进职业教育服务现代化经济体系建设、提高国家竞争力的功能发挥。

三是赋予职业教育培养大量高素质技能人才的时代重任。习近平总书记指出,职业教育是我国教育体系中的重要组成部分,是培养高素质技能型人才的基础工程,要上下共同努力进一步办好。同时,要培育和践行社会主义核心价值观,进一步弘扬劳模精神和工匠精神,营造人人皆可成才、人人尽展其才的良好环境,形成劳动光荣的社会风尚和精益求精的敬业风气。这些重要论述从育人导向与制度环境的构建出发,阐明了新时代职业教育的核心任务。要将社会主义核心价值观的培育践行贯穿于发展职业教育的各项理念、模式、方法与机制始终,坚持职业教育全课程体系立德树人的育人要求;坚持职业教育与普通教育的发展并举;坚持培养质量与人数规模的效果并重,为推动产业升级与经济结构调整提供数以亿计的高技术技能且具有职业精神的劳动者和技能大军。

（二）职业教育的内涵特征

认识职业教育内涵特征,深化新时代职业教育改革发展的一条主线在于坚持中国特色。习近平总书记强调,要深化体制机制改革,创新各层次各类型职业教育模式,坚持产教融合、校企合作,坚持工学结合、知行合一,引导社会各界特别是行业企业积极支持职业教育,努力建设中国特色职业教育体系。这一论述聚焦"四合"办学方式,深刻阐明了职业教育内涵特征,指明了职业教育培养模式与发展规律的内在要求,为立足中国国情与发展实际,走出具有中国特色的职业教育发展道路明确了基本方向。

中国特色职业教育是产教深度融合的职业教育。在宏观层面,持续推动区域经济社会发展、新型城镇化建设、产业结构升级转型与职业教育配套的同步规划、同等用力、同向发展。以标准化建设为突破口,促进职业院校在专业设置、师资建设、教材应用、基建设施等办学条件上的标准化,为制造业、服务业以及农业的现代化发展积蓄人力资源与智力支持。在中观层面,加强产业行业协会组织与职业教育教学指导委员会之间的合作交流,共建职业教育集团,推进学历资历框架建设,构建由政府、行业、企业与职业院校共同建设、共同参与的多元化办学格局。在微观层面,将中等职业教育建设提升为中国特色职业教育体系的重要基础,打通从中职、高职、本科到专业学位研究生的人才培养通道,推进国家资历框架建设,完善产学研用紧密结合的高层次应用型人才培育体系,通过高水平高职院校及专业建设计划的大规模实施,建设一批服务发展、引领改革、特色鲜明的高等职业学校和骨干学科群、专业群。

中国特色职业教育是校企全面合作的职业教育。一要深化职业教育办学体制与培训制度改革,以健全职业教育质量评价、督导评估、决策咨询制度建设为切入点,为推动企业在人才培养、技术研发、项目开发、社会服务等方面与职业院校开展合作创造制度条件。二要充分发挥市场在资源配置中的决定性作用,持续推动"放管服"改革,助力政府服务管理职业教育的职能转变,建立产教融合型企业认证制度,鼓励和支持社会力量特别是各类型企业全面参与职业教育。破除制约社会力量兴办职业教育的法律政策障碍,充分发挥行业、企业的市场主体优势,推进职业教育人才培养模式创新,有效提升职业技能需求与人才培养供给的对接效率。三要鼓励各类企业深度参与技术技能人才的培养培训,从源头入手,在职业院校专业设置、课程内容、实训要求、师资水平等重点环节密切合作,全面提升教育教学质量,建立一大批有典型示范效应的产教融合型企业。

中国特色职业教育是工学有机结合的职业教育。一方面,以职业教育的类型教育定位为出发点,改革完善"文化素质 + 职业技能"的招生办法,提升职业教育生源质量。完善课程教学体系与职业培训体系,以规模化、系统化的技术技能人才培养与职业能力培训,丰富工学结合的具体形式,统筹办好各类型职业教育。启动"学历证书 + 若干职业技能等级证书"(以下简称 1 + X 证书)制度试点工作,借鉴总结国际复合型技能人才培养模式以及企业新型学徒制试点经验,校企共同研究选取培养模式、制订培养方案,带动职业教育培养评价模式与机制创新。另一方面,统筹校内外、域内外、国内外多种资源要素,建设若干具有示范辐射功能的校内外实训基地和产教融合实训基地。根据产业、行业、岗位、生产的具体需求,做好职业院校在专业设置、课程内容、教学重点、实训标准等相应方面的供给对接,围绕市场需求持续推进专业目录、课程标准、实习标准、实训条件等建设标准的替代更新。

中国特色职业教育是知行高度合一的职业教育。一要始终坚持立德树人。要聚焦德技双修、知行合一育人机制的完善,把德育贯穿于"做中学、学中做"的职业教育全过程,一以贯之地提升学生进德修业、创新进取素养能力。改革专业教学课程体系,把核心素养作为重要课程目标,构建以培育和践行社会主义核心价值观为目标的全方位、一体化育人体系。二是始终坚持上好思想政治理论课。以充分发挥思想政治理论课"主课"作用为引领,继续推进"三全育人"的职业教育综合改革试点工作,做好职业教育领域"思政课程"与"课程思政"的内在结合,将思政教育有机融入课堂教学、项目开发、实习实训等各个环节,使各类课程与思想政治理论课同向同行,真正实现职业技能培养与思想道德培育的高度融合。三要始终坚持弘扬"工匠精神"。聚焦建设制造业强国、支持乡村振兴、服务脱贫攻坚等国家战略,坚持以就业导向的职业教育类型特色,加快推进以工学结合、产教融合、现代学徒制等为特征的技能人才培养方式变革,广泛宣传德智体美劳全面发展的职业教育政策方针,营造"人人皆可成才、人人尽展其才"的时代新风尚。努力探索新媒体、新资源、新技术条件下职业教育教学模式创新,继承和弘扬中国工匠文化传统,以数字化、智能化信息技术的广泛应用推进职业院校治理与校园文化构建,有效提升学生职业素养,为打造一支具有高素质高技能的大国工匠队伍奠定坚实基础。

二、关于职业教育的人才培养与立德树人

按照习近平总书记的要求,教育工作者要把立德树人作为教育的根本任务。在职业教育人才培养模式方面,国家历来将培养人的问题放在首位。2014 年 6 月全国职业教育工作会议上,习近平总书记就专门对加快职业教育发展作出重要指示。他强调:"职业教育是国民教育体系和人力资源开发的重要组成部分,是广大青年打开通往成功成才大门的重要途径,肩负着培养多样化人才、传承技术技能、促进就业创业的重要职责,必须高度重视、加快发展。"①2014 年教师节前夕,习近平总书记在同北京师范大学师生代表座谈时指出,"两个一百年奋斗目标的实现、中华民族伟大复兴中国梦的实现,归根结底靠人才、靠教育","我们坚持科技兴国战略和人才强国战略,坚持把教育放在优先发展的战略位置"。2015 年,习近平总书记在贵阳市清镇职教城考察时指出:"职业教育是我国教育体系中的重要组成部分,是培养高素质技能型人才的基础工程,要上下共同努力进一步办好。"②职业教育重大意义表明,职业教育作为教育事业整体中的一部分,也应优先发展、重点发展。

习近平总书记对职业教育直接作出明确指示,而且对职业教育本身的体系结构提出明确指导,这在中国共产党和中华人民共和国的历史上都是极为少见的。这些重要论述集中体现在党的十九大报告之中。习近平总书记指出:要

---

① 习近平:《更好支持和帮助职业教育发展 为实现"两个一百年"奋斗目标提供人才保障》,中国共产党新闻网,http://cpc.people.com.cn/n/2014/0624/c64094 - 25189804.html
② 习近平:《习近平:上下共同努力进一步办好职业教育》,人民网,http://js.people.com.cn/n/2015/0626/c360307 - 25370375.html

"完善职业教育和培训体系,深化产教融合、校企合作。"①这里将职业教育与培训合并为一个体系,是对职业教育内容的拓展和创新。习近平总书记在十九大报告中指出,在深化供给侧结构性改革、加快建设创新型国家的新时代,必须"突出关键共性技术、前沿引领技术、现代工程技术、颠覆性技术创新","建立以企业为主体、市场为导向、产学研深度融合的技术创新体系""建设知识型、技能型、创新型劳动者大军"②。习近平总书记还对职业教育模式改革提出了明确的要求:"要牢牢把握服务发展、促进就业的办学方向,深化体制机制改革,创新各层次各类型职业教育模式,坚持产教融合、校企合作,坚持工学结合、知行合一,引导社会各界特别是行业企业积极支持职业教育,努力建设中国特色职业教育体系。"③这些重要论述深刻反映出当前我国经济转型期对高新技术、职业技术与实用技能知识与人才的迫切需求。这就要求,通过深度的产学研结合、产教融合与多维度的校企合作,将市场、企业、产业、行业的发展要求纳入整个职业教育的课程改革框架内,带动职业教育发展方式的转变。

职业教育既然作为一种类型教育,必然在其内在的价值观念方面表现出特殊性。习近平总书记在北京大学师生座谈会上指出:"价值观是人类在认识、改造自然和社会的过程中产生与发挥作用的。不同民族、不同国家由于其自然条件和发展历程不同,产生和形成的核心价值观也各有特点。"④这就是说,不同国家、地域文化环境与历史发展情况的异同,是区别和形成各国教育价值观的重要原因。作为现代职业教育发展有机整体中的要素之一,中国特有的教育价值观既反映了中国独特文明历史的文化特质,又兼容着当代世界范围教育科学的观念范式,职业教育价值观念必须以培育和践行社会主义核心价值观为指针,"弘扬劳动光荣、技能宝贵、创造伟大的时代风尚,营造人人皆可成才、人人尽展其才的良好环境,努力培养数以亿计的高素质劳动者和技术技能人才"⑤。习近平总书记关于职业教育价值观念的论述,构成了发展职业教育所应秉持的基本价值理念。

---

① 习近平:《决胜全面建成小康社会 夺取新时代中国特色社会主义伟大胜利——在中国共产党第十九次全国代表大会上的报告》,人民出版社 2017 年版,第 46 页。

② 习近平:《决胜全面建成小康社会 夺取新时代中国特色社会主义伟大胜利——在中国共产党第十九次全国代表大会上的报告》,人民出版社 2017 年版,第 31 页。

③ 习近平:《更好支持和帮助职业教育发展 为实现"两个一百年"奋斗目标提供人才保障》,中国共产党新闻网 http://cpc.people.com.cn/n/2014/0624/c64094 - 25189804.html

④ 习近平:《习近平谈治国理政》,外文出版社 2014 年版,第 171 页。

⑤ 习近平:《更好支持和帮助职业教育发展 为实现"两个一百年"奋斗目标提供人才保障》,中国共产党新闻网 http://cpc.people.com.cn/n/2014/0624/c64094 - 25189804.html

　　总的来看,目前对于习近平总书记关于职业教育重要论述的研究,关于其总体观点的研究成果较多,而关于职业教育如何培养人才方面的研究成果较少,其中一些成果主要集中在高职院校思政教育方面,如史祝云等的《习近平总书记系列重要讲话精神融入高职院校思政课教育教学实效性研究》(《教育现代化》2017 年 03 期),张立梅的《习近平系列讲话精神视域下高职思政课教学体系构建研究的探索与思考》《科教文汇》〔(中旬刊)2017 年 12 期〕,李海涛的《以习近平新时代中国特色社会主义思想引领高职生信仰教育》(《科教文汇》(中旬刊)2018 年 06 期),郭巍巍、邹宏秋的《把握高职思想政治工作方向巩固马克思主义指导地位》(《中国职业技术教育》2017 年 01 期)等。可见,理论界的相关研究成果较少从职业教育人才培养的自身特殊性出发去阐明习近平总书记关于职业教育重要论述的内在理论价值和深刻内涵。

　　从根本上说,习近平总书记关于职业教育的重要论述是看待和解决当代我国职业教育改革发展的思想依据和基本遵循。习近平总书记的论述系统回答了职业教育人才培养"怎么看"和"怎么办"两大根本问题,是当前职业教育急需研究和解决的重大课题。对这些重大问题的研究,是属于习近平新时代中国特色社会主义思想这一理论体系的学术研究,既包含对习近平新时代中国特色社会主义思想的总体认识,又必须完成对其关于职业教育重要论述的具体解读,需要集合政治学、哲学、法学、教育学等多种学科的研究力量,科学运用马克思主义基本观点加以分析和论述。因此,在关涉职业教育发展改革的一系列具体论题的选择上,有必要基于习近平新时代中国特色社会主义思想,特别是十九大以来习近平总书记关于科教、文化、思政工作的最新论断进行科学解读。我们将职业教育人才培养的研究着眼点定位于立德树人、思政理论课建设以及"课程思政"三个维度,希望通过相关领域的深入研究,进一步全面把握习近平总书记关于职业教育人才培养重要论述的精神实质。

　　(一)关于职业教育立德树人的目标与育人理念

　　立德树人是习近平总书记关于职业教育重要论述中的关键词汇,也是新时代职业教育的根本任务。习近平总书记在全国教育大会上指出,要把立德树人贯穿基础教育、职业教育、高等教育各领域,并明确要求,凡是不利于实现这个目标的做法都要坚决改过来。习近平总书记的这一重要论述,为新时代职业教育构建德智体美劳全面培养的教育体系、形成更高水平的人才培养体系指明了方向。

　　在职业教育中落实立德树人,必须以全面贯彻党的教育方针,坚持社会主义办学方向,扎根中国大地办大学为指导思想,以理想信念教育为核心,以社会主义核心价值观为引领,切实强基础、补短板、创特色,着力构建党委统一领导、党政齐抓共管、各单位各部门协调联动、群团组织积极配合的工作合力,全面提升思想政治工作水平。这方面必须坚持的基本原则包括:坚持党对职业院校的领导,坚持社会主义办学方向,坚持全员全过程全方位育人,坚持遵循思想政治工作规律、教书育人规律和学生成长规律,坚持改革创新,坚持结合专业特色开展思想政治工作。必须完成的目标任务包括:进一步坚定中国特色社会主义道路自信、理论自信、制度自信、文化自信,牢固树立四个意识,把社会主义核心价值观融入教书育人全过程,使其成为全体师生的价值追求和自觉行动,坚持党委统一领导、党政齐抓共管,努力实现职业教育价值引领导向更加彰显、意识形态管理更加有力、党的组织体系更加健全、工作体制机制更加完善、师生思想政治素质更加过硬,为建设一支有理想信念、有道德情操、有扎实学识、有仁爱之心的好教师队伍,造就更多勤学、修德、明辨、笃实的优秀人才奠定牢固的思想政治基础,形成分工明确、衔接顺畅、运转有序的思想政治工作格局。总体上,职业院校着力培育协同育人机制,是实现立德树人根本任务、建设现代职业教育体系的前提基础和关键所在。为此,基于职业教育自身特点与现实基础,不断探索职业教育协同育人机制,深化产教研融合、校企合作,培育良好学风,在社会范围内营造浓郁的职教氛围,传承工匠精神,培育大国工匠。

新时代条件下要自觉把深化立德树人的任务目标与育人理念与国家、地方发展的重大战略结合起来,立足职业教育发展特色,以"创新、协调、绿色、开放、共享"五大发展理念和"中国制造2025"等重大战略为指引,以工程认证教育和"新工科"建设为抓手,创新协同育人理念。一是主管部门和主要领导的高度重视,自上而下亲自部署、亲自推动,成立校级、院级协同育人领导小组和督导组。制定详细计划,将立德树人、协同育人理念贯穿教育教学的全过程,保证理念能够落地生根,不断发展壮大。二要高度重视立德树人机制建立的整体布局,建立工作领导组和督导组,紧密结合办学特色,确保学校党政部门协同配合,抽调党委、学工、教学、团委、学生组成领导组与督导组,事前有规划、事中有检查、事后有总结,保证协同育人理念落细落实,充分利用课堂教学主渠道,发挥育人的主阵地作用。三是进一步发挥工会、共青团、学生组织作用。切实加强共青团组织建设,推进服务型团组织建设,创新组织动员团员青年的载体和方式,将思想政治教育引领贯穿共青团各项工作和活动。改进共青团对学生组织的指导,加强学生会、研究生会自身建设,增强工作活力,充分发挥推动思想政治教育、服务学生全面发展的重要作用,加强对学生社团的管理、引导、服务和联系,实行社团登记和年检制度,支持开展主题鲜明、形式多样、健康向上的社团活动,促进学生成长成才。

(二)关于职业教育立德树人的体制机制

深化立德树人的体制机制完善,需要大力推进职业院校与本科院校、地方政府协同育人机制构建。

一要依托各地职业教育优势资源和政策支持,大力推进职业院校与本科院校协同育人,破除院校之间在人才培养上存在的人为壁垒,推动院校之间联合育人。尤其是在"互联网+"背景下,实现区域联动,积极整合资源,搭建平台就显得尤为重要。结合职业院校办学特色优势,整合各教学单位优势资源,创建集教学、培训、技术研究与开发、科技创新、技能竞赛、课程思政、文化宣教于一体的校级实践教学中心。例如,将教师在工厂实践中收集生产企业的典型生产案例,转化为实训教学资源,让学生将理论知识转化为动手实践能力,真正为企业培养其所需的人才,做到资源共享。切实解决学校人才培养与行业、企业要求结合不够紧密,课程体系、教学内容、教学方法与实现技术技能型人才培养目标不够适应,师资队伍整体水平和实践教学条件不能充分满足人才培养需要,人才培养质量评价体系不够系统的关键问题,实现校企多方的互利共赢。

二要实施校企联合,以市场为导向培养市场需要的人才。以强化学生实践能力、设计能力与创新能力为目标,科学规划课程体系和教学内容,加强跨专业、跨学科的复合型人才培养。校企协同育人是培养创新性应用型人才的新模式。校企要构建紧密、稳定、深层次合作育人机制,构建校企人才共有、资源共享、人才共用、基地共建的全方位合作机制。职业院校要紧紧抓住培养企业需要的人才这一主线,校企联合制订人才培养方案,构建人才共有机制,保障学校培养的人才恰是企业所需要的人才。畅通校企之间的资源共享渠道,探索形式多样的合作模式。例如,可以由学校教师与企业技术人员以及具有丰富实践经验的技术工人组成课程开发小组,确保教学内容更加契合生产实际。企业人员负责提供案例,总结操作经验,进行操作过程示范,专业教师则要负责内容组织和文字表述,将案例与操作过程进行教学化处理,并转化为实际教学项目,确保学生在接受知识过程中更加契合实际。以类似方式为合作模式,积极搭建校企人员互通的多维渠道,实现校企人员优势互补、人才资源共享。

三要注重以规划为载体的协同机制创新。立德树人任务目标的达成离不开协同育人机制的顶层设计,要在学校层面注重顶层设计和激励引导,在专业人才培养方案制订和课程体系建设的源头上下大力气,立足自身办学特色科学制订方案完善思政课程体系,畅通各学院的交流沟通渠道,集中优势力量,建立重点班级,培养紧缺型人才。此外,要注重校际之间的日常联系,加强信息资源共享,在人才培养、基地建设方面协同配合,整合各学校优势资源建立市级思政教育重点工作平台,推动各兄弟院校之间的联合育人,强化地区发展优势,打造职业技术人才培养的名片,吸引更多优势企业与优秀技能型人才。与地方政府在多领域开展多种形式的合作,促进教育链、产业链、人才链、创新链有机衔接,共同构建产学研结合、政企校联动的协同发展创新体系,实现职业院校人才智力、研发能力和先进科研成果与地方政府、重点产业的需求对接,让科研成果尽快转化为生产力,在政府企业学校行业社会协同推进、互惠共赢、共同发展中,推进多元协同育人机制的构建。

(三)关于职业教育立德树人的师资保障

强化师资队伍建设,必须建立全程育人导师制度。教师在立德树人、协同育人中扮演直接参与者、实施者与研究者三种角色,在协同育人实施过程中往往最具有话语权和权威性,协同育人机制构建中的师资队伍建设就显得尤为重要。其一,职业院校要高度重视师资队伍建设,确保教师队伍工作有条件、干事有平台、待遇有保障、发展有空间;积极选派部分教学严谨、责任心强、科研能力突出、肯奉献、精力充沛的优秀教师进行培训,然后作为学生的全程导师,每位导师负责学生的思想工作、学习方法、课程学习、实习实训、毕业论文或设计、就业规划等全程引导工作,同时也为导师提供物质与精神的双重激励,保障导师工作的积极性和人才培养的热情。其二,职业院校应进一步发挥导师制度在人才培养模式中的作用,探索专业学位硕士研究生培养标准,探索建立符合职业教育领域高层次人才特点的一套培养体系和一支导师队伍。其三,尽早实现联合培养与全程育人的特色模式,通过校校联合培养进一步提升职业院校的综合育人水平与师资队伍水平,在联合培养期内使教师积累研究生培养经验、提升水平,使学校尽快具备高层次学位授予单位的资格,切实打通"中高本硕"贯通培养的应用型人才培养通道,落实"树人"的任务要求。

三、关于职业院校思政教育问题

习近平总书记高度重视思想政治理论课程(以下简称思政课)建设工作,2019年3月18日亲自主持召开学校思想政治理论课教师座谈会并发表重要讲话。习近平总书记强调:"我们办中国特色社会主义教育,就是要理直气壮开好思政课"①,同时针对思政课建设方法论问题,提出"八个相统一"的具体要求,为思政课教学研究的改革创新指明了方向。"八个相统一"重要论述是新时代我国高校思政课教学改革创新宝贵的经验总结与智慧结晶,表明中国共产党对思政课建设规律的认识和把握进入新境界。职业院校要深刻把握这一重要论述的科学内涵,以此为基本遵循,有效开展思政课教学研究的改革创新,打赢新时代思政课建设的攻坚战。

职业院校要根据中共中央、国务院印发的《关于加强和改进新形势下高校思想政治工作的意见》,中央中共办公厅、国务院办公厅印发的《关于进一步加强和改进新形势下高校宣传思想工作的意见》,中央宣传部、教育部印的发《普通高校思想政治理论课建设体系创新计划》,教育部印发的《高等学校思想政治理论课建设标准》,落实立德树人根本任务,充分发挥思想政治理论课在大学生思想政治教育中的主渠道作用,落实思政课师资队伍建设规划,促使人才队伍建设更具科学性。

(一)关于职业院校思想政治理论课

1. 把思政课建设列入职业院校事业发展规划,作为学校重点课程建设,加强领导,统筹安排

在目标上,加强职业院校思政课建设,必须明确建立一支信念坚定、数量充足、业务精湛、结构合理的高素质思政课教师队伍,进一步更新教学理念、创新教学方法,努力把思政课建设成为学生真心喜爱、终身受益、毕生难忘的优秀课程,培养德智体美全面发展的社会主义建设者和接班人;以教学科研组织建设为平台,以配足配强教师为根本,以教学改革为核心,以课程建设为支撑,以保障机制建设为关键,以切实提高教学实效性为目标,努力探索建立适合学校特点的思政课建设长效机制;将资源分配、人才引进和学科专业建设三者有机结合,使人才引进工作更具科学性和前瞻性,更加契合思政教育学科专业发展需要,使思政课师资队伍建设数量结构有效支撑专业发展。实行教师任职资格准入制度,新任(含新调入)教师应是中国共产党党员,具有坚实的马克思主义理论修养、坚定的马克思主义立场、"立德树人"的神圣使命感和培养"四为"人才的事业心。严格教师管理,那些在事关政治原则、政治立场和政治方向上不能与党中央保持一致,或理论素质、道德修养、教学水平达不到相应课程要求的教师,不得继续教授

---

① 习近平:《用新时代中国特色社会主义思想铸魂育人 贯彻党的教育方针落实立德树人根本任务》,人民网,http://cpc.people.com.cn/n1/2019/0319/c64094-30982234.html

思政课。建立健全思政课教师政治理论经常性学习制度、定期轮训制度以及思想政治状况定期调查分析制度,准确把握教师队伍思想动态和学习需求,合理制订政治理论学习计划。积极推荐学科带头人和优秀骨干教师参加思政课骨干教师培训。落实人才工作主体责任,将思政教育人才工作纳入学校总体人才考核体系,明确思政课开展部门、学工部门负责人为本单位思政教育人才引进和培养工作的第一责任人,层层压实责任,保证工作有实效。

2. 加大职业院校思政教育人才培养力度

一是探索职业院校思政教育教学的科学评价考核机制,完善激励措施。加大校内人才分层培养体系中思政教育人才的培养支持力度,通过探索校级思政教育"学科领军人才""中青年骨干人才""教学名师"等项目的具体实施,加快培养思政教育领域高水平师资人才和学术领军人才;努力为思政教育类青年教师提供更多的支持,创造更多的发展机会,不断拓展人才发展空间,优化人才成长环境,确保他们能够长期安心从事科研创作。完善考核评价体系,改革教学和科研评价方式,将课堂教学质量等作为重要评价标准,建立教学评价不达标强制退出制度;探索建立符合思政课教师职业特点的职务职称评聘制度,引导和鼓励思政课教师将更多时间和精力投入到教学中。客观地评价人文社科特别是思政教育类人才和创新成果,在具体机制方面,有针对性地实现从支持项目到支持人才的转变,促进科技成果转化,做到精准支持、重点培养,促进思政教育类人才的健康发展;在考核评价上,实行中期考核与期末结项考核相结合的形式,同时探索评价方式社会化的途径;聘请思政教育学科专业的专家作为考核评委,对思政课程各项目负责人的工作进度、质量和水平进行评价并提出意见。对进度慢、完成质量不高的项目,一般明确要求负责人推迟结项考核期限;课程设置上,规范包括"形势与政策"等必修与选修课的建设和管理,组织安排好集中授课和系列讲座,加强教学质量监控,确保教师任职条件、教研活动、大纲编排、教学内容、教案撰写等符合职业教育和职业院校思政课要求。

二是完善思政教育发展平台,落实保障措施。进一步推动职业院校思政课新媒体教学平台建设和教学改革。具体可将职业院校思政课教学成果列入校级教学成果类奖项系列,并积极组织推荐参评校级以上教学成果奖、"精彩一课"系列等评选活动。学校教务处设立思政课教改专项课题,研究教学难重点、探讨教学改革方法;单独设立一定比例思政课奖项,力促思政课教学实效性的提升,对于思政教育的人才经费进行严格管理,建立工作台账,专款专用,保证经费及时落实到位与资金的执行效率,按照职业院校总体人才工作规划的要求组织实施;积极选择并树立思政课教师先进典型,将思政课教师纳入全校评先推优体系和思政教育先进工作者评选表彰中,大力宣传长期从事思政课教学的一线优秀教师先进事迹,加大表彰力度。

三是完善职业院校思政教育青年人才培养机制。结合职业院校特色学科定位,推动思政教育青年教师迅速定位、融入团队,培养协作精神,提升思政教育融入教学科研的技能水平。制定符合职业院校学校定位特色的思政教育类青年教师资助计划项目,结合国内访问学者、出国研修、短期培训进修等措施,对思政教育类青年教师加强培养,提升教学能力,开阔视野;采取多种渠道,与国内外特别是具有理工科、职业教育背景的思政教育类人才取得联系,争取合作机会,使"大思政"教育人才为我所用;严格实行师德"一票否决"制度,将师德师风摆在专业技术职务评聘条件的首位。

3. 加强职业院校思政课教学环节建设

一是保证使用中央马克思主义理论研究和建设工程重点教材,严格落实教育部关于思政课学分、学时的有关规定,逐步扩大小班教学比例,直至以中小班授课为主,科学安排教学时间,发挥好督导组作用,实施教师听课互评互学制度,积极参与高校思政课教学观摩活动。改革教学方法,创新教学艺术,切实提高教学实效性;统筹考虑在校学生的思政课教学,研究适当的教学组织方式、教学内容设计、教学方法改革。坚持集体备课制度,定期研究教学改革;强化问题意识,提高教学针对性;尊重学生主体作用,注重发挥教与学两个积极性;多采用启发式、体验式、互动式的方法,在平等沟通、民主讨论、互动交流中对学生进行思想引导。

二是培育推广优秀教学方法,鼓励使用网络和新媒体辅助教学。继续创新具有职业院校特色的实践教学模式。坚持课堂教学与实践教学相衔接,校内外实践相补充,定点实践与普遍实践相结合,角色体验与感知认知相结合,专题性实践与综合性实践相结合,技能实践与社会实践相结合,实现思政课实践教学与课堂理论教学的相互补充,对优秀实践教学项目开展网络展播,形成思政工作合力;启动"大学生思政公开课讲堂",组织好学生授课比赛,营造马克思主义理论自主学习浓厚氛围。着力培育学生理论骨干和理论社团,实施"青年马克思主义者培养工程",加强学生理论骨干培养;积极运用新媒介开展教学,适当引入网络教学方式。

三是在创新教学方式上下功夫。采用问题导向的研究式教学方法,从"真问题"出发来组织教学。倡导教师深入了解和把握学生关心的重大社会问题、自身思想问题及国情、世情、民情、党情,层层深入地给予关注、解析,做到自己先明白,然后讲明白,再让学生听明白,从而变"因为教所以学"为"因为学所以教";在发挥学生学习主体作用上下功夫。注重课堂讲授与问题讨论相结合,充分发挥思政教育过程中学生学习主体作用;避免碎片化、单一化教学方式,引导学生围绕自身思想认识困惑和重大社会问题进行深入思考,深刻理解贯穿理论成果中的精髓和灵魂,掌握体现在理论成果中的马克思主义立场、观点和方法,进而树立科学的世界观、人生观、价值观和职业观;利用学分制教学改革的平台和机会,建立必修课为主、选修课为辅的思政教学课程体系,在必修课教学中结合应用技能案例、实训实践活动,融入多种思想价值观与文化要素,做到与课堂教学、专业课教学的有机融入、相辅相成。

(二)关于职业院校课程思政问题

1. 要在课程思政建设上更下功夫

习近平总书记指出:"要坚持统一性和多样性相统一,落实教学目标、课程设置、教材使用、教学管理等方面的统一要求,又因地制宜、因时制宜、因材施教。"①实现高校思政课教学任务目标的基本前提,是教材使用、课程设置、教学管理以及教学方法论的统一,坚持原原本本地把教材内容讲好,才能完成新时代高校立德树人的根本使命。同时应当辩证地看到,思政课教学的统一性要求不仅不应拒斥各地各类院校能动开展多样性教学的实践探索,而且还要相互配合、形成合力,因地、因时、因材组织教学,加强在统一性与多样性相统一的条件下教学"全要素"的资源配给。从高职院校思政课教学视角而言,强调"多样性"的一个重要方面就在于抓住"课程思政"这个关键,通过对高职专业课程中美育德育等"思政"资源的充分挖掘,丰富充实"思政课程"的教材内容,创新完善课程设置,融合改进教学管理模式,吸收借鉴教学方法理念;在尊重学生个性和艺术创造的基础上,激发高职专业和思政课教师群体的主体性、能动性和创造性,凝聚"课程思政"与"思政课程"相向而行、同向发力的合力,变统一固定的教材体系为入脑入心的教学体系,变面面俱到的"大水漫灌"为吃透教材后的有的放矢,变相同内容的教材文本为生动鲜活的教案文本,不断提高职业院校思政课教学的实效性和针对性。

同时,习近平总书记强调,"要坚持显性教育和隐性教育相统一,挖掘其他

---

① 习近平:《用新时代中国特色社会主义思想铸魂育人 贯彻党的教育方针落实立德树人根本任务》,人民网,http://cpc.people.com.cn/n1/2019/0319/c64094-30982234.html

课程和教学方式中蕴含的思想政治教育资源,实现全员全程全方位育人。"①思政教育不仅是覆盖思政课教师、教材、课堂各环节"思政课程"的显性教育,也是辐射专业课教师、实训实践、技能锻炼各方面"课程思政"的隐形教育,唯有切实做到"思政课程"与"课程思政"的有机融合,才能使思政教育在"润物细无声"中达到入脑入心的良好效果。

为此,职业院校要聚焦"教师+课程",整合开发各类课程资源,探索职业院校"课程思政"的体系化建设,以"思政教育改革攻坚"为突破口,挖掘整合各学院、各学科中的思政德育资源,打造由思政课、公共选修课、人文素养课、技能专业课、社会实践课等课程构成的思政教育课程体系,形成显性教育的全员协同效应。应着力于从以下几大层面推进"课程思政"育人机制的协同创新:

一是立足职业院校办学特色拓展通识课程思政内涵,准确把握课程思政建设的主旋律。"课程思政"体系的整体架构,离不开通识课程的改革创新。培育理想、陶冶情操本是通识教育应有之义。职业院校创新"课程思政",要根植学校办学特色,引导、鼓励教师打破思政学科和专业学科藩篱,以培养大学生价值选择能力为目标,共同开发基于思政教育的核心通识课程。"课程思政"体系的整体架构,离不开专业课程的设计创新。完善"课程思政"体系,要将应用技术类、理工类、职业实训类专业课程作为"课程思政"的重要组成部分,立足学科的特殊视野、理论和方法,创新专业课程话语体系,实现专业授课中知识的传授与价值引导的有机统一,达到"以文化人、以文育人"的隐形"课程思政"目的,扭转目前专业课程教学中重知识传授轻德行培育的状况,深度发挥课堂主渠道功能,打破原先思政教育和专业教育"两张皮"的困境。建设"课程思政"育人长效机制,离不开顶层设计的持续完善。切实加强党对高校工作的领导。深化细化对课程思政进行总体部署,加强领导和指导,坚持立德树人,明确教学目标,在通识课程和专业课程中将社会主义核心价值观和中华优秀传统文化教育内容融入教学全过程;加强马克思主义理论学科建设,为"课程思政"提供深厚的学术支撑;强化全员育人的机制建设,为教师参与教书育人全过程创造条件、提供支持;建立运行良好的教学质量保障机制,强化课堂教学质量评估。

二是结合职教文化特色推进课程思政。教育是培育文化的地方,学校是创新文化的场所,现代职教文化本质上是学校文化与企业文化的融合体,培育与企

---

① 习近平:用新时代中国特色社会主义思想铸魂育人 贯彻党的教育方针落实立德树人根本任务》,人民网,http://cpc.people.com.cn/n1/2019/0319/c64094-30982234.html

业文化相适应的职业教育特色文化,是推进职业院校"课程思政"领先发展的重要抓手。习近平总书记指出,文化是一个国家、一个民族的灵魂。同样,一个学校的文化氛围对学校的建设发展也有着不可替代的作用。"课程思政"建设是在总体文化氛围中推进的,高职院校党委应高度重视学校文化氛围建设,成立专门的领导协调小组,坚持以党建理论和社会主义核心价值观引领校园文化建设。通过丰富多彩的"课程思政"文化活动,多在校园文化内容的生动性、学生的主动性、师生的互动性上下功夫;把社会主义核心价值观融入校园文化建设中,通过精品"课程思政"文化活动滋养青年学子的心灵,培养学生坚定正确的政治方向、独立自强的人格品质和优雅上进的精神风貌;精心组织,积极开展健康向上、丰富多彩的"课程思政"精品文化项目,推进高雅艺术和中华优秀传统文化进校园,不断提高技术技能型人才的艺术素养,树立正确的审美观,为学生在陶冶情操、启迪智慧、激发创新意识和创造能力方面打下良好的基础。通过"课程思政"精品文化活动建设,将社会主义核心价值观与职业教育文化深度融合,重视文化育人,以学生喜闻乐见的形式和艺术化的手段对学生进行熏陶,具体包括:

其一,固化"课程思政"教学传承的重要成果。职业院校在发展过程中积累了很多经验,创造了很多业绩,取得了很多优秀成果,但也有一些不足,这些都是宝贵的职业教育文化积淀,为"课程思政"的开展积累了丰富教学资源。应该组织人力、物力,对此进行有序的分析和整理,对优秀的教育教学成果进行固化并加以传承。比如,弘扬民族工业文化中以德为先、追求技艺、重视传承的优良传统。在"课程思政"的课程体系建设中,有机融入社会主义核心价值观的基本内容和要求,推动文化传承在职业教育中的创新。举办学校文化建设论坛,组建文化建设研究团体。注重用优秀毕业生先进事迹教育引导在校学生,培养具有现代职业理念和良好职业操守的高素质人才。

其二,加强"课程思政"相关课题研究与宣传。以"课程思政"课题研究活动为引导,培育职业教育科研、教研文化,广泛开展不同层级的职业教育课题研究活动,借此创新知识、创新思维方式、创新价值观念、创新教育理念,培育具有本校特色的"课程思政"文化。充分利用校园环境,让校园的每个角落都能发挥"课程思政"应有作用,做好先进教职工以及优秀学生的文化宣传,在学校显著位置进行集中展示,并悬挂崇尚职教文化的相关宣传标语。通过校园文化长廊、校园广播、新媒体建设,大力推进多渠道广覆盖的校园文化建设。

其三,创新新媒体思政教育,推动"课程思政"向纵深发展。加强互联网思想政治教育载体建设在"课程思政"中的实际应用,完善育人、管理、服务和权益维护功能,推动思想政治工作传统优势与信息技术高度融合,运用学生喜闻乐见、易于接受的方式开展课程思政教育。加强学校官方微博、微信公众号、专业教师网上课程、辅导员博客、思政课教师博客等新媒体渠道,加强党建专题网站和学习专栏建设,定期举办网络文化节,开展新媒体应用的宣教培训,创作传播高品质网络文化作品。发挥课程思政新媒体的作用,形成工作矩阵;加大新媒体运用的鼓励与扶植力度,定期开展新媒体指导教师、优秀新媒体平台、优秀网络文化作品、优秀工作案例等评选,将符合课程思政要求的优秀网络文化成果纳入科研成果统计和评奖评优范围。

三是加强符合职教特色的课程思政制度建设。切实提升专业教师"课程思政"教育教学能力,推进习近平新时代中国特色社会主义思想进课堂、进教材、进师生头脑。用好课堂教学这个主渠道,推进全员参与、全课程融入,使所有老师都担起"思政责",所有课程都讲出"思政味",讲出情怀、植入理念、播撒信仰,使"思政课程"和"课程思政"有机融合。除思政课专职教师以外,其他专业课教师也是引导学生树立正确价值观取向的关键。只有专业课教师自身对核心价值有深刻的理解,明确课堂教育中融入思政教育的德育责任,才能在专业课教学过程中自然而高效地将社会主义核心价值观传递给学生。职业院校要加强高水平教师队伍的系统规划,特别是要强化专业教师教书育人的使命感和责任感,把德育意识培养纳入专业课教师日常培训体系。同时,为专业课教师量身设计"课程思政教学计划",提升教师自觉养成课程思政的价值教育能力,增强教师的人格影响力,促使专业课教师担好学生健康成长指导者和引路人的责任,促使学生能够真正信服马克思主义的真理力量,实现课程思政教育与专业技能教学的有机统一。创新具有职业院校特色特点的"课程思政"品牌,挖掘校史校风校训的育人作用,适时启动"一校一品"思想政治品牌课程建设。

此外,要把强化师德师风建设贯穿"课程思政"始终。在教师岗前培训、青年教师培训等活动中,将师德教育作为第一课。把教书育人、学术道德规范作为新入职教师岗前培训、骨干教师培训等工作的重要内容,将师德教育同"课程思政"的各项要求结合起来,教师既是"课程思政"的教学主体,又是接受教育的主体。以此为方向优化相应监督评价机制,注重学校、教师、学生等多方面参与,采用多种方式结合的"课程思政"教学效果评价机制,如学生评教、个人自评、年度和聘期考评的模式,充分发挥教学督导在促进教师教学、师德师风方面的监督和引导作用。

围绕职业教育的特点完善"课程思政"相关教育制度,以构建符合职教特色的制度文化促进学生良好个性的养成,比如,进行职业知识竞赛与考试,形成自我激励、自我约束、自我管理的制度文化氛围。在校园文化的活动中加强对学生的职业和创业教育,邀请企业家、专家学者到学校开办讲座,激励学生更有目标地学习。为学生创设特定的职业环境,引导学生在职业素养、职业操守以及职业技能等多方面进行实践和锻炼。借助企业平台,加强学生对企业文化和职业精神的感悟和体会,同时积极主动成立优秀教职工与学生宣讲团,充分发挥榜样带头示范作用,先进带后进,共同进步。举办职业教育文化建设论坛,创新论坛开展的方式方法,线上与线下协同配合,让学生亲自参与讨论交流,同时注重用优秀毕业生在职业发展中的先进事迹引导教育更多学生。

四是培育思政课程与"课程思政"结合的课堂文化。具体做到以下三个方面:

首先,充分挖掘校史校训内涵的思政价值,做好新生入学职业文化教育,从进校门的那一刻起就培养学生爱校荣校的荣誉感。在课堂教学教程中将职业教育发展历程、学校校史等内容讲清楚、讲透彻,让在校生明白新时代是一个需要工匠也能培养工匠的时代,职业教育的发展是时代的需要。在公共理论课程、专业实操课程与具体教学中融入树立良好职业精神和职业文化的内容,将个人价值与单位组织价值、个人职业发展目标与行业整体发展远景的关系讲清楚,倡导职业者通过高效尽责的职业工作完成对自身人生价值的达成,使之在走上工作岗位之前就能具备相当的职业精神。此外,在校园文化构建中融入职业技能、职业道德、职业人文素质的内容,形成职业素养,磨炼职业意志,培养职业精神,让学生自觉认同职业文化并坚定自信。

其次,推进高等职业技术教育的"课程思政"教学改革创新,结合学校以及生源对象实际,在规范教学基本要求和保证人才培养规格的基础上,深化"课程思政"在专业内涵、课程体系、教学模式的改革创新,因势而进,因时而新,让课堂充满活力和吸引力,真正发挥课堂教学与课堂文化的主渠道作用。"课程思政"的课程设计要切实遵循教书育人规律,课程设计是实现课程思政目标的基本路径,要让课堂成为思想政治教育的有效载体,课程的开发设计就要从大学生求知需求出发。为此,必须遵循学生成长规律,立足高职院校人才培养目标和学科优势,进行系统设计,在教学目标的制定过程中注重专业技术技能与职业价值观的深度结合,深度拓展"课程思政"的课程教学内容。

再次,在"课程思政"的课程设计环节,还要注重提升课堂话语传播的有效性,在讨论式教学、情景模拟与角色体验、项链式教学方式、翻转课堂等探索中,促进大学生通过参与和思考,实现认知、情感、理性和行为认同,以行之有效的课程思政教育方式,在潜移默化中培育社会主义核心价值观。本着加强针对性、提高实效性的精神,做好"课程思政"教学方法、教学手段的改革创新,在不破坏马克思主义理论系统性的前提下充分发挥专业课教师与学生的主体参与作用,其他各类专业课教师主动参与"课程思政"建设,紧密结合学科特点、研究领域和专业内容,主动把习近平新时代中国特色社会主义思想融入知识传授中,将思想引导和价值观塑造融入教学中,以不断增强思政教育的吸引力提高学生的参与热情与自觉性。注重创新"课程思政"第二课堂的制度设计,积极创造条件和平台,组织教师社会实践,大兴调查研究之风,通过实地考察、社会调查等方式,深入了解新时代国情、党情、社情、民情,以实践创新激发理论创新,深入开展"第二课堂"实践活动,引导学生在长期持续的实践体验中,感知新时代,融入新时代,建功新时代。

五是深化与企业的融合发展,使课程思政建设更加符合特色实训文化。在实训基地建设方面,结合学校特色优势,与企业深度融合,充分整合优势资源,创建集教学、培训、技术研究与开发、科技创新、技能竞赛、"课程思政"、文化宣传于一体的校级实践教学中心。让学生能够及时将学到的理论知识转化为实践活动,让学习成果能够看得见、摸得着,不断增强学生对社会主义核心价值观的认同,让"课程思政"的价值观教育真正融入学生的血液中,坚定成为"大国工匠"的文化自信;在合作企业方面,要合理区别在岗技术人员与在岗实习学生的管理方式,更加注重岗位实践中学生的专业技能培养,坚持以重培养重培训的职业教育理念管理实习群体,把企业发展理念、企业文化价值观融入对实习实训学生的"课程思政"在岗教学之中,在具体岗位工作中通过严格实习实训者的职业态度、职业责任、职业纪律、职业作风,促使他们端正职业操守,在良好职业文化的引导下妥善完成在岗工作。

2. 要在职教文化建设上更下功夫

当代的世界科技发展已步入一个全新的历史阶段,以人工智能、机器人技术、虚拟现实技术等为代表的全新技术革命正引领人类迈进"第四次工业革命",其中,职业教育以其同技术文化、职业技能的高度相关性而愈发受到重视,可以说,我国职业教育的现代化进程直接关乎从"中国制造"到"中国智造"能否成功转型,而伴随这一进程的,是职业教育文化在价值认同、实施路径与效果评价上的综合反映。具体而言,职业教育在技术层面与文化层面的一体化、协同化、耦合化,为推动现代职业教育文化的形成创造了条件。

　　一是职业教育课程文化与企业文化的整合。不同的社会形态与技术发展水平造就了不同的职业教育课程文化,从近代以师傅带徒弟为主的"学徒制",到现代以职业院校课程教育为主的"院校制",职业教育课程文化的理念内涵与实现方式随着主流教育思想的演进而改变。当代社会经济发展方式的重大转变主要在高度市场化、企业化的商业竞争中展开,企业文化直接影响着职业教育课程文化的传授内容与方式,这就要求,要把企业文化的传播阐释作为职业教育课程教育内容的重要部分,纳入整个职业教育的课程改革框架内,在对二者的有机整合中,融企业核心价值观、企业宗旨目标、企业发展思路于职业教育的课堂教学、实操教学、技能培训、就业指导乃至校园文化建设之中,通过深度的产学研结合、产教融合与多维度的校企合作,提升企业发展的业绩成效观、文化价值观同教师经济收益、专业能力、职业认同的关联度。同时也要看到,企业文化作为现代企业管理的核心要素,具有"历时性、复杂性、动态性、有机性、人本性"等特征,是职业教育需要全方位应对的一个大课题,因此与之相适应的课程方案的制订,就应当更加注重从文化整合的有效性上,把握入学要求、学制年限、学分设定、课程标准、教材内容、课堂组织、课程评价等一整套教学管理内容,通过一系列制度化设计,完成职业教育课程文化与企业文化的深度"绑定"。

　　二是职业教育专业品牌与行业文化的融合。职业院校作为当代职业教育开展的主体,必须围绕职业教育专业品牌的打造,建设同区域产业文化、企业行业文化相得益彰的职业实训价值体系与人才培养模式。首先,着眼于行业产业最新技术要求、职业信息与发展理念开展职业教育的协同创新活动。当代职业教育的发展程度与行业产业发展往往呈正相关联系,二者之间的协作方式、协作内容在现代化生产要求下日趋复杂,这就要求职业院校的专业技能培养必须围绕产业需求与产业预期开展,将专业课程设计、实训时间要求、实训合作对象由单纯的院校内部系统设定转为同外部行业、产业、企业各个部门、要素、环节之间的协同设定,共同打造融合行业文化和发展规划的职业教育实训协同创新平台。其次,通过职业院校与企业行业间在关键技术上的协同创新,打造职业教育的专业品牌。技术应用与技能掌握是职业教育实训内容的主干,高等职业院校从管理意识上应当更强调专业技能培训教育的"外向型"属性,从多方合力、协同合作的视角谋划专业技能实训活动,尤其要围绕行业关键技术、高新技术、前沿技术的开发应用与技能操作展开教育合作,以核心技术的协同创新为动力共建职业教育专业品牌。再次,以市场需求为主导,理顺便于协同合作的体制机制。行业产业文化总是与市场需求、市场竞争分不开的,市场有需求,行业就会有竞争,

21

职业教育专业品牌培育的体制机制建设也要以市场需求为基础,通过制度化的协同决策机制、行业信息共享机制、人才培养机制以及利益分享机制等顶层设计,消弭职业院校内部及其同行业企业主体之间的体制壁垒,营造共同应对市场变化协同合作的制度环境。

三是职业教育人文精神与技术文化的结合。人文精神包括对人的生命需求、人的全面发展、人的自由价值的尊重与提倡,职业教育中人文精神的培育是实现现代职业教育文化观的重要内容。马克思主义观点认为,每个人的自由全面发展是一切人自由全面发展的基础,而一个人的全面发展不仅包括知识储备与技能掌握,还应涵盖其在自然素养、人文涵养与精神素质等方面的全面提升。正因如此,每一个全面自由发展的个人才具有根据自己兴趣爱好,选择马克思所设想的"今天干这事,明天干那事,上午打猎,下午捕鱼,傍晚从事畜牧,晚饭后从事批判"的能力与条件。职业教育以其技能实用、面向全民、覆盖终身的模式特征在很大程度上丰富了人文精神的实现路径,并在高度市场化的现代经济活动中展现出新的实现方式。当代社会分工的高度专业化与精细化,不再单纯要求职业者仅熟练掌握一门技能,而是对兼有高级技能与人文素养的复合型"技术人文主义者"更加青睐,这就要求职业教育不仅要在培养市场需求技能人才的同时,更加关注学生个体自由与自身价值的进一步实现,还应在不断提升学生主体创造意识与社会责任感的人文精神上再下功夫。近年来,以"鲁班工坊""中华老字号"等为品牌的职业技术和特色产业的蓬勃发展,这说明兼容了人文精神与技术文化的职业教育具有广阔的市场需求与发展空间。具有中国文化特色的现代职业教育文化观的人才获得更多向世界提供"中国智造"、传播"中国智慧"的机会,为开展我国职业教育国际交流、推动中外高职院校职业技能互利合作创造条件。

四是职业教育专业技能与职业文化的聚合。在校企合作日益密切的大趋势下,强调专业技能培育的工学一体制度在现代职业教育制度体系中发挥着越来越重要的作用,对于即将走上实际工作岗位的职业院校学生而言,培养其在岗位环境中的职业文化因此就显得尤为必要。职业院校与合作企业是提升专业技能、构建优越工学一体制度模式的两大主体。对职业院校而言,要在不断健全校企合作的制度框架内,根据市场供需实际和行业产业要求,合理制定修订包括在岗实习制度、实训操作制度、学分工时互换制度、订单培养制度等在内的一整套制度具体细则,在校企合作的宏观战略层面、中观项目层面、微观教学课程层面,全方位进行制度对接,通过拓展职业教育产业化的治理运作模式,夯实专业技能培训与工学一体的制度基础。同时,要在公共理论课程、专业实操课程与具体教学中融入树立良好职业精神和职业文化的内容,将个人价值与单位组织价值、个人职业发展目标与行业整体发展远景的关系讲清楚,倡导职业者通过完成高效尽责的职业工作达成自身人生价值。对合作企业而言,要合理区别在岗技术人员与在岗实习学生的管理方式,更加注重岗位实践中学生的专业技能培养,坚持以重培养重培训的职业教育理念管理实习群体,把企业发展理念、企业文化价值观融入对实习实训学生的在岗教学之中,在具体岗位工作中,通过严格实习实训者的职业态度、职业责任、职业纪律、职业作风,促使他们端正职业操守,在良好职业文化的引导下妥善完成在岗工作。

四、关于职业教育与国家现代化

（一）关于职业教育与国家现代化的关系

以习近平同志为核心的党中央近些年一直强调大力发展职业教育,主要是因为职业教育现代化与国家现代化具有重要的相关性。2014年6月全国职业教育工作会议召开,习近平总书记对加快我国职业教育发展作出重要指示,其要点主要有:弘扬劳动光荣、技能宝贵、创造伟大的时代风尚,营造人人皆可成才、人人尽展其才的良好环境,努力培养数以亿计的高素质劳动者和技术技能人才;坚持产教融合、校企合作,坚持工学结合、知行合一,引导社会各界特别是行业企业积极支持职业教育,努力建设中国特色职业教育体系;加大对农村地区、民族地区、贫困地区职业教育支持力度,努力让每个人都有人生出彩的机会。在党的十九大报告中,习近平总书记再次强调:完善职业教育和培训体系,深化产教融合、校企合作;建设知识型、技能型、创新型劳动者大军,弘扬劳模精神和工匠精神,营造劳动光荣的社会风尚和精益求精的敬业风气。习近平总书记关于整个教育战线立德树人的要求,同样适用于职业教育,其中最重要的问题是为谁培养人、培养什么样的人、怎样培养人。

在习近平新时代中国特色社会主义思想指引下,中国政府对职业教育大发展作出了具体部署和安排。李克强总理在全国职业教育工作会议前的讲话强调:职业教育大有可为,也应当大有作为;要用改革的办法把职业教育办好做大,形成多元化的职业教育发展格局;培养大批怀有一技之长的劳动者;让千千万万拥有较强动手和服务能力的人才进入劳动大军。与此同时,国务院和有关部委对发展职业教育作出了具体部署:《国务院关于加快发展现代职业教育的决定》对构建现代职业教育体系、推动职业教育健康发展作出了明确规定;教育部、国家发展改革委等六部门下发的《现代职业教育体系建设规划(2014—2020年)》

则依照习近平总书记和李克强总理的要求,对我国职业教育的发展进行了全面部署。

根据以上要求和部署,我国职业教育迎来大发展时期,已取得初步成效。职业教育与国家现代化的总体设想与重要关系,是我们构建中国特色职业教育两个体系的根本依据,现在我们已有条件将现代职教体系的构建在实践和理论两个方面加以推进。而2018年9月习近平总书记在全国教育大会上发表重要讲话,2019年初国务院印发的《国家职业教育改革实施方案》等,这些重要论述和文件要求,构成了习近平总书记和党中央其他领导关于职业教育与国家现代化的总体设想,开启了新时代职业教育新篇章。深入学习贯彻习近平总书记的有关重要论述,全面贯彻全国教育大会部署,依据习近平新时代中国特色社会主义思想推进职业教育理论与实践创新,从职业教育与国家现代化的重要关系视角认识新时代职业教育的重大意义,是当前职业教育战线的一项重要任务。

(二)关于职业教育现代化的基本要求

中国职业教育发展到今天,其新时代的中国特色已逐步显现出来。新时代职业教育已经表现出新的规律性特征,主要有以下十个方面:

服务经济社会:从历史上看,如果说最初引进和发展职业教育就是为了"师夷长技",改革开放初期发展职业教育是为了解决就业,那么今天大力发展职业教育则是顺应我国经济社会发展特别是工业化和信息化发展的需要,为实现现代化而造就宏大的技术技能人才队伍。

惠及广大群众:过去很长一个时期我们仅仅把职业教育看作解决就业问题的办法,现在发展职业教育不仅是改善民生的重要举措,更是通过惠及各个阶层特别是弱势群体,真正发挥出实现教育公平、达到办好人民满意教育目标的重要作用。

促进青年成才:新时代通过发展职业教育,特别是倡导劳动光荣、技能宝贵,有效指引广大青年的成才方向,激发广大青年创新热情。特别是通过构建职教体系,使所有青年成才的渠道通畅。职业教育因此成为当今"培养担当民族复兴大任的时代新人"的重要抓手。

突出产教融合:由于经验不足和观念落后,我国在过去一个时期内,职业教育与产业之间总是存在较大的距离。习近平总书记突出强调产教融合,要求职业教育必须与产业需求紧密相关,在专业设置、职业素养培养、学校文化建设等方面,二者逐步融合,从而有效地推动职业教育健康发展。

深化校企合作:国家近年来制定一系列法规制度,有效推动职业院校与企业发挥各自优势,共同育人,合作研发,其合作方式不拘一格,较好地解决了校企之间"两张皮"现象。特别是近年来大力推进多种所有制兴办职业教育,形成了全社会各方参与协同推进校企合作的新局面。

创新工学结合:职业院校的教育模式,历来都是工作与学习交替进行。新时代在依然坚持这一基本要求的基础上,要使工学结合的具体形式越来越丰富,诸如建立"校中厂"或"厂中校",政府、学校与企业共建产业学院、实训基地等有效途径,使工学结合的成效越来越明显,毕业生质量越来越高。

坚持知行合一:通过创新职教学生的培养方式,不断推出项目化教学(如大力推进工程实践创新项目培养模式)、线上线下相结合教学方式,使过去一直实行的理论与实践相结合,学习理论知识和掌握实操技能并重的教学要求更加落实落细,取得更好成效。

弘扬工匠精神:通过推行现代学徒制、构建职业文化校园,并将这些举措建立在数字化、智能化基础上,有效培养学生继承中国工匠文化传统,形成新时代的工匠精神,使学生职业素养明显提高,为建成大国工匠队伍、建设高素质技术技能人才大军夯实基础。

助力精准扶贫:实现精准扶贫是全面建成小康社会的必要环节,职业教育在这方面应当而且可以有大作为。过去这方面做得不够,党的十九大提出乡村振兴战略之后,职业教育将承担起农民工培训、农业技术人才培养的重要职责,成为精准扶贫这一政策实施的可靠力量。

完善两个体系:我国的职业教育与职业培训长期以来分属两个体系(实际工作分别由教育和劳动两个行政部门操作),近年来国家强调形成覆盖全社会和全体公民的教育和培训体系,这两个体系又与整个教育体系形成互动互补关系,从而最终形成全民终身学习体系,这方面职业教育仍可发挥不可替代的作用。

以上十个方面,既构成新时代职业教育理论体系的基本内容,也是关于职业教育现代化的基本要求。

(三)关于职业教育现代化的实现路径

深入领会习近平总书记关于职业教育的重要论述,总结归纳关于职业教育现代化的实现路径,重在深入认识"四合"即"产教融合、校企合作、工学结合、知行合一"的科学内涵。习近平总书记多次论述"四合"的重要意义与科学内涵,特别在党的十九大和全国教育大会上对做好产教融合、校企合作工作提出新的要求,要求职业院校在准确把握服务发展、促进就业的办学方向的同时,坚持立德树人，坚持以提高质量为核心的发展观，把技能教育和人文素质教育放在突出位置，坚持把产教融合、校企合作、工学结合、知行合一的"四合"机制作为完善办学模式和实现职业教育现代化的关键。

一方面，产教融合、校企合作、工学结合、知行合一的"四合"重要论述是我国职业教育发展的经验总结。新中国成立以来，我国职业教育经历了萌芽初创期（1949—1977 年）、恢复重建期（1978—1990 年）、改革探索期（1991—2013年）、深化创新发展期（2014 年至今）四个阶段，"四合"重要论述指引下的当代职业教育促进教育与企业、产业、行业的资源共享与协同发展。"四合"重要论述具有丰富的理论渊源与实践价值。马克思教育与生产劳动结合说、杜威"教学合一"、黄炎培"大职业教育观"等思想构成其重要理论渊源；德国双元制职业教育模式强调的"职业教育同生产紧密结合""企业广泛参与""真实生产环境与设施设备""较早接近新工艺"等成功经验构成其重要实践参照。"四合"重要论述应当成为中国特色职业教育的基本内涵。要持续推动区域经济社会发展、新型城镇化建设、产业结构升级转型与职业教育配套的同步规划、同等用力、同向发展；要充分发挥市场在资源配置中的决定性作用，持续推动"放管服"改革，助力政府服务管理职业教育的职能转变；要以职业教育的类型教育定位为出发点，改革完善"文化素质＋职业技能"的招生办法，提升职业教育生源质量；要聚焦德技双修、知行合一育人机制的完善，始终坚持弘扬工匠精神，做好职业教育领域"思政课程"与"课程思政"的内在结合。

另一方面，应在深刻认识职业教育现代化的文化层面，践行产教融合、校企合作、工学结合、知行合一的"四合"要求。党的十九大报告将建设教育强国定位为推动民族复兴的"基础工程"，指出"必须把教育事业放在优先位置，加快教育现代化，办好人民满意的教育"。教育现代化不仅关乎人民对美好生活需要的满足，也是从教育文化层面推进国家治理现代化的重要构成，推进与经济社会紧密联系的职业教育现代化，更是其中应有之义。职业教育的现代化不仅只是职业教育技术或管理制度上的革新替换，更是职业教育文化上的现代化过程。综上，在产教融合、校企合作、工学结合、知行合一的具体实现路径上，应结合职业教育文化现代化的原则要求，从以下几个方面深刻把握：

1. 注重技术实用与技能应用

职业教育的现代化进程是在工业文明高度发展、社会分工日趋专业的背景下发生的，工业生产背后的逻辑理性主义与实用主义自然地构成了职业教育文化观中强调技术实用与技能应用的重要内涵。从工业文明的发展史上看，西方发达国家经济科技的高速发展往往伴随着职业技术教育的高速发展。正是依托职业教育对高端制造业、先进新型产业所需大量技能型人才的培养,国家技术革命与科技创新才得以储备丰厚的智力保障与人才基础。党的十九大报告进一步明确指出,在深化供给侧结构性改革、加快建设创新型国家的新时代,必须"突出关键共性技术、前沿引领技术、现代工程技术、颠覆性技术创新",建立"产学研深度融合的技术创新体系""建设知识型、技能型、创新型劳动者大军",这些重要论述深刻反映出当前我国经济转型期对高新技术、职业技术与实用技能知识与人才的迫切需求。相应地,追求技术创新与技能应用的职业技术文化也将在职业教育现代化中提出更为强烈的文化诉求,并构成职业教育文化的重要内容。

2. 注重人文素养与职业精神

职业教育的主体和目的是人,职业教育文化的表征说到底是一种关涉从事职业技术活动的人的价值观念。从社会发展的阶段来看,一个社会生产技术、生产能力越是发达,从事生产活动的职业者的技能水平与人文素养就越高,以机械化、工业化生产为标志的技术文化,实质上是富含智力成果转化与职业技能传授的职业精神的外在体现。这表明,注重技术实用、技能应用的职业教育文化不仅不应拒斥人文精神的融入,在当今工业化生产高度信息化、智能化的时代,工作者完全有可能摆脱单纯受制于机器的生产劳动方式,转以一种更新的"精神生产"劳动方式投入到一门职业技能的掌握应用之中,人工智能、文化创意产业等新兴行业的快速发展即是一个证明。因此,加强技能与人文的结合,挖掘中华优秀传统文化中精益求精的"工匠精神"、重德尚艺的"道技观念"、尊重自然的"天人思想",使之同现代职业精神相互借鉴融合,确是当代职业教育文化所应秉持的价值理念。

3. 注重市场效益与社会价值

职业教育文化的现代性意义在于,其内在的文化价值理念通过外在的职业教育制度模式,达到了对市场效益与社会价值的兼顾,从而完成对传统意义上旧有的工业化职业教育模式和理念的超越。德国的职业教育发展历程给出了一个好的例证。从历史上看,德国最初并不是欧洲最早通过工业革命开启工业化进程的发达资本主义国家,第二次世界大战之后其工业生产能力更是一落千丈,但是,德国走符合其自身实际的工业化发展道路,大规模培养开发富有高级职业技能的人力资源,在经济发展方式、工业制造技术、职业教育水平、科技人才队伍等方面取得飞速发展,最终综合国力重回欧洲第一。究其根源,一方面,在德国实现国家现代化的进程中,国家产业发展战略的科学设计与有效实施,离不开其发展过程中工业化与市场化的有机结合;在职业教育文化的微观层面,则是引入鼓励市场竞争、注重市场效益的职业教育理念,将"学有所成""学以致用"与市场收益、经济价值紧密挂钩,把职业技能、人才培养以至职业教育本身推向市场,在市场活动的激烈竞争中检验评估职业教育的质量与成效。另一方面,德国在鼓励市场化自由竞争的同时,强调国家主义、集体主义与民族利益的宣传教育,并将有关提高职工生活水平、促进财富公平分配、保护弱势职工利益的价值理念写入法律,将其作为职业教育文化的重要内容予以开展,极大地提高了产业工人与技能人才的生产积极性与工作效率,反向促进了整个国家工业产业的效益提升。可以说,德国兼顾并融合市场效益与社会价值的职业教育文化,对我国职业教育迈向现代化具有重要参考价值。

4. 注重平等和谐与共享共有

平等共享教育资源、推进教育公平,本身就是教育文化观的重要内涵,党的十九大报告指出:"努力让每个孩子都能享有公平而有质量的教育。"职业教育是直接关系到劳动者群体学习、就业、生活的重要民生领域,在很大程度上发挥着维护社会整体稳定和谐的"调节器"的作用,同时,职业教育的具体对象是需要掌握职业技能的个体,唯有平等地满足受教育个体对实用技术的共享获得,帮助他们实现个体发展的社会价值,职业教育服务人、发展人、教化人的教育目的才算真正达成。此外,中华优秀传统文化中饱含着大量有关尊师重教、崇尚和谐、倡导共享的价值理念,诸如"不患寡而患不均""仁者爱人""君子义以为质""言必信,行必果"等伦理教化与德行养成,都为培育正确的职业教育文化观提供了丰富的道德滋养。因此,推动职业教育的平等共享,除了要坚持现代化意义上的制度构建、物质投入与政策支持,更应注重职业技能教育中以文育人、以文化人理念的融入。

五、关于职业教育理论创新的重大意义

在中国共产党的历史上,习近平总书记是第一个对职业教育问题发表直接的、具体的论述的最高领导人。深刻领会和认真贯彻这些论述,不仅对推进职业教育发展具有重要意义,而且对深化习近平新时代中国特色社会主义思想研究具有重要意义。职业教育对教育与职业两界的跨越性、与经济社会发展联系的密切性以及受教育人口的全覆盖性,决定了职业教育在我国未来经济社会发展中的突出地位。相应地,习近平总书记关于职业教育的重要论述,绝不仅仅是对一个具体政策的阐述,而是对经济社会发展全局具有重要意义的理性思考,必然成为习近平新时代中国特色社会主义思想的重要组成部分。

（一）为培养技术技能型人才大军指明方向

进入新世纪以来，为适应新一轮科技革命和产业变革形势，国际上一些发达国家纷纷提出自己的高端制造业发展计划（如德国"工业4.0"、美国"先进制造伙伴计划"），力图抢占发展的制高点。中国于2015年提出了"中国制造2025"加以应对。这就需要培养与之相适应的大批量的高素质技术技能人才，从而要求整个教育体系都要适应这个变革，其中职业教育首当其冲。

早在党的十八大报告中，对此就有明确的表述：经济发展要"更多依靠科技进步、劳动者素质提高"；因而必须"加强职业技能培训，提升劳动者就业创业能力，增强就业稳定性"。2014年全国职业教育工作会议召开之际，习近平总书记对加快职业教育发展作出重要指示，提出了一系列重要观点，如职业教育是国民教育体系和人力资源开发的重要组成部分，是广大青年打开通往成功成才大门的重要途径；各级党委和政府要把加快发展现代职业教育摆在更加突出的位置，更好支持和帮助职业教育发展，为实现"两个一百年"奋斗目标和中华民族伟大复兴的中国梦提供坚实人才保障。

在党的十九大报告中，习近平总书记对这个问题的论述更加直接和清晰：为了"建设现代化经济体系"，必须"建设知识型、技能型、创新型劳动者大军，弘扬劳模精神和工匠精神，营造劳动光荣的社会风尚和精益求精的敬业风气"。相应地，对于职业教育而言，则要"完善职业教育和培训体系，深化产教融合、校企合作"。针对全面建成小康社会的历史任务，党的十九大报告特别提出了若干重大国家战略，如科教兴国战略、人才强国战略、创新驱动发展战略、乡村振兴战略、区域协调发展战略、可持续发展战略、军民融合发展战略。这些战略都与职业教育相关，其中军民融合发展战略、乡村振兴战略，更需要特别的相应人才供给相配合。当前面对世界百年未有之大变局，国际经济形势比较严峻，更加证明了我国加快职业技能培训的重要性。当前和今后一个时期，随着我国经济发展方式的转变和经济结构的变化，对于下岗职工再就业、农民工的转型、复员退伍军人的再就业，等等，都有赖于加快职业教育和培训体系建设步伐来加以解决。

（二）为广大青年发展成才指明路径

职业教育是服务经济社会发展需要，面向经济社会发展和生产服务一线，培养高素质劳动者和技术技能型人才并促进全体劳动者职业可持续发展的教育类型。与高等教育相比，职业教育对深入实施创新驱动发展战略、创造更大人才红利和推进经济转型发展具有极为重要的作用。当今的职业教育实践迫切需要升级提档,这是因为经济发展方式向内生型增长转变,对科技创新、人才质量提出了更高要求。其中,加快产业转型升级,打造人力资源升级版,大力发展职业教育是迫切要求和关键所在。产业转型升级的背后,是人才结构的升级,新形势下加快产业转型升级,不仅需要一批高层次的知识型、创新型人才,更倚重一支高素质的技术技能人才大军,而高素质的一线实用技能人才之缺乏,已经成为制约产业转型升级的突出问题。

进入 21 世纪以来,我国政府召开了三次全国职业教育工作会议,把职业教育作为经济社会发展的重要基础和教育工作的战略重点,提出了一系列推进职业教育改革与发展的政策措施,大力推进我国职业教育的发展,为广大青年发展成才指明了路径。党的十八大以来,习近平总书记在立足国情的基础上,从实现全面建成小康社会目标的战略纬度、实施精准扶贫战略的现实纬度、服务"四个全面"战略布局的目标纬度出发,对职业教育作出了一系列系统而深刻的论述,包括职业教育发展的新理念、新思想和新观点。习近平总书记的这些重要论述为中国职业教育的发展指明了方向,立足于服务广大青年发展成才的教育宗旨,明确了未来职业教育的目标任务。新时代我国职业教育工作要有新气派新思路,就要紧紧围绕"努力培养数以亿计的高素质劳动者和技术技能人才"的要求,以习近平总书记重要论述为遵循,坚持以服务为宗旨、以就业为导向、以提高质量为重点,不断推进体制机制和教育教学的改革创新,努力实现职业教育又好又快协调发展。

(三)为完善现代职业教育体系明确思路

习近平总书记关于职业教育的重要论述,是看待和解决当代我国职业教育改革发展的思想依据和基本遵循。我国职业教育本身发展的现状,与当前经济社会发展的需求尚不适应。职业教育在我国有着悠久的历史,但走过的是一条十分曲折的道路。从国际近代职业教育的角度看,洋务运动时期我国在各地建立的专科性实业学堂(以福建马尾船政学堂为代表)是中国职业教育的开端,但其使命的单一性决定了其难以在全国范围内普遍推行,特别是当时我国近代工业发展水平尚未出现对职业教育和培训的大量需求。1917 年黄炎培等人创办中华职业教育社,将生活纳入教育,提出了"无业者有业、有业者乐业"的办学理念,并主张全社会关注和参与职业教育,使我国的职业教育发展向前迈进了一大步。但在救亡图存是我国社会第一需要的背景下,职业教育与其他事业一样未能得到健康发展。中华人民共和国成立后一度实行的半工半读的教育与劳动相结合的教育体制,是适应当时社会需要的对职业教育的一个探索。"文化大革命"结束后,职业教育在很长时间内以就业教育为主旨,满足了当时社会的第一需要。只是进入世纪之交,随着我国工业化的全面推进,职业教育才真正回到了它本来的位置上来。

习近平总书记在党的十九大报告中提出完善职业教育和培训体系,是对我国职业教育进行根本性改造和提升的新要求。面对我国经济发展方式转变的迫切需要,我国庞大的普通高等教育体系不能完全满足需求,企业招不到合格员工,大批大学生找不到工作,而新一轮科技革命带来的经济结构调整,更加严峻地提出了培养大批高素质高技术技能人才的需要。为此,职业教育和培训体系的建设成为必然的选择。其中,习近平总书记提出的改变职业教育与培训相分割的状态,将职业教育与培训统一形成一个体系加以建设和完善,成为当前职业教育改革与发展的根本方向。例如,对一个职业院校来说,其学历教育和社会培训在人数上应大体相当。这表明,职业教育将为社会提供更多的服务,职业教育也就要承担更大的历史使命。比如,新疆普遍成立职业技能教育培训中心,兼负思想教育、技能培训、文化熏陶等多种职能,成为凝聚当地人心、助力脱贫致富、筑牢反恐根基的重要基地,其职能和社会意义已远远超越职业教育本身。

在习近平总书记关于完善现代职业教育体系的重要论述中,职业教育因其与经济社会发展具有日益紧密的相互关系,事实上已大大超越了教育的范畴,已成为经济社会健康发展不可或缺的重要组成部分。具体来说,有以下三个方面:

第一,职业教育作为一种类型的教育,与普通教育具有同等重要的地位,将因与经济社会的紧密联系而在教育系统具有更加突出的地位。为了给经济社会发展提供源源不断的高素质技术技能人才,不仅职业教育本身要大大发展,而且其他类别的教育也要向职业教育靠拢:普通高校要向应用型转型,基础教育也要开设职业教育类课程,如具体展开职业生涯规划课程等;职业教育要更多地为社会特别是企业提供优质的技术、培训服务,其自身也要形成中高本硕一体化的培养体系。在不久的将来,现代化职业教育体系将日益规范,其在教育系统中的地位乃至在全社会的美誉度都将大大增强。

第二,职业教育在实现现代化过程中不断为经济社会发展提供高质量服务,将使职业教育走在经济社会现代化的前列。职业教育跨界性特点,决定了它只有为区域经济社会发展提供各种服务,才具有存在价值;只有用最新的科技成果为区域经济发展提供直接动力,才能壮大自身;只有科技发展走在企业前列的职业教育,才是我国社会现代化过程中所需要的职业教育;只有具备上述特征的职业教育,才能推动整个教育事业的健康发展;只有这样的职业教育,才能真正确立起职业教育的应有地位。

第三，职业教育是覆盖全社会所有人员的教育，在整个社会生活的影响将日益突出。除了通过院校招生、毕业的职业教育学员之外，包括这些毕业生在内的社会上所有人员（甚至包括已退休人员）都与职业教育有关。从职校毕业后刚参加工作不久的青年员工，需要通过进修而再次回到职业院校学习；因经济形势变化，下岗职工再就业、农民工转型以及复员退伍军人就业，都需要进入职业院校学习；在非职业院校毕业的学生为了更好地就业，也会到职业院校再次学习专门技能；已经退休的人员为了再就业或满足年轻时的职业理想，也会加入职业培训队伍中来。这样的职业教育和培训体系，是学习型社会的重要基点和组成部分。

（四）为实现中国职业教育乃至整个教育的现代化奠定思想基础

党的十八大后，习近平总书记对职业教育发展发表了一系列重要讲话，讲话内容涵盖教育目的、教育任务、基本原则、发展动力、教育改革、教育保障等。党的十九大报告中，习近平总书记更加深刻阐述了职业教育发展的丰富内涵和实践要求，使职业教育在新时代社会发展过程中的价值理念和实践表达都达到了一个新的高度，标志着习近平新时代中国特色社会主义职业教育思想已基本形成。习近平新时代中国特色社会主义职业教育思想作为中国特色职业教育实践与马克思主义教育理论相结合的产物，是当代中国特色社会主义教育理论的重要内容，为今后我国职业教育实践指明了方向。习近平新时代中国特色社会主义职业教育思想具有较强的现实意义，为实现中国职业教育乃至整个教育的现代化奠定思想基础。主要表现为以下方面：

1. 为"两个一百年"奋斗目标实现提供人才支撑

习近平总书记强调，"'两个一百年'奋斗目标的实现、中华民族伟大复兴中国梦的实现，归根到底靠人才、靠教育"，构建完善的现代职业教育体系可"为实现'两个一百年'奋斗目标和中华民族伟大复兴的中国梦提供坚实的人才保障"。习近平总书记把职业教育看作国民教育体系和人力资源开发的重要组成部分，不仅是把职业教育作为培养高素质技能型人才的基础工程，更是把职业教育作为中华民族伟大复兴的基础工程，这是从国家层面对职业教育的新定位，职业教育的地位被提升到一个前所未有的战略高度。这也意味着，进入新时代，党和国家事业发展对职业教育的需要更为迫切，职业教育的生长空间更为广阔。

在习近平新时代中国特色社会主义思想指引下，国家教育行政管理部门先后出台了《关于积极推进高等职业教育考试招生制度改革的指导意见》《关于全面深化课程改革落实立德树人根本任务的意见》《关于深化职业教育教学改革全面提高人才培养质量的若干意见》等一系文件。2019 年 2 月,国务院印发了《国家职业教育改革实施方案》。以上教育政策、措施和制度的实行,目的就是更好地服务于国家经济社发展的客观要求,最大限度地助力"两个一百年"奋斗目标和中华民族伟大复兴中国梦的实现。

2. 发挥"扶贫"功能,助力全面建成小康社会

习近平总书记指出,全面建成小康社会关键在于贫困地区的脱贫致富。依托职业教育培养新型职业农民成为实施"精准扶贫"战略、破解当前农业发展困境的重要保障。职业教育的"扶贫"功能主要表现在"精准扶贫"的效果方面。与基础教育、高等教育等教育类型相比,在"精准扶贫"效果上,职业教育受教育者能更快融入工作,并在就职初期能获得较高的收入,且职业教育设置的多是应用类型专业,注重专业性的技术教育和技能培养,操作性强且紧跟时代步伐,更适合基础知识相对薄弱又急需获得工作收入的人群。因此,接受职业教育的贫困受教育群体能够以相对较少的教育投入,在相对短的时期内获得较好的扶贫效果。

3. 实现人民美好生活向往的重要手段

在各级各类教育中,职业教育与经济社会发展联系最紧密、与人们的生产生活水平关系最密切,职业教育既是最大的民生教育,也是促进教育公平、实现美好生活的重要手段,在实现人民对美好生活向往目标的过程中,发挥着重要的作用。2014 年 6 月,习近平总书记专门就加快发展现代职业教育作出重要指示,要求营造人人皆可成才、人人尽展其才的良好环境,努力培养数以亿计的高素质劳动者和技术技能人才。习近平总书记特别强调,要加大对农村地区、民族地区、贫困地区职业教育支持力度,努力让每个人都有人生出彩的机会。

在此后的多次会议上和实地调查考察中,习近平总书记从促进社会公平、实现人生价值等层面对职业教育提出重要要求。2015 年 6 月 17 日,他在贵阳市清镇职教城考察贵州省机械工业学校时,勉励同学们说:"学生时代是美好的,同学们在这里积蓄奋发力量,每一寸光阴都很宝贵。各行各业需要大批科技人才,也需要大批技能型人才,大家要对自己的前途充满信心。"习近平总书记希望同学们立志追求人无我有、人有我优、技高一筹的境界,学到真本领,用勤劳和智慧创造美好人生。

2015 年 11 月,习近平总书记在中央扶贫开发工作会议上讲话指出,一个贫困家庭的孩子如果能接受职业教育,掌握一技之长,能就业,这一户脱贫就有希

望了。他指出,贫困地区教育事业是管长远的,必须下大力气抓好。脱贫攻坚期内,职业教育培训要重点做好。

4.经济与社会协调发展的助推器

当前,世界正处于大发展、大变革、大调整时期,综合国力的竞争日益取决于人才的竞争。纵观全球竞争力排名位居前列的国家,无不把发展职业教育作为增强国家产业核心竞争力的重要举措。与此同时,全球青年失业潮愈演愈烈,引发社会动荡。各国劳动力供求失衡加重,严重制约有关国家产业转型和竞争力提升。这表明,教育体系与劳动力市场需求的匹配程度越来越深地影响各国经济改革和社会治理的成效。优化教育结构,特别是提升职业教育在整个教育结构中的地位,使职业教育人才培养更贴合经济社会发展需要,日益成为涉及国家社会稳定和产业竞争力的战略性问题。

当前,我国正处于加快转变经济发展方式、实现产业升级的关键阶段,技术工人尤其是高级技工短缺已成为制约我国经济和企业发展的重要因素。在全球技工短缺、竞争激烈的背景下,我国应未雨绸缪,从战略全局和现实国情出发,将职业教育摆在更加突出的位置。同时,还要加强职业教育宣传,建立尊重一线劳动者的文化价值观,在全社会树立重视职业教育的理念,树立劳动最光荣、劳动最崇高、劳动最伟大、劳动最美丽的观念;提高公众和企业对职业教育的认知与重视,逐步扭转"重学历、轻技能"的社会观念,倡导接受职业教育同样可以实现个人梦想的观念,让职业教育在促进经济发展和社会稳定等方面发挥协调助推作用。

(五)为习近平新时代中国特色社会主义思想增添重要内容

根据党的十九大精神,将党的十八大以来中国特色社会主义实践与理论的发展归入新时代内涵,这里面必然也包括职业教育的理论与实践。我国职业教育的实践构建,系指国家教育规划中明确提出的"现代职业教育体系"构建;其理论构建,则是在系统梳理和全面阐述党的十八大以来习近平总书记和中央决策中关于职业教育的理论表述和政策描述的基础上,参照世界发达国家职业教育走向,总结中国职业教育现代化的实践经验,构建新时代中国特色职业教育的理论体系。这些理论进步,将有力地进一步推进现代职业教育的理论创新与实践创新。

六、关于职业教育在天津的实践创新

有关文献资料显示,天津市作为国家职业教育改革创新示范区,经过多年的改革创新,天津职业教育呈现出十大亮点:建设海河教育园示范窗口,建立教育资源共建共享新体制;探索各级各类职教大赛与示范区建设互动机制,打造全国职业院校技能大赛新名片;坚持政府主导行业办学特色,激发集团化办学和院校联盟发展新活力;启动现代职教体系和应用技术技能人才培养建设,将职业教育推向新起点;优化招生考试改革和"现代学徒制",建立技术技能人才选拔新机制;加强兼职教师队伍建设,开辟"双师型"教师培养新路径;促进京津冀协同发展产教对接,搭建现代职业教育改革发展新平台;融入国际化专业教学综合要素,开启职业教育国际化发展新进程;持续增加经费投入,彰显办学体制与财政投入保障新特色;推行"百万福利计划",建设技术技能人才积累和大众数字化学习型城市新坐标,助推现代职教加速发展,促进大众创业万众创新。在完成了国家职业教育改革创新示范区建设的各项任务后,2015 年,天津示范区再次升级为全国唯一的"国家现代职业教育改革创新示范区",其重点建设内容包括:推进现代职业教育体系建设、加快应用技术类型高校建设、加强现代职业教育制度建设、开展专业群对接产业群建设、加速职业教育信息化建设、推动京津冀职业教育协同发展、提高职业教育国际化水平、培养职业院校名师名校长、提升学生创新意识和创业能力、推进终身学习型城市建设以及打造职业教育特色文化。

总体来看,新时代天津职业教育所取得的经验成果,是在习近平总书记关于职业教育重要论述指引下进行的实践创新,可以为我国不同省市职业教育的改革创新和可持续发展提供有益的科学借鉴。

(一)天津职业教育的生动实践

新时代的天津职业教育发展基础坚实、起步较早。党的十九大以来,为深入贯彻落实习近平新时代中国特色社会主义思想,牢牢把握习近平总书记关于职业教育重要论述的科学内涵和精神实质,天津着眼于扩大高端技术技能人才供给,打造天津职业教育品牌,提出关于做大做强做优职业教育的八项举措。

高水平推进国家职业教育示范区"升级版"建设。天津市全面落实《关于共建国家现代职业教育改革创新示范区协议》,每年投入专项经费支持示范区"国字号"项目建设,形成一批具有标志性的成果和品牌。对接国际标准,建立国际公认和国内通用的职业教育、技术技能人才、产教融合质量标准体系,着力实现职业教育与经济社会同步规划、与产业建设同步实施、与技术进步同步升级、与国际产能同步布局的"四同步"目标,打造中国特色职业教育制度创新的新高地、体系建设的新引擎、国际合作的新窗口、区域协同的新平台、质量提升的新支点。

加快世界一流现代职业教育体系建设。引导职业院校聚焦战略性新兴产业、先进制造业和现代服务业,办好先进制造、人工智能、航空航天、环保新能源、养老护理和幼儿教育类等人才紧缺专业。加强高层次应用型人才培养体系建设,加快构建中职、高职、本科、专业硕士有效衔接的技术技能人才培养通道,学历教育与培训并重,搭建个性化、类型化人才培养"立交桥"。支持12所世界先进水平高职学院建设,推进10所国际先进水平中职学校建设,建设服务重点产业群的优质专业群、区域发展急需的顶尖骨干专业,分别在16个区重点建设现代化职教中心,使职业教育成为支撑区域经济社会发展的人力资源开发基地,形成具有天津特点、中国特色和世界水平的现代职业教育体系。

加强高水平"双师型"教师队伍建设。实施"职教强基工程",开展高质量职业培训,制定职业院校专业领军人物遴选标准,遴选100名管理干部,开展"卓越校长"专项培训;遴选200名专业带头人,开展"领军英才"系统培养;遴选1000名骨干教师,开展"工匠英才"专项培养。推进高职院校人员总量管理改革试点工作,采取政府购买兼职教师岗位等方式,鼓励具有创新实践经验的企业家、高科技人才、高技能人才在职业院校兼职,选聘3000名"能工巧匠"到职业院校任教。加强职业教育师范类专业建设,在职业院校建立应用技术类硕博联合培养基地,开展5年一轮次的教师全员培训,完善教师定期到企业实践服务制度,校企合作建设"双师型"教师培育基地达到30个。

拓展职业院校技能大赛平台功能。围绕产业发展需求高水平举办全国职业院校技能大赛,研制和开发高技能人才培训和技能赛项教学资源,加快赛项成果转化。完善校级、市级、国家级职业技能竞赛体系,以职业院校为中心建设世界技能大赛培训基地,创新竞赛机制,拓展参赛范围,加大对大赛获奖的奖励力度。引进国际知名品牌赛项,面向经济社会发展急需紧缺职业和工种,吸引国际选手和国内产业工人参加大赛,增强职业技能大赛的国际影响力和社会贡献力。

坚持和完善政府主导、行业主办职教特色。围绕"一基地三区"城市定位,瞄准"五个现代化天津"建设,全面对接产业升级和民生改善需求,进一步完善产业、行业、企业、职业、专业"五业联动"产教融合机制,凝聚区域、行业、企业、职业院校、科研院所"五方合力",联合组建16个立足区域、面向产业、服务企业的职教集团,推动社会力量举办高质量职业教育,构建多元办学格局。共建应用技术转化中心、产品工艺开发中心、紧缺人才实训基地,打造技术技能积累创新联合体。强化行业企业办学主体责任,发挥行业指导作用,开展订单式培养培训,满足各区企业对高端技术技能人才需要,大力促进产教融合型企业发展。健全职业教育质量评价和督导评估制度,完善职业院校多元评价机制,引入第三方评估机构,将服务区域经济发展和民生改善作为重要考核评价指标。

助推京津冀协同发展和东西部职教帮扶。建设京津冀职业教育协同发展共同体,完善京津冀职业教育产教对接平台和协同发展运行机制,完善京津冀职业教育科研、教研联盟建设。落实天津市与雄安新区签订的职业教育战略合作协议,组织研究和参与制定"雄安新区职业教育发展规划及行动方案",服务雄安新区职业教育产教融合规划建设。加大国家职教示范区成果共享,采取区域系统援建、品牌整体输出、专业结对共建、师资订制培训、学生定向培养模式,服务东西部协作"脱贫攻坚、职教帮扶"项目建设。组织与受援地区职业院校结对帮扶,高质量完成新疆和田、西藏昌都、甘肃甘南、青海黄南等职教帮扶项目,面向中西部职业院校培训师资 1 万人次,推动职业教育在服务国家和区域战略规划、重大项目安排、人力资源开发等方面形成政策合力。

打造服务"一带一路"建设的知名品牌。大力支持天津首创"鲁班工坊"的境外建设,鼓励和支持企业深度参与,带动天津优势产业、优秀企业和优质产品走出去。以国家职教示范区优质教学资源为支撑,加强项目规划和建设布局,拓展合作领域和实施范围,提升职业教育服务"一带一路"建设和国际产能合作的能力,将"鲁班工坊"打造成为国际知名品牌。建设"鲁班工坊"研究与推广中心,对"鲁班工坊"建设规范与标准、模式与机制、质量与评价、应用与推广等进行系统研究,一次性设立 2000 万元专项资金,完善 50 个国际化专业教学标准,再开发 50 个产教融合紧密的国际化专业教学标准,支持职业院校应用和推广。

凝聚职业教育改革创新强大合力。完善天津市职业教育工作联席会议制度,加强各职能部门的组织配套和统筹协调,定期开展中职学校办学能力评估和高职院校适应社会需求能力评估,完善职业教育质量年度报告制度。开展"大国工匠进校园"活动,将职业道德、质量意识、安全环保等要求贯穿职业教育全过程,着力培养学生的综合职业能力、创新创业能力和可持续发展能力。坚持立德树人根本任务,成立职业院校思政课资源共建共享联盟,建设集具有实践教学、红色教育、师资培训、法律法规、社区服务等功能为一体的思政实训基地,积极培育和践行社会主义核心价值观。宣传推广能工巧匠成才典型,营造"劳动光荣、技能宝贵、创造伟大"的时代风尚,营造具有天津特色的现代职业教育文化氛围。

(二)天津职业教育的独特贡献

天津的职业教育起步较早,在同行中一直表现出独有特征,可将其概括为以下八个方面:

行业依托——天津过去很长一个时期都是行业办职业教育，这与天津国企基础雄厚有关。后来按照国家要求，逐步形成政府、企业和社会力量共同办学格局，但目前以行业为依托的特征依然明显。

体系完整——通过有力实践，已形成"中高本研"相贯通的职教"立交桥"。成立天津中德应用技术大学是其主要标志，而此前天津大学已有全国唯一的职教博士学位授予权。

大赛引领——全国职业院校技能大赛永久落户天津，大赛有力发挥了行业和专业标准对天津职教专业发展的引领作用，天津职教界则以此为基础对外输出竞赛标准并参与国际大赛。

示范实验——通过设立试验区和示范区，国家在职业教育方面的政策和改革举措率先在天津实践，天津职业教育因此首先获益并逐步将经验推向全国。

五业联动——产业、行业、企业、专业、职业各自发力，共同培养职业人才，这是天津独创的人才培养模式。坚持和推广这一模式，可以有效推进新时代职业教育发展。

三地协同——天津市在推进落实京津冀协同发展国家战略过程中，职业教育早已先行先试并取得明显成效，总结好这些做法将对其他行业起到表率作用。

"鲁班工坊"——职业教育国际化是职业教育现代化的一个方向标，天津首创"鲁班工坊"，使工程实践创新项目的教学模式真正得到落实，并以此为路径有效地将天津的教学、教材标准和职教文化推向世界。

资源共享——通过创办海河教育园区，将天津主要的职业院校集中起来，可以充分发挥政府和各院校的长处，在教材、教师、实训设备等方面真正做到资源共享，从而共同推进职业教育发展。

天津职业教育的上述特点，将极大丰富中国特色职教体系的内容，也构成天津职业教育的独特贡献。从具体策略性上分析，为有效落实职教工作的天津实践，天津市设计并实施了多项推动策略：

一是坚持政府主导。由于职业教育工作涉及面较广，牵扯的利益诉求较多，因此它其实是一项复杂而又精细的生态系统工程。为要职教内部实现各要素的动态平衡和整体的自组织发展，必须有一种权威而强大的协调和推动力量，而此力量及其后的责任担当非政府莫属。在推动职业教育改革创新的过程中，天津市教委联合相关行政部门、行业和单位，探索形成了"政、行、企、校、研"五方携手推进职教发展新机制。这种机制以政府的敢于担当、勇做推手为强有力后盾，强调多部门、多机构统筹协调，进一步明确了政府的主导、统筹责任，行业和企业的参与、指导、评价作用,职业院校的人才培养职能,研究机构的支撑、服务功能。五方权责清晰、定位明确,形成了事业发展命运共同体,有效保障了资源共享、责任共担、过程共管、互利共赢的五业联动育人模式运营,从而有效促进了学生、学校、企业、产业以及相关利益诉求方的共赢。

二是注重顶层设计。实施庞大的社会工程必须注重顶层设计。天津市高度重视五业联动的设计和规划。在国家现代职业教育改革创新示范区建设方案中,市教委就明确提出:实施优势专业培育与主导产业需求对接计划,要求在新一轮专业设置改革之中,全面形成优势专业群对接主导产业群的新格局;实施专业课程内容与职业标准对接计划,要求依据京津冀产业布局协同发展规划和天津市支柱产业发展需要,开发建设一批优质特色教材和课程,促进职业院校专业教学和服务产业发展的实效性;实施专业教学过程与真实生产过程对接计划,要求以专业教学标准为依据、以企业岗位技能要求为导向、以实践创新能力培养为核心,构建与生产过程无缝对接的课程教学体系,建立产业、行业、企业、学校培养技术技能人才的共育链;实施职业院校科研创新与企业技术创新对接计划,引导职业院校与行业、企业共建技术中心和校外实习实训基地,提升职业院校服务企业技术创新水平。

三是加大宣传力度。为使职业教育改革创新政策的设计缘起、执行策略和实施效应深入人心,天津市一方面大力宣传相关发展政策及国家现代职业教育示范区建设的典型经验和做法,并以活动周等形式建立职业教育宣传的长效机制,引导全社会切实转变教育观、人才观、择业观,促进形成"劳动光荣、技能宝贵、创造伟大"的良好社会氛围,重塑支持职业教育、褒扬技术技能人才、同等尊重学术型、技能型两类人才的良好环境;另一方面由市教委主导,连续举办"五业联动"高端讲堂20期,请国内外行业企业专家围绕职教优势专业群对接优势产业群等问题,具体介绍产业、行业、企业、职业、专业联动的探索过程、理论内涵和运作模式,分析经济发展趋势,剖析产业对技术技能人才需求。这些宣传活动,有力促进了职业教育改革创新人力资源建设机制,产教融合互动双赢机制,资金和资源的多元投入和调整机制,信息和资源的有效沟通与共享机制建设,为国家现代职业教育示范区建设和职业教育的高标准领先发展增添了新的活力。

四是强化质量文化。质量文化是全社会的质量共识和质量观念,是一种衡量质量目标的核心价值标准。为引导人们对国家现代职业教育示范区建设形成全新的质量共识,天津市实施一系列质量文化的培育对策:1. 弘扬技能大赛竞技文化。作为全国职业院校技能大赛的永久性主赛场和举办城市,天津努力倡导大赛的竞技文化和竞技精神,努力促进技能大赛实现自己的价值取向和质量目标。2. 推动企业文化与校园文化深度融合。现代职教文化本质上是学校文化与企业文化的融合体,天津通过引入现代企业文化精神,构建现代学校章程,重塑校园文化等途径,搭建校企文化深度融合的平台,使教育成为培育文化的地方,使学校成为创新文化的场所。3. 加强德育文化建设。文化培育是院校德育的重要抓手,天津通过在课程体系建设中融入民族优秀文化和现代工业文明,使以德为先、追求技艺的职教文化优良传统得以光大。4. 固化推广国家职业教育试验区、示范区建设成果。试验区、示范区建设创造了很多业绩,积累了很多经验,天津有关部门组织人力、物力,对此进行了有序分析和整理,对优秀的教育教学成果进行固化并加以推广,从而使这些职教文化积淀转化成教育事业可持续科学发展的质量保障。

(三)天津职业教育的发展走向

在习近平新时代中国特色社会主义思想的指导下,国务院、教育部等先后印发《国家职业教育改革实施方案》《关于实施中国特色高水平高职院校和专业建设意见》等一系列重要文件,提出了实现职业教育现代化的顶层设计、发展蓝图和实施路径,职业教育从 2019 年到 2035 年会进入一个非常重要的历史发展时期。改革开放以来我国高等职业教育呈现出四个阶段性特征:一是实现跨越式发展的"规模扩张",二是快速提升整体发展水平的"示范建设",三是全面推动高质量发展的"行动计划",四是打造特色品牌的"双高计划"。可以说,当前我国经济社会发展已经进入以供给侧结构性改革为主要内容的结构大变革时代,新科技革命与制造业的快速发展,对职业教育的发展提出了更紧迫和更高的要求。"中国制造 2025"提出力争用 10 年时间迈入制造强国行列的宏伟目标,需要大规模的技术技能人才做支撑,职业教育不仅只是担负传统的培养技术技能人才的任务,还要肩负起弘扬工匠精神的新任务。习近平总书记关于职业教育的重要论述,是发展职业教育必须秉持的基本价值和使命。据此,未来天津在职教地位、质量标准、教学体系、师资队伍等领域都须围绕新时代职业教育新使命进行重塑重构。

从总体方向上看,提升未来天津职业教育发展的质量和效果,一要通过供需对接和产教融合,架起职业院校同高端产业、科技型中小企业合作共建的通畅桥梁;二要通过高起点建设与高质量落实,夯实天津建设中国特色、世界水平高职院校的必要基础;三是通过顶层设计与政策支持,打造区域经济发展的服务高地,持续保持天津在全国职业教育领域的引领示范作用,率先实现职业教育的现代化。同时,要在职业教育体系、职业培训体系和整个教育体系的相互关系理论研究与实践创新方面,继续下大功夫。这一部分具有很大的创新空间,实践中职业教育很有发展潜力,映衬出其他教育类型必须加快改革步伐,这一事实证明在整个教育体系中正确定位职业教育、有效发挥职业教育在整个教育体系中的"鲶鱼效应",具有极为重要的理论与实践价值。

从具体工作上看,提升未来天津职业教育发展的质量与效果,需要在深化京津冀职业教育协同发展这个重点方面,进一步下足功夫。

一是要编制京津冀职业教育协同发展规划,推进协同向纵深发展。职业教育是与经济社会发展最直接、最紧密的教育,京津冀职业教育协同发展不仅关系到三地职业教育自身发展,而且关系到三地产业结构调整、产业布局,关系到三地技术技能人力资源的供给,将影响京津冀城市群建设。要将京津冀职业教育协同发展抓实抓好,需要从国家层面组织编制《京津冀职业教育协同发展十年规划》,强化顶层设计与统筹,明确京津冀职业教育协同发展的任务书、路线图和时间表,明确长期目标和近期工作,明确阶段性成果和远期成效。通过规划厘清三地职业教育发展的关系、利益融合点,将目前探索的经验、做法进一步归纳提炼,形成制度措施,推进三地协同向纵深发展。

二是要深化"五方携手""五业联动"机制,促进产教深度对接。围绕三地产业布局调整,加大职业教育与产业的深度对接,加大职业院校与行业和企业的深度对接,加大职业岗位与专业的深度对接,通过开展"五业联动"大讲堂等活动,明确产业结构调整与升级状况,明确现代产业发展对技术技能人才需求类型变化;通过优势产业群建设试点等项目,强化现代学徒制,整体统筹三地职业院校专业布局,实现职业教育与经济社会同步规划、与产业建设同步实施、与技术进步同步升级。

三是要建立三地职业教育发展数据研究与监测中心,精准推进协同发展。建立部级及省市级三地职业教育发展数据研究与监测中心,即时采集三地职业教育发展情况,进行数据挖掘,推进数据应用,实现数据决策,为京津冀协同发展大局服务,为教育行政部门决策服务,为职业院校自身发展服务。借助国家信息管理平台系统、中高职教学诊断与改进项目及其他相关系统平台等,建立包括学生与师资、教学与管理、产业与就业、岗位与人才等在内的数据资源库。整合行业、行政部门信息资源,建设职业教育人才预测就业预警管理信息系统,及时、快速传递产业发展变化以及产业变化对岗位要求信息,预测产业发展对技术技能人才需求变化,建立三地职业教育就业预警服务机制,提高三地职业教育人才培养的前瞻性,增强职业教育协同效应,精准服务产业发展。

四是要充分发挥已有协同发展中心与联盟作用,加强三地科研教研联动。充分发挥已有京津冀职业教育协同发展中心和京津冀职业教育教学协同发展联盟作用,对三地职业院校共同面对的产教融合与校企合作、职业教育与普通教育融合、打通中高本硕上升通道、建立现代职业教育体系等管理体制和教育教学等重大问题,对三地职业院校间与中高职学校间的学分认定转换制度、三地联合招生等关键难点,开展合作攻关,使科研和教研真正成为三地职业教育建设发展的先导。

（本部分系天津市三方现代职业教育发展研究院多次开展理论研讨而得出的成果,其系统整理工作由李墨承担。）

第二部分

天津高职院校发展特色和未来规划案例

教育对外开放的研究与探索

张兴会①

　　开放是现代教育的基本特征和内在要求,国际化是世界教育发展的重要趋势。新时代,国际教育交流合作必将肩负更加重大的使命。当前,全球经济一体化、世界政治经济形势复杂多变及国际秩序不稳定不确定因素增多,倒逼教育必须扩大对外开放;新一轮科技革命和产业变革对新业态、生活、教育正产生着深远影响;百年未有之大变局正促使教育进行反思,解决教育对外开放转型面临诸多挑战,必然要打造教育对外开放在空间布局、人才培养等方面的合作纵深;南洋理工学院特色的国际化办学模式,为教育聚焦产业需求、学分全球互认提供了重要借鉴。

　　一、我国教育对外开放的定位与布局

　　2013 年 9 月,习近平总书记在联合国"教育第一"全球倡议行动一周年纪念活动上发表视频贺词指出:"中国将加强同世界各国的教育交流,扩大教育对外开放,积极支持发展中国家教育事业发展,同各国人民一道努力,推动人类迈向更加美好的明天。"教育对外开放是我国改革开放事业的重要组成部分,是党的教育事业的重要组成部分,是我国教育适应时代潮流、适应全球化趋势而做出的战略选择,在推动教育改革、促进人文交流、推进"双一流"建设、提升教育国际影响力等方面发挥着重要作用,在建设教育强国、推动现代化建设和构建人类命运共同体方面起着关键作用。教育对外开放在国家战略和教育发展战略中具有重要地位,是必须长期坚持的教育基本政策,要始终坚持在党的领导下,服务党

---

　　①　张兴会,天津中德应用技术大学党委书记、教授。

和国家工作大局,统筹国内国际两个大局,在提升教育质量和水平上下功夫。

教育事业既在对外开放中发展壮大,又在对外开放中走向世界。党的十八大以来,习近平总书记对教育对外开放发表了一系列重要的指示、论述,国家也出台了一系列政策法规指导我国教育对外开放的发展。《中华人民共和国教育法》明确规定:国家鼓励开展教育对外交流与合作,支持学校及其他教育机构引进优质教育资源,依法开展中外合作办学,发展国际教育服务,培养国际化人才。《中华人民共和国高等教育法》也明确指出:国家鼓励和支持高等教育事业的国际交流与合作。高等学校按照国家有关规定,自主开展与境外高等学校之间的科学技术文化交流与合作。2003 年颁布的《中华人民共和国中外合作办学条例》(目前教育部正在修订中)也对中外合作办学提出了扩大开放、规范办学、依法管理、促进发展的具体方针,并明确国家鼓励引进外国优质教育资源的中外合作办学,鼓励在高等教育、职业教育领域开展中外合作办学。

改革开放以来国家陆续制定相关政策,指导推进我国教育对外开放不断发展。1985 年出台的《中共中央关于教育体制改革的决定》,提出了教育体制改革"要注意借鉴国外发展教育事业的正反两个方面的经验",特别是要注意发达国家有关方面的经验,从此拉开了改革开放以来教育对外开放的序曲。2010 年,《国家中长期教育改革和发展规划纲要(2010—2020 年)》印发,提出了"坚持以教育开放促进教育改革、促进教育发展"的战略方针和"借鉴国际上先进的教育理念和教育经验"的具体方针。2016 年发布的《关于做好新时期教育对外开放工作的若干意见》指出,"要开创更有质量更高水平的教育对外开放新局面",坚持"以我为主、兼容并蓄"。2017 年发布的《关于深化教育体制机制改革的意见》进一步明确要"扎根中国""融通中外""吸收世界先进办学治学经验"。2019 年 2 月出台的《中国教育现代化 2035》将"开创教育对外开放新格局"作为教育现代化的战略任务之一,提出要全面提升国际交流合作水平,扎实推进"一带一路"教育行动,并鼓励有条件的职业院校在海外建设"鲁班工坊"。国家对教育对外开放的重视,正推进我国教育对外开放在提质增效上拓思路、创品牌。

二、我国教育对外开放的现状

党的十八大以来,面对和平与发展这一时代主题,我国教育对外开放坚持"走出去、引进来",在引进优质教育资源、提质留学生教育、服务"一带一路"输出先进教育模式和经验方面做了大量工作,取得了显著成绩。

(一)新时代引领教育对外开放新发展

在引进优质资源扩大合作交流方面,据统计,截至 2018 年 8 月,我国共有

2365 个中外合作办学机构和项目,其中合作办学机构 198 个,本科以上独立法人机构 9 个。在 2018 年第五轮中德政府磋商中,签署《关于深化高等教育和职业教育领域合作的联合意向性声明》,支持"双一流"建设与"卓越战略"的对接,在"中国制造 2025"与"工业 4.0"框架下实施职教师资培训项目。

在提质留学生教育方面,据统计,改革开放四十多年来,我国出国留学人数由 1978 年的 860 人增长到 2017 年的 60.84 万人,累计达 519.49 万人,其中 313.2 万人在完成学业后选择回国发展。近年来,我国来华留学生的规模不断增加,层次不断提高。据统计,2017 年,我国共有来自 204 个国家和地区的 48 万余名留学生在国内 935 所高校和科研机构学习。

在服务"一带一路"、走出去输出标准模式方面,2016 年,教育部出台《推进共建"一带一路"教育行动》,成为新时代教育对外开放工作的指导性文件。据教育部统计数据,截至 2019 年 2 月,我国已与 24 个"一带一路"沿线国家签署高等教育学历学位互认协议,共有 60 所高校在 23 个沿线国家开展境外办学,16 所高校与沿线国家高校建立了 17 个教育部国际合作联合实验室。据最新统计,全球 154 个国家(地区)已建立 548 所孔子学院和 1193 个孔子课堂。

(二)职业教育的对外开放

职业教育的对外开放是教育对外开放重要组成部分,也是职业教育改革和发展的必然趋势,其在助力"一带一路"、引进优质资源、输出职教模式标准、提高我国教育国际影响力等方面发挥出了重要的作用。特别是天津职业教育立足天津职教优势,打造"鲁班工坊"品牌,积极服务"一带一路"倡议,为我国教育对外开放提供了宝贵经验。

2019 年 6 月,《2019 中国高等职业教育质量年度报告》发布国际影响力 50 强高职院校。50 强指标主要涵盖留学生培养培训、专业课程标准采用、国(境)外服务与影响等 3 个维度,8 个指标项目,强调专业课程标准水平、国(境)外服务与影响,重视国际合作的内涵和质量。与 2018 年相比,50 强院校这几项指标的平均值增长接近或超过一倍,增幅分别达到 92.0%、143.9%、93.1%、102.4%。与此同时,来华全日制留学、非全日制培训规模等指标平均值的增幅为 24.9%、5.5%。中西部地区有 11 所院校入选国际影响力 50 强。中西部地区尤其是沿边境省份院校发挥区位优势,面向"一带一路"沿线国家,发挥专业技术优势和技术技能人才培养优势,正在成为对外开放办学的窗口和桥梁,形成国际合作亮点。

天津作为国家现代职业教育改革创新示范区,立足职业教育优势,推进"鲁班工坊"建设服务,共建"一带一路"。近几年,天津牢牢把握"鲁班工坊"技术技能人才培养和职业文化推广交流的定位,加强"鲁班工坊"建设标准规范、运行模式、教学质量评价等的系统研究,支持国际化专业教学标准与教学资源建设,推动专业教学标准和人才培养模式共享,以促进民心相通为目标,首创并率先推进"鲁班工坊"建设,为"一带一路"沿线国家青年提供职业技能培训。截至目前,天津已在泰国、印度、英国、印度尼西亚、巴基斯坦、柬埔寨、葡萄牙和吉布提建设了 8 个"鲁班工坊",受到"一带一路"沿线国家人民普遍好评,搭建了对外交流合作新平台,巩固提升了我国与合作国的友好往来。此外,天津利用作为全国职业院校技能大赛主赛区的优势,对接世界技能大赛,探索赛项国际化,泰国、印度"鲁班工坊"先后成为中国职业院校技能大赛延伸赛场。下一步,天津还将在非洲建设 10 个"鲁班工坊",进一步扩大对外交流合作和教育资源输出。

三、天津中德应用技术大学对外交流合作的实践与展望

(一)国际合作是天津中德应用技术大学的传统和基因

天津中德应用技术大学是教育部批准成立的国内第一所应用技术大学,2017 年被天津市政府确定为世界一流应用技术大学建设单位。办学 34 年来,学校形成了"以应用技术大学建设为引擎,以国际合作、校企合作、创新创业为三大支柱"的事业发展格局,其中国际合作是学校的传统与基因。学校始终坚持以与德国合作为本,深入推进国际合作多元化,走出一条"引进来、走出去"相结合特色的国际合作办学之路。共有 120 余名外籍专家先后在天津中德应用技术大学工作过,其中 5 名外国专家获国家友谊奖、7 名外国专家获天津市海河友谊奖。目前,学校每个专业组群配置一名引智专家,指导专业建设。

天津中德应用技术大学与加拿大不列颠哥伦比亚理工大学(简称 BCIT)联合举办了十届中加软件技术专业联合办学项目。2004 年 3 月,学校与加拿大BCIT 在北京签署合作备忘录,正式确立以软件技术专业开展联合办学,同年 9月,第一届中加软件技术专业 40 名学生入校,2016 年 6 月,第十届中加软件技术专业 54 名学生顺利毕业。十届共招收 511 名学生,478 人获得中、加双文凭证书,其中毕业后前往 BCIT 深造的 30 余人,到其他国家留学 10 余人。

天津中德应用技术大学与西班牙机床技术学院联合举办中西数控技术专业联合办学项目。2010 年 4 月,学校与西班牙机床技术学院形成了初步的合作意向,2011 年 2 月,签署《中西数控技术专业联合办学项目协议》。此项目既是我国和欧盟第一次在高职层次的学历互认,又是天津市首次重点装备制造类专业学历教育的国际合作项目。2013 年,学校与西班牙机床与工具协会签署第二期

项目合作协议,正式开启中西学历生培养。2018年11月,学校与西班牙IMH学院合作建立中西机电工程学院,成为天津市首个专科层次中外合作办学机构,合作专业拓展为数控技术、数控维修和模具设计与制造专业,进一步深化了学校国际交流合作。

学校积极推进国际化专业教学标准开发与实践。依托国家和天津市高等职业教育国际化专业教学标准开发项目,共开发数控技术、机电一体化、电气自动化、软件技术、飞机制造技术、新能源应用技术、物流管理、应用德语、音响技术等9个专业国际化教学标准,自行开发汽车检测与维修技术和飞机电子设备维修2个专业国际化教学标准,并以国际化专业教学标准为基准实施国际化教学;以试点班、订单班、留学生班为国际化办学模式推进国际化办学落地;以国际化教学资源、师资队伍、实训条件、技能大赛、合作办学机构为联动平台保证国际化教学质量。

近年来,学校拓展与欧美应用技术大学、研究院合作,并与路德维希港、不莱梅港以及代根多夫应用技术大学、萨尔州应用技术大学等多个国际高校深入沟通交流对接,建立师资培训基地;积极拓宽国际交流与合作平台,加入德国菲尼克斯电气全球自动化教育联盟,国际合作优势进一步凸显,影响力进一步增强。2014年10月,国务院总理李克强出访德国参加第七届中德经济技术合作论坛期间,将学校学生亲手制作的"鲁班锁"作为国礼赠送给德国总理默克尔,大大提升了职业教育影响力。学校获首届世界职业教育院校联盟(WFCP)卓越奖、国际合作金奖,入选中德智能制造合作2016年试点示范项目,是教育部"中德(天津)职教合作示范基地"。

(二)服务"一带一路",输出职教模式与标准

1.服务"一带一路"倡议,建设澜湄职业培训中心暨柬埔寨"鲁班工坊"

学校坚持"在服务中求支持,在贡献中求发展"的理念,积极争取承担外交部、教育部和天津市政府"澜湄机制"项目,与柬埔寨国立理工学院在柬埔寨合作共建澜湄职业教育培训中心暨柬埔寨"鲁班工坊"。2016年3月李克强总理在"澜沧江—湄公河合作"首次领导人会议上确定在柬埔寨建立职业培训中心。经多轮实地考察和磋商,2016年11月9日,天津中德应用技术大学与柬埔寨国立理工学院达成共同建立"澜湄职业培训中心"的合作框架协议,确定在柬埔寨国立理工学院建立澜湄职业培训中心,并依据柬埔寨市场需求,开展机电一体化和通信技术两个专业的技术技能培训,建设3个实训中心、17个实训室。2018年10月28日,澜湄职业培训中心暨柬埔寨"鲁班工坊"在柬埔寨正式揭牌。

2019年10月7日,湄公河国家职业教育师资培训在澜湄职业教育培训中心暨柬埔寨"鲁班工坊"正式开班,成为辐射澜湄地区职教师资培训和技术技能培训的重要基地。

2.服务"一带一路"倡议,推进尼日利亚"鲁班工坊"建设

2018年9月,习近平总书记在中非合作论坛开幕式上提出,将在非洲设立10个"鲁班工坊",向非洲青年提供职业技能培训。为积极落实习近平总书记中非合作论坛讲话精神,2019年6月24日至29日,按照天津市教委工作部署,天津中德应用技术大学组团赴尼日利亚考察,访问尼日利亚教育部,并与尼日利亚阿布贾大学签署合作备忘录,积极推进尼日利亚鲁班工坊的建设。

3.服务"一带一路"倡议,推进留学生教育提质增速

2013年泰国诗琳通公主访问我校,正式促成了学校首届学历留学生项目。同年10月,学校迎来第一批6名泰国留学生,首开天津高职院校接受国外留学生开展学历教育的先河。2017年6月,学校与天津津荣天宇精密机械股份有限公司签订"津荣奖学金合作协议",为学校二三年级泰国留学生设立了专项奖学金。从2017年起,学校开始招收"一带一路"沿线国家本科留学生。截至目前,已有来自6个国家154名留学生来我校学习,留学生在校生人数已达119人,覆盖5个专业,大部分来自泰国、印尼、哈萨克斯坦、柬埔寨、尼日利亚等"一带一路"沿线国家。同时,学校还积极开展与国外学校的交流合作,为学校优秀学生出国交流提供通道。2018年,天津中德技术应用大学被认定为天津市外国留学生实习实践基地。

(三)展望与发展

学校当前正积极对标国际一流院校,找准坐标位置,致力于构建具有鲜明特色的国际交流与合作范式,推进中国特色、世界水平应用技术大学建设。

一是构建"双动力"应用型技术技能型人才培养模式。要提升国际交流合作水平,形成特色,形成经验,首先要构建基于自身特点的应用型技术技能型人才培养体系。以"政产学研用"六元协同双创教育生态系统运行机制为基础,注重加强政校企合作,产教深度融合,利用政府资源和社会资源推进学校体制机制改革,构建政府主导、校企"双动力"应用型技术技能型人才培养模式,打造中国职教品牌。

二是聚力三个"下功夫",不断提升国际化办学水平。在构建学分银行,加快推进国际学分互认方面下功夫;对接国际标准,在国际化专业标准开发方面下功夫;在强化国际化水准的"双元"师资队伍建设方面下功夫。

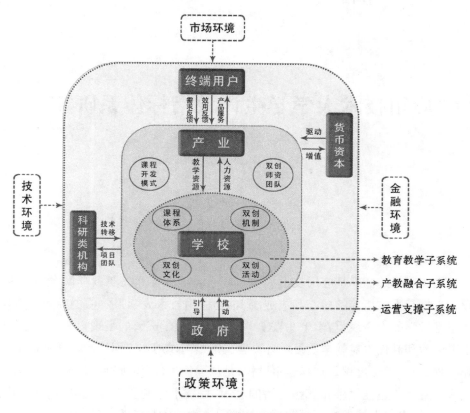

"政产学研资用"六元协同双创教育生态系统

三是在凝练特色,输出标准、模式和经验上持续用力,以质量和特色优势走向世界。继续响应"一带一路"倡议,立足澜湄五国,放眼全球,总结"澜湄职业培训中心暨柬埔寨'鲁班工坊'"经验,进一步扩大"一带一路"沿线国家留学生交流合作项目,在提质增速上下功夫。深入推进尼日利亚"鲁班工坊"建设项目建设,力争将尼日利亚"鲁班工坊"建设成为服务西非经济发展的重要技能人才培训基地。

应用技术大学学生评教指标体系研究①

徐珽颖　王亚平②

　　人才培养的标准是应用技术大学与普通高等教育和高职教育最大的区别，教学工作是人才培养的核心和主战场，也是应用技术大学最鲜明的特色。教学质量是教学的生命线，与学生在教学中的体验和教学成果的呈现直接相关，学生学习体验和胜任力对教学质量提升具有关键指向作用。应用技术教学强调应用和工程实践，教学过程是技术运用过程，是从操作生硬、思维凝滞到操作娴熟、思维流畅直至创造性思维和操作灵活的过程，是技术技能和心智发展的过程。因此，应用技术大学教学特别强调学生的学习参与和体验反馈，而学习是为一系列与成功学习相协同的认知过程所支撑的。新时代全国高等学校本科教育工作会议召开以来，"水课"和"金课"已经成为热词，"消灭水课、打造金课"得到了高等学校乃至社会上一边倒的叫好。"消灭水课、打造金课"的关键是"消灭水师、打造金师"，学生评教是高校教师教学评价的重要构成，也是教学质量保障体系不可或缺的组成部分，有利于教师教学发展和学生学习。基于以上研究和实践，应用技术大学有必要开展有效的学生评教工作，促进教师教学和学生学习发展，打造"金师"和"金课"，培养高水平应用型、技术技能型人才。学生评教指标体系

---

　　①　本文为教育部人文社会科学研究规划基金项目"中国特色应用技术大学'双元'课程体系理论研究与实践探索"（项目编号：16YJA880052）、天津中德应用技术大学大学改革与建设项目"应用技术大学学生评教体系研究"（项目编号：ZDJY2019－24）、天津中德应用技术大学校级人文社会科学研究项目"芬兰应用技术大学管理机制研究"（项目编号 ZDKT2018－029）的阶段性研究成果。
　　②　徐珽颖，天津中德应用技术大学原副校长、天津商务职业学院党委副书记、教授。王亚平，天津中德应用技术大学教务处科长、助理研究员。

是学生评教的核心内容,对评教结果有直接作用,并对师生发展产生一系列衍生性影响。结合当下高校学生评教指标体系和应用技术大学近年教学实践,研究应用技术大学学生评教指标体系,是建设应用技术大学教学质量保障体系的基础性工作。

一、当前高校学生评教指标体系

大学创立之初,分为"先生大学"和"学生大学"。"学生大学"主要是由学生进行管理,特别是在教师聘用方面拥有绝对的自主权,这是大学学生评教的最早、最鲜明的特征,法国巴黎大学建校之初就是"学生大学"。现代学生评教肇始于20世纪初的美国,至今已有百余年历史,并成为各国高校普遍接受的教学质量评价途径之一。随着现代科学技术和高等院校的发展,学生评教已经超出高等院校自身,许多国际、区域、国家和社会高校质量保障机构也开始了学生评教工作,例如联合国教科文组织、欧洲职业教育发展中心、中国高等教育教学评估中心、麦可思公司、英国高等教育公司(Advance Higher Education)等。

国际著名教育评价专家约翰·B. 比格斯(John B. Biggs)认为,提高教学质量最重要的途径是改善教学和教学评价的政策与程序,将关注点从教师转向学生,特别是要明确教师的哪些教学内容可以促进学生的学业提升。高校学生评教指标体系是高等院校和其他质量评估机构关注的热点,也是最具争议的焦点,对高校教学评价发挥着日渐重要的影响。欧美高等院校学生评教与我国高等院校学生评教的最大区别是评价对象,欧美高校学生评教的对象主要是学生学习成果,例如学生是否学习到了有价值的内容、参与了课堂讨论、主动寻求教师帮助、做了课堂笔记、考试成绩公平、课程难度等,引导学生反馈自己真实的学习体验,并在每个指标之后附注生动的案例,让学生进行开放性评价,抓取学生学习胜任力表现,倒逼教师进行课堂教学改革。虽然也有学者和教师反对学生评教,但是大多数教师仍然是支持学生评教的。例如澳大利亚昆士兰大学凯丽(Kelly Matthews)副教授关注学生学习体验以及教与学中的学生合作,获得澳大利亚教学奖中的"以学生为伙伴"奖。我国高校学生评教的对象主要是教师的教学行为,例如教师教学态度、教学内容、教学方法、教学组织、语言表达、教学效果等,指标分解模糊,多为教师自身课堂实践,没有学生学习体验,缺乏开放性评价,统计分析方法简单,多为评价分数的平均数,这导致了学生敷衍学生评教工作,教师反感学生评教,高校多将学生评教结果作为教师评优评先的重要条件,硬性推动学生评教工作。尽管如此,学生评教工作还是有一定的正向作用,其负面作用主要是评教指标体系和评教组织工作所导致,所以当下高校学生评教工作虽有争议,但在实践和研究中依然稳步推进,并逐渐成为教学评价的一种制度,被高等教育管理机构和高等院校普遍接受。

二、应用技术大学教学特点

应用技术大学实施应用型、技术技能型人才培养工作,这决定了其教学主体、教学内容、教学方法、教学环境和质量评价等工作必须围绕应用技术技能展开,并形成适应自身发展的特点,服务人才培养工作。

应用技术大学教学主体是高级应用技术技能教学人员和未来的应用技术技能人才,异于普通高校中管理、研发等人才,也不同于高职院校中技能人才;教学内容是当下和未来产业中的应用技术技能,能够在当下产业生产中和未来产业发展中起到提高产能作用的技术技能,例如智能制造技术、工业物联网技术、5G技术、网络安全技术、风力发电技术等,区别于研究性高校的量子计算机技术、边缘计算技术、太空探测技术等和高职院校的汽车服务技术、机床维修技术、电梯维护技术等;教学方法要以实践为导向,以任务为载体,以应用为目标,围绕多项技术或技能设计教学项目,让学生在实践中认知理论、深化理论、增强实践,例如设计增材制造项目,通过3D打印人类胫骨、牙齿、关节等项目,让学生掌握与增材制造相关的材料、自动控制、机械制图、能量转换、模型设计、参数测量等一系列应用技术技能,并在反复训练中不断提高水平;教学环境也是应用技术大学教学的一大特点,突破传统班级授课制、教室授课、教材授课等限制,在实验实训中心开展教学,例如飞机机电设备维修中心、机器人设备维修中心、计算机编程中心、增材制造中心、风力发电中心等,没有传统的课堂教学,都是项目小组训练,充分激发学生对技术技能学习的积极性;质量评价工作区别于传统单一试卷测试,而是开展产品设计、技术改造、工件加工等实际工作任务,测量学生技术技能的熟练程度和应用效果。

三、应用技术大学学生评教指标体系设计

马什(Marsh)教授认为构建学生评教指标体系有三种方法,包括基于教与学的教育理论方法、基于逻辑和文献分析的方法和基于统计实证的方法。在高等院校学生评教实践中,这三类方法通常是综合使用的,例如复旦大学学生评教指标体系包括教学态度、教学能力、教学方法等观测点,是基于教与学的教育理论设计的,而复旦大学学生评教指标体系也是借鉴了国内外许多学生评教指标体系构建的,使用了逻辑和文献分析的方法,其设计优秀教学模型、统计学生评教问卷,使用了统计实证的方法。学生评教指标体系最核心的功能是诊断学生学习胜任力、教师教学胜任力以及学生学习与教师教学之间的关系契合度。

　　根据教育心理学研究,学生的学习胜任力包括学习动机、学习迁移、知识学习、技术技能形成、学习策略、问题解决与创造、态度与品德形成和心理健康,教师的教学胜任力包括教学设计、课堂管理、教学测量与评价和教师心理。学习动机包括学习需要和学习期待,观测点包括强化、需要、成就、成败归因、自我效能等;学习迁移包括正负迁移、水平迁移与垂直迁移、一般迁移与具体迁移、同化迁移、顺应迁移和重组迁移等类别,观测点主要是学习指导、内容选择、教学设计、教学方法等;知识学习包括陈述性知识学习和程序性知识学习,观测点为知识表征、知识获得和知识记忆;技术技能形成包括操作技能和心智技能,观测点包括技能定向、模仿、操作、整合、内化、熟练;学习策略包括认知策略、元认知策略、资源管理策略,观测点包括记忆、做笔记、提问、计划、调节、时间管理等;问题解决与创造观测点包括发现问题、理解问题、提出假设、检验假设、好奇心、独立性等;态度与品德形成观测点包括他律、自律和价值观等;心理健康观测点包括焦虑、抑郁、强迫、恐怖、人格障碍、人格缺陷、生理障碍等;教学设计观测点主要包括教学内容、教学目标、教学方法、教学媒体、教学环境等;课堂管理包括群体管理、课堂纪律、教师风格、教学规模、师生关系等;教学测量与评价观测点包括测量工具、测量方法、结果处理;教师心理观测点包括教学反思、教师期望、教师人格、教师成长、教育机制、教学能力等。

　　当前的高校学生评教指标体系主要是普通高等学校评教指标体系或其改版,主要针对教师教学活动,没有针对学生学习过程和学习结果,主要针对学生内在发展,无法反映学生外在发展,因此不能适应于应用技术大学学生评教工作。教育心理学充分考虑了学生的学习胜任力和教师教学胜任力,突出了学生技能形成、学习策略和问题解决与创造的能力,符合应用技术大学学生学习成果内涵,对学生评教具有直观的表征作用。因此,应用技术大学学生评教指标体系(见下图)包括学生学习胜任力和教师教学胜任力两个一级指标,学生学习胜任力指标包括学习动机、学习迁移、知识学习、技术技能形成、学习策略、问题解决与创造、态度与品德形成和心理健康8个二级指标,教师的教学胜任力包括教学设计、课堂管理、教学测量与评价和教师心理4个二级指标,充分显示了学生评教中以学生学习为中心的理念,突出了学生学习成果,明确了教师教学评价内容。在对指标描述时尽量考虑学生的思维水平、认知能力、直观感受,还有课程类型、课程难度等,例如在机械制图课程中制图技能形成中表述为:"通过这门课程的学习,我能熟练掌握正投影法、简化画法、公差、图线的画法,能够按要求设计意图和制造要求作图",甚至在评价后面添加相关试题。当学生在评价机械制图这门课时,就能客观、准确反馈自己的学习胜任力和教师教学胜任力。

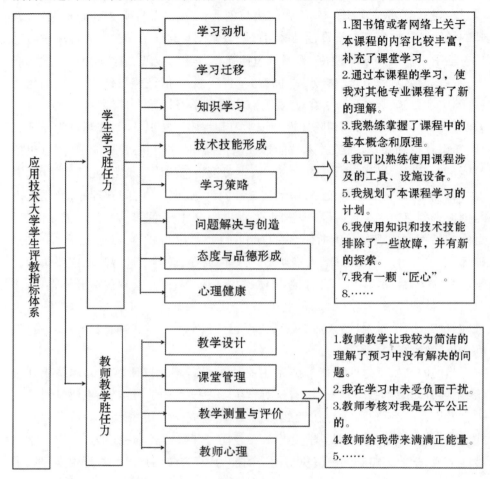

应用技术大学学生评教指标体系示意图

四、结论

教学是一个因地制宜、持续进步的工作,应用技术大学学生评教体系亦是如此。产业技术的坚守与创新、生源质量的日益提高与分化、师资队伍的逐渐提高与细化,都给应用技术大学教学质量保障和学生评教指标体系提出了新的挑战和机遇。基于应用技术大学学生评教体系研究和实践情况,得出以下工作结论。

首先是应用技术大学学生评教必须以学生为中心,以技术技能形成为主题,以应用成果为导向。应用技术学习与理论知识学习最大的区别是其不仅仅强调心智技能,更多的是突出操作技能。天津中德应用技术大学前身是德国培训中心、国家级职业院校,具有重视学生技术技能实践的优良传统,技术实训设备水平先进、数量充足,校企合作资源广泛,可以为学生提供丰富的应用技术技能学习资源和途径。天津中德应用技术大学开展学生评教具有如此先天优势,为其探索学生评教提供了坚实支撑,学生反馈了大量应用技术技能学习的信息,为学校应用技术技能教学发展提供了充分的数据和案例支撑,促使学校进一步强化教学质量。

其次,应用技术大学在我国是新生事物,有许多更为基础的工作需要完成,例如校舍建设、师资队伍建设、学生管理队伍建设、招生等,没有充足精力顾及内涵建设,特别是教学质量保障体系,更别说学生评教工作。我国应用技术大学包括天津中德应用技术大学、上海应用技术大学、深圳技术大学和滇西应用技术大学四所高校,各个应用技术大学之间在合作交流的同时,相互之间还有竞争,缺乏建立科学的共建共享发展平台。可以参照常青藤盟校、C9 联盟等,建设中国应用技术大学校盟,以学生为中心,为学生交流提供通道,共享教学资源,提高学生学习体验和学习成果,促进国家应用技术大学整体水平提高。

最后,必须加强应用技术大学学生评教的科学研究。目前应用技术大学在学生技能学习理论研究与工作实践方面仍然存在许多不足,例如理论供给滞后、人才供给不足、实验实践不够系统等,很难形成大范围推广的研究和实践成果。高水平的教师评价可以帮助学校科学认识教师的个体优势、工作表现和职业动机,促使教师在职业发展中承担新的角色和责任。应用技术大学可以成立应用技术技能教学研究中心,成立专业队伍,针对院校实践开展专门研究,形成一批具有应用技术大学特色、一流高校水平的研究队伍、研究理论和实践成果,建设具有地方特点、中国特色、世界水平的应用技术大学。

实施协同创新计划
打造技术技能积累与创新聚集地

杨理连①

天津职业大学在"十三五"期间提出了"科研强校"的发展战略，重点实施协同创新计划，打造技术技能积累与创新聚集地，依托学校重点专业（群），整合资源，推动"政校行企"多方协同创新，不断提升学校科技创新能力。

一、"协同创新计划"的基本内容

面向区域经济社会发展，通过多方联合、行企协同、校地合作等协同创新形式，择优遴选具有较强优势的创新团队、技术平台、科研项目等进行重点培育，多方共建应用技术协同创新中心。根据产业发展、专业（群）布局、资源支撑基础，重点建设3个应用技术研发中心、2个技术技能服务平台、2个高端智库，实现服务面向行业企业技术应用的有效转化，服务科研成果向教学资源的有效转化，服务专业群师资能力提升，使创新服务平台成为与行业企业融合发展的重要载体、高水平专业群建设的重要支撑。

面向区域重点发展产业和企业需求，以提高专业的技术协同创新能力为核心，以"产学研用创"的融合发展为导向，把学校协同创新中心建成区域技术技能积累的重要资源集聚地。以协同创新平台建设为引领，带动全校实施"协同创新计划"，全校面向产业需求的研发能力大幅提高，与行业企业共同推进技术技能积累及创新的机制全面形成，全校累计引进科研经费达1亿元以上，其中应用研发占比超过50%，国家级科研项目以及成果奖实现新突破，发明专利授权达到100件，使学校成为区域技术技能积累与创新的重要聚集地。

---

① 杨理连，天津职业大学科研产业处处长、教授。

二、典型经验做法及建设成效

（一）强化研发平台建设

推进科技研发平台建设是实施协同创新的基础性条件，通过外部争取和内部建设，逐渐形成多层次不同类型的研发平台布局。

一是市级平台建设。

1. 天津职业大学建有天津市惟一一所依托高职院校建设的工程中心——天津市包装生产线技术工程中心。其以建设成为产学研一体化运行的创新模式为方向，以建设成为面向全校机电及印刷包装相关项目的创新平台为内部目标，以建设成为面向全市包装机械行业的创新创优平台为最终目标，为校内师生完成相关科研项目提供人力、场地、实验材料以及工艺技术支持。

2. 天津职业大学建有全国职业院校规模最大、技术最新、设备最全的增材制造技术应用中心，该中心于2018年完成建设并全面投入使用。中心建设与机械工程实训中心，该中心于（汇通公司）产学研资源有机结合，实现中心集教学、培训、科研和社会服务等功能于一体，拓展在先进制造业方面的产学研能力和社会服务能力，成为天津乃至全国有影响的增材制造技术基地。

3. 天津职业大学建有市级科技成果转化中心。该中心统筹配置学校各类科技资源，与天津市河北区科技局、北辰区科技局、西青开发区管委会和多家科技型中小企业协同创新，培育面向科技型中小企业开展技术转移和科技成果转化的师资队伍，搭建互动式产学研合作资讯平台，建立科技服务动态管理数据库，形成科技成果转化中心良性发展的运行机制和系列管理制度，有效增强高职院校教师技术转移和科技成果转化动力。

二是校级平台建设。结合专业群布局，天津职业大学建有11个应用技术研究中心和4个协同创新中心。依托学校第六聘期任务考核，将中心作为聘期重点工作进行考核，促进各研究中心（所）在重点项目引进、科研团队建设、服务教育教学改革方面积极发挥作用，确保完成年度任务书的各项指标，实现了2017年完成前期培育、2018年正式挂牌运行、2019年建设研究所的发展目标。

（二）推进激励制度创新

结合上级管理部门政策要求以及科技创新发展新趋势，学校遵循"用足政策，加大激励"的原则，推进政策激励与规范管理相结合，促进教师做科研的主动性、针对性和有效性。

近三年来，天津职业大学先后修订了《科研经费管理办法》《横向科研项目管理办法》《科技成果转化管理办法》《知识产权管理办法》，出台了《学术委员会章程》《横向科研经费与纵向科研项目相对应》等,加大了对教师做科研的激励。例如,明确了科研项目经费中可按一定比例支出间接经费,可以给校内科研人员发放科研绩效奖励。完善横、纵向科研项目经费相对应的相关配套措施,强化前期严格把关和后期成果鉴定,过程管理突出该类项目的质量导向,促进科技成果的有效转化。明确了科技成果转化净收益的90%归成果完成人员和成果转化人员使用,科技成果作价投资的提取80%的比例用于奖励成果完成人员和成果转化人员,科技成果自行实施或者与他人合作实施的,每年从学校实施该项科技成果的营业利润中提取5%~10%的比例用于奖励成果完成人员和成果转化人员等。

(三)打造高水平研发队伍

形成高水平研发团队是推进协同创新的关键,基于高职院校科研发展实际和自身的科研条件,重点抓好两支队伍建设:一是特派员队伍。天津职业大学有近百名教师入选天津市科学技术委员会科技特派员,其中几十人被评为优秀科技特派员,形成了一批与入驻企业深入合作的科技团队,精准服务中小微企业。二是高价值专利培育队伍。天津职业大学对教师职务发明申请发明专利的代理费、发明或实用新型专利的申请费、审查费、登记费及包含授权当年在内的前六年年费进行资助,提升学校整体专利的申请质量,逐渐形成了以李建生、仇久安、王少杰等教师为代表的高价值专利培育团队。

(四)形成有影响力的优势研究领域

通过科研政策激励和科研团队建设,培育了一批学校重点研究方向,逐渐在环保技术、眼视光技术、汽车运用与维修技术、宝玉石鉴定与加工、包装工程技术、大数据应用等领域形成我校技术研发的优势领域,涌现出一批优秀的科研人员,在引进重点科研项目上有了一些成效,在服务企业技术创新、服务教学资源建设、服务师资能力提升、服务培育引领示范全校科研创新工作,在服务京津冀协同创新、军民融合、"一带一路"等战略上,促进学校社会服务能力不断提升。

(五)创新管理保障机制

学校通过应用技术研究中心(协同创新中心)建设,形成有效的校、院、中心三级管理机制,重点发挥中心在学院科研工作推进和科技创新等方面带动、引领、示范作用,从而带动学院科研工作的有效开展。

学校先后出台《应用技术研究中心(协同创新中心)建设管理办法》等文件,保障中心的组织、管理和建设。加大对各中心启动经费资助,工程科技类为10万元、人文社科类为5万元;对中心实施"产学研用创训"多元考核,包括研究方向、团队建设、运行保障、经费投入与支出、建设与创新成效等方面;整体设计平台体系建设,依据绩效评估结果择优进行中心的升级建设,具备条件和达到标准的中心升级为研究所,并作为未来学校建设研究院的培育对象。

三、结合"双高"建设努力推进下一步工作

(一)实施技术研发平台布局的优化,突出与专业(群)的对接与资源的匹配,培育建设一批平台,升级一批平台

学校对接产业发展,依托包装工程技术、应用化工技术等专业群,建设集技术研发与服务、人才培养、团队建设于一体的技术研发平台,重点服务企业特别是中小微企业的技术研发和产品升级,促进科研成果融入教学改革,促进创新成果与核心技术产业化。

(二)建成在区域领先、国内外有影响力的技术技能平台体系

面向学校专业(群)建设,建设、升级一批综合性、生产性实训基地,开发形成兼具实训教学、项目化教学资源开发、技术研发与服务、成果转移转化、技能取证与培训以及大师培育功能"产学研训"一体化的高水平技术技能平台群。

(三)积聚学校人文社科研究优势,重点建设高端智库

依托学校人文社科特色优势研究方向,与知名高校、研究机构和行业企业合作,规划组建高水平人文社科研究平台,打造一批在业内有一定影响力的高端智库。

(四)激发科研活力,建立健全技术技能创新机制

立足科研强校,完善科研分级管理、分类评价机制,建立以学术委员会为核心的学术管理体系,加强青年科研人才培育,修改完善科研管理文件,激发科研人员的创造性和创新活力,力争成为科学的技术化和技术的产业化链条上不可或缺的力量。

加快学校所属企业体制改革,理顺技术技能成果转化的资产管理机制。完善技术技能成果孵化、转移和转化机制,服务、促进学校创新创业工作,打造区域技术技能积累中心。

问题导向　扎实推进学校发展

张彦文①

天津医学高等专科学校始建于 1908 年,具有百余年办学历史,是中国第一所公办护士学校,天津市唯一一所卫生职业院校,被评为国家示范性高职院校、中国特色高水平高职学校、黄炎培职业教育优秀学校。天津医学高等专科学校曾培养出 2 名南丁格尔奖获得者,天津市全部南丁格尔奖获得者(共 5 位)均为本校师生。学校传承、创新、发展,走出一条服务大健康的人才培养之路。

一、医教协同特色鲜明,卫生职教底蕴深厚

(一)行业办学基础雄厚

学校依托卫生行业,在 2010 年由天津市卫生健康委员会牵头成立天津卫生职业教育管理委员会,整合政府、行业、医院、学校、研究院所等多方优质资源,将学校专业发展、人才培养、师资队伍、基地建设等纳入行业统筹管理,创新"校院一体、共育人才"的育人模式,形成"共研、共建、共管、共享、共赢"育人格局。学校连续四届获国家级教学成果二等奖 4 项、市级教学成果一等奖 6 项;主持国家高等职业教育药物制剂技术和护理专业教学资源库建设项目;建有国家精品资源共享课 9 门,国家级精品在线开放课程 1 门;在全国职业院校信息化教学大赛中,连续 4 年获 5 个国家级一等奖;毕业生就业率连年保持在 98% 以上,专业对口率 95% 以上。

(二)服务社会引领发展

学校是天津市卫生职业教育中心、天津市全科医学教育培训中心、天津市继

---

① 张彦文,天津医学高等专科学校校长、教授。

续医学教育培训中心、天津市卫生行业职业技能鉴定站,是全国卫生职业教育教学指导委员会秘书长单位、中华医学会医学教育分会高职高专学组组长单位,是全国首个医师资格实践技能考试与考官培训基地、全国执业医师实践技能考试考核基地;近五年,承担卫生行业岗位培训、鉴定与考核近二十万人次,为卫生与健康人才培养培训提供有力支持。

二、以问题为导向,凝练提升学校建设目标

(一)立足国家发展要求,确定学校发展目标

按照职业教育改革发展要求,学校 2016 年确定"十三五"规划目标,努力将学校建设成为国内领先、世界水准的高等职业教育品牌校、医药卫生职业教育特色校、百年传承与创新发展的文化强校。

(二)树立开放理念,进行人才培养供给侧改革

开放式职业教育要形成面向校外、校内,各类职业技术教育资源充分共享的全方位开放局面,实现社会化、常态化。对符合国家战略需要、区域及地方发展需要的学历教育、非学历教育,形成校际间、专业间、各类建设项目间的共享。要培养全素质人才、技术服务型人才,解决供给侧改革人才"供应"问题。

(三)五条路径并进,推进改革实践

师资队伍建设是基础。对于现有队伍,要实现开放思维、科研思维观念的转变,提升教师专业、教学、科研、服务的技术能力水平。同时要通过大手笔引进人才,最终实现师资队伍规模不断扩大、上层次、上水平。

创新机制体制改革是关键。转型升级天津市卫生职教集团建设,在专业建设、课程建设、校内外实训实习基地建设等方面全方位融合。依据专业需求,转变理念,实现少数三级医院技术岗位,多数二级、一级医院技术岗位及社区医疗机构,健康教育与服务产业人才培养的精准定位。通过订单、定向、联合教育等形式,实现校院企合一的人才培养。将先进技术与设备投入基地建设,实现基地开放、融合。

全素质人才培养是核心。学校以立德树人为根本,形成了教室一课堂、活动二课堂、职场三课堂和网络四课堂的全过程育人机制。一课堂强化内部质量保证,形成辐射课堂教学、考试考核、实习实训、学习辅导、学分制等方面的质保体系;二课堂形成全方位文化育人体系,加强学生创新创业能力培养;三课堂突出职场育人,强化校院(企)合作,共育人才;四课堂发挥网络作用,搭建网络课程平台和思政教育平台,全方位培养学生思想道德、职业精神和专业技能。

办学上层次,有规模。不断提升教师队伍水平,为类型教育转型做好储备。

服务全民健康,拓展学子技能,扩大社会服务面向。服务"一带一路"战略,进行国际化标准的输出,体现中国特色,打造卫生职业教育的"鲁班工坊"。

管理上水平,有档次。修订章程,依法治校;通过学术委员会实现学术治教、专家治学;以科学管理、以人为本原则优化二级绩效管理;加快职能部门及各系部职能转型,实现工作程序科学化、工作职能开放化。

(四)再次凝练提升,优化学校战略目标

经过深入分析研判和实践探索,2017年学校再次凝练提升"十三五"建设目标,最终确定为打造"教学改革示范校、科技服务创新校、国际合作品牌校、服务健康特色校"。

打造改革开放名片,坚持职业教育示范引领,建设教学改革示范校。以开放式教学整合资源,以开放式办学利用资源。实现专业设置、培养方式、课堂教学三个环节的转型与改革;实现产教从"为我所用"到"水乳交融"的全过程融合;实现学生自主学习能力、自我管理能力提升;实现教学资源建设广泛应用,信息化水平不断提升。

打造创新活力名片,坚持科研开发技术应用,建设科技服务创新校。树立科研思维,从技术技能积累到打造高水平的研发中心、高层次的协同创新中心和高品质的培训中心。面向医学的"中国制造2025",开展医疗器械、生物医药、互联网医疗、医疗保健等产品的研发。

打造大国工匠名片,坚持世界眼光、国际标准,建设国际合作品牌校。引进先进教学理念、标准与资源,得到国际认证;携手"走出去"的企业,为其提供智力与人才支持,让校企合作从国内走向海外;在新兴领域开展国际合作,参与国际高等教育改革。

打造天津服务名片,坚持健康卫生文化惠民,建设服务健康特色校。依托学校主持开发的护理、药物制剂技术国家级资源库,为社会提供优质的教育资源,服务医疗改革。以中医药领域为重点,加强学生创新创业工作。利用"互联网+健康",服务健康新产业、新业态。

三、"十三五"建设成果凸显,聚焦"双高"谋划未来

(一)学生专业技能与职业素养双提升

学校以立德树人为根本,建立各级领导联系学生制度,校领导带队,深入学生,构建全员、全过程、全方位育人格局。选聘校长助理团,发挥学生在办学治校中的重要作用,使学生成为学校改革发展中的参与者、实践者和贡献者。

"十三五"期间,学校涌现出冰河救人的刘利,列车救人的李红俊、王晓悦等

优秀学生。2017 年至 2018 年,学校学生参加全国技能大赛,10 个专业,15 个赛项,共获奖 70 项,其中护理专业学生获全国技能大赛一等奖,针灸推拿专业的学生在 2018 年首届"慧医谷"杯全国中医大学生临床能力大赛获团体二等奖,一名同学在 2018 年中央电视台"希望之星"英语风采大赛天津赛区中获得特等奖。

（二）教师队伍建设成果显著

学校以信息化能力为重点,提升教师教学能力,同时强化科研能力和语言能力的提升。明确问题,顶层设计教育教学信息化主攻方向;完善机制,建立平台支撑信息化教学模式改革;注重资源,共建共享增强信息化教学发展动力;不忘初心,砥砺奋进,描绘智慧化校园美好蓝图。

近年来,教师参加全国信息化教学大赛,共有 4 名教师获一等奖,是全国唯一一所连续三年获得全国信息化教学大赛 4 个一等奖的院校,在全国同类学校中排名第一。"十三五"期间,学校共立项教科研课题 139 项,其中教育科学研究课题 127 项,横向课题 10 项,自然科学研究课题 2 项。学校在中华医学会医学教育分会和中国高等教育学会医学教育专业委员会医学教育研究立项课题中共立项 26 项,天津市教育科学"十三五"规划课题共立项 23 项,市教委各类(局级)课题 27 项,天津市高等职业技术教育研究会课题 51 项。

（三）校院（企）合作不断深化

学校深化机制体制改革,与鹤童公益养老集团建立混合所有制二级学院,与天津市第四中心医院、天津市慈轩商贸有限公司建立人才培养共同体。学校推进现代学徒制培养,实现招生招工一体化,人才培养一体化,医学美容技术、老年护理专业获批国家第二批现代学徒制试点单位,并以优秀的成绩完成验收。

（四）社会服务能力显著提升

学校以技术服务、技术革新为重点,提升协同创新服务能力。学校承担国家重点城市常规监测、国家助理执业医师考试评估方案等多项技术服务。开发护理技术流程及考核标准、重症加强护理病房(ICU)专科护士考核标准及培训基地遴选标准、天津市职业培训病患护理培训包等多项技术革新。

服务国家精准扶贫战略,对口支援中西部院校 22 所。面向新疆和田地区乡镇卫生院护士、医师、药剂师提供为期 2 年的专业培训,连续 3 年为青海卫生职业技术学院医学影像技术专业学生提供专业教育。

国际合作深入开展,2 个"鲁班工坊"建设项目落地。学校与芬兰图尔库应用科学大学等 9 个国外院校开展合作,充分发挥中医药特色,在学习借鉴先进经验同时输出中医药文化。服务"一带一路"建设,与马里巴马科科技大学、巴马科人文大学签署建设马里"鲁班工坊"合作协议,与瑞士爱斯康柏医疗职业教育中心签署建设瑞士"鲁班工坊"合作协议,开展中医技术专业、课程、资源等方面的输出和合作。

（五）学校综合实力不断增强

学校于 2016 年获批天津市优质校建设单位,2018 年获批天津市世界先进水平校建设单位,2019 年获批《高等职业教育创新发展行动计划》国家优质校、全国职业院校教学管理 50 强院校、首批 1＋X 证书制度试点院校建设单位、中国特色高水平高职学校和专业建设计划项目建设单位。

（六）聚焦"双高"建设,谋划学校新发展

学校以"双高"建设为引领,立足全国卫生职业教育,规划未来发展蓝图。到 2022 年,将形成集团化办学背景下的多元办学现代治理体系,创新卫生职业院校基于医教协同的多元办学、校院企合作模式,构建"医学人文＋思政"融入专业教育的特色育人体系;形成对接卫生健康发展的专业群布局和建设范式;构建卫生职业教育人才培养培训体系,创新"1＋X"复合型卫生健康技术技能人才培养模式,形成支撑卫生职业教育高质量发展的人才培养标准、教学标准、质量标准,引领卫生职业教育改革;创建"双师型"教学创新团队建设模式,建立集卫生健康技术标准制定、产品研发、推广于一体的技术技能创新服务平台,建立面向基层与西部的精准帮扶模式,服务京津冀协同发展,支撑健康养老服务业发展;对接国际标准制定高质量专业与课程标准,建设中医技术、中医护理"鲁班工坊",打造中国特色卫生职业教育品牌。通过建设,总体办学水平显著提升,引领卫生职业教育发展的能力显著增强。

到 2035 年,学校产教融合、多元办学体制机制将更加完善,现代化治理能力与办学活力将显著提升,并将形成中国特色卫生职业教育办学模式,达到世界先进水平,彰显中国职教品牌。

产教融合夯实基础 人工智能引领方向

吴家礼①

党的十八大以来,习近平总书记从国家战略全局出发,高度重视职业教育。国务院印发《关于加快发展现代职业教育的决定》,明确了新时期大力发展职业教育、全面深化产教融合、校企合作的重要意义。天津市作为国家现代职业教育改革创新示范区,以"五业联动"创新发展理念全力推进产教融合和人才培养改革各项工作,推进校企合作育人平台建设,探索建立技术技能积累创新联合体,不断加快构建世界先进水平的现代职业教育体系。在此背景下,天津电子信息职业技术学院提出构建"团队融合、环境融合、项目融合、管理融合"的校企协同、产教融合的理念,对学院的技术应用中心进行全面提升,使学院发展特色日益鲜明。

一、具体做法

（一）产教"四融合"构建校企协同共赢发展新途径

"团队融合、环境融合、项目融合、管理融合"的校企协同模式,有效地提高了企业参与产教融合人才培养改革的积极性和主动性,校企良性互动,实现共赢。技术服务与专业教学相融合的"协作型"教学团队,汇聚各方尖端人才,为企业生产提供技术服务,扩充了校企优质人力资源,带动提升教师实践教学能力;生产环境与教学环境相融合的校内技术应用中心,生产线及平台硬件配置符合行业一流标准,降低了企业生产经营成本,又为实践教学提供有力支撑条件;项目开发与教学过程相融合的协作模式,助力企业提升社会服务能力,又为实践

---

① 吴家礼,天津电子信息职业技术学院院长、教授。

教学提供大量的项目案例资源;企业管理与教学管理相融合的协同育人机制,从过程实施到质量保证,有效实现校企供需准确对接。

(二)形成以需求为导向四位一体的全新人才培养模式

以技术应用中心为平台载体,组建"协作型"教学团队,校企协同一体化培养、流程再造"能力升级 + 定制培养"的课程体系,得到了有效实施;现代化企业管理与教学管理有机相融,企业化环境职业体验促进学生职业精神养成;师生参与大型项目研发生产,实施过程教学,实时瞄准产业结构调整及技术发展,优化人才培养方案;面向企业需求,岗位细分,定制化培养,授权完成国际职业标准认证,使学生具备可持续化的职业发展能力。学院形成了以需求为导向"协作教学、职业体验、项目主导、定制培养"四位一体的全新人才培养模式。

(三)全过程全方位融合创新的校企协同育人机制

学校围绕校企协同机制、岗位行动规范、流程质量监控、职业行为导向等四个层面构建全过程全方位融合的校企协同育人机制。"四融合"校企协同模式,明晰了校企双方责任权利、合作模式及组织协作关系;8 项管理体系内容、36 项二级管理指标覆盖学生竞聘"上岗"到"产品"质量标准控制以及员工化考核评价,形成人才培养全过程的教学质量评价体系;对教师及企业人员形成从过程实施到质量生成全方位的教学团队考核评价体系。

二、建设成效

(一)协作培养,学生技艺精、职场竞争能力强

五年来,协作团队指导学生获得 75 个全国职业院校技能大赛奖项,位列天津市第一名;97 人获得天津市高职院校技能竞赛一等奖;获得国际性、全国性各类专业奖 87 项;培训指导选手获第 44 届世界技能大赛信息网络布线项目金牌。学院毕业生广泛就业于包括合作企业在内的一流企业,并就任重要生产研发岗位,人才培养质量备受业界好评。2017 年由广州日报数据和数字化研究院(GDI智库)进行大数据全样本分析统计,天津电子信息职业技术学院学生职场竞争力得分 98.19,排名全国第二。

(二)校企供需对接准、服务社会成果颇丰

学院主导成立天津市电子信息行指委,统筹协调校企供需对接,定制培养学生,毕业生就业率 99.12%,对口率达 95.3%。师生服务境内外企业 43 项大型项目;北京东软慧聚信息技术有限公司等企业在校建设"双总部",职业教育服务京津冀协同发展;与中兴通讯股份有限公司合作开发的 MOA 双创平台,服务全国 100 多所院校。

（三）资源转化程度高、应用辐射范围广

学院提炼任务训练模块、项目案例,建成有5700多个项目案例的动态教学资源库;建成4门国家级精品资源共享课;出版51本立体化专业教材,被21个省市及自治区270多所高职院校选用;技术应用中心引入国际行业技术标准,与Autodesk、Adobe等国际顶级技术厂商合作授权,每年为从业人员开展国际职业资格鉴定培训5600人次以上;与ACAA教育集团合作开发6套国际职业资格认证试题库、3本职业标准培训教材,服务全国500多所院校,为近10万名从业者职业资格培训、认证所使用;编制教育部首批现代学徒制专业教学标准3项、国家级专业教学标准2项、天津市国际化专业教学标准8项;对接世界技能大赛规程标准开发了信息网络布线项目职业技能训练包。

（四）模式改革影响大、示范引领维度宽

5647名学生在技术应用中心接受校企协作一体化定制培养,教学改革惠及学生近2万人;技术应用中心接收泰国、加拿大等国家30多名留学生、交换生,按照国际化专业教学标准进行培养;与意大利那不勒斯费德里克二世大学共建中意营造智慧研究合作中心;作为国家中西部职业教育师资培训中心电子信息培训基地,累计为19个省区培训职教师资915人次;国内130多所院校来学院学习改革模式,内蒙古电子信息职业技术学院、山西机电职业技术学院等多所兄弟院校成功复制学院经验。

三、学院未来发展的方向和举措

人工智能是引领新一轮科技革命和产业变革的重要驱动力,人类社会正迎来人机协同、跨界融合、共创分享的智能时代。学院把握人工智能发展态势,在师资队伍提升、人才培养模式、校企合作、技术技能创新服务平台等方面积极推进人工智能融入相关专业。

（一）师资队伍建设

2018年以来,学院投入专项资金147万元,与天津大学人工智能学院合作,立足技术项目,对39名青年骨干教师进行为期2年的人工智能技术应用能力提升。2019年,学院聘请中国新一代人工智能发展战略研究院执行院长、世界工程组织联合会（WFEO）主席龚克教授担任学院特聘专家顾问,"引智工程"聘请了中国北斗通信导航知名专家陈熙源教授等3名行业权威、具有国际影响力的专家担任专业群带头人,聘请天津大学14位专家教授担任学院人工智能相关课题的指导教师。

（二）提升人才培养质量

依据企业标准，开设人工智能公共必修课，提高学生的人工智能素养与能力；企业主导建设体现行业标杆证书要求的技能课程集群，开发人工智能的工业应用、工业机器视觉与图像处理和虚拟现实技术与工业仿真等人工智能融合创新课程；为学生提供更多的技能培养选择，将学院打造成为适应信息技术升级换代和人工智能应用发展高端产业需求的技术技能人才培养高地。

（三）校企深度合作

以《国家职业教育改革实施方案》为引领，与华为技术有限公司、东软集团股份有限公司、百度、紫光集团等一流企业合作共同制订人才培养方案和课程标准，将人工智能、5G、北斗导航等新技术、新工艺、新规范等产业先进元素纳入教学标准和教学内容，建设人工智能技术应用中心、云数据学习中心等开放共享的专业群课程教学资源和实践教学基地。组建高水平、结构化教师教学创新团队，探索教师分工协作的模块化教学模式，深化教材与教法改革，推动课堂革命。建立健全多方协同的专业群可持续发展保障机制。

（四）技术技能创新服务平台

成立产学研协同发展研究中心，开展校企联合调研活动，涵盖行业中上下游产业链各层次、各发展阶段的企业。与企业联合完成专业人才培养方案制订及课程标准调整工作，促进专业资源整合和结构优化，发挥专业群的集聚效应和服务功能，实现人才培养供给侧和产业需求侧结构要素全方位融合。

坚守职教初心　践行职教使命

吴宗保①

一、不忘初心,砥砺奋进

天津交通职业学院坚持全面贯彻习近平新时代中国特色社会主义思想,不忘职教初心、牢记职教使命,坚持"经营学院、突出特色、服务社会、开拓创新"的办学方针,紧扣"交通"和"职业教育"两个维度,紧紧围绕京津冀地区产业结构优化升级战略的需要,服务现代综合交通体系、先进制造业、现代服务业与新兴产业综合发展;紧紧围绕全面建成小康社会开展社会服务。

(一)坚持党委核心地位,打造坚强战斗堡垒

学院党委坚持以习近平新时代中国特色社会主义思想为指导,坚持加强党的全面领导,坚定社会主义办学方向,架构了"党委领导、校长负责、教授治学、民主管理"为基本框架的治理结构,创新了"四联四同"的党建工作模式,实现了党建与中心工作的深入融合;深化了师生党支部标准化规范化建设,提升了基层党组织组织力;构建了"互联网+党建"工作新格局,打造了聚焦党员学习教育、学生思想教育、师生价值引领、意识形态管控等四大平台。同时,学院着力抓好教师思想政治教育工作,完善绩效考核评价制度,组织开展师道传承、师德规范、师术提升、师魂温暖和师风弘扬的"五师"教育工程,弘扬爱岗敬业、为人师表、无私奉献的精神,构建起学院师德师风建设的长效机制,初步形成争做"四有"好教师的良好氛围。学院先后荣获天津市教育系统师德师风建设先进单位称号、天津市教育系统思想政治教育工作先进集体称号。

---

① 吴宗保,天津交通职业学院院长、教授。

（二）落实立德树人根本任务，服务学生成长成才

学院党委坚持以立德树人为根本任务，加强和完善了"大学生思想政治教育工作领导小组"职能，构建了全员育人、全方位育人和全过程育人的工作格局；搭建了"大思政"教育平台，建立健全了"大思政"领导体制和工作机制；构建了"铸魂、励志、践行、逐梦"的学生综合素质培养体系，实现了学生综合素质全面提升。近三年，学院蝉联"天津市大学生思想政治理论课公开课大赛"冠军；荣获全国高校"我心目中的思政课"微电影比赛三等奖 2 次；"学习梁家河精神追寻人民领袖初心"新时代实践行团队荣获天津市新时代实践行先进集体。

学院培养了全国自强之星、天津市感动校园十大人物——房小龙同学，交通运输部"吴福—振华交通教育优秀学生奖"王秉正同学。优秀毕业生高应卫先后荣获"全国向上向善好青年""全国优秀共青团员"等称号，还参加了纪念五四运动 100 周年大会，聆听了习近平总书记的重要讲话。2019 年 10 月 1 日国庆阅兵，在受检阅的海军方阵里，有学院路桥专业毕业生刘存宏同学。路桥工程学院毕业生宋杰、李敏在巴布亚新几内亚进行援建期间，得到了习近平总书记的问候。经管学院的毕业生陈小燕，毕业后回到家乡进行创业，创立了枸红枸杞的品牌，带领乡亲们脱贫致富奔小康，陈小燕则被乡亲们亲切地称为枸杞姑娘。

（三）打造交通品牌专业，服务智能交通发展

学院紧贴"一带一路""京津冀协同发展""自贸区""滨海新区"等区域发展战略，"智能制造""绿色交通""智慧物流"等产业发展战略，开发与形成了汽车运用技术、现代物流、交通建设、轨道交通、智能制造技术、交通服务 6 个专业集群，覆盖了交通运输、财经商贸、装备制造、资源环境与安全、土木建筑、电子信息、旅游 7 个专业大类，拓展了绿色交通、交通科技信息化、智能制造等新技术领域，交通特色更加彰显，助推综合交通运输体系建设。

目前，学院拥有物流管理等国家级重点专业 3 个，优质校项目建设国内顶尖专业 7 个，天津市级重点专业 8 个，教育部第二批现代学徒制试点专业 1 个。学院主持制定了教育部《中高职衔接汽车检测与维修技术专业教学标准》《中高职衔接物流专业教学标准》《物流信息技术专业教学标准》《高等职业学校物流管理专业实训教学条件建设标准》和《高等职业学校物流信息技术专业实训教学条件建设标准》，推进了人才培养模式全面改革。

（四）深化产教融合机制，服务校企合作育人

学院首创提出校企合作嫁接理论，基于企业 HRM 核心要素融入岗位实习管理，创建了企业为主体的"一体化"校企协同管理模型，牵头组建天津交通职

教集团,成立校企合作理事会三级机构,与4个行业协会、2个科研院所和26家企事业单位、32家单位组成理事会,并与保时捷(中国)汽车销售有限公司、空中客车(天津)总装有限公司、顺丰速运、厦门航空有限公司等371家优质企业建立合作关系,实施了电子商务专业现代学徒制试点,建设了具有729人的兼职教师资源库。

学院经《高等职业教育创新发展行动计划(2015—2018年)》项目认定生产性实训基地2个(校企共建物流管理专业生产性实训基地、商贸服务实训基地)、"双师型"教师培养基地1个(物流管理专业"双师型"教师培养培训基地)、协同创新中心1个(新能源汽车协同创新中心)。学院被评为2018年"全国职业院校学生实习管理50强";《高职院校专兼结合的"1+N"教师协同授课模式的创建与应用》项目获得国家级教学成果二等奖;《产教融合视域下"三纵三横双螺旋"专业建设管理模式的研究与实践》《"嫁接企业HRM的高职院校顶岗实习管理模式"创建与实践》研究成果获得天津市教学成果二等奖。

(五)提高社会服务能力,服务国家发展战略

学院近年来推进国际化合作,先后完成物流管理、汽车运用与维修技术等3个国际化专业教学标准开发与应用,开展中外合作项目9个,引进国外教材10本,双语教学课程5门,引用国际企业职业资格证书3个,将国际化人才培养的教育教学要素融入专业教育教学改革。目前,学院正与埃及艾因夏姆斯大学等共建埃及"鲁班工坊",招收来自泰国、俄罗斯、乌克兰等5个国家的34名留学生。

学院积极携手集团内企业及比亚迪、京东集团、天津双创空间企业孵化器有限公司等合作企业,先后对口支援了西藏昌都市职业技术学校、新疆维吾尔自治区和田职业技术学院、云南怒江州职业教育中心、河北省青龙职业教育中心等中西部地区十余个职教中心与职业院校,将帮扶经验提炼固化为"多元聚力、五径施策"职业教育精准帮扶模式,并予以推广,该成果获得2018年国家级教学成果二等奖,天津市级教学成果特等奖。

二、牢记使命,再创辉煌

(一)发展愿景

学院坚持以习近平新时代中国特色社会主义思想为指导,全面贯彻党的十九大与全国教育大会精神,落实《国家职业教育改革实施方案》要求,坚守职教初心,践行职教使命,以党委政治核心作用为统领,以立德树人为根本,打造聚焦智慧交通的高水平交通专业群,建设支持"交通工匠"终身发展的培养培训体

系,创立"鲁班工坊"、交通标准、天津方案等品牌。到2020年,学院率先建成全国职教标杆的、以物流管理专业为代表的智慧交通专业群;到2035年,全力建成"着眼世界水平、扎根中国大地、服务区域产业、彰显交通特色"高等职业学校。

(二)建设任务

1. 加强党的建设,实施"三大工程"

学院将通过基层党组织标准化建设,培养培育"双带头人",优化基层党组织体系设置,实施基层党组织组织力提升工程;通过深化产教融合背景下"三全"育人综合改革,推进新时代思想政治工作平台建设,创新"思政课程"体系研究,实施思想政治工作质量提升工程;成立教师工作部,开展师德师风常态长效教育培训,建立教师个人信用档案,实施新时代师德师风建设筑牢工程。

2. 打造技术技能人才培养高地,深耕"育人质量"

学院将在实施学生综合素质培养体系的基础上,深化职业素质提升体系和职业素质评价体系建设,突出学生"爱国情、民族范、技艺高"职业特征的培养,通过职业道德养成工程、美育教育提升工程、职业能力培养工程建设,实施课程思政建设计划、工匠精神培养计划、审美教育提升计划、劳动精神养成计划、专业技能提升计划、创新能力提升计划,实现高素质技术技能人才培养。

3. 打造高水平专业群,优化"组群模式"

学院将基于满足多样学习者的需求和1+X证书制度要求,完善"三纵三横双提升"专业群建设管理模式,以物流管理专业群和新能源汽车技术专业群建设为引领,建立专业群遴选制度、专业群规划机制、专业群动态调整机制和专业群负责人制度等,创建"大教研室"管理模式;完善专业群运行管理制度,制定专业群课程体系组建及核心课程群建设指导意见、专业群课程共享资源管理办法等制度性文件;构建包括专业群评价指标体系、专业群建设水平评估机制和专业群预警与退出管理办法等专业群评价管理体系。

4. 打造高水平双师队伍,构筑"四才工程"

学院将通过实施引才、培才、育才、用才"四才"工程,切实创建吸引人才、凝聚人才、激励人才、评价人才的制度体系,着力打造一支师德高尚、数量充足、结构合理、业务精湛的高水平"双师"型教师队伍。师资队伍的治理能力、专业建设能力、人才培育能力、科研和行业社会服务能力显著提高,为学院改革发展和区域经济建设提供强有力的人才保证和智力支持。

5. 打造技术技能创新服务平台,建设"两个中心"

学院将与企业合作,建设商业综合赋能中心和智能制造技术研究中心,完善创新人才保障机制,搭建创新思维培育、创新项目研发、创新成果孵化三个平台,打造技术技能创新服务平台,实现跨专业复合型创新人才的培育,为区域产业升级提供技术服务与支持。

6.提升校企合作水平,形成"融合机制"

学院将坚持以服务发展为宗旨、促进就业为导向,以创建产业研究院、产业学院为重点,推进职教集团实体化运行,打造校企命运共同体;在天津市交通行业职业教育教学指导委员会指导下,依托天津交通职教集团,探索基于学分银行的集团内部学习成果认定、学分转换、学分积累管理办法,并创新产教融合、校企合作新形态的管理办法,完善骨干企业质量报告和校企合作项目绩效管理办法,全面推进交通类骨干专业实施现代学徒制、企业新型学徒制人才培养,形成校企协同育人、共同发展的长效机制。

7.提升服务发展水平,实现"三个功能"

学院将面向市场,以交通技能培训发展学院为载体,以技术赋能实训基地、标准化考评中心为支撑,育训结合,培养综合交通运输体系紧缺和急需的高技能人才,为劳动者终身学习、为区域经济转型升级、为行业企业高质量发展提供持续支持服务。

8.提升学校治理水平,强化"依法治理"

学院将严格履行学院《章程》赋予的权利和义务,健全《章程》执行监督机制,全面深化党委领导下的校长负责制和依法治校、依法决策、依法管理的制度体系建设;完善学术委员会建设,充分发挥教职工代表大会作为教职工参与学院民主管理和监督主渠道的作用;完善学院内部质量保证体系建设,基于学院"十四五"发展规划重构学院"目标链、标准链"体系,以"效率取向"完善校院两级管理体系,科学配置二级分院资源,形成"一核多元"的治理结构、科学完善的制度体系、高效运行的治理格局。

9.提升信息化水平,支持"三教改革"

学院将基于"云物大智移"等信息技术,完善数字校园学习服务平台资源与功能,建设职继衔接、育训融合的学习服务平台,满足多元学习者学习及成果认定积累转换需求;建设易用、智能的智慧实训管理平台,提升实训资源公共服务能力;创建智慧校园云平台,实现校务数据共享,面向师生发展和社会需求,提供统一公共服务,探索个性化增值服务,为校务管理提供辅助决策支持,支持学院产教融合下的教师、教材、教法的深度改革。

10. 提升国际化水平,助力"一带一路"

学院将坚持平等合作、优质优先、强能重技、产教融合、因地制宜原则,建设埃及"鲁班工坊",把优秀职业教育成果输出国门,助力"一带一路"沿线国家技术技能人才培养和经济发展,推进技术技能人才本土化。建设中国传统文化与创新教育课程资源,形成开放式的国际课程体系,提升留学生教育质量,推动文明交流互鉴。

实施"双高计划"　高职院校应"瞄靶对心"

戴裕崴①

实施"双高计划"以来,众多高职院校都经历了一个反复学习、思考和实践的过程,围绕的核心问题是:国家实施"双高计划"的本质特征、终极目标、基础条件、基本任务等。天津轻工职业技术学院经历了国家骨干校等一系列建设项目的申报和实施,取得了相应的成效,多方面的业绩得到了国内同类院校的认可。在实施"双高计划"过程中,学院党政领导班子和全院教职工通过认真学习、领会有关文件精神,结合学院的办学优势和特色,逐渐加深了对实施"双高计划"的理解,在实践中做到"瞄靶对心",使办学理念逐渐完善和提升,目标逐渐明确,任务逐渐清晰,措施逐渐具体。

一、树立新理念

（一）基本理念是创新发展

高职院校实施"双高计划"必须具备创新发展的新理念。"双高计划"不同于曾经走过的国家示范校、骨干校建设,"双高计划"的指导思想、建设目标、建设内容和保障措施都具有新时代特征和中国现代职业教育特色。实施"双高计划"不是"争项目、争资源、争投入、争业绩",高职院校应立足于创新发展,在新时期、新时代的背景下,在职业教育作为与普通教育不同类型教育高质量发展的大局中找准定位,以创新发展的理念探索和实践符合中国职业教育特征的新政策、新制度、新标准、新模式和新路径。

---

① 戴裕崴,天津轻工职业技术学院党委书记、教授。

（二）核心目标是服务需求

经过多年建设，中国高职教育有了大发展，许多方面已经和世界先进职业教育接轨。但是，高职教育供给侧与我国新经济时代产业发展的需求侧仍然存在不匹配、不对应的问题，因此，实施"双高计划"应立足于服务国家战略、服务支柱产业和重点产业，立足于人才培养体现高端产业和产业高端，要坚持产业、行业、职业、企业、专业"五业联动"的基本思路，在服务需求方面做到精准定位，建设成果的标志主要应体现在人才培养数量和质量对产业需求的贡献度和匹配度方面，偏离了"主旨"，实施"双高计划"就背离了"大势"和"初衷"。

（三）一条主线是产教融合

产教融合是我国高职教育改革与建设的目标，但也是长期没有突破的瓶颈。实施"双高计划"应坚决贯彻"强力推进产教融合"，在高职教育与产业融合发展模式方面具有新思维、构建新模式、走出新路径，将高职教育发展纳入区域经济和产业体系，在建设产业学院、企业学院和职教集团方面做出大举措、打造大平台、获得大成效。

（四）重要任务是建立标准

实施"双高计划"，建设单位应具有牢固的"标准"意识，做到"标准"可借鉴和可复制，使"标准"能够产生示范和引领作用。因此，"双高计划"中的一系列标准化建设既是重要任务，也是突破口，应按照行业的新技术、新工艺制定并不断完善高职教育教学各环节的标准化体系，使"标准"始终不离产业和行业发展，不与新经济时代脱节，始终保持国际水平，具有中国特色。

（五）根本措施是深化改革

实施"双高计划"要落实高等教育立德树人的根本任务，同时借鉴世界职业教育发达国家的经验，使我国高职教育更加现代化和国际化，要在办学体制机制、1＋X证书制度体系、学分互认、模块化课程等方面具有实质性的改革力度和举措；在构建新型专业群、职业技能等级框架制度方面做出富有成效的探索和实践，推动中国高职教育产生大飞跃和大进步。

二、站在新起点

高职院校实施"双高计划"，不管是进入前50名的院校还是前150名的专业群，必须具有相应的建设基础，所形成的办学条件和优势应当位居国内领先地位。这就是说要有高起点，做到高起步。天津轻工职业技术学院在多年的办学实践中形成了自身的特色，在产教融合、校企共同育人和国际化办学等方面进行了较深入的探索和实践。

学院办学定位始终坚持服务国家战略,尤其是京津冀重点产业和支柱产业。学院率先构建"三级贯通式"校企合作办学体制机制,创建了激励企业协同育人的"四中心一融入"运行机制,与11家世界知名企业深度合作,重点建设"精密模具先进制造""新能源技术与装备"和"电子商务"专业群。学院毕业生就业率保持在97%以上,近70%在京津冀相关企业的相近岗位就业,雇主满意度100%。学生在各类大赛中获得国家级奖项64人次,市级及行指委等奖项926人次;在各级创新创业大赛中获奖176人次。

自2017年,学院携手中国企业"走出去",建设印度"鲁班工坊",建成"鲁班工坊"建设体验馆。"鲁班工坊"建设为天津市首创,获得了社会高度评价,在印度"鲁班工坊"建设基础上,2018年继续牵头筹建埃及"鲁班工坊"。

学院牵头组建京津冀模具连锁现代职业教育集团,汇集了三地的行业协会、38个企业、24所院校,三地同类院校毕业生在京津冀相近行业企业就业达到70%;新能源产业协同创新中心以项目形式服务京津冀新能源企业的技术研发和科研成果转化,专业群对京津冀新能源中小企业成长的贡献率达到70%以上。

三、构建新目标

学院党政领导班子经过不断学习,结合自身的办学定位和优势,确定了学院实施"双高计划"的目标是:强化党的全面领导,以立德树人为根本,围绕京津冀产业升级对高职教育的新要求,将学院建成引领改革、支撑发展、中国特色、世界水平的高水平高职院校,成为京津冀协同发展的人才和智力支撑平台。具体体现在,到2022年,学院建成相关专业群1+X证书体系标准、国际化教学标准、产教融合型企业遴选标准等具有示范作用的标准;建立"三全四维"育人体系,以"多元协同创新模式"打造人才培养与技术技能服务平台;动态调整专业组群,建成以模具、光伏专业群为代表,具有混合所有制性质、市场化规范运行的两个多元股份产业学院;学院将以多元协同治理体系为依托,以适应改革发展需要的目标管理和绩效考核评价制度为动力,以"一中心三平台"智慧校园建设为保障,以"鲁班工坊"建设为标尺,高质量建设中国特色高水平高职院校。

到2035年,专业群布局深度契合京津冀协同发展需要,建立全方位服务产业发展的七大产业学院,以制度体系、标准体系形式固化建设成果并推广应用,将学院打造成具有中国特色、国际先进水平的国际品牌,成为引领职业教育实现现代化的典范。

四、采取新举措

以习近平新时代中国特色社会主义思想为指导,以政治建设为统领,全面加强党的建设,落实立德树人根本任务;聚焦京津冀,积极对接、深度融入、主动服务京津冀协同发展重大国家战略;以产教融合校企合作为主线,以专业群建设为依托,以体制机制创新为保障,专业设置精准对接京津冀高端产业和产业高端,专业做到"(专业)群"化,专业群做到"(产业)院"化,强化学院发展的实力与活力,激发多元办学主体参与职业教育的内生动力;以改革创新为抓手,在"点"上重点突破,在"面"上整体推进,将一个前提、一个高地、一个平台、一个拓展"四个一"作为学院实施"双高计划"的整体设计,全力打造对接京津冀现代制造业和新能源产业所需的高素质技术技能人才培养高地,大力构建中小微企业技术技能创新平台,着力拓展职业教育社会服务功能,着力在产教融合方面实现创新,在实施 1+X 证书教育体系,构建具有中国特色的职业技能等级框架方面实现突破,在开展国际产教融合服务国家产能合作方面实现跨越,使学院成为新时代中国职业教育高质量发展的领跑者。

五、实现新跨越

学院通过实施"双高计划",在改革创新办学体制机制,健全德技并修、育训结合育人机制,引领新时代职业教育高质量发展方面实现跨越。在构建思想引领体系方面,建成"一中心、四网格"的大学生思想政治教育体系,使"三全"育人落地、落细、落实,覆盖人才培养的全过程。在产教融合方面,学院专业布局与京津冀高端产业和产业高端对接,建成 7 个不同类型具有混合所有制性质产业学院,制定 12 个国际化专业教学标准,打造京津冀区域高端技术技能人才培养新高地,实现服务京津冀协同发展国家战略的新跨越。通过建设,各专业群均做到能够与 1～2 个国际一流企业、3～5 个国内顶尖企业开展实质性合作,实现专业群与京津冀相关产业的匹配度达到 70% 以上,学生就业满意度达到 90% 以上,不断提高人才培养及社会服务对京津冀经济全面发展的贡献度。在推动京津冀中小微企业全面改造和提升方面,通过多元协同创新中心进行产学研优质资源整合,打造高端技术技能服务平台,产学研合作研发项目每年递增 20% ,研发成果孵化率达到 60% 以上,直接为京津冀中小微企业的技术、工艺和管理提升的贡献率达到 70% 以上。在支持发展中国家职业教育和国际产能合作方面,通过"鲁班工坊"的建设,逐渐形成具有中国特色的国际产教融合的标准化模式,成为中国优质职业教育资源"走出去",服务国家"一带一路"倡议,构建援助发展中国家职业教育发展模式的示范。

发挥特色创新发展
打造新时代职业教育新模式

曹燕利①

一、办学特色

（一）构建三全育人格局，落实立德树人任务

天津现代职业技术学院坚决贯彻落实党的十九大、全国教育大会、全国及天津市高校思想政治工作会议精神，以大力提升思想政治工作质量为主线，着力改革创新，破解思想政治教育工作领域存在的难题。作为海河教育园区思想政治联盟牵头单位，依托联盟的优势资源，吸收天津市各高校思政教育和红色文化教育的成果和经验，重点打造了天津海河教育园区思想政治教育实践基地；做强了海河教育园思政课情景剧大赛品牌；丰富了"名家、大师、劳模进校园"活动等，形成了独具特色的三全育人格局。

在海河教育园区管委会的支持下，学院在校内建设了园区思想政治教育实践基地（以下简称基地）。使用面积为5000平方米，主要分为"序厅""新时代、新思想""沿红路、寻初心""明明德、晓律法""立匠心、育匠人"等六大展示和互动区；形成了实践教学、互动体验、开放共享及社会教育等四大功能。

实践教学功能是基地的核心功能。基地整合各种实践教学资源，独创20多个"情浸式"实践教学模块，通过基地声光电模图等多种形式让思政课"活起来"。学院结合思政课教材内容开发出10个互动体验设施，包括VR互动教室、宣誓台、朗读亭等，增强思政教育入脑、入心的效果。学院与人民网联合开发了面向全国的线上综合性思政教育基地暨海河教育园区"人民数字马院"，实现基

---

① 曹燕利，天津现代职业技术学院院长。

地使用的网上预约和 3D 全景预览和观看。基地同时针对社会机关团体、企业事业单位进行宣传教育,截至目前,共有 20000 多人次在基地进行了实践学习,多家政府机关、企事业单位和部队领导到基地进行培训或开展党日活动。

(二)军地联合共育人才,军民共促融合发展

学院自 2009 年起主动围绕部队和无人机产业发展需要,与天津警备区、北京卫戍区等建立军地合作关系,全国首开低空无人机操控技术专业,共同创新实践了"军地联合,校企共育"人才培养模式,军地联合培养军地两用高端技术技能人才。专业在校生编入预备役部队,培养专业技能的同时,加强学生军事素质培养,专业实践探索经验获国家教学成果二等奖。

学院无人机应用技术专业自成立以来,编组在学院的预备役连队勇于担当,师生利用无人机专业技能共同参加了全军及地方军事演习、灾害救援及汇报展演活动 9 次,预备役连队先后获得全军预备役高炮部队竞赛性考核第二名、"天津市警备区联动备勤训练优胜"荣誉称号等。

学院专业团队先后参与了鲁甸 6.5 级地震和天津港"8·12"特大火灾爆炸事故的航拍工作,受到了地方政府和联合指挥部的高度表扬。

新时期,学院积极响应军民融合发展战略,利用专业优势服务军队,无人机应用技术专业师生成立天津滨海新区无人机应急分队,2018 年 11 月代表天津市预备役部队向中央军委国防动员部部长盛斌中将等进行了汇报与展演。

2019 年学院应部队邀请,赴郑州为部队官兵开展了无人机巡控技术专项培训,赴南昌参与"淬火·2019"野营综合演练,进行陆军部队无人机作战运用实验论证,受到了部队的充分肯定。无人机专业还先后与航天科工集团联合成立中国航天科工海鹰航空飞行服务保障中心,与航天科技集团联合成立航天神舟飞行服务保障中心。两大保障中心的成立,为向部队开展服务奠定了基础。今年学院预备役建制已升为营级。

二、发展规划

学院在"十三五"期间,对标国家及区域经济需求,产业转型升级需求,重点围绕提升综合办学实力、服务区域经济发展、服务国家重大战略三方面设计学院发展规划。具体目标:

一是以思政实践基地(红馆)发展建设为依托,发挥品牌效应,落实立德树人根本任务,建立"大思政"育人体系,构建具有示范作用的三全育人格局;以国家教师创新团队建设为引领,按照"四有"标准打造数量充足、专兼结合、结构合理的高水平双师队伍;以智慧校园建设为目标,大力提升信息化水平;以国家重

点专业群建设为契机,推动体制机制创新,形成治理主体多元化、共治、自治局面。

二是学院紧紧围绕"职教20条"的发展理念,打破二级学院界限,重点建设7个骨干专业群,其中2个建成国内一流、国际知名的高水平专业群;打造应用技术创新研发团队,升级3个专业群技术技能平台,打造创新服务高地;升级建设现代学徒制为导向的具有连锁特征的中国钟表行业职教集团,形成校企合作命运共同体。

三是依托巴基斯坦"鲁班工坊",完善巴基斯坦师资研修班和海外员工培训班机制,助力中国龙头企业走出去;精准发力重点施策,聚焦职教脱贫攻坚,对口支援甘南、黔南等地区;打造退役士兵培训基地,发展退役士兵学历教育、技能培训;结合百万扩招和1+X证书制度新形势要求,开展"三教改革"。到2022年,建成办学理念先进,体制机制创新,培养质量卓越,具有国际先进水平的优质高职院校。

具体实施路径上,学院将围绕一条主线,强化两大特色,依托三大产业联盟(全国轻工行业钟表与精密制造职业教育集团、京津冀食品行业产教联盟、智能制造产业联盟),开展四项改革(招生改革、专业改革、人才培养模式改革、三教改革),做好五项建设(育人环境建设、专业群建设、内部诊改体系建设、师资队伍建设、科研环境建设),实施六项提升(优秀生源、优秀实训条件、优秀培训能力、优秀服务能力、优秀管理水平、优秀治理水平),确保实现学院建设目标。

第一,专业群建设是学院各项建设工作的核心,学院根据"中国制造2025"、战略性新兴产业分类、天津市工业经济发展"十三五"规划、"健康中国2030"规划等文件,结合学院自身专业结构和专业优势,面向无人系统产业链、大健康产业链分别构建了涵盖无人机应用技术、工业机器人应用技术、物联网应用技术和软件技术为一体的无人机应用技术专业群和涵盖药品生产技术、药品生物技术、食品生物技术、食品营养与检测技术、环境工程技术于一体的药品生物技术专业群。

无人机应用技术专业群,面向国家新兴产业和高端产业人才需求,在1+X证书制度试点、股份制产业二级学院探索、军民融合培养模式创新以及形成社会服务体系方面,以跨界、融合与重构的顶层设计,打造世界水平、国内领先专业群。专业群将在10年军地共育人才的基础上,积极争取成为定向培养士官直招院校,每年为海军、陆军培养无人机、军用机器人专业士官120人,服务部队军事现代化建设,深化军民融合,打造集预备役训练、定向士官培养、退役士兵学历教育和培训服务于一体的"六融合"平台,成为国内模范;将在主办方的支持下,探索混合所有制体制机制改革,建立具有教学生产双重职能的股份制产业学院,成为混改范式;与无人机国内顶尖企业合作,在无人机生产制造、服务应用和新产品研发孵化等方面提供人才支撑和智力支持,成为行业模范。

药品生物技术专业群,以构建"多方共育、德技并修、书证融通"的人才培养模式为主线,建成教学资源全国引领、教师教学创新能力出色、实训基地国内外一流和专业国际化视野宽广的服务技术技能人才基地,打造国内领先的专业群。专业群将重点引进国际优质教学资源,组建外籍专家团队,招收国际联合办学班2个,形成对接国际标准的专业教学体系;在现有国家创新教学团队的基础上,进一步聘请行业专家、企业技术人员和专兼职外籍教师组成全国领先的具有模块化资源建设、科技创新和社会服务能力的师资队伍;依托京津冀食品行业产教联盟,构建一流创新协同中心,在科技项目申报、中小企业技术服务、专利申请、论文发表、技术培训等方面成为全国领先。

第二,依据"职教20条"的精神,深化产教融合,校企合作将是职业教育今后重中之重的任务。在这方面,以行业职教集团为例进行阐述。

学院精密机械技术专业(钟表方向)于2012年开始与天津海鸥表业集团有限公司共建四年制联合培养本科专业,正式启动了"现代学徒制"人才培养模式的实践。

2015年,专业实践成果被命名为"海鸥学徒制",成为现代学徒制全国首批试点单位和典型范式。

经过多年的实践,2018年,学院在学徒制实践基础上,由中国轻工业联合会批准,学院和天津海鸥表业集团有限公司牵头组建了全国轻工行业钟表与精密制造职业教育集团,职教集团包含院校22所、行业领军企业26家、行业协会6家、研究所2家,共涉及24个省市56家理事成员单位,形成了良好的产学研利益共同体。此外,学院还建立了行业专家库,搭建了网络宣传沟通平台,并于2019年9月承办了中国技能大赛——全国机械手表维修工职业技能大赛天津大区赛事。

学院充分依托职教集团,在前期工作的基础上,继续开展人才需求、培养效果对话会;引进瑞士、德国专家入校任教,为企业开展定期培训,促进校企深度融合。

精密机械专业将借鉴前期开发国际化专业教学标准的经验,加大对瑞士、德国等国家的独立制表匠的引进力度,依托职教集团成员企业的支持,探索将瑞士、德国制表匠的职业资格标准、专业核心课程、职业资格认证体系引入中国,结合企业生产实践需求,形成具有中国特色的钟表人才行业资格标准,为企业输送高技术技能人才,为员工技能提升提供标准。

第三,为了能够落实预期目标,学院还要在以下四个方面下功夫:

一是对接行业技术前沿,打造创新服务高地。学院将继续依托京津冀食品行业产教联盟、智能制造产业联盟,聚集创新和服务,为天津及区域相关企业提供技术支持,为天津"一基地三区"建设提供技术和智力支持。

二是聚焦"引进与输出",提升国际化办学水平。依托开展全球合作拓展工程、国际化专业建设工程、师资国际化工程和国际人才培养工程,引入先进国际标准,提升专业内涵和教师能力;依托"鲁班工坊",服务"一带一路",助力中国企业出海。

三是对接国家社会需求,打造职业培训高地。对接国家和社会需求,为企业、退役士兵、西部地区、社区等量身定制技能培训专项和学历提升计划,构建高水平的培训体系。

四是完善内部治理体系,推进现代大学建设。以发展模式、管理模式和激励方式改革为核心,建设以依法办学为核心的现代学校制度和以党委领导、校长负责、教授治学、民主管理为核心的现代大学治理体系。

学院未来将坚持以习近平新时代中国特色社会主义思想为指导,坚持党对一切工作的领导,构建多维度人才培养机制,打造多元化校企合作命运共同体。深化产教融合,推进五业联动,率先开展1+X证书制度试点,服务企业转型升级、精准扶贫,深度融入"一带一路"倡议,支撑京津冀协同发展,成为天津市"一基地三区"经济社会发展的重要力量,大幅提升对经济社会发展贡献度。

"现代学徒制"下的校企工学交替式教学运行机制与质量保障体系

——以海鸥学徒制为例

李国桢　易艳明①

一、现代学徒制在教学层面的基本共识

"校企合作、工学结合"是当前世界各国职业教育界普遍认同的、培养高质量技术工人的有效模式。区别于浅层次的、尤其是没有相关约束机制的"2＋1"模式,即2年学校学习与1年企业顶岗实习的简单加和,"现代学徒制"是一种高级形态的"校企合作、工学结合"育人模式,是实现学校本位教育与工作本位培训紧密结合的典范。因为其要求校企双方共同确定专业人才培养目标、教学标准、评价标准等,统筹考虑与利用校企在人员、场地、时间上的资源优势,通过双育人主体全方位与全程式深度融入与联合传授,以发展学习者综合职业能力。然而作为经济个体,企业具有天然的逐利性,在实施现代学徒制人才培养模式的过程中,必须采用有效可行的措施,全方位监控与保障其作为育人主体之一所承担的教学任务,尤其是充分保障工学交替式教学的统一性与协调性。

本文将结合天津现代职业技术学院(以下简称"现代学院")与天津海鸥表业集团有限公司(以下简称"海鸥集团"),在采用"现代学徒制"人才培养模式联合实施精密机械技术专业(钟表方向)人才培养过程中收获的经验,就校企工学交替式教学组织与教学质量保障体系两大核心议题展开讨论。

二、海鸥学徒制的实践探索历程

面对我国钟表民族品牌走向国际遭遇制表匠匮乏的窘境,2007年起,学院联手同属一个集团的国内制表业领军企业海鸥集团,以"海鸥订单班"招生,按

---

① 李国桢,天津现代职业技术学院原院长、研究员。易艳明,天津现代职业技术学院副研究员。

"学校培养 2 年 + 企业顶岗实习 1 年"的模式,开启了制表匠培养之路。2010年,学院与海鸥集团共同创办了我国首个面向钟表企业、系统培养制表匠的"精密机械技术(手表方向)"专业。

(一)依托国家骨干校建设,校企推进"现代学徒制"人才培养体系改革

基于企业发展需求与人才培养市场空缺,校企联合创办专业。实践证明,无论是精湛的技艺,还是凝神专一的工匠精神,抑或是新型工业化背景下的前沿钟表技术和理论知识,均不是校企独立,抑或是校企接力式合作培养能赋予学生的。校企双方共赴钟表王国瑞士与德国系统考察其制表匠培养体系后,在原有合作基础上结成"现代—海鸥"育人利益共同体,以国家骨干校建设为依托,自2010 年起开始积极推进"现代学徒制"人才培养体系改革,集校企双方合力共同培养高端制表匠,且于 2012 年启动本科层次高素质技术技能人才的联合培养,以助力海鸥品牌进军世界高端钟表市场。

(二)学院成为国家首批现代学徒制试点单位,全面面向行业输送掌握国际标准的高端制表匠

2015 年校企探索实践的现代学徒制被教育部誉为具有中国特色的"海鸥学徒制",入选国家首批现代学徒制试点;2017 年,中国钟表协会联合学院与海鸥集团,以海鸥学徒制为模式和标准,主持发起成立"中国钟表行业育人联盟"和全国轻工行业钟表与精密制造职业教育集团,吸纳 26 家国内顶级制表企业、研究所等成为会员,与世界顶级制表学校——德国格拉苏蒂制表学校联合培养掌握国际标准的高端制表匠。

三、海鸥学徒制的四维"校企工学交融"教学运行机制

多年来,我国职业教育在探索与实践校企合作、工学结合的道路上,始终没能跳出"学校热、企业冷"的尴尬局面;即使开展校企合作育人,因实施层面的随意性,使得进入企业的学生常常沦为企业廉价劳动力或无所事事、碌碌无为。对此,海鸥学徒制构建了"四维""运行机制"(教学内容的对接与补充、教学时间的交替与衔接、教学空间的对偶与交融、师资队伍的多元与协作)的"校企工学交融"教学运行机制,如下图所示。

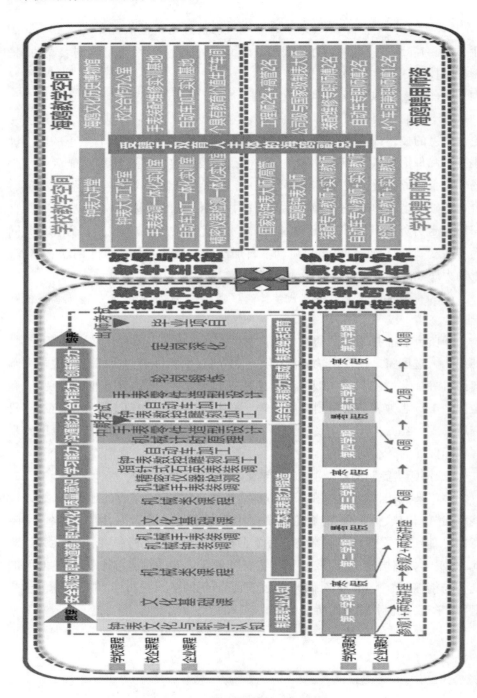

四维"校企工学交融"教学运行机制

（一）教学内容的对接与补充

围绕校企确定的高端制表匠能力模型及表征各级能力水平的典型工作任务和经典钟表产品，按工作过程系统化课程开发路径形成了 12 门钟表类课程，校企根据彼此师资和场地优势进行教学分工，其中海鸥集团独立负责 4 门，校企联合课程 8 门。对于后者，双方共同制定了详细的《一体化课程标准》，规定了每门课程选取的项目、项目内容、课时分配、考核标准、教学衔接点、授课顺序与授课主体等，有效保障了 8 门课程在校企有序交替中相互补充、有效衔接。

（二）教学时间的交替与衔接

按照职业能力成长规律理论，将高端制表匠培养路径划分为四大发展阶段，即认岗知岗、基本能力锻造、综合能力集成、绝活培育，并围绕这一发展路径安排学生在校企有规律、有节奏地交替学习。第一学年倾听 4 场来自企业高管、行业专家和钟表大师等的精彩专题讲座，走进海鸥集团、亨得利瑞表销售中心，在现场体验中建立职业认知；第三至六学期依次以 6 周、6 周、12 周和 18 周的频次集中到海鸥集团跟随师傅完成相应项目的学习。为保障校企在教学时间上的有序交替和顺畅衔接，学生在第二学期末 4 周集中实训中掌握一款简单机械钟和机械表的装配后，即刻进入企业直至第三学期第 7 周返校上课，而第四学期则从第 15 周起进入企业直至第五学期开学再返校，完成校内 7 周学习后，继续进入企业，直至期末最后一周返校完成毕业项目的选题、选双导师和定岗位，第六学期在岗位完成相应内容的学习和毕业项目，最后四周返校完成答辩和毕业事宜。

（三）教学空间的对偶与交融

围绕培养高端制表匠定位，学院按海鸥集团关键车间配置标准将实训场所改造成一个迷你制表厂，即改造并新建了手表装调、自动车加工、精密仪器检测一体化实训室三个，使得两个育人空间在关键实训基地上保持对称且标准一致，通过 8 门校企联合课程的校企交替式项目教学，使得两个对偶的育人空间实现教学上的交融，学生的学习过程更连贯，即先在学校相应实训车间完成项目 1；随后在海鸥集团对等车间或教学基地，借助生产任务与师傅经验，将学校掌握的基本步骤内化后，跟随师傅完成项目 2 经验层面的学习；回到学校跟随教师从理论层面消化项目 2 收获的经验，并进入项目 3 的学习，如此反复。同时海鸥集团人力资源部下设校企合作办公室，专设全职管理协调员 1 名，选派 1 名副总工常驻学校专业教研室，承担专业规划、教学沟通与落实事务，穿行于双育人主体之间，保障两个对偶教学空间更能有效交融。

（四）师资队伍的多元与协作

为高质量完成企业教学任务,海鸥集团配备四类员工实施教学:高管和国家级钟表大师承担《钟表文化与职业认知》课程讲座;2 名工程师各承担 1 门课程教学;4 名专职师傅完成 8 门联合课程的企业教学任务;12 名兼职师傅按1:3师生比承担轮岗锻炼和定岗深化环节的教学。学院为每个实训室各选聘了 1 名来自海鸥集团高级技师担任实训教师,配合专业教师完成教学项目。校企两支多元化与互补性师资队伍,成功实现了系统、科学、合理的协作育人。学院聘用国内外制表大师进驻校内大师工作室,为校企师资合作开发新技术新工艺以及学生创新创意提供了具有强大牵引力的火车头,而新引入的校企学徒网络管理平台使得两支队伍的沟通协作更为流畅与有效。

四、海鸥学徒制的教学质量监控与保障措施

（一）企业层面的教学质量监控与保障措施

如前所述,追逐利益最大化是企业的天然属性,因此保障企业教学质量是构建现代学徒制人才培养模式的关键。为落实企业育人主体所承担的教学责任,保障课程教学质量,海鸥集团实施了下列措施:

1. 专建基地

海鸥集团开辟专用区域,按瑞士标准建立了手表装配维修和自动车加工 2 个教学基地,每个基地各配备 2 名专职师傅,其中手表装配维修教学基地承担着瑞士某一品牌手表机芯机构的装配任务,学徒既可以慢下来跟随师傅完成企业教学标准中规定的内容,还可以在适量的实战任务中掌握瑞士手表的装配标准、提升熟练度与技巧。

2. 精挑实岗

根据 8 周轮岗锻炼和 18 周定岗深化教学内容的要求,海鸥集团精选了公司内工作任务综合度高、技术含量较高的 4 个车间:机芯装配车间、成表装配车间、夹板车间、精密零件加工车间,按1:3的比例为学徒选配技师级别及以上的兼职师傅,严格相应课程标准安排学徒的学习与工作。

3. 选聘师傅

校企共同制定了《专兼职师傅聘任标准》,并以此为依据选拔师傅。对于入选的师傅,颁发由校企共同签发的聘书,帮助师傅认同自己育人的身份;每学期为专兼职师傅下达相应的任课通知书,附上相应的课程标准,有效地帮助师傅确认自身的教学任务;为每届学徒举办拜师仪式,且师徒之间签订有关协议,在明确彼此责任与权利的同时,也增加企业师傅对这一身份的自豪感。

4. 平台管理

校企双方建立满足学校、企业与学生(亦学徒)三类用户需求的校企学徒网络管理平台,让学生在平台上建立档案袋,及时收集与总结自身的企业实习实践活动的资料,完成自我证明式的评价;企业师傅与专业教师通过该平台发布教学任务、工作日志、学习资料等,考核、追踪与反馈学徒学习效果等。

上述方法,使得企业在岗学习和训练成为一个有计划、有目标、有指导、有评价、反复训练、练就技能、形成经验的教学过程,有效杜绝了学生成为廉价劳动力的现象。

(二)学校层面的教学质量监控与保障措施

学院在与海鸥集团的现代学徒制人才培养模式改革中,深刻把握现代学徒制的核心要素与本质特征,跳出学校育人的固有思维看教育,为保障跨界教育改革的质量,采用了下列保障措施。

1. 校内设立钟表大讲堂,邀请国家级钟表大师、企业高管到校作专场报告,涉及钟表起源与发展历史,最新钟表技术、国内外钟表市场与品牌特征等,用生动精彩的专业报告促进学生对钟表行业的了解,并激发他们对钟表行业的认可与热情。

2. 校内营造钟表文化氛围,将丰富精美的钟表产品与制表图片、体现钟表文化与精神的文字,装点于校内近 1500 平方米的专用教学区域,以提升学生职业认同感;同时学生还要沉浸于海鸥集团沉淀的企业文化中,在耳濡目染与师傅的言传身教中感受制表匠特有的职业精神,不断强化职业认同感。

3. 在校内建立钟表专业阅览室,举办多主题的钟表文化沙龙;在校内钟表产品展销中心不定期展出学生的优秀作品,实现作品市场化的同时,也为学生提供交流展示平台。

4. 校内设立钟表大师工作室,使得学生在三年的校企系统培养过程中,能够在校企两个空间科学合理地切换,即既跟随师傅学习经验与技艺,还跟随教师系统学习专业知识,并在教师帮助下深刻总结、反思在企业收获的工作经验与问题,积极利用校内大师工作室,通过与钟表大师亲密接触,或再次回到师傅身边,寻求技术创新的可能性。

5. 校企将学生的毕业作品作为毕业条件之一写入《人才培养方案》,学生毕业前必须独立完成由校企共同确立或由学生提议、校企认定的一件毕业作品,例如钟表某零部件的加工制作或机构设计、组装等,这些作品都必须包含一定的创新度。

五、结语

作为"校企合作、工学结合"的高级形式,现代学徒制在不同国家与地区,因经济基础、社会文化环境、人口结构等方面的差异,呈现的形态各具特色。尽管如此,学院与海鸥集团多年的实践证明,要确保现代学徒制真正发挥高质量育人的优势,必须做到"六双"与"六定"。

"六双"具体表现为:学校与企业成为具有相同责任的育人双主体;被培养人同时兼具学校学生和企业学徒的双身份;师资由教师和师傅组成的双导师;教学场所包含学校的教室、实训室和企业的培训中心与生产车间双基地;由课程成绩为过程性评价和企业组织中期与出师考试为结果性评价的双评价;毕业时通过上述双评价与国家职业资格考试(高级)即可获得职业资格证和毕业证双证书。

"六定"具体表现为:学校、企业与被培养人分别签订明确彼此责权利的三份协议书,作为联合育人的法律基础;校企共同确定五类标准与规范,作为联合育人运行准则;校企通过聘书、拜师仪式与任课通知书的形式,在企业固定四类承担不同教学任务、享受相应待遇的稳定师资队伍;企业精选有育人价值的车间按标准选配师傅担任轮岗和定岗课程教学;校企联合钟表类课程均采用项目教学,由校企共同确定课程项目及教学分工;企业依据绩效与考核标准定等级发放学徒津贴,根据出师考试决定毕业生是否享受企业高级工待遇。

奋力建设人民满意的高质量航海高职院校

张建成　武宝林①

一、抢抓机遇，为天津市开创高等职业院校发展新格局做出贡献

天津海运职业学院主动抢抓国家推进天津滨海新区开发开放和大力发展职业教育的历史机遇，把创建具有航海专业特色的高等职业院校确定为发展方向，经多方努力、争取支持、发动自筹、开展合作，在没花国家一分钱的条件下成功完成了由成人高校向职业院校的转变，使学院由一个占地面积不足 8 亩、教职工不足 100 人的成人院校发展为一个总占地面积近 1000 亩和教职工近 500 人、建筑面积 20 万平方米、全日制在校生近 9000 人的现代航海高等职业学院，为天津市开创高等职业院校发展新格局做出了贡献。

学院成立以来，全面贯彻党的教育方针，坚持社会主义办学方向，落实立德树人根本任务，秉持"知学善建，诚达思远"校训，坚守"工学结合、三证融通、军事化管理、礼仪教育"办学方针，按照"特色鲜明、人民满意、师生幸福"工作理念，以建设"中国特色、世界水平"高职院校为目标，以强化素质教育、双创教育、文化建设为基础，以准军事化管理和信息化、国际化建设为抓手，加强内涵建设，走出了一条独具特色的高等职业教育改革发展和航运类高素质技术技能人才培养的创新之路，推动了天津航海职业教育改革发展的实践进程。

二、顺势而为，开启创建"中国特色、世界水平"职业院校新征程

学院紧紧围绕海洋强国和 21 世纪海上丝绸之路建设战略目标，着眼支撑京津冀协同发展战略实施和天津加快落实"一基地三区"定位，努力培育适应现代

---

①　张建成，天津海运职业学院党委书记。武宝林，天津海运职业学院院长。

航运业发展需要和环渤海地区经济社会发展所需专业,形成了以水上运输类专业为核心,以现代服务业类专业为主干,以装备制造类和电子信息类专业为两翼的"一核一干两翼"专业构架,现有航海技术、轮机工程技术、国际邮轮乘务管理、港口与航运管理、船舶通信与导航、游艇设计与制造、理化测试与质检技术(无损检测技术)等 28 个专业。其中,国际邮轮乘务管理专业被教育部等五部委确定为全国职业院校交通运输大类示范专业点,航海技术、轮机工程技术、国际邮轮乘务管理等 3 个专业被认定为教育部高等职业教育创新发展行动计划骨干专业,航海技术、国际邮轮乘务管理、轮机工程技术、理化测试与质检技术(无损检测技术)、港口与航运管理等 5 个专业被确定为天津市高等职业院校提升办学能力建设项目骨干专业。

在"天津市高等职业院校提升办学水平建设项目"和"天津市高等职业院校提升办学能力建设项目"的支持下,学院聚焦"具有国际视野与家国情怀、海洋意识与社会责任、创新精神与实践能力的高素质技术技能人才"培养目标,紧紧抓住"校企合作、工学结合"这个有机载体,将课程设置与工作任务相对接,课程内容与工作岗位能力相对接,教学情境与工作情境相对接,实训操作规范与企业操作标准相对接,教材开发与职业技能相对接,强化仿真教学和模拟实训,形成了学院与企业相结合、教育规律与人才市场规律相结合、课堂教学与现场教学相结合、校内实训与顶岗实习相结合的各具专业特色的人才培养模式,实现了技能大赛由阶段性工作向常态性工作、由少数师生响应向全体师生参与延伸的转变,推动了"育训结合、德技并修"育人机制的建立,人才培养的质量和能力均得到较大提升。学院 2 个生产性实训基地、1 个"双师型"教师培养培训基地、1 个协同创新中心被教育部认定为高等职业教育创新发展行动计划(2015—2018 年)建设项目,荣获"全国职业院校学生管理 50 强""全国高校学生公寓管理服务工作先进单位""天津市创先争优先进基层党组织""天津市师德建设先进单位""天津市高校阳光体育先进学校""天津市五一劳动奖状""2014 年中国邮轮年度大奖——最佳培训设施奖""2016 年中国邮轮年度大奖——最高就业率奖""2018 年中国邮轮年度大奖——最佳邮轮专业设置奖""中国海员技能大比武活动航海院校组团体二、三等奖""天津市平安高校标准化建设考核优秀"等多项荣誉,并成为教育部综合认定的国防教育特色学校和天津市示范性高等职业院校,毕业生就业率一直保持在 98% 以上。

三、多措并举,服务区域行业及经济社会发展

作为华北地区规模最大、培训资质最全、功能最具领先性的海船船员教育培训基地和滨海新区航海运输技能型紧缺人才培养基地、天津市高技能人才培训基地、天津市航海技术科普教育基地、天津市国家职业技能鉴定单位,学院充分发挥办学特色和资源优势,不断丰富自身角色和服务内容、提升自身管理和服务水平,为符合条件的高中阶段学校毕业生、在职职工、退役军人、下岗失业人员、农民工、乡村管理干部、新型职业农民等提供学历教育,面向在校学生和社会成员开展职业培训、职业技能鉴定,参与实施农民素质提高工程,构建天津市农村经纪人初、中、高级培训完整体系,承担各级各类科研课题近 200 项,开展职业技能鉴定、专项职业能力培训 90 余项,培训以航运企业为代表的企业员工 13 万余人次,培育农村经纪人 7 万余人,向航运、海事、造船等行业源源不断地输送高素质劳动者和技术技能人才,全方位服务区域行业及经济社会发展。

四、不忘初心,发挥示范引领辐射服务作用

学院在积极参与国家海事局西部海员发展计划,履行好西部海员培养基地航海类专业学生实训代培和专业师资支教义务的同时,多次应邀出席天津市政府专题工作会,为邮轮实验区相关政策的制定建言献策,参与创建天津邮轮游艇协会,推动天津中国邮轮旅游发展实验区建设;牵头成立了中国高等院校邮轮人才培养联盟、全国交通运输职业教育教学指导委员会航海类专业教学指导委员会国际邮轮乘务专业教学协作中心、海韵国际邮轮乘务专业连锁职教集团、天津邮轮游艇协同创新中心,并构建面向邮轮产业的专业组群(包含国际邮轮乘务管理、市场营销〔邮轮营销与管理〕、旅游管理、烹饪工艺与营养〔邮轮烹饪〕和酒店管理 5 个专业),依托与美国皇家加勒比游轮有限公司共建的邮轮人才培训中心,培养具有国际视野、过硬素质的国际邮轮人才,开创了中国高等职业教育与世界顶级邮轮企业深度融合的人才培养模式,成为中国唯一、世界一流的酒店式邮轮人才综合培训基地,为提升天津邮轮产业服务质量、培育本土邮轮服务力量乃至推动我国邮轮产业发展提供了必要的载体和智力支持。

五、尽责担当,践行公益使命和社会承诺

学院坚持把广泛参与公益活动、自觉履行社会责任作为单位应尽的义务,在坚持特色办学,为社会努力培养高素质技术技能人才的同时,全力协办全国职业院校师生礼仪大赛、全国职业院校学生技能作品展洽会、全国民族地区职业院校教学成果展演活动,主动服务全国大学生运动会、天津夏季达沃斯论坛、东亚运动会、中国邮轮产业大会,支持师生参加义务献血、"暖冬行动"等公益活动。

学院用实际行动践行"决不让一个学生因家庭经济困难而辍学"承诺,在认真落实好国家助学政策的同时,建立爱心平台,号召全院教职工每月自觉为家庭经济困难学生捐款,坚定他们战胜困难的信心,温暖他们努力求学之路。截至目前,学院教职工已捐款百余万元,资助学生千余名。学院领导和教职工在尽己所能捐资助学的同时,还积极邀请一些企业和社会爱心人士加入活动中来,使更多的学生得到了帮助。

高职学校树立特色强校品牌战略的
思考与实践

于兰平①

一、品牌的解读

品牌反映一个集体的综合竞争力。从经济学角度上,品牌具有广告效应、聚合效应、带动效应和衍生效应。从社会学角度上看,品牌是社会组织经过长期的社会行为在一定的社会大众中积淀形成的功能、价值取向的概念和一定深度的认同。品牌作为经济学上的一个概念,已不仅仅局限于某种商品,品牌的内容也包括教育品牌、高校品牌等。高校品牌是指某一大学的性质、历史、名称、声誉以及承诺的无形总和,同时也是目标受众对这一高校产生的清晰、明确的印象以及美好的联想。一所高校品牌区别于其他高校的鲜明标识,便是这一高校个性化和差异化的表现。高校品牌的核心在于它的个性化、独特性以及创新性。高校品牌也包括将受教育者培养成什么样的人才,为教育者提供什么样的教育服务平台,为社会做出什么样的贡献。教育部、财政部《关于实施中国特色高水平高职学校和专业建设计划的意见》出台后,高等职业教育进入一个新的发展机遇期,这是继高职示范校(骨干校)项目之后,面对以人工智能、"互联网+大数据"为主的新经济、新技术、新业态的新一轮产业革命挑战下的中国高等职业教育的重要战略部署。一所高等职业院校是否有其高质量、独特的品牌做支撑将决定其是否能在"双高计划"激烈的竞争中站稳脚跟。

基于以上思考,围绕国家改革开放、天津经济社会发展需求和主动服务国家"一带一路"以及"双高计划"建设内涵,结合学院实际,总结提炼了学院"八大品

---

① 于兰平,天津渤海职业技术学院院长、教授。

牌"并积极探索品牌建设的有效路径和方法,通过品牌的研究、建设、实践、凝练,逐步树立渤海优秀名片,充分发挥品牌在中国特色高水平高职学校建设中的引领作用,为学院发展提供持续不竭动力。

二、品牌建设路径和方法

（一）坚持品牌引领

品牌是生产力,是文化力,是竞争力。品牌体现着创新的智慧、育人的品质,倾注了师生的情怀,传递着文化底蕴和价值观,是学校对学生所能够承诺的全部价值和意义所在。学校的历史、文化、专业、教师、科技、学生、教学、服务等方方面面都可以构成品牌的要件,品牌的打造可以是整体,也可以是某领域。

（二）创新品牌内涵

品牌创建是一项系统工程,不是一蹴而就的,是一代代学校管理者竭尽毕生精力、甚至通过几代人的努力,不惜代价去追寻的理想,而非一种手段。学院多年来紧紧围绕天津建设国家现代职业教育改革创新示范区的指导思想,主动服务"一带一路"、落实"中国特色"大国外交战略,坚持"立足化工、面向社会、服务经济"的办学宗旨,"以化工为主,相关多元,多业态发展"为发展路径,"在发挥行业办学优势上、在打造行业办学特色上、在强化行业办学产学研结合上、在坚持校企合作提升人才培养质量上狠下功夫",实施了"人才强校、文化兴校、特色立校、依法治校、开放办校"五大发展思路,并建立了领导班子分工负责、领衔打造"八大品牌",建立了常态化的品牌建设机制体制。

（三）发挥品牌示范

品牌是差异化发展到极致的一种承载和体现。教育品牌更代表了一种契约。教育部党组书记、部长陈宝生同志指出,"国家社会不仅需要爱因斯坦,还需要爱迪生,我们有孔子,我们还需要鲁班"。要传承好中国文化,就要把大国工匠精神发扬光大。学院多年来从3个维度传承化工产业民族文化,并通过知名度、信誉度和美誉度来形成自己的化工校园文化品牌,努力培养新时代掌握现代技术技能、具有国际视野、了解国际标准的大国工匠。通过不断的实践与探索,学院逐步打造了渤海大赛品牌、渤海文化育人品牌、渤海教育信息化品牌等,并引领着学院的发展,形成自身的特色与优势。

三、天津渤海职业技术学院"八大品牌"的构建与思考

（一）以党建工作为龙头,打造政治挂帅的"渤海党建品牌"

学院坚持以高质量党建引领为核心,以立德树人为根本任务,以习近平新时代中国特色社会主义思想为指引,把党的领导落实到办学治校全过程,把培育和践行社会主义核心价值观融入教育教学全过程,把党的政治优势、组织优势、制度建设转化为建设"双高"的优势。学院大力实施党建领航、立德树人、人才强校、文化育人、师德师风、廉洁环境建设,抓特色、抓亮点,抓规范、抓提升。学院实施以"党建领航"为战略的高水平机制体制保障,构筑以"立德树人"为核心的高水平人才培养体系,落实以"人才强校"为抓手的高水平组织制度堡垒,厚植以"文化育人"为路径的高水平文化底蕴建设,打造以"四有教师"为重点的高水平师德师风培养,营造以"风清气正"为标准的高水平廉洁生态环境。

(二)以天津市人民政府确立的"做实做强泰国'鲁班工坊',作为中国境外首席基地,切实发挥旗舰与标杆作用"为契机,打造"渤海国际化品牌"

1.加快国际化专业教学标准的建设

具有国际水平的专业教学标准是国际合作的重要元素。学院现有国际化专业教学标准 5 个,形成了化工工艺、环境保护、工业分析、设备维修、机电一体化的国际化专业群。正是基于此内容,学院顺利在泰国建立我国首个"鲁班工坊",并发挥了重要作用。"鲁班工坊"结合泰国当地产业需求,把机电一体化国际专业教学标准输出国门,得到了泰国院校的欢迎和国家教育部门的学历质量标准认同。

2.全面推出具有中国特色、世界水平的教学模式

在"鲁班工坊"建设方面,嵌入了"工程实践创新项目(EPIP)"教学模式,并将中国大赛优秀装备、优秀教学资源融为一体,在国际合作培养当地国家技术技能人才方面发挥了重要作用,取得了良好的效果。

3.加强国际间教学组织的互融互通

国际化人才的培养需要与之相适应的教学组织形式。国际化的障碍首先来自语言,泰国留学生在进行专业学习之前,先安排进行为期半年的中国语言学习,然后进行双语(中文和英文)环境专业教学,并在教学过程中开阔其眼界、增长其知识、提高其技能,组织留学生多项实践活动、文化体验等,不断增进两国青年的人文交流,实施了"中泰一家亲、互学一帮一"活动,实现了中泰师生的快乐互动。学院组建了书法社团、戏剧社团、太极社团等,组织参观津城、两国学生共同包饺子活动及泰国泼水节活动,学生能够体验两国传统文化,增进彼此文化的共通。

4.教学形式的多样化

在人才培养形式方面,采用了学历教育与短期学生交流培训相结合方式,开展留学生教育合作项目。目前学院共接受来自泰国的近百名留学生,在 3 个专业进行为期三年的学历学习,短期交流生五百多人次。学院与驻泰国中资企业建立了长期的人才合作协议,首届留学生毕业回国后,已经全部被泰国的中资企

业录用。人才培养质量和效果得到学校、企业、学生、社会的赞誉。

5. 交流活动的国际化

"鲁班工坊"在泰国建立以来,学院先后选派了多批骨干教师赴泰,到"鲁班工坊"开展教学培训、技术培训和现场指导,培养当地学院的教师,掌握"鲁班工坊"的装备应用、国际专业核心技术技能,再由他们培养更多的教师和学生。两年多来,泰国大城技术学院、泰雅碧里技术学院、北标府职业学院、马哈拉杰工业和社区教育学院、鸽三廊工业和社区教育学院还选派50多名教师和200多名学生到学院进行为期三个月的培训,并在学院EPIP体验中心进行实习实训。学院也同样分批组织了百余名师生到泰国开展为期一个月的技术咨询、人文交流和学访活动。

6. 建立国际产教对接平台

以"'一带一路'·国际合作·'鲁班工坊'"为主题,学院组织召开了中国—东盟职业院校高峰论坛,进一步推动了EPIP教学模式与各国职业教育实践的有效融合,共同探索职业教育国际合作的新模式、新路径。论坛谋划建立国际合作的标准体系,深化各国职业教育资源的共享机制,培育一支聚焦"一带一路"地区和国家的职业教育研究专家队伍。

7. 师资队伍的国际化

派出去,引进来,培养"双语、双师、双能"型优秀教师。师资队伍的国际素养与能力是培养国际人才的重要支持。学院每年聘请德国、美国、法国以及国内许多著名学者为学院的客座教授,并定期开展讲座。此外,学院每年派出教师分别到澳大利亚和德国参加培训学习。

8. 教学装备国际化

学院在实训装置建设上突出"互联网+智能制造技术"和新能源应用技术,建立中外两地远程教学设施,更符合时代需求。在建设过程方面,学院结合了中国优秀企业教学装备和泰国境内中资企业人才需求。泰国"鲁班工坊"运营以来,共为泰国及其周边国家培训学生近4000人,印度尼西亚学生经过训练后,参加国家自动化生产线技能大赛获得了一等奖。泰国学生经过培训后,获得第11届东盟技能大赛工厂自动化系统竞赛的铜牌。

(三)以党的十九大提出的"产教融合、校企合作"为指导,以"政行企校研五方携手"和"产业、行业、企业、职业、专业五业联动"运营创新体制为驱动,打造"渤海化工职教集团品牌"

学院坚持行业办学特色,紧紧围绕产业链构建专业链,实现专业与产业、课程与职业岗位标准的对接。围绕产业的发展,做到专业调整与产业调整同步,紧紧围绕化工产业链构建专业链,实现化工专业群与化工产业的对接,主动服务产业转型升级。

通过实施"双栖制"师资队伍建设,学院打破职教师资瓶颈,实现教师和师傅的深度融合。"双栖制"队伍建设工程是实现师资水平达到国内一流、世界水平的重要途径。建立和完善"刚性"和"柔性"相结合的人才聘用机制,有效地整合与利用职教集团和社会资源,跟踪产业发展趋势和行业动态,结合专业发展方向,聘用国内外、校内外、行业企业兼职教师,壮大学院师资队伍,提升整体技能水平。

学院以"现代学徒制"教法为手段,实现教学过程与生产过程的对接。现代学徒制的建设目标为全面提高学生专业对口率,提高学生岗位技能,培养具有良好的专业知识、岗位技能和职业素养,贴紧企业需求的高技术技能型人才。学院与合作企业共同成立"专业工作室",以工作室为依托,以合作企业实际"工作项目"为内容,以完成"工作项目"的形式在工作室完成课程教学;教学中根据工作项目的进度、难易程度进入合作企业开展"校企"循环教学,聘请兼职教师采用"师傅带徒弟"的方式完成教学,全面提高学生专业对口率、提高学生岗位技能,从单纯培养熟练技术工人发展为培养理论联系实际岗位的技术技能型"两栖人才"。

学院通过搭建人才培养"立交桥",实现职业教育与终身学习对接。通过培养体系衔接,为学生未来成长,构架"中—高—本—硕—留""一站式"学习通道。学院与天津市化学工业学校等单位共同完成三二分段学制中高衔接;与天津理工大学、天津渤海化工集团有限责任公司共同举办化学工程与工艺专业本科班;与天津5所大学签署协议,利用天津渤海化工集团有限责任公司博士后工作站,共同建立应用型硕士和博士后层次的人才培养模式;与泰国大城技术学院共同培养国际人才和留学生。通过一系列人才培养立交桥的搭建,学院为学生发展、职工进修、岗位学习拓展了空间。

(四)以"劳动光荣、技能宝贵、创造伟大"和"德技并修""创新竞技"为方向,打造"渤海大赛品牌"

学院坚持把培养德智体美劳全面发展的技术技能型人才作为根本任务,将爱岗敬业、精益求精的工匠精神贯穿于教学全过程,倡导劳动最光荣、劳动最伟大,将劳和美融入人才培养体系,为石化产业培养了千万产业大军。

学院秉承"竞技对接岗位技能"的办赛理念,把竞赛标准与实际岗位技能要求紧密结合,实施"竞赛赛项设计"对接"产业人才需求"、"竞赛考核项目"对接"产业尖端技术"、"竞赛经验成果"对接"教学水平提升"、"竞技导师培养"对接"教学团队成长"等多项工作举措。

学院积极总结技能大赛经验,及时反哺教学,在专业建设、课程改革、课堂教学、教学资源建设、师资培养等方面开展了一系列的成果转化工作,全面提升了教育教学水平。

学院在学生中积极引导"一生一能一出彩"的成才行动计划,创造人人皆可成才,人人都能出彩的成长氛围。学院连续9届获得全国石油与化工职业院校学生工业分析检测大赛团体一等奖,尤其在近5年连续获得全国职业院校技能大赛工业分析赛项高职组第一名,成功实现"五连冠"的骄人成绩。

(五)以传承百年化工文化,培育"范旭东、侯德榜新时代传人"为精神,打造"渤海文化育人品牌"

突出文化建设为核心,推动学院核心竞争力的提升。学院加强石化文化的传承,大力弘扬创业精神和工匠精神,传承范旭东先生提出的"四大信条"和侯德榜民族创新的"红三角"企业品牌文化。学院利用化工文化园、化工文化长廊、"渤化杯"大赛精神以及校史馆等载体,加大化工文化的教育宣传。

学院强化企业安全文化传承。坚持把校园文化与安全文化结合,纳入人才培养全过程,提升学生安全意识,营造学院安全发展的校园氛围。

学院开展"安教乐道",促进"校风、教风、学风、班风、考风"五风建设。坚持立德树人,加强创建校园文化活动载体,实现寓教于乐。学院注重以文化人、以文育人,创建文明校园,开展形式多样、健康向上、格调高雅的校园文化活动,并把弘扬社会主义核心价值观贯穿始终,积极发挥课堂主渠道作用,创新校园文化育人特色。学院加强学生第二课堂建设,加强对科技社团和文化社团的指导,聘请来自企业一线的技能大师和能工巧匠,为校园带来鲜活的石油和化工企业一线技术技能和企业文化。学院激励学生开展社会实践活动和志愿者行动,到改革开放前沿城市去调研,到国家贫困地区去志愿服务,到海外学习拓展基地友好交流。

(六)以全面建设"智慧校园""智慧课堂"和"智慧服务"为载体,打造"渤海教育信息化品牌"

教育的信息化,首先是教师的信息化。学院始终把"信息化""数字化"作为建设现代化高职学院的重要支撑,把教师信息化水平作为衡量技术技能的重要参数。学院以教师参与各类信息化大赛为契机,围绕大赛开展各类专项培训,从教学顶层设计、教学组织实施、信息技术手段、教学仪态仪表等多方面提升参赛教师在信息化环境下的执教能力。

学院成立教师信息化大赛领导小组,并制订翔实的信息化大赛实施方案,加大专项经费投入,做到奖励政策、资金落实到位,做好宣传工作,营造良好的大赛氛围。学院教师在全国职业院校信息化教学大赛中共获得国家级大赛奖项 7个,其中一等奖 2 个,二等奖 5 个,三等奖 1 个;在市级大赛中获奖 33 项,其中一等奖 8 个,二等奖 13 个,三等奖 12 个。

学院实施师资队伍双引、双聘、双送"三双工程",长年从企业选聘、引进百名"双栖制"的高端技能人才和能工巧匠担任学院实践指导教师,每年向社会公开招聘引进紧缺专业教师,优化教师结构;聘请国内外高水平的行业知名专家学者为学院客座教授;选送学院重点建设项目负责人、专业带头人、骨干教师和优秀教师以及高层管理人员参加国外进修培训,鼓励专任教师到企业实践锻炼、挂职锻炼培训、技术服务支持,师资队伍核心竞争力显著增强。

(七)以和谐校园、平安校园、美丽校园为目标,打造"渤海生态文明校园品牌"

全面贯彻落实"创新、协调、绿色、开放、共享"的发展理念,以新发展理念为引领,深入开展多层次、多形式、多类型的生态文明教育活动,以和谐校园为根本,以平安校园为基础,以美丽校园为载体,师生动员,普及生态文明知识,弘扬生态环保文化,打造生态文明校园,提高师生文化素质,提升学院核心竞争力。

学院以每年春季植树节和爱国卫生月活动为契机,实施校园环境绿化美化工程,创建了整体靓丽、秩序井然、环境优美的绿色生态校园风景线。

学院不断推进节约型校园、循环型校园、环境友好型校园建设,积极组织开展文明教室、文明宿舍、文明行为、文明用餐("光盘"行动)和中华优秀传统文化进校园的宣传教育活动,进一步优化育人环境。此外,学院还建设了校园空气质量全面监控的大气监测系统建设项目,实现了全天候监控校园空气质量。

(八)以全面普及推广应用"工程实践创新项目"教学模式为技能人才培养的重要途径,打造"渤海 EPIP 品牌"

学院把 EPIP 教学模式普及应用到各类专业、课堂、社团的教学活动。快乐的学习总是高效的学习,通过 EPIP 教学模式的应用,真正增强教师在各项工程教学方面的设计能力,学生提高在工程学习方面的技术能力,师生在教与学的工程实践中共同培育创新思维、协作精神,提升创新意识、创新能力。EPIP 教学模式的应用,把抽象的繁多技术以泛在的工程模型(或模拟形式)呈现给学生,师生共同研究完成工程项目的建设和任务,提高学生的工程技术学习兴趣,提升学习的效率。

学院进一步拓展"EPIP 体验中心"功能,深化信息类、机电类、化工类专业的教育教学改革,完善人才培养方案,组建校内外的 EPIP 导师团队,创新课程体系,开发拓展更加广泛的 EPIP 教学模式应用领域,真正使教育教学活跃起来、互动起来,把学习的主动权交给学生,学生成为学习的主人,教师在 EPIP 的应用中"传道、授业、解惑"。

学院传承中华优秀传统文化,将"班墨文化"注入"鲁班工坊"建设和 EPIP 教学模式中,用工匠精神培养技术技能人才。作为全国石化企业文化先进单位和 EPIP 国际教育联盟组织发起单位,学院将进一步弘扬中华优秀传统文化,积极推广优秀的教学模式,把先进的具有中国特色、世界水平的 EPIP 教学模式与世界分享,促进 EPIP 教学模式在中国、世界范围内广泛应用。

四、关于提升品牌核心竞争力的思考

打造品牌、凝练特色、跻身一流、追求梦想是学院的建设方向。建设中国特色高水平高职学校需要品牌的支撑。学院品牌核心竞争力的培育与提升是一个系统工程,它需要各个方面的相互配合与支持。"八大品牌"之间是相互关联、相互支撑的。只有统筹协调、步调一致、同心同向,才能同行并进,实现美好梦想。

一二三课堂联动　提升人才培养质量

张维津①

新时期我国大学生的思想观念、价值理念日趋多元和开放,个性特征更加突出。立足于新时期我国大学教育管理现状,天津机电职业技术学院在提升人才培养质量上进行了大胆的尝试和探索,努力建设现代职业教育体系框架,服务人才培养,将全员全过程全方位育人的要求落实到位。

一、高职院校人才培养存在的问题

随着"中国制造2025"战略的实施,社会、行业、企业对人才的需求也在发生变化,对人才提出了更高的要求。新时代的人才应具有主动获取知识、探索创新、专业技能、团结协作和社会实践能力。但在传统教育模式下,一些学校往往更加注重对学生理论知识的培养,忽视了对学生实践能力和综合素质的训练,教育教学环节与企业实际需要脱节,企业文化和校园文化不能对接,造成人才培养和企业需求存在一定的差距。高职院校在人才培养中存在的问题有:

教学形式单一,学生学习主动性不高。目前高职院校教学形式还是沿用填鸭式讲授,课程教学还是以教师为中心,教师是教学活动的主角,学生参与学习的积极性、主动性不高。

手机霸占课堂,课堂的教学效果不好。随着智能手机的发展,课堂出现了"低头族、手机控、游戏族",教师们感到束手无策。

社团缺乏内涵,对学生的吸引力不足。由于社团定位不明确,很少结合专业知识拓展和深入探讨,活动设计大众化,缺乏专业特色,发挥实践育人的效果不

---

① 张维津,天津机电职业技术学院院长、教授。

显著。

二、多维度提升人才培养质量

一课堂是指传统课堂教学,教师根据课程标准向学生系统传授某一课程或某一学科知识、技能的教学活动。二课堂是指社团、社会实践,包括学生日常学习、社团活动、各类讲座、比赛活动等。三课堂是指网络教学课程。

一课堂是基础,是教学活动的主体部分。二课堂是桥梁,连接第一课堂与第三课堂。三课堂是工具,为学生提供自主学习平台。二课堂、三课堂开展得好,学生的知识和能力就能得到及时的巩固和提高。

(一)严格规范一课堂日常教学

学校教务处、二级学院严格规范一课堂日常教学秩序,强化教学管理职能,严格教学巡查制度,进一步规范课堂教学行为;及时把检查情况反馈给教职工,督查、落实相关问题及整改措施,以推动学校教学质量稳步提高。

在一课堂引入翻转课堂教学模式,重新调整课堂内外的时间,改变填鸭式的教学,将学习的决定权从教师转移给学生。自2015年以来,学院全部课程均引入了翻转课堂的教学模式,取得了较好的效果。

(二)深入挖掘二课堂潜力资源

学院学生社团主要包括思政教育类、专业技能类、艺术文化类、体育健康类、公益服务类等五类。其中,思政教育类社团包括知行社、法律社、国旗护卫队、党史学社、军事爱好者协会;专业技能类社团包括工业机器人学会、TOP工坊、物流商务协会、机电维修社、数学建模协会、图灵作坊、爱控者联盟、金融研习社、英语社、索源数控社、制作者联盟、平面制作、电子爱好者、同维汽修研习社、瑞驰电梯、3D打印、机电一体化协会、焊接爱好者协会;艺术文化类社团包括妹源女子协会、Sunshine Club舞蹈社、Dance holic健美操团、文承会、遇见咖啡、墨缘轩书法社、动漫社、国学社、天空文学社、演讲与口才、园艺社、旋律之家、礼仪社、幕巢剧团、新媒体中心;体育健康类社团包括北纬39度篮球社、足球社、球之翼、武术联盟、瑜伽社、心理协会、田径社、谁羽争锋、排球社、挑战者联盟、轮滑社、DT电竞、平面竞技、射箭协会;公益服务类社团包括学生义务消防队、就业社、星创时代。

为了充分发挥各类社团在人才培养中的作用,学院系统设计了以全面开放的"第二课堂"为平台的全方位育人机制。学院加强学生社团联合理事会建设,严明社团组织纪律,建立社团管理机制;鼓励各社团开展丰富多彩的活动,激发学生的开拓力和创造力;结合学院教学实际,实行社团活动学分与公选课学分互换;特色性的社团管理制度调动了学生参与积极性,学校各类社团数量已达到 55 个,每年举办技能节、文化艺术节、传统知识竞赛及各类社团活动,将文娱活动与技能学习有机结合起来,使学生愉快学习、快乐生活。作为第二课堂活动的主体,各类社团已成为校赛、市赛、国赛竞赛选手培养的摇篮和基地。学生社团活动的蓬勃发展,有效促进了课堂教学水平的提升,在激发学生学习主动性的同时,提高了学生的创新能力,使一二课堂得到了贯通,将课堂真正变成了学生为主体的学习与创新空间。

索源数控社和数学建模协会作为学院社团中的代表,在学校人才培养、技能大赛等方面取得了优异的成绩,在学生学习、成才过程中发挥了重要作用。

1.索源数控社

索源数控社自 2010 年创建,2014 年正式登记在册。索源数控社是一个旨在提高学生专业技术水平和实践操作能力的综合性专业社团。社团面向全校招收新成员,以个人报名、面试选拔的形式为主,教师择优推荐为辅的方式吸纳新成员。新成员进入社团后进行阶梯式阶段培养,以高低年级成员间专业交流、指导教师专项培训、生产性顶岗实习、大赛集中培养等方式陆续开展相关活动。索源数控社的成立填补了学生第二课堂的空缺,其充分运用"学分"激励机制,将社团活动课程纳入学院选修课课程,以换取相应选修学分。

学院实训中心的设备在教师的监管下,全时段为社团成员开放,使学院资源充分服务学生。竞赛选手的选拔全部出自社团成员,这样免去了以往大赛选拔无人可用及突击培训的不良培养模式。索源数控社旨在助推学生实现梦想,通过这个平台,教师与学生将相互了解、密切合作、共同奋斗。

索源数控社是"强化高职在校生职业技能型"的学生团体。经过社团的培训,成员均能独立完成较复杂的工业零件生产制造,形成了一支成熟的"生产型"队伍。索源数控社是学院校企合作工作开展的亮点,毕业的社团成员成为企业招聘的热门。

2.数学建模协会

十余年来,数学建模协会每年参加天津市及国家数学建模竞赛,均取得了很好的成绩,协会历年参加竞赛的整体成绩,稳居天津市高职院校前三名。2008年,参赛队 2 个,获得天津市二等奖 1 个;2009 年,参赛队 4 个,获得国家一等奖1 个、天津市一等奖 1 个、二等奖 1 个;2010 年,参赛队 8 个,获得国家二等奖 2个、天津市一等奖 1 个、二等奖 2 个;2011 年,参赛队 8 个,获得国家二等奖 1 个、天津市一等奖 1 个、二等奖 1 个;2012 年,参赛队 8 个,获得国家二等奖 2 个、天津市一等奖 1 个、二等奖 2 个;2013 年,参赛队 8 个,获得国家二等奖 1 个、天津市二等奖 2 个;2014 年,参赛队 8 个,获得天津市一等奖 2 个、天津市二等奖 2 个;2015 年,参赛队 8 个,获得国家二等奖 1 个、天津市一等奖 1 个、天津市二等奖 2 个;2016 年,参赛队 10 个,获得天津市一等奖 2 个、天津市二等奖 3 个;2017 年,参赛队 10 个,获得国家二等奖 1 个、天津市一等奖 2 个、二等奖 2 个;2018 年,参赛队 10 个,获得国家二等奖 1 个、天津市一等奖 1 个、二等奖 1 个。

（三）适时营造三课堂教学氛围

在线网络课程系统围绕学、测、考、评等多方面为学生提供全方位的教学服务,使得学生可以不受时间、地域、形式的限制,进行实现基于互联网的学习计划。三课堂配合一、二课堂,使学生的时间可以得到高效的利用。为便于整合与管理资源,学院教务处成立了资源科,将原有的"十三五"建设的课程资源引入现有在线平台,供师生使用。

三、一二三课堂实施成效

（一）媒体聚焦,广泛推广

翻转课堂教学模式和学生社团开展均得到了校内外广大媒体的密切关注。学院在首届职业教育活动周天津市启动仪式暨国家职业教育改革创新示范区建设成果经验分享会,向全国职业教育界进行了分享。

（二）同行赞许,专家肯定

学院项目的实施提高了课堂教学水平,激发了学生作为学习主体的学习积极性和主动性,并有效促进理论知识与实践的融合,提升了教育教学质量,提高了人才培养水平,得到教育部、天津市教育委员会领导的高度认可。

（三）质量提升,效果显著

近年来,学院获全国职业院校技能大赛高职组项目 19 个一等奖、17 个二等奖、12 个三等奖,为社会输送了大批具有"工匠精神"的毕业生,毕业生一次就业率保持在天津市高校前列。

经过多年的积累,学院知名度和影响力不断得到提升,学院连续十二年承办全国职业院校技能大赛,获奖选手得到各用人企业的青睐。学院近年来毕业生就业率均达到 97% 以上,很多毕业生服务于西门子、蒂森克虏伯等世界 500 强企业以及国内重点项目。

在提升人才培养质量的道路上,学院将不断地进行思考、摸索、尝试、创新,继续坚持立德树人,完善人才培养体制机制,为实现中华民族伟大复兴、为培养德智体美劳全面发展的社会主义建设者和接班人贡献力量。

社区型高职院校服务学习型社会建设的
探索与贡献

张　麟　李　彦①

努力发展全民教育、终身教育,建设学习型社会,已经成为我国的重要发展战略。党的十九大报告明确提出:办好继续教育,加快建设学习型社会,大力提高国民素质。党的十九届四中全会更加明确提出,要构建服务全民终身学习的教育体系。

天津市河北区是全国第三批社区教育示范区。在这里,社区教育开展得如火如荼、有声有色,深得社区居民的喜爱,这离不开天津城市职业学院发挥的龙头作用。

一、职业教育社区化,社区教育职业化:一所高职学院的担当与作为

天津职业教育在历史发展中坚持了行业办学的特点,这成为天津职业教育得天独厚的优势,但是天津城市职业学院与此不同,它是市内中心城区中唯一一所由区政府主办的高职院校。学院紧紧抓住服务社区这个特点,与市内五所社区学院组建了天津城市职业学院"职教集团",明确了"多功能、社区性"办学特色,进而进入职业教育发展的快车道。

(一)高职专业设置与建设顺应城区发展需求

学院高职教育重点建设了"从小到老"服务城区的特色专业链。学院面向0~6岁的婴幼儿教育,开设幼儿发展与健康管理专业;结合天津居委会社区综合治理、志愿服务、劳动保障管理岗工作要求,开设社区管理与服务专业;围绕社区居家养老和多样化的老人服务要求,采用国际合作、京津冀协同和"活化、乐龄"

---

①　张麟,天津城市职业学院党委书记。李彦,天津城市职业学院党委副书记、院长。

养老理念、方法,建设适应都市老龄化需求的老年服务与管理专业。幼儿发展与健康管理专业毕业生连续三届在京、津高端国际幼儿园就业,与国外教师和"海归"成为同事;社区管理与服务专业培养了一批社区管理骨干,他们成为居委会主任并领导本科生的现象屡见不鲜,仅天津市河北区近五年就有24.7%的居委会管理岗是本专业毕业生负责的;老年服务与管理专业学生被京、津企业争先预定。

此外,学院率先建设了基于"融合教育"的聋人数字媒体艺术高职专业,使聋人家庭得到了教育救助,打通了天津聋人的中职、高职、本科通道。针对居民小区物业管理建设标准的提升,学院开设了建筑智能化工程技术、消防工程技术、分布式发电与微电网技术等专业。天津城市职教集团2017届毕业生中72.08%就业于天津,84.81%就业于京津冀。

(二)"一主两翼"办学和"双线并行、内外融合、龙头带动"社区教育工作模式

学院确定了"一主两翼"的办学格局,使中高职相互衔接、全日制与业余学习相互融通、学历教育与社会培训相互协调,将职业教育与继续教育有机融合。"一主":开展职业教育是主体任务。学院主要服务于区域发展对各种高素质技术技能型人才的需求。"一翼":发展继续教育是重要任务。学院持续开展成人学历教育、企事业单位在职人员岗位技能培训。另"一翼"是指:社区教育是特色任务,学院在社区教育规划的制定、理论研究、教育教学组织与指导、督查检查评估等方面发挥作用。

学院创新实践了"双线并行、内外融合、龙头带动"社区教育工作模式。社区教育纳入职业院校工作范畴和职业教育走进企业、走进街道、走进社区展现应有作为,发挥了职业教育与继续教育协同效应。"双线并行"指职业教育与终身教育并行发展,"内外融合"指职业教育资源与社区教育资源互相融合、互相促进,"龙头带动"指高职和社区学院发挥终身学习的龙头带动作用。

(三)构建了师生与社区互动实践模式,实现师生与社区的价值倍增

2008年,学院开始实施学生社区社会实践,并将其纳入人才培养方案。目前,学院已经与河北区100多个居委会签订了共建协议,每年约3000名在校大学生深入居委会开展顶岗实习和社会实践活动。实践注重与专业、社区服务、学生能力拓展和辅导员工作的"四结合",形成了规模化、制度化、阵地化、项目化的"四化"实践方式。社区社会实践成为与社区联合开展培育践行学生社会主义核心价值观的有效方式。学生7项成果在天津市"挑战杯"课外学术科技作

品竞赛中获奖。

2014年,学院制定了《"企业(社区)实践服务卡"实施管理办法》,并将其纳入教师工作考核,使教职工服务社区规范化、程序化。每年全体教职员工进社区,不仅解决了社区教育的师资需求,而且提升了教师的社会活动能力、岗位技能,彰显了"安教乐道"的职业教育教师之品。

二、牵头组建区域型职教集团,形成了"职继协同、双周推动"服务终身学习范式

(一)整合社区与职业教育资源,构建社区职业教育集团

2006年,学院牵头市内六区的职工大学,建立了全国第一个社区性职业教育集团——天津城市职业学院职业教育集团(后更名为天津城市职教集团)。它的基本特征是社区性、综合性和职业性。所谓社区性,即集团内学校均坐落在各社区,为社区的经济社会发展以及和谐社区建设提供优质的教育服务,其教育资源和文化体育设施向社区全面开放。各学院以管理和推动本区社区教育为己任,是各区社区教育的重要载体和龙头。所谓综合性,即各学院紧紧围绕各区的政治建设、经济建设、文化建设和社区建设,为其提供多层次、多形式、多规格的各类教育服务。所谓职业性,即各社区学院以就业为导向开发职业教育,天津城市职教集团中不仅包含各类学校,更重要的是包含社区范围内的多家企业,使企业与学校形成紧密的互动关系。

天津城市职教集团的发展定位于立足区域发展,服务终身学习,其所提供的教育服务涵盖职业教育、成人教育、社区教育、老年教育及各类培训等多种形式。首先,借助集团地缘优势,提升中心城区终身学习资源供给水平。一是构建覆盖中心城区的终身教育网络;二是借助集团专业教育资源,提供多元化的社区教育。具体表现为:1.面向社区开放办学,为社区发展提供专业服务;2.建立青少年校外教育服务中心,为中小学生提供假期课外教育、职业体验教育服务;3.建设覆盖全市的老年教育服务体系,拓展老年教育资源的内容与形式;4."职继协同",开展多类型多形式的社会培训。三是搭建多种上升通道,构建学习立交桥。一方面,探索多种衔接方式,实现系统化人才培养;另一方面,建立学分银行,实施灵活开放的学习制度。四是深化产教融合,服务经济社会发展。建立政校企(社)合作发展理事会,服务都市职业人才需求;成立京津冀产教联盟,服务国家发展战略。

(二)倡导"职继协同、双周推动"理念,形成服务终身学习新范式

天津城市职教集团积极倡导"职继协同、双周推动"理念,以每年天津市全

民终身学习活动周和职业教育活动周为节点,展示职业教育、继续教育的教学成果,固化品牌特色项目,策划启动为民服务新项目。天津城市职教集团以主题性、板块化以及不同层面教育活动和"请进来、走出去"的方式,向社会开放集团最新设计的各类活动和资源,激发全民终身学习热情,增强人民群众学习的获得感、幸福感,形成了创新服务区域终身教育的新途径和新模式。

自 2007 年,天津城市职教集团和中心城区已设计承办了天津 11 届全民终身学习活动周中的 9 届。仅 2016 年"双周"期间,天津城市职教集团组织开展了18 个板块、108 个特色活动,惠及市民 19 万余人。

在天津城市职教集团的引领带动下,天津市大力推进服务终身教育的职业教育集团建设,先后成立了天津市环城职教集团、天津市城郊职教集团和天津市滨海职教集团,有效推进天津市区域职业教育、终身教育资源共享,实现天津市全覆盖,形成天津终身教育体系的骨架。

(三)构筑全民终身教育体系,奠定学习型社会基础

构筑全民终身教育体系是建设学习型城市的基础,建设学习型社会必须有坚实的教育基础和实际的学习载体。天津城市职教集团在十余年的发展历程中一直秉承服务终身学习体系的理念,得到了社会的认可和肯定。

中国职业技术教育学会常务副会长兼秘书长刘占山在"职继协同,双周推动"服务终身学习职教集团十年建设推动会上的总结发言,对进一步构筑全民终身教育体系,奠定学习型社会基础做了很好的诠释。

刘占山概括了十年来职业教育集团发展的 5 个突出成果:一是将各种教育资源整合实行集团化办学是教育制度(体制)的创新,通过集团化办学形式,突破了教育体制中分割式、分片管理的体制,使职业教育、成人教育、终身教育和继续教育等突破管理体制,形成一个整体。二是构建了区域终身教育体系、终身学习体系,整合区域内的资源,服务区域每个人的终身学习,提升区域全体市民综合素质、专业素质等,是我国终身教育的一项重要实践,同时,终身教育法的完善也是一项重要的工作。三是十年的发展与成果在区域范围内不仅带动和推动职业教育的发展,更重要的是推动社区教育、老年教育、老年服务和青少年活动,成果显著。四是坚持立德树人,培养了大批服务和适应区域经济社会发展的人才,培养了适合每个人全面发展,适应区域劳动者生涯规划发展需要的人才。五是紧跟国家和天津市战略布局。通过十年的探索实践,职业教育集团有特色、有成果,在该领域起到了示范带头作用。

2018 年,学院申报的《职继协同构建区域型职教集团,为建设学习型城区提

供有效供给的创新实践》这一教学成果,被评为天津市职业教育教学成果特等奖,国家级职业教育教学成果一等奖。

三、建构服务终身学习的立体化、引领式教育资源供给体系

(一)搭设线上线下社区教育平台,设置市民学分银行,形成服务终身学习优势

1. 搭建社区教育三级办学网络

紧贴学习型城区建设,建立了以职业(社区)学院、街道社区学校和居委会社区分校组成的三级社区教育办学网络。引领、推进城区社区教育工作,带动街道社区学校的发展和社区教育活动。

2. 建设社区教育网络平台与数字化学习资源

利用院校信息技术优势,持续建设"十一五"社区数字化学习中心、"十二五"社区教育信息化平台和资源、"十三五""终身学习网"和"E家园"城社区微信平台。社区教育信息化平台汇集了涵盖职业教育、继续教育、社区教育、老年教育等,包括幼儿指导、健康养生、民间工艺、信息技术的347GB社会学习资源、560GB的培训资源。

3. 援建连接市民的街居级数字化示范学习中心

2007年起,启动支持社区数字化学习中心建设计划,先后按标准援建交付了20所数字化示范学习中心,中心内设学习区、公共咨询区、学习服务管理区,学习中心可以共享集团所有数字化学习资源,学院师生作为志愿者参与学习中心的教学、管理与设备维护工作。

4. 设立市民学分银行,支持学习者在不同教育类型之间的选择和转换

结合学习行为实际,设计学习内容、质量标准及其学分,使职业院校课程、继续教育课程、企业内部的培训以及职业资格取证都可折算成相应学分。采用"3+2"分段培养、五年一贯制、高职升本等多种方式,搭建多种学习通道。提供"非连续学程、往返式学习、终生型教育"的较宽口径、较多接口,支持市民多样化、个性化的学习。

(二)依据人的生命周期提供教育资源,提高供给针对性

1. 发挥国际化专业特色,供给婴幼儿教育优质资源

依托婴幼儿发展与健康管理国际化专业优势,提供家庭亲子教育指导。开放幼儿实训基地,开展育婴师培训与科学育儿培训,举办国际化婴幼儿教育论坛,助力高品质育儿。

2. 建立普职融通渠道,供给职业启蒙教育资源

搭建普职融通渠道,开展工程实践创新、3D 打印、非物质文化遗产传承等多种形式普职融通项目;面向中小学校开放实训基地、专业课程,引导青少年正确认知职业领域和岗位,营造崇尚工匠精神的氛围;开展"青少年快乐营地"项目,扩展青少年校外活动范围。

3. 实施多样化培训,供给品质生活教育资源

推进实施天津市百万技能人才培训福利计划,每年培训规模达到 1.5 万人次;"十二五"期间,开展军地两用人才和企事业单位专题培训,共培训 5 万人次以上;开展健身、艺术、茶道、英语、手工制作等高品位专项培训,引领都市休闲生活学习。

4. 拓展老年教育服务,供给"就近、便捷、快乐"的老年教育

持续建设老年大学,缓解"老年大学热",天津城市职业学院下属的河北区老年大学在校生近万人;开发符合不同教育背景、不同兴趣爱好老年人需要的 200 多门课程;组织老年教育自主学习团体,与养老院合作建立"养教结合"试点,每年老年教育活动参与人数超过 10 万人次。

5. 以汉语、书法为纽带,供给国际友人来津生活教育资源

天津城市职教集团开发了汉语口语、书画、烹饪等生活普及课程,开设扎染、剪纸、国画、结艺编织、手工刺绣等课程,为在津外籍人士学习汉语、了解中国优秀传统文化、风土人情开窗、架桥。

关于高职院校推进"关键课程"建设的思考与实践

张泽玲①

党的十八大以来,以习近平同志为核心的党中央高度重视思想政治理论课建设,作出了一系列重大决策部署。2016 年召开了全国高校思想政治教育工作会议,2018 年,召开了全国教育大会。2019 年 3 月 18 日,习近平总书记亲自主持召开学校思想政治理论课教师座谈会,并强调指出:"办好思想政治理论课,最根本的是要全面贯彻党的教育方针,解决好培养什么人、怎样培养人、为谁培养人这个根本问题。"充分说明高校思想政治理论课在立德树人方面占有重要地位。为此,2019 年 8 月 14 日,中共中央办公厅、国务院办公厅印发了《关于深化新时代学校思想政治理论课改革创新的若干意见》,明确指出:"思政课是落实立德树人根本任务的关键课程,发挥着不可替代的作用。"高职院校思政课教育工作者要深入学习贯彻习近平新时代中国特色社会主义思想,坚决贯彻执行党的教育方针,紧紧围绕落实立德树人根本任务,立足高职高专院校人才培养目标,推进思想政治理论课程建设。

一、党建引领,是"关键课程"的根本

中国特色社会主义进入新时代,对高校思想政治理论课发挥育人主渠道作用提出了新的更高要求。思政课"思"是关键,缺少思想魅力就缺少课程感染力,立德树人关键在于用习近平新时代中国特色社会主义思想铸魂育人。思政课的重点是"政",讲政治就是要全面贯彻党的教育方针,坚守为党育人、为国育才的初心和使命。以政治认同的爱党、爱国、爱社会主义、爱人民、爱集体为主

---

① 张泽玲,天津城市建设管理职业技术学院党委书记、院长、教授。

线,进行马克思主义理论教育、中国特色社会主义和中国梦教育,牢牢把握坚持和发展中国特色社会主义改革开放以来党的全部理论和实践的主题。思政课的载体是"课",思想加政治等于思政课,要从"关键"的角度来创优思路,明确思政课的本质属性。

天津城市建设管理职业技术学院党委认真贯彻落实全国、天津市高校思想政治工作会议精神,始终把加强思政课建设作为"一把手工程",把加强和改进思政课建设摆在突出位置,坚持"三定、三入、三专",把握政治方向。学院党委按照《高等学校思想政治理论课建设标准》定岗、定员、定编,独立的思想政治理论课教研部直属学院党委领导,思政部教师参加学院党委理论中心组学习;建立校领导与思政课教师联系制度,定期开展"对讲对谈"活动;规划了配齐思政教师制度标准、党委审定思政课建设教学方案。学院党委将思政课建设列入学院事业发展规划;校领导深入思政课堂听课;走入思政教研部现场办公。学院党委坚持做到思政课建设每年有专题工作会议,每学期有专项工作检查,每月有专场形式报告会。

天津城市建设管理职业技术学院是全国高职高专院校思政课建设联盟副会长单位,获批天津市高职院校思政课协同创新中心,设有天津市高校思想政治理论课名师工作室。学院思政教研部办公用房、教学设备、课程建设等是学院事业发展中的重点建设内容,而且列入学院上级领导部门能源集团的党校建设范围,加上学院同时是能源集团习近平新时代中国特色社会主义思想生动实践基地,这些均为学院思想政治理论建设提供了持续发展的资源和保障。

二、搭建平台,打造"关键课程"团队

习近平总书记强调指出:"办好思想政治理论课关键在教师,关键在发挥教师的积极性、主动性、创造性。"发挥思政课教师的积极性、主动性、创造性,是推进思政课改革创新、提高思政课教育教学质量的关键。习近平总书记针对思政课教师提出了"政治要强、情怀要深、思维要新、视野要广、自律要严、人格要正"的新要求,思政课教师要给学生心灵埋下真善美的种子,引导学生扣好人生第一粒扣子。办好思政课,思政课教师责任重大。"政治强"就是要求思政课教师具有坚定的政治立场、政治信仰。传道者首先要自己明道、信道。让有信仰的人讲信仰,讲信仰的人首先要有信仰。"情怀深"就是要求思政课教师有家国情怀,心里时刻装着国家和民族。"思维新"就是要求思政课教师掌握辩证唯物主义和历史唯物主义。"视野广"就是要求思政课教师的知识视野是广泛的、历史的、现实的,能够给学生释疑解惑。"自律严"就是要求思政课教师学高为师、身正为范,自觉弘扬主旋律,积极传递正能量。"人格正"就是要求思政课教师以德立身、以德立学、以德施教,用高尚的人格感染学生,当好学生道德修养的引路人。

习近平总书记明确指出,思政课教师队伍是"可信、可敬、可靠,乐为、敢为、有为"的,这样的评价不仅是对广大思政课教师工作成效与担负角色的充分肯定,也是在新时代对广大思政课教师提出的殷切期望和新要求,为思政课教师的成长发展指明了方向。

近年来,学院党委充分发挥"天津市高校思想政治理论课名师工作室""天津市思想政治理论课协同创新中心""全国高职院校思政课建设联盟"三个平台作用,不断打造"关键课程"团队,加快培养高素质专业化思政课教师队伍,积极为思政课教师队伍成长发展搭建平台、创造条件。"党委搭台子、教师结对子","请进来、走出去",以新老教师传帮带的导师制等方式加强队伍建设。挖掘校内资源,引进社会资源,请全国"马克思主义理论研究和建设工程"学者名师、思政课教师影响力标兵人物进校示范引领,抓好"集中研讨提问题、集中培训提素质、集中备课提质量"三个环节,充分发挥"名师工作室"的平台作用,定期开展教学教研和学术交流活动,有针对性地对教师进行培养培训,对新教师注重专业素养和教书育人使命感、责任感的培养培训,对骨干教师注重理论素养和教学能力的提升,创造条件组织教师积极参加各级各类社会实践活动,正确把握"六个要"的新要求,积极创造条件,采取多种措施,打造"关键课程"团队。

通过上述举措,学院教师和学生获得了专业成长和重要荣誉。青年教师获得国家择优资助计划项目,获全国思政课教师展示"教学能手""教学标兵"和特等奖等荣誉,学生在天津市大学生思政公开课大赛中连续两年获得大赛一等奖。

三、守正创新,推进"关键课程"的建设

在学校思想政治理论课教师座谈会上,习近平总书记明确提出了"推动思想政治理论课改革创新,要不断增强思政课的思想性、理论性和亲和力、针对性"的重要目标,深入阐释了必须坚持的重要原则:坚持政治性和学理性相统一,坚持价值性和知识性相统一,坚持建设性和批判性相统一,坚持理论性和实践性相统一,坚持统一性和多样性相统一,坚持主导性和主体性相统一,坚持灌输性和启发性相统一,坚持显性教育和隐性教育相统一。为推动思政课改革创新指明了方向和路径,为推进思政课建设提供了重要遵循。思政课作为落实立德树人根本任务的关键课程,在课程设置、教材建设、教学内容、教学方法等方面都有其自身的规律。"八个统一"立足思政课建设的基本规律,紧紧围绕新时代

思政课建设要解决好的主要矛盾和问题,深刻回答了新时代思政课改革创新的重点和难点问题,是推动新时代思政课改革创新的重要原则,是不断增强思政课思想性、理论性和亲和力、针对性的关键所在。

在新形势下,如何让高职高专院校思政课鲜活、接地气、有亲和力,增强学生的获得感;如何围绕高职高专院校人才培养目标,发挥思政课教育学生的主渠道主阵地作用,促进学生全面发展。学院党委坚持问题导向和目标导向相结合,紧紧围绕"教材体系向教学体系转化""转变学生由被动学习到积极主动融入教学活动中""构建思政课实践教学考核评价体系""推进校际间优质资源共享共建"等问题,不断加强"关键课程"建设,不断增强思政课的思想性、理论性和亲和力、针对性。

学院教师对思想道德修养与法律基础课的教学模式进行改革创新,以"教学内容模块化、教学方法多样化、授课主体多元化、资源共享信息化、评价考核系统化"五个立体化的教学模式进行不断地探索和实践。坚持以习近平新时代中国特色社会主义思想为指导,充分发挥中国特色社会主义教育的育人优势,将教材内容重新序化,贴近职业素养与道德实践设置实践教学项目,按照理论和实践体验两条主线,构建"教师、学生、劳模工匠、专家学者"四位一体的授课主体,让学生当主角上讲台,让劳模以"为学为业为人"为题讲工匠精神,让专家学者"教授团"作报告,与思政课教师交流互动、交叉登台,坚持以立德树人为根本,以理想信念教育为核心,以社会主义核心价值观为引领,丰富教学内容,拓展教学方法,遵循养成教育规律,增强思政课的吸引力和实效性,着力培养新时代的高素质技术技能型人才。通过以上实践,学院《新形势下高职院校"思想道德修养与法律基础"教学模式的创新与实践》荣获 2018 年天津市职业教育教学成果特等奖、国家级教学成果二等奖。

深化新时代学校思想政治理论课改革创新,面对新形势、新任务、新挑战,加强思政课课程群建设,创新"思政课课程体系";做好"思想政治"选择性必修课程的开设;思政课教师的培养评价机制的创建等,需要我们不断地去探索实践。只要认真贯彻落实习近平总书记关于思想政治工作的新理念、新思想、新战略,按照习近平总书记对办好思政课的指示要求,坚持在改进中加强,在创新中提高,守正创新,认真研究思想政治工作规律、教书育人规律、学生成长规律,做到因事而化、因时而进、因势而新,不断创新工作机制,积极构建思政课建设发展共同体,真正把思政课打造成"关键课程",就一定能在培养担当民族复兴大任的时代新人中做出应有贡献。

鲁班精神内涵及其传播意义研究

于忠武①

一、鲁班及其精神

鲁班,姓姬,名班,生于公元前 507 年,卒于公元前 444 年,春秋时期鲁国人。据历史书籍描述,中国古代木工使用的墨斗、曲尺、钻子、刨子、锯子等工具都是鲁班通过思考和创新,并结合多次实践发明出来的。这些创新发明,让当时的木匠工作效率提高了数倍,使得当时的百姓对"手艺人"刮目相看。后来人们通过研究发现,鲁班并不仅仅是个手工艺劳动者,他还是善于学习和钻研专业知识的名师,是普通劳动人民擅于应用智慧发展生产力的先驱者,如果在当代必将是受人崇敬的"大国工匠",非常难能可贵。为了传播鲁班精神,鲁班的家乡的人民在山东滕州龙泉广场建造了鲁班纪念馆,纪念馆主体以"继承与发展"为设计理念,风格是仿古与现代相结合,建筑结构为卯榫设计。

鲁班精神主要就是指工匠精神,其也是一种职业精神,曾经是中国古代手工艺作坊劳动者的职业价值追求。从中国古代到当代,千行百业如果都能把鲁班精神融入其自身实践中,将会不断提升其行业质量和标准。

二、鲁班精神的内涵

鲁班精神的主要内涵体现为敬业爱岗、精益求精、钻研创新三个方面。当代的鲁班精神是社会发展所需要的,各行各业的人才需要鲁班精神的引领,所以剖析出其精神内涵十分必要。社会发展需要每个劳动者各司其职、敬业爱岗创造价值,需要劳动者精益求精提高产品质量,需要劳动者勤于思考、追求技术进步,

---

①　于忠武,天津铁道职业技术学院党委书记、院长。

执着坚持、钻研创新、提高生产效率。

（一）敬业爱岗

从比较理想化的角度上理解，敬业爱岗其实是对劳动者的一项底线要求，所有从业者必须对岗位存有敬畏心和热爱心，如此才能尽职尽责忠于职守。中国特色社会主义社会主流的价值观社会主义核心价值观，敬业是其中内容之一，是针对劳动者在职业道德方面的要求。千千万万的劳动者敬业爱岗，就能促成国家的发展与社会的进步。敬业爱岗是敬业与爱岗的总称。敬业和爱岗在职业精神中是紧密联系在一起发挥作用的，"爱岗"是能够"敬业"的前提，"敬业"是"爱岗"的提升。敬业爱岗是职业道德教育中的核心内容，要求劳动者对自己所在岗位真正热爱和敬重，而不是因为迫于"谋生"压力而勉强从事，否则他们对工作任务不可能真正重视。

（二）精益求精

鲁班精神中的精益求精，是描述从业者如何对每件产品反复雕琢、追求卓越，对每道工序都一丝不苟、追求完美的职业品质。正如老子所说，"天下大事，必作于细"。在当代，所谓"工匠"大都不是出自高校的学术性人才，而是职业院校培养出的新时代的技术技能型人才，职业院校的学生在校期间通过技能训练课和定岗实习等课程的实践后早已明白，一个手工匠人在行业内安身立命、争先创优必须要追求"精益求精"。这些技术技能型人才走上工作岗位后，追求卓越和一丝不苟的精神值得敬佩，他们在实践中诠释着鲁班精神的内涵。无论是铁路行业的技术工人，还是建筑工地上的泥瓦工，很多行业标兵都在精益求精行业价值的引领下，成为自己所在行业的"状元"，实现人生价值。

（三）钻研创新

鲁班之所以能够发明出墨斗、曲尺、钻子、刨子、锯子等推动行业快速发展的工具，主要是因为他勤于思考，刻苦钻研，能够在实践中创新。行业发展若想有突破，创新是关键，创新能提高生产力，令劳动者在具体工作中事半功倍。但凡能在行业中进行创新发明的人，都必须是能够高度投入到行业专业知识的钻研中，通过钻研才能有突破和创新，这也是"匠心"之体现。中华人民共和国成立以后，中国铁路事业快速发展，尤其步入高速铁路时代后，铁路行业涌现出很多有创新精神的人，他们在机车制造、通信技术、运营管理等多方面实现了技术的研发与创新，推动了行业进步和经济发展，为国家和社会做出了巨大贡献。

三、鲁班精神继续传播的意义

从当前社会经济、政治、教育等多方面看，鲁班精神依然有其现实意义，能够与价值引领和实践指导完美结合。

（一）相关行业方面的意义

中国建设工程鲁班奖（国家优质工程），简称鲁班奖，是中国建筑行业在工程质量标准评价上设立的最高荣誉。其奖杯的设计是金色鲁班人像，底座上撰写获奖单位信息。鲁班的人像衣着是春秋时期鲁国服饰，扎发髻，左手握"墨斗"，右手持"班母"并拉出墨线置于一侧。选取鲁班人像作为奖杯，体现出中国建筑工程行业对鲁班精神的崇敬与追求。鲁班精神为中国建设工程质量树立了高标准，为建筑行业企业在世界上树立了中国品牌，激励该行业人才在工作上追求敬业爱岗、精益求精、钻研创新。同时，鲁班精神已经日益成为广大建筑企业树立崇高社会形象的文化追求，对促进工程质量管理水平升级和提高企业核心竞争力具有里程碑的意义。

（二）文化传播方面的意义

中华民族有很多优秀基因，优秀传统文化是其中重要的一部分，如果我们能把它继承、发展并传承下去，是对子孙后代负责任，也是为中华民族伟大复兴之路做贡献。毋庸置疑，鲁班精神是中华民族优秀传统文化中的一个亮点，历久弥新，一代代弘扬和传承，滋养着相关行业和领域。例如，中国职业教育界、建筑行业都推崇和弘扬鲁班精神，这是对中华民族优秀传统文化的创新、发展和传播。

（三）职业教育方面的意义

职业院校是培养大国工匠的摇篮，职业教育人才培养方案明确定位在培养技术技能型人才，职业教育尤其是高等职业教育在教育教学过程中追求的人才培养目标与鲁班精神相契合。高职院校任课教师在职业技术课和技能训练课教学过程中，可以把鲁班精神作为德育目标进行育人，并指导学生做到知行合一。帮助学生树立正确的理想信念，让学生锻炼出吃苦耐劳、严谨认真、团队合作等意识，这些意识的树立让职业教育院校毕业的学生综合素质得以提高，就业能力和未来发展也就变得更为乐观，这是鲁班精神在职业教育教学中最有实效性的意义。

鲁班精神曾经在古代推动了建筑行业、科学技术、学术研究等方面的进步，其内涵在当代更加具有重要意义，我们要做好传承和弘扬。公元 10 世纪前后，宋朝人就和非洲人在商业上有了往来，郑和下西洋时，明朝商船也曾到过非洲，通过交流合作，非洲人收获了很多，我们的先辈把中国的古老文明带至非洲红海沿岸。若干年后，中国天津职教界致力于研究和推广"鲁班工坊"建设项目，引领建设了多家非洲"鲁班工坊"，成为天津职业教育的国际品牌，为海外青年提供了学技术的机会，与此同时也能够让他们感受到中华民族鲁班精神的魅力。

高职院校 1 + X 证书制度
试点工作机制探析与实践^①

——以天津工业职业学院为例

孔维军②

《国家职业教育改革实施方案》提出：在拓展学生就业创业本领、缓解社会结构性就业矛盾的背景下，要求相关机构和部门深化复合型技术技能人才培养培训模式改革，借鉴国际职业教育培训普遍做法，启动 1 + X 证书制度试点工作。《关于在院校实施"学历证书 + 若干职业技能等级证书"制度试点方案》（以下简称《试点方案》）进一步明确：1 + X 证书制度试点工作坚持以学生为中心，深化复合型技术技能人才培养培训模式和评价模式改革，提高人才培养质量，畅通技术技能人才成长通道，拓展就业创业本领。由此，1 + X 证书制度试点工作是党中央国务院对职业教育改革做出的重要部署，是落实立德树人根本任务、完善职业教育和培训体系、深化产教融合校企合作的重要制度设计创新。

一、1 + X 证书制度内涵释义

1 + X 证书制度是中国职业教育制度的重大创新。所谓"1"是指学历证书，"X"是指若干职业技能等级证书。1 + X 证书并不是学历证书和职业技能等级证书简单的相加，而是一种新型融合的教育制度体系。1 + X 证书制度是重要的类型教育，在教育目标、教学标准、培养模式、评价制度等方面具有重大创新。《国家职业教育改革实施方案》明确指出"借鉴国际职业教育培训普遍做法"，旨在通过借鉴和内化"双元制"，通过创新产教融合、校企合作的模式来促进校企

① 本文系天津市教学成果奖重点培育项目《基于 1 + X"三层、三阶、三对应"现代冶金专业群人才培养体系研究与实践(PYZJ - 014)》和2019 年天津市教育工作重点调研课题(JYDY - 20193040)的阶段性成果。
② 孔维军，天津工业职业学院党委书记、院长、教授。

协同育人的目标。

　　职业技能等级证书是由教育部组织相关的职业教育培训评价组织进行开发的，这些评价组织往往在证书相关的行业企业内具有代表性，主要体现在技术条件、生产工艺、产品质量和管理模式等在同行领先。由此，证书开发方——评价组织往往基于典型工作岗位群所需求的职业技能、职业素养设置相应的教学模块和教学任务，这与《试点方案》提出的"提升职业教育质量和学生就业能力"任务目标相契合。

　　教育部在 2019 年 4 月发布了《关于做好首批 1＋X 证书制度试点工作的通知》，首批启动试点的为建筑信息模型（BIM）、Web 前端开发、物流管理、老年照护、汽车运用与维修、智能新能源汽车等 6 个职业技能等级证书；2019 年 9 月发布了《关于做好第二批 1＋X 证书制度试点工作的通知》，涉及电子商务数据分析、网店运营推广、工业机器人操作与运维等 10 个职业技能等级证书，每个职业技能等级证书分为初级、中级、高级三个等级，供试点院校和学生自主选择。第一批和第二批 1＋X 证书试点通知中均对试点院校范围和条件进行了明确的界定，主要体现在试点专业方向、教学标准和教学资源、结构化教学团队、教学条件、体制机制五个方面。同时，分别对省级教育行政部门、培训评价组织以及各实施院校提出了相应的要求，并给出了实施细节的时间节点，意在确保试点质量，并通过试点形成可借鉴、可推广的实施方案。故此，参与试点的职业院校务必深入学习和领会相关文件精神，以专业（群）、师资团队、实践条件为实施组元，结合院校实际，制订科学的试点实施方案和制度保障体系。本文以天津工业职业学院为例，通过构建"3358"人才培养模式，推进高职 1＋X 证书制度校本方案的实践。

二、校企共同构建"3358"人才培养体系，打造校企命运共同体

　　天津工业职业学院主动对接国内龙头企业，在"双元制"模式下，与企业共同构建"3358"（"三层、三对应、五融合、八要素"）人才培养体系。"三层"是指：建设专业群建设与管理体制实行校企合作理事会、专业群建设推动委员会、专业建设工作推动委员会三层领导和负责制；"三对应"是指：基本技术技能与岗位通用技能对应、核心技能与岗位高端技术技能对应、专用技能与岗位技术标准对应；"八要素"是指：对专业人才培养方案、教学模式、课程体系、证书运行、实训条件、教学团队、评价体系、保障机制八个要素进行双链对标设计；"五融合"是指：实现教学标准、职业标准、行业标准、企业标准、国际标准共融互通，从而全面落实德技并修、育训结合复合型技术技能人才的培养目标。

三、加强顶层设计,构建 1 + X 证书课程体系开发和完善机制

依据《教育部关于职业院校专业人才培养方案制订与实施工作的指导意见》(教职成〔2019〕13 号)文件精神,参照《高等职业学校专业教学标准(2018 年)》,根据学校办学定位,突出专业特色,以校企合作为重要抓手,确定专业人才培养目标,优化课程体系,改革通识课程,推进课程思政,促进学生发展,形成 1 + X 证书试点专业人才培养方案。

(一)成立组织机构,完善工作职责

学院成立 1 + X 证书试点人才培养方案制(修)订工作领导小组,领导小组下设人才培养方案制(修)订专项工作组和专业建设委员会。1 + X 证书试点人才培养方案制(修)订工作领导小组由学院书记和校长牵头,将其作为学院发展的首要任务来抓,思想上高度重视。其工作职责主要在于全面负责学院人才培养方案制(修)订的各项工作,研究决定诊改工作中的重大决策、重大安排等,对全院人才培养方案制(修)订工作负领导责任。

教学主管院长作为 1 + X 证书试点人才培养方案制(修)订专项工作组的负责人,在整个 1 + X 证书的设计和实施中起到了关键性作用。专项工作组的职责包括:负责学院人才培养方案制(修)订工作的整体规划和顶层设计,制订实施方案和任务分解表;安排人才培养方案制(修)订阶段性工作,督促检查各专业的工作进度、工作质量,协调工作组、部门之间的工作关系,全面负责落实学院人才培养方案制(修)订工作的有序运行;负责人才培养方案制(修)订相关文件的起草工作和相关材料的报送工作。

专业建设委员会由行业企业专家、教科研人员、一线教师和学生(毕业生)代表组成,主管领导为教学主管院长,主要工作职责是组织专业建设、改革、发展的研究,提出人才培养目标、人才培养模式、专业设置调整的建议、意见和发展规划;为制订和修改专业人才培养方案、编制专业课程教学标准和调整课程结构提供指导性意见、建议;定期开展专业咨询研讨会,研究讨论本专业在地方经济建设中的新发展、新动向、新课题;行业和企业对专业设置、人才培养模式、课程设置、教学内容、实践教学、专业教学改革等方面的意见和建议,研究提出改进措施。

(二)制订详细的工作进度安排

第一阶段:设计阶段。由学院 1 + X 证书试点人才培养方案制(修)订工作领导小组组织专人进行顶层设计,形成制度体系和工作方案。依据相关文件制订校本人才培养方案模板、调研报告模板、课程标准模板。

124

第二阶段:调研阶段。各专业要紧紧围绕学院建设天津市优质校和特色专业群、培养复合型技术技能人才的阶段性主要目标任务,通过走访国内(际)龙头知名企业和兄弟高校、回访毕业生、召开师生座谈会、开展问卷调查等形式广泛调研,分析专业所面向的职业岗位群,明确专业培养目标规格和培养模式,确定毕业生应具备的知识、能力和素质结构,据此构建各专业课程体系和实践教学体系。形成翔实的调研数据,依据调研数据制订调研报告。

第三阶段:初稿形成阶段。各专业依据前期调研结果,对标《高等职业学校专业教学标准》,形成1+X证书试点专业人才培养方案初稿,并完成对应课程标准的编制工作。

第四阶段:自查阶段。各专业自行聘请行业企业专家、同行专家等进行专业人才培养方案的论证,依据专家论证意见进行修改。

第五阶段:论证阶段。由学院人才培养方案制(修)订专项工作组对定稿的各专业人才培养方案进行初审,将初审通过的专业人才培养方案提交专业建设委员会;没有通过初审的方案,按照修改意见进行修订。专业建设委员会组织行业企业专家、教科研人员、一线教师和学生(毕业生)代表按照程序对人才培养方案的核心要素进行审核。审核方式包括集中审核和外审两种。

第六阶段:完善阶段。根据论证专家组意见,对人才培养方案再次进行修改完善,经学院专业建设委员会的严格论证和审核后,提交学院党组织会议和校长办公会,并于规定时间前将人才培养方案审议稿提交学校教务处。

第七阶段:上报阶段。按照各省教育厅相关文件要求,将专业人才培养方案制(修)订工作方案、修订工作总结报告、各专业修订后的人才培养方案以及校党委审定意见,报送省教育厅相关部门备案。

第八阶段:公布实施。论证通过的1+X证书试点专业人才培养方案,学校按程序发布,编印实施。同时建立健全专业人才培养方案实施情况的跟踪、评价、反馈与持续改进机制。根据社会经济发展需求、技术技能发展趋势、教育教学改革实际等,及时调整完善,不断提高专业人才培养方案的针对性与实效性。

学院1+X证书试点专业人才培养方案制(修)订工作从2019年3月启动,经历规划设计、调研分析、编制方案、论证审核、发布实施、反馈改进等八个阶段的实施,整个过程由教务处牵头负责,工作要求严谨,最终取得了较好的效果:

1.调研数据更加全面,置信度更高

专业调研工作分为龙头企业调研、高水平同类院校调研和优秀毕业生调研三部分。截止到2019年8月10日,学院9个试点专业深入到华为公司、中天钢铁集团、一汽大众、青岛海尔等国内龙头企业开展调研,累计超过 50 个知名企业,调研的岗位(群)超过 150 多个,涉及金属冶炼、材料成型、机械装备、人工智能等领域,获得大量科学、有效的岗位(群)需求数据、企业规范性就业岗位统计数据等。除此以外,各试点专业以现场调研、网络咨询等方式分别对天津机电职业技术学院、天津渤海职业技术学院、河北工业职业学院、江苏建筑职业技术学院、常州信息职业技术学院、黄河水利职业技术学院等 17 所国内高水平高职院校进行交流和研习,并针对同类院校开设专业在教师队伍与教学条件、科学研究与社会服务、人才培养等六个维度二级权重指标进行对标分析,找准专业建设现有差距。

2. 课程体系更加合理,突出 1 + X 书证融通

根据《教育部关于职业院校专业人才培养方案制订与实施工作的指导意见》(教职成〔2019〕13 号)精神,本着"育人为本""标准引领""遵循规律""完善机制"的设置原则,学院 2019 级的专业人才培养课程设置有三个重要变化:一是进一步加强"一二课堂"育人体系建构,强化立德树人,加强课程思政的育人功能,健全德技并修的育人机制。在第二课堂中增加了大学生社会实践课,让学生养成良好的劳动卫生习惯,并作为必修课,计 2 学分。二是明确相关学时安排,严格按照文件要求,保证教学周数、规范学时数。将 1 + X 职业技能等级证书考证要求作为顶点课程融入专业核心课。三是开齐开足公共基础课,目前学院公共课总计 820 个学时,主要是加强思想政治和意识形态教育、军事课、体育健康类、人文艺术方面的课程。目前,学院专业人才培养方案课程体系的基本结构中,公共基础课占比 30%,专业(技能)课占比 60% 左右,通过学生创新创业、技能大赛、各类网课、多样式社会实践等学习方式构成的第二课堂占比 10%。其中专业课中的选修课均为二选一,占专业课程比例基本都超过了 30%,实践课不低于 50%,大部分专业实践课比例超过 60%。学院还积极引入优质慕课和微课资源平台,加强数字化资源建设,目的是打造专业、学生可选择的菜单式课程体系,落实立德树人根本任务,促进学生德技并修,全面发展。

3. 公共基础课设置体现核心素质培养理念

本着"立德树人、全面发展"的设置原则,打造"公民素质 + 通用技能"的公共课课程体系,促进学生德智体美劳全面发展,培养复合型技术技能人才。其中,在思政类课程中加强革命文化、社会主义先进文化教育;增加国学精粹课程,为学生提供一个从中国优秀传统文化中汲取营养的知识平台,以利于他们从更广的角度、更深的层次提升自身的人文素质,促进专业课的学习;体育与健康课

程进行选修项目改革,第一学期为普修课(6 个项目)、第二、三学期为选修课(9 个项目)、第四学期为职业体能拓展必修课(2 个项目);科技工程类中,2019 年学院开设了人工智能导论课程,替代原有的大学生计算机基础课;将外语作为公选课(限选课),进行模块化教学,并根据学生的需要,开设口语课、专业英语、旅游英语、商务英语等实用课程。生态文明建设课程内容增加垃圾分类模块。就业与创新创业指导课程采用面授与网课结合的方式,并且贯穿三年职业教育。学院增设国家安全教育课程,意在培养学生国家安全意识,引导学生履行维护国家安全的义务,提升学生甄别危害国家安全行为和事件的能力。就业与创新创业指导贯穿整个高职教学之中,教学形式采用网络加面授的方式。

4.基于核心岗位能力模块化设置专业课程体系

依据 1 + X 证书制度试点方案中规定的满足典型岗位群所需的职业素养和个人职业生涯发展所需要的综合能力来设置教学模块,依据典型岗位需求来制定具体工作任务。由企业专家和学院骨干教师组建形成项目式、模块化的职业核心素养教学团队,在组建方式上体现定制化、协同化的特点,实践中依据教学任务内容广泛运用探究式、启发式、参与式等教学方法,"线上 + 线下"混合式教学贯穿于整个专业技术技能教育,利用 8 字循环模型对每个教学任务单元进行诊改,利用成果导向的反向设计原理对整个课程体系进行优化与调整,形成了由内生至外延不断自我完善的生态系统。

专业选修课一般为 8 ~ 10 门,学生可以自由选择 4 ~ 5 门;实习环节分为认知实习、跟岗实习、顶岗实习,一般为 800 学时左右;毕业环节为 6 周,180 学时。专业课程体系面向职业岗位群所需的知识、能力、素质,强化学生职业素养养成和专业技术积累,对接产业需求、职业标准与生产过程,培养学生的综合职业能力。

5.试点专业推进 1 + X 书证融通课程

根据教育部等四部门印发的《关于在院校实施"学历证书 + 若干职业技能等级证书"制度试点方案》的通知要求,学院经过深入学习与研究,针对 9 个专业制订了 1 + X 书证融通课实施办法。一是将 1 + X 证书作为顶点课程纳入专业核心课;二是修订课程标准、实习标准、实训室建设标准等一系列教学标准,适用 1 + X 书证融通要求;三是打造标准化评价机制,确保 X 任务完成;四是在现有弹性学制的基础上新建校内学分银行,并积极对接国家学分银行。

四、1+X 证书试点与冶金特色 X 证书开发并举,双项强力推进

(一)校企合作,双元治学,保障 1+X 试点质量

学院组建 9 个专业(群)积极参与了首批建筑信息模型(BIM)、Web 前端开发、物流管理 3 个 X 证书以及第二批云计算平台运维与开发、传感网应用开发等 7 个证书的试点工作,参与学生总数达到 1715 人。具体情况见下表:

天津工业职业学院参与 1+X 证书专业试点情况表

序号	参与试点证书及等级	参与试点专业数量	参与试点专业名称	参与学生数量
1	建筑信息模型(BIM)(中级)	1	建筑智能化工程技术	105
2	Web 前端开发(中级)	3	云计算技术与应用 大数据技术与应用 电子信息工程技术	240
3	物流管理(中级)	1	物流管理	200
4	云计算平台运维与开发(中级)	1	云计算技术与应用	30
5	传感网应用开发(中级)	1	电子信息工程技术	30
6	工业机器人应用编程(中级、高级)	2	工业机器人技术 机电一体化技术	175
7	工业机器人操作与运维(中级、高级)	2	工业机器人技术 机电一体化技术	175
8	智能财税(中级)	1	会计	400
9	电子商务数据分析(中级)	1	电子商务	180
10	网店运营推广(中级)	1	电子商务	180

参与试点的专业与华为、华三（H3C）、杭州安恒信息技术有限公司、深圳讯方技术股份有限公司、苏宁电器股份有限公司天津分公司、华润万家股份有限公司天津分公司、天津神州浩天科技有限公司、天津用友科技股份有限公司等大中型企业合作，基于评价组织的职业等级证书标准，组建适应模块化的"双元"教学团队，共建校内、校外实训基地，以保障证书考核评价功能。

（二）参与《金属冶炼与设备检修职业技能等级证书标准》制定工作

2019年6月，学院作为主要起草方参与了《金属冶炼与设备检修职业技能等级证书标准》（以下简称《标准》）的制定工作。证书由中国有色金属工业人才中心牵头，天津工业职业学院和济源职业技术学院共同配合山东星科智能科技股份有限公司（申报评价组织）作为《标准》的主要起草单位，主要内容由河北钢铁集团、金川集团股份有限公司首席专家审核。

《标准》的开发设计遵循职业教育生态理论和教育心理学理论，从知识、素养、技能、能力、拓展五个要素设计职业等级证书实施方案和模块化考试方案；借鉴国际金属冶炼和通用设备检修核心岗位群技术技能标准，主要面向黑色金属冶炼、有色金属冶炼、冶金通用设备检修三大岗位群培养复合型技术技能人才。《标准》包含高炉炼铁、转炉炼钢、电炉炼钢、钢水连铸、铜冶炼物料制备、铜精矿造锍熔炼、铜锍吹炼、粗铜火法精炼、铜电解精炼、冶金通用设备检修十个模块，每个模块包括初级、中级、高级三个等级。同时开发了全套的教学和培训资源：1. 等级标准；2. 培训指导方案；3. 证书考核方案；4. 培训教材；5. 学习资源；6. 师资培训方案。《标准》起草单位严格制定证书管理制度，以保障职业等级证书制度的稳定运行。

栉风沐雨　砥砺前行

——天津工业职业学院发展战略规划

孔维军①

　　根据当前国情、社情和《国家职业教育改革实施方案》精神，天津工业职业学院有必要在国家新形势、地区新发展、行业新背景、学院新任务的机遇与挑战下，对过去的发展和当前面临的挑战进行全面的梳理和系统的分析，在继续深化落实原有发展规划的基础上，根据新的形势提出新的发展战略规划。

一、面临新的战略发展机遇与挑战

（一）国家新形势

　　2014年6月23至24日全国职业教育工作会议召开之际，习近平总书记就加快职业教育发展作出重要指示。他强调：职业教育是国民教育体系和人力资源开发的重要组成部分，是广大青年打开通往成功成才大门的重要途径，肩负着培养多样化人才、传承技术技能、促进就业创业的重要职责，必须高度重视、加快发展。国务院总理李克强在会前接见与会全体代表并讲话，强调要加快培养高素质劳动者和技能人才，为推动经济发展和保持比较充分就业提供支撑。他强调：要把提高职业技能和培养职业精神高度融合，不仅要围绕技术进步、生产方式变革、社会公共服务要求和扶贫攻坚需要，培养大批怀有一技之长的劳动者，而且要让受教育者牢固树立敬业守信、精益求精等职业精神，让千千万万拥有较强动手和服务能力的人才进入劳动大军，使"中国制造"更多走向"优质制造""精品制造"，使中国服务塑造新优势、迈上新台阶。

　　党的十八大以来，习近平总书记一再强调发展职业教育的重要性，这在党的

---

　　①　孔维军，天津工业职业学院党委书记、院长、教授。

历史上是很少见的。一是必须准确把握职业教育的人才培养定位。牢牢把握服务发展、促进就业的办学方向,把提高职业技能和培养职业精神高度融合,努力培养高素质劳动者和技术技能人才。二是必须用改革的办法推动职业教育发展。深化体制机制改革,创新各层次各类型职业教育模式,推动职业教育与普通教育、继续教育沟通衔接,职业教育体系与劳动就业体系互动发展。处理好政府、学校、社会的关系,充分发挥市场机制作用,引导社会各界特别是行业企业积极支持职业教育,形成教育和产业界共同发展职业教育的格局,激发职业教育办学活力。三是必须把提高人才培养质量作为核心任务。坚持以立德树人为根本,培育和践行社会主义核心价值观,促进学生全面发展。

（二）地区新发展

随着天津滨海新区开发开放纳入国家发展战略,天津滨海新区已经成为继深圳经济特区、上海浦东新区之后,带动区域发展的新的经济增长极,天津走上了快速发展之路。明确了滨海新区将依托京津冀,服务环渤海,辐射"三北",面向东北亚,努力成为我国北方对外开放的门户、高水平的现代制造业和研发转化基地、北方国际航运物流中心,逐步建成经济繁荣、社会和谐、环境优美的宜居生态型新城区。随着滨海新区开发开放进程,天津经济快速发展,一批大项目、好项目落户天津并相继开工建设。职业教育为这些项目输送了大批优秀的技能型毕业生,同时也为企业员工提供了一系列相关培训项目,实现技能人才立体化输送。与此同时,国家教育部与天津市共建全国首家"国家现代职业教育改革创新示范区",我国将以天津市作为创新改革点来推进现代职业教育体系建设、加快应用技术类型高校建设、加强现代职业教育制度建设、开展专业群对接产业群建设、加速职业教育信息化建设、推动京津冀职业教育协同发展、提高职业教育国际化水平、培养职业院校名师名校长、提升学生创新意识和创业能力、推进终身学习型城市建设以及打造职业教育特色文化。此政策为天津职业教育发展带来了新契机,为高职院校师资队伍建设上水平再次提供了广阔的平台。

天津市为贯彻落实习近平总书记关于加快职业教育发展的重要指示和国务院的相关部署,2018年推出《关于做大做强做优天津职业教育八项举措》,提出:职业教育是现代产业体系的重要支撑,要紧紧围绕"一基地三区"定位,全面对接产业转型升级需求,聚焦战略性新兴产业和现代服务业等领域,培养一大批高素质技能人才和产业工人。要大力支持天津院校在境外开设"鲁班工坊",不断拓展合作领域和范围,打造成为国际知名的职教合作项目,更好服务国家"一带一路"建设。要加强职业教育标准化建设,大力培育和弘扬工匠精神,突出天津职教特色、叫响天津职教品牌,推动形成可推广的职教标准和可复制的政策经验。根据教育部财政部"特高计划"精神,2019 年 3 月,天津市教育大会对天津职业教育改革与发展提出了更高的要求。

(三)行业新背景

国务院颁布《关于钢铁行业化解过剩产能实现脱困发展的意见》(国发〔2016〕6 号)后,钢铁行业去产能、去库存、调结构进入实质性阶段。

由于我国长期过分依靠国外技术装备的引进,因此,虽然国内钢铁工业已经进入需要依靠技术进步提升核心竞争力的阶段,但并没有让国内冶金技术自主创新能力获得较大提升。近年来国家发改委等部门虽然规定一些生产线在引进时国产化率应当达到50% ~70%,但是很多企业将这一比例的国产化装备主要集中在中低端技术工艺上,在关键部位仍然没有自己的创新能力。事实表明,越是国外对中国封锁的技术,经过自主创新后,越是能掌握自主知识产权的核心技术;越是国外反复向中国推销的技术工艺,我国热衷重复引进,越形不成自主创新能力。近年来,海外冶金企业对我国的技术封锁更加严格,也让自主创新变得更加困难。

按照天津市国有企业混改要求,混改方式包括合资新设、增资扩股、产权转让等形式,合资新设的方式分布于冶金、银行等产业。在这种形势下,学院必须适应上级混改带来的体制机制创新的要求:一是主动研判和适应改制带来的冶金集团人员、产业结构和分配制度的变化,以及由此带来的人才需求的专业方向、职业技能、职业素质的规格要求和变化,调整专业布局、培养模式和培训格局。二是进一步深化和重构产教融合、校企合作体制机制,特别是加强校企合作办学、合作发展、合作育人平台建设。

(四)学院新任务

学院从冶金职业技术学院更名为天津工业职业学院,意味着学院将超越冶金产业为核心的视野,从服务区域经济和社会发展全局出发,聚焦工业领域,依据学院优势和潜力,重新调整和确定服务定位,特别是要拓展学院的服务领域。随着学院发展这一重要战略方向的转变,必将带来学院办学定位、办学规模、专业布局、专业设置和师资建设等方面的变革或重构。在国家职业教育现代化推进和上级公司混改的大环境下,学院教职工普遍存在思"变"的想法,绝大部分教职员工改革创新意愿强烈。必须用好广大教职工改革创新愿望强烈的心理,顺应体制机制改革大趋势,深入研究,科学决策,勇于作为,将一系列长期制约学院发展的诸如办学规模、机构设置、专业布局、师资队伍建设等问题加以全面梳理,科学规划,着力创新发展。

天津工业职业学院天铁校区在"新天铁"混合所有制改革后,人力资源供给特别是新员工上岗前培训、老员工转岗后培训和新岗位职工培训需求广泛,河北省域冶金行业特别是校区周边区域冶金企业强劲发展也引发了技术技能人才需求,在可以预见的一个时期内,天铁校区会有较好的发展前景。目前,该校区教学基础设施尚属完备且基本处于闲置状态,弃之不用非常可惜。有必要将该校区办学资源与总院资源加以整合,在天津工业职业学院的总体发展框架内做到资源使用效益的最大化。其中,特别要用好天铁校区的人员编制和现有教师资源。

二、改革创新发展目标

(一)构建适应经济发展和自身特点的专业群发展新布局

适应以天津区域经济社会与发展为重心,涵盖京津冀一体化战略,体现需求、发展、前瞻和高端的建设原则,结合学院资源禀赋,构建对接现代工业经济领域和现代服务领域,并以先进制造业为综合特色的专业(群)体系。

(二)形成产教深度融合、校企紧密合作的新体制

根据学院专业、服务领域和人才培养需要和特点,主动与产业、企业和社会组织、政府部门等开展各种形式的、多方面的合作,在人才培养、技术创新、就业创业、社会服务和文化建设与传承等方面建立相对固定的合作关系。在这些合作过程中,学院选择相关的现代化的、标志性的高新行业、企业作为主要合作对象,并努力形成与各界深度融合的体制机制。

(三)创建职业教育与培训一体化的新格局

通过扩展办学类型层次、转变专业结构等有效措施,实现办学的规模效益。随着办学规模逐步扩大而实现优化的适度规模,并达到与之相适应的社会培训体量,形成完整的职业教育与培训体系。根据国务院"百万高职扩招"计划要求,学院要认识到这是一场改善生源结构、提升办学质量的新一轮考验,展现出学院最大的使命担当。

(四)进一步提升学院信息化建设水平

进行整体设计,集中必要资金,增强与提升学院现有信息中心服务能力,加速学院智慧校园建设水准,从而促进信息技术和智能技术深度融合到人才培养、教学管理、师资管理、学生教育、实践活动、绩效考核等各项学院教学与管理实践工作中去,将推进学院管理方式的变革、提高学院管理效能、提升学院治理水平作为下一步学院工作的重点任务和重要节点。

三、未来发展主要任务

（一）确立办学定位、调整专业机构布局

根据天津经济发展目标，即到 2030 年，形成航空航天、节能环保、新能源、新材料、生物医药、高端装备、新一代信息技术、新能源汽车、现代石化、现代冶金、轻工纺织等产业群；基于学院立足行业、面向天津区域经济社会发展的服务定位，在专业布局调整上确立如下策略：形成以工科专业为主体、经济管理类专业为辅助，面向智能制造、新一代信息技术、绿色环保以及现代服务业的专业组群与产业集群发展相适应的整体专业布局。具体讲，就是形成"制造类占高端、信息类一条线、智能类向前看、经管类再拓宽"的专业调整基本思路。

（二）坚持立德树人，全面提升学生素质

全面落实"立德树人"的根本任务，必须从建设学院大学生思想政治工作体系的高度与视角进行规划设计，组织实施涵盖确立教育教学体制与机制的全面深化设计理念、制订理念与行动的全员同化建设方案、创建推进与检查的全程细化课程体系、推进职责与考核的全力强化实践进程，并通过课程教授、实践历练、队伍建设等多种途径贯彻实施。强化第一课堂提升学生综合素质的作用，主要从以下两个方面着手：一是深化两课的改革与创新，提高课堂的有效性。关键是通过科学的方法和技术手段，使教学内容能够入脑、入心和为学生喜闻乐见。二是推行课程思政建设，加强课程的德育功能。在教学中要处理好课程教学和思政教育的辩证关系，真正做到"随风潜入夜、润物细无声"。身心健康是高素质的基础和前提，也是基本素质的必要条件。高职身心健康教育不容忽视。体育课程要与学生专业发展需求相结合，严格按照国家标准开展教学和评价，同时用同等力量通过采取各种措施增强学生的身体素质。加强学生心理健康教育。在现有基础上进一步优化素质教育架构，使其全程性、全员性和"可测性"更为突出。在完善"两课"教学、实施课程思政、呵护学生身心健康和"四育人"综合发力的前提下，强化学生的自律和监测。

（三）对接产业需求，提升人才培养质量

根据国家相关文件提出的高职院校强化内涵建设、实现高质量发展的要求，坚持服务区域经济社会，深化复合型技术技能人才培养培训模式改革、探索"学历证书＋若干职业技能等级证书"制度的实施。面向行业和区域重点产业，依托学院特色优势专业，创建对接产业、动态调整、逐步完善的专业群建设机制，发挥专业群的集聚效应和服务功能。坚持校企合作、工学结合，强化教学、学习和实践相融合的教学方式，打造技术技能人才培养高地。以现代学徒制等模式为基本要求,根据实际需要进行人才培养的总体设计与实施,积极实施订单式培养、现代学徒制和企业新型学徒制培养。积极引进新技术、新工艺、新规范与新标准等产业元素进入教学标准和教学内容。专业课程体系与职业标准或行业标准(典型企业标准、职业岗位标准)进行整体对接,系统梳理课程设计、课程单元和教学内容。通过专任教师、企业技术人员与技能师傅等方面进行结构型组合的办法强化专业教学团队建设,并通过授课时间、实施内容、专项指导、现场讲座、项目跟踪、参加研发等不同方面的安排,达到"双师结构"教学团队组合与参与的最佳效果。在整体梳理原有教学管理制度的基础上,根据产教融合、校企合作的整体实施步骤,重点进行刚性管理与柔性适应相结合的制度建设,突出内涵,注重过程,强化落实,凸显特色,重新制定并完善适应高素质技术技能人才培养的系列化管理制度。

(四)强化制度建设,全面提升教师素质

师资队伍建设是实现学院改革与发展的核心竞争力。全面提升教师队伍的综合素质,打造双师结构、双能(教学能力与技术技能)水平、双证标准的师资队伍是学院长期的建设任务。通过引进与培养双向路径,完成专业领军人才与带头人的录入,构建以"为我所用、人尽其才、提升能力、业绩成果"为导向的"引才、用才、育才、评才"激励机制。落实学院办学自主权,全面提升教师整体素质。

(五)适应市场需求,提高教育研究与技术研发能力

拓展产教融合、校企合作渠道,组织教师积极参与教育研究与技术研发等活动,通过满足社会需求、深入社会实践、参与企业生产等多种途径,不断提高教师的教育教学、技术技能和科学研究能力。确立科研强校的重要理念,多方面拓展合作研究平台,鼓励教职工为企业开展技术研发。

(六)适应社会需求,强化社会培训功能

根据《国家职业教育改革实施方案》,自2019年,职业院校要围绕现代农业、先进制造业、现代服务业和战略性新兴产业在十个左右技术技能紧缺领域大力开展职业培训活动。组织实施高端社会培训是学院办学功能的重要内容与具体体现。针对学院以往社会培训相对薄弱的状态,确立社会培训在学院工作中的重要地位,全面规划社会培训工作,形成有效的培训体制机制。

(七)深化产教融合,推进校企深度合作

推进产教融合、校企合作是职业院校的基本工作,在某种意义上,它的成效是院校现代化发展水平的根本标志。学院要在总结前期已有工作经验的基础上,认真梳理自身优势和发展空间,紧密结合国家战略和天津市经济社会发展需

要,确定学院中长期产教融合的定位。制定学院"关于产教融合的行动规划"或将其整合到学院的整体发展规划中,真正将产教融合作为学院发展的重要战略之一。

(八)完善办学功能,加强国际交流合作

加强国际交流合作,是学院完善办学功能的重要内容,是职业院校服务产业发展、实现国际产能合作的重要体现。响应国家"一带一路"倡议,助推冶金企业、行业融入国际产能合作进程,以此提升学院国际合作与交流水平、完善办学功能。重视并积极展开面向"一带一路"沿途国家的职业教育合作办学活动,依托乌干达"鲁班工坊"项目建设,开展国际合作项目,并作为学院实现天津市高职院校一流建设目标的重要抓手和重要节点。

(九)提高治理能力,有效提升办学水平

实现学院治理能力现代化,形成学院自主管理、自我约束的体制机制,形成科学的管理制度体系,是实现学院发展战略目标要求的重要保障和重点任务。强化党委对学院全面工作的领导地位,完善党委领导下的院长负责制,健全以学校教职工代表大会(简称教代会)为基础的民主管理机制,建立以学术委员会为主体的教授治学机制,强化产教融合、校企合作的社会合作机制,充实与完善具有体制性制度、机制性制度、岗位性制度、流程性制度和行为性制度的制度体系,为学院发展奠定可靠的制度保障基础。形成以学院章程为统领的涵盖学校人才培养、社会服务、科学研究、文化传承和国际合作与交流诸项办学功能的制度建设体系,凸显以"一章八制"(校长负责制、教代会制度、学术委员会制度、办学与发展理事会制度、教师申诉制度、学生申诉制度、财务委员会制度、信息公开制度)为基本内容的制度体系建设成效。

(十)夯实文化底蕴,着力建设高职文化

作为高职院校尤其是工科职业院校,要逐步形成具有高职特色的精神文化、物质文化、制度文化和行为文化的良好氛围,厚植工业文化与工匠精神,充分体现学院办学发展与服务需求的深厚文化底蕴。学院要全面推进文化建设,其中工业文化和工匠精神是重要内容。将工匠精神、创新精神、诚信精神、企业家精神等贯彻在学院的教学、管理和环境营建之中。在精神文化建设方面,突出"祛浊铸魂"的建设主题,以人文关怀、理想追求、创新独立的大学精神为引导,将"专注、执着、向善"工业精神和冶金行业文化与职业精神进行融通和融合。

践行"三个对接"　把企业搬入课堂

杜学森[①]

一、"把企业搬入课堂"教学模式的缘起

天津滨海职业学院从 2004 年开始,以机电一体化专业、旅游管理(含酒店)、物流管理专业为试点,开展了"把课堂搬入企业"的教学改革,实行"2 +1""柔性 2 +1"等学校企业双阶段教学、订单式培养模式。我们称之为"推式"模式,即把教学过程推向企业、推向岗位、推向生产经营一线。这样做的好处是充分运用了企业资源,包括设施设备资源、企业教师资源、企业环境资源、企业文化资源。因为学生在企业岗位上干的是真事,真动、真用,实现了学生就业的无缝对接,学生从个体到社会人的身份转变较快,学生成熟、成长、进步较快。但这种"把课堂搬入企业"的"推式"模式存在以下问题:一是专业的普适性受到限制,如会计、工商企业管理、报关专业等,因企业项目、任务的特殊性要求,学生真正融进去有一定的难度;二是人才培养目标的主导性与可控性受到一定影响,主要是不同企业的工作性质、工作业态、工作内容各有特点,有一定的局限性。2005年开始,学院在会计、工商企业管理专业引进企业经营管理沙盘教学,在企业资源计划、企业经营管理等课程上应用。同年与企业合作共同研发了市场营销沙盘,并在市场营销课堂上成功运用。于是学院在现代管理、现代服务等专业的实训教学上,又开辟了一个新的思路,即"把企业搬入课堂"也就是"拉式"的教学模式。由一个单一沙盘到综合性沙盘;由支撑一个课程运行的沙盘到支撑多个专业核心课程的沙盘;由在一门课堂上运行的沙盘到综合实训基地运行的沙盘;

---

①　杜学森,天津滨海职业学院院长、研究员。

由单一沙盘到系列沙盘;由沙盘应用到沙盘开发;由一个专业延伸到多个专业。于是,在学院引发了"沙盘教学的革命"。课堂上,学生从单纯听课的被动学习状态,转为了动手操作、动脑思考、主动探究、团队讨论、反馈反思、自我调节、自我矫正的主动学习状态,使教师从自说自话的灌输状态,转变为引导、指导、评价的状态。学生真正成了课堂的主体,学生真正爱上了课堂。

"把企业搬入课堂"的沙盘教学,其实质是情境仿真教学模式。情境仿真教学模式是某一课程教学或综合实训环节的教学目标和内容创设接近真实环境或实际工作的不同情境,由学生在这种情境中分别担任不同角色,通过角色扮演来进行实践学习,实现知识迁移和能力提高,教师只进行引导、分析、评价和总结,旨在培养学生创新能力、综合分析能力、反应能力、思维能力、语言表达能力、团队协作能力以及言谈举止和风度气质等方面的综合职业素质。情境仿真教学其主要特点是:

一是企业环境仿真。模拟企业的业务处理环境,对环境的设计和各个仿真工作流程的设计都会使学生仿佛身临真实环境,这种环境可使学生自觉调整自身的精神状态,促使学生积极主动去思考、规划自己的工作任务和步骤,运用所学的理论知识设身处地处理真实的情境问题。

二是职业岗位仿真。职业岗位仿真是由学生根据仿真情境设计需要,分别模拟企业不同部门、不同工作岗位的员工,独立完成业务处理的过程。不同的角色定位,在情景模拟过程中有着特定的工作内容。为了使学生适应更多的职业角色,学生在模拟实践中还可以互换岗位,熟悉了解不同岗位的业务处理流程和岗位职责。

三是业务流程仿真。主要包括真实业务流程、工作任务流程、管理流程等。

沙盘教学,可以做到"三盘"互动、"五流"连通。"三盘"即物理模拟沙盘、电子虚拟沙盘、物理真实工作场景(工作沙盘)。"五流"即物流、商流、资金流、信息流、任务流。沙盘教学真正做到了任务驱动、项目管理、基于工作过程。

二、"把企业搬入课堂"教学模式的理论基础和逻辑起点

(一)"把企业搬入课堂"教学模式的理论基础

1. 高职教育的人才模型

高等职业教育说到底,还是围着三个问题转,即为谁培养人、培养什么样的人、怎样培养人,这里涉及培养目标定位定向、培养规格、培养方式等具体而又重要的问题。高等职业教育的人才模型是"综合素养 + 专门技能"。综合素养是人的全面发展的基础,是用人单位接收毕业生的基础条件,综合素养是做人的本分,体现在知识基础性、心理稳定性、职业适应性、整体发展性等多方面,更重要的是职业道德、职业精神、职业责任。专门技能是毕业生核心竞争力的体现,是适应职业岗位的基本要求。专门技能是做事的本领。"综合素养＋专门技能"的人才培养要求高职毕业生具有可持续发展的能力。

2. 高职教育人才培养的实现方式（模式链）

怎样培养这样的人才？其实现方式由一个模式链来决定。这个模式链包括教育模式、办学模式、人才培养模式、教学模式。

教育模式，这是国家层面的一种制度设计。一种教育模式的设计，必将涉及教育模式存在的环境背景、教育模式的本质、教育模式的运行规律以及教育模式的社会效应等。高等职业教育是高等教育的一个类型，写入《中华人民共和国职业教育法》，这便是国家的制度设计。

办学模式是"兴办和经营管理学校的体制机制的特定样式。办学模式是由办学资源的特殊属性及特殊组织结构形式所决定"。广义上，可以把办学模式理解为一个国家或地区为适应经济和社会发展的水平而建立起来的组织体系、领导体系、管理格局、教育结构形式等。狭义上，办学模式是指一所学校为适应当地的经济发展水平和人才需要而建立的一种人才培养的格式规范。我们这里讲的办学模式主要是狭义的。高职教育的办学模式就是体现为办学主体层面："校企合作——合作办学、合作育人、合作就业、合作发展"。

人才培养模式是指在一定的现代教育理论、教育思想指导下，按照特定的培养目标和人才规格，以相对稳定的教学内容和课程体系、管理制度和评估方式，实施人才教育的过程的总和。人才培养模式的构成一般应该包括培养目标、培养过程、培养制度、培养评价四个方面。

高等职业院校人才培养模式是指在一定高职教育理念引领下，以社会需求和高职人才培养目标为导向，依托自身可利用的办学条件，在特定时限内为学生达到一定职业人才规格要求所预设的知识、能力和素质结构以及实现这种结构的较为稳定的施行范式，主要解决高职教育"培养什么样的人"和"怎样培养人"这两个根本性问题。其内涵主要包括教育理念、培养目标、质量规格、系统设计和培养方式。人才培养模式针对的是专业层面，关键词是"产教融合、校企合作、工学结合"。

教学模式是教学载体层面的，包括教学过程、教学内容、教学方法。

1972年美国学者布鲁斯·乔伊斯和马沙·韦尔出版的《教学模式》一书中认为："教学模式是构成课程和作业、选择教材、提示教师活动的一种范式或计划。""教学模式就是学习模式。在帮助学生获得信息、思想、技能、价值观、思维方式及表达方式时，我们也在教他们如何学习。事实上，教育的最终目的是将来能够提高学生更容易、更有效地进行学习的能力,因为他们不仅获得了知识技能,也掌握了学习过程。"

高职教育的教学模式落实在教学组织上,核心体现为"教学做一体化"。"教学做一体化"就是将教学场所直接设在实训室、生产车间等,师生双方边教边学边做,理论和实践结合进行,直观和抽象交诸出现,理论教学中有实践,实践过程中有理论教学,突出学生动手能力和专业技能的培养,能充分调动和激发学生学习兴趣的一种教学方法。

陶行知视"教学做"为一体,"做"是核心,主张在做上教,做上学。他认为:先生拿做来教,乃是真教;学生拿做来学,乃是实学。不在做上用功夫,教不成教,学也不成学。

"把企业搬入课堂"的沙盘教学,便是一种仿真模拟的具有"教学做一体化"特点的教学模式。这一教学模式体现了实践引领性。实践引领教学的目标是形成劳动者完成职业任务所需要的技术实践能力,它的目标是"会做"。这一目标决定了:第一,以工作任务划分为课程门类划分的主要依据,以便让学生在学习课程的过程中获得工作结构。第二,以实践过程和实践知识的掌握为课程结构展开的起点,让学习者在一定程度实践的基础上,建构所需要的理论知识。第三,在课程内容上,强调应将多数学习时间放在实践知识的学习上,而不是理论知识的掌握上,因为实践过程顺利进行所需要的知识首先是实践知识。实践知识是这一模式的核心。第四,以实践任务为中心,而不是以学科本身的逻辑为中心来组织课程内容。即使是理论知识,也要围绕实践过程的需要来选择、组织。第五,以实践过程而不是以书本学习为学生学习的主要形式,坚信实践能力只有在实践过程中才能获得。第六,主要通过工作样本来评价学生的学习结果。

这一教学模式体现了行为导向性。让学生的所有感觉器官都参与学习,即用脑、心、手共同参与学习。行动导向教学强调学生的学习动机的焕发和学习兴趣的培养,是建立在让学生熟悉周围环境的基础上,对所学的内容感到好奇,感到惊讶和能提出问题。整个教学过程是一个包括获取信息、制订计划、做出决定、实施工作计划、控制质量、评定工作成绩等环节的完整的行为模式。

这一教学模式体现了环境互动性。通过创造某种特定的"环境"或称"情境",让学生在老师所设计的学习环境中进行学习,使每个学习者都有施展个性能力的机会和舞台。倡导学生参与教与学的全过程,这种教与学通常围绕某一课题、问题或项目开展教学活动,重视学习过程的体验。

这一教学模式体现了职业任务驱动性。教学以职业活动为导向,以"学习任务"为载体,采用非学科式的以能力为基础的教学模式组织教学,它的教学内容具有跨学科的特点。

这一教学模式体现了以能力为重。实质上是指在整个教学过程中,创造一种学与教、学生与教师互动的社会交往情境,把教与学的过程视为一种社会的交往情境,从而产生的一种行为理论的假设。具体就是在教师的精心设计下,引导组织学生心、手、脑并用,教、学、做结合,身体力行获取知识与技能,自行完成学习任务,自行进行反馈和评价,激发学生强烈的学习兴趣,培育学生的主动性,实现学习效果与发现问题、解决问题等综合学习能力同步提高。

这一教学模式体现了以学生为中心。让学生以团队的形式进行学习,引导学生自主学习和探索;强调在团队学习中发挥每个学生的主体作用。不要求教师和学生是一个完美的人,而认为他们是会犯错误并能从错误中学习的人。教学中教师应该充分尊重学生的个性,注重学生的自信心和自尊心的培养,教学中要不断地启发和鼓励学生。

3. 受教育者的智能模式

美国哈佛大学心理学家加德纳教授认为,人类智能是多元的。研究型、学术型、设计型人才(如本科生),他们的智能结构偏重抽象思维。技能型、技术型、技艺型人才(如高职生),他们的智能结构偏重形象思维。"把企业搬进课堂"的沙盘教学,这种模式是通过形象思维引导训练,拓展抽象思维训练。即通过有形(如公司、账册、单证)、有载体(组织、程序、流程、信息)、看得见、能运行、能操作、能推演等"形象"引发的认知能力,进而提高到"抽象"的思维能力(如预测、决策、判断等)。

(二)"把企业搬入课堂"教学模式的逻辑起点

1. 为什么搬

职业教育培养的人是职业人、是企业人、是社会人。那么,必须有一个职业的载体环境,在环境中训练、在环境中熏陶、在环境中习得,在环境中能力提升,在环境中养成习惯。要知道知识是通过学习、讲授、灌输得到的,而能力只有通过训练才能得到。工作情境和学习情境可以转化但不是截然分开的。

2. 搬什么

高职教育的毕业生是要进一个组织的(如企业),一个组织中的人应该具备的素质与能力包括:做事,解决问题;做人,处理关系。在企业组织中要有归属感、荣誉感,要懂得团队协作、交往沟通、行为规范、遵守秩序和法规、市场伦理、礼仪修养。而这些在传统的以书本知识为主的课堂上是做不到的。所以,要通过沙盘演练创设企业经营环境,把岗位标准、工作过程、工艺流程、管理规范、企业角色、经营活动、市场规则、竞争意识、组织意图、企业文化等要素搬入课堂。

3. 搬到哪

要将企业任务变成学习任务,实现企业情境到学习情境的转换,将企业要素搬到课程、搬到课堂、搬到教学环节、搬到教学过程。

4. 搬的时间

学生到企业实践,任务的执行时间、任务的有无都是不可预知的,如会计工作,年底要忙一些,别的时间可能闲下来。但是沙盘教学,是已经整理出的企业的全部工作任务,是真实案例,这个真实案例是可以在任何时间反复推演、反复运行的。

5. 角色

"把企业搬入课堂"的沙盘教学,教师的角色是教练、导演、企业师傅;学生的角色是运动员、演员、企业准员工。

6. 怎么搬

"把企业搬入课堂"的沙盘教学,一定要建立起以工作任务、工作项目为载体的案例数据库,任务明确、基本信息清楚,有比较充分的学生可以自主学习、自主检索的学习资源和学习工具,这是实践"把企业搬入课堂"的沙盘教学的必备条件。

7. 如何评价

可以依赖沙盘教学资源与工具,进行任务演练的结果测评,也可以通过企业专家测评,开展团队之间的博弈、校企互动竞赛等检验学习成果。

三、"把企业搬入课堂"教学模式的发展与价值体现

（一）"把企业搬入课堂"教学模式的发展

"把企业搬入课堂"教学模式经历了四个阶段:

第一阶段:引进 ERP 实训教学(介入企业环境)。将企业资源(人力、财务、营销、生产)的全部要素及其运作方式引进课程、引进课堂。使学生认知企业、熟悉企业优化的运作流程、现代管理方式。

第二阶段:引进沙盘教学(引入企业环境)。将企业的工作流程、经营活动全过程引进课堂教学。期间,学院引进了电子商务、物流管理、企业经营、项目管理、市场分销沙盘教学,并由此引发学院各系各专业"沙盘教学的革命"。学院与企业合作开发了市场营销沙盘。学院的专业带头人、骨干教师总结沙盘教学的成果,通过调研、拓展,自主研发了酒店管理模拟沙盘、旅行社经营管理沙盘等,弥补了国内此类沙盘的空白。学院通过企业引进、合作开发、自主研发等方式形成了沙盘教学的体系特色。

第三阶段:合作共建校内实训基地,并利用实训基地,开展全国大学生职业技能竞赛。实现"教学练做一体,赛评考用结合"的教学模式(营建企业环境)。学院在物流管理、企业经营、电子商务、市场营销、会计等多个省级以上的沙盘运营竞赛项目中均取得较好成绩。

第四阶段:开展"虚拟商业社会环境"实训基地建设(把企业搬进校园)。

学院面向会计电算化、工商管理等经管类专业的实训需求,营造了一个由现代制造业、现代服务业(商贸企业、事务所、服务公司)、商业银行、政府服务机构(工商、税务、社保等机构)组成的环境,让学生在此虚拟的市场环境、商务环境、政务环境和公共服务环境中,根据制造企业财务工作业务内容、管理流程、单据,结合教学设定的业务规则,将企业经营、财务核算、财务管理与现实工作接轨,进行仿真经营和业务运作,培养财务相关专业学生的综合职业能力与岗位胜任能力,突破财务类专业学生顶岗实习的瓶颈制约,真正实现了"把企业搬进校园"。

VBSE 虚拟商业社会环境引动校企研发"以供应链为核心的物流商业社会环境"实训基地建设。搭建跨专业实习实训平台,真正实现了三个对接,即"专业与产业、企业与岗位对接;专业课程内容与职业标准对接;教学过程与生产经营过程对接"。

(二)"把企业搬入课堂"教学模式的价值体现

一是校企合作嵌合在课堂——双主体。把企业的岗位标准、工作过程、工艺流程、管理规范、企业角色、经营活动、市场规则、竞争意识、组织意图、企业文化等统统搬进课堂,将企业运行主体、学校教学主体有机地结合在一起。

二是培养组织中的人——双身份。使学生由个体成为组织当中的人、成为社会人。一个组织中的人应该具备的职业素质诸如敬业精神、集体感、归属感、荣誉感、团队协作、交往沟通、行为约束、市场伦理、礼仪修养等得到了培养。

三是核心职业能力得以提升。"与人交流、数字应用、自我学习、信息处理、与人合作、解决问题、创新、外语应用"等职业核心能力都能够得到训练和提升。

四是为学生建立起了能力训练的程序:"目标(Object)、任务(Task)、准备(Prepare)、行动(Action)、评估(Evaluation)",使学生的能力训练循序渐进。

五是实现了翻转课堂。通过任务驱动、问题导向,改变了教师主体的传统模式,使学生成为课堂的主体,成为解决问题的主角,成为运行企业经营活动的积极分子,成为收集信息、预测决策并享受成果的喜悦和承担责任的有为者。

六是教学相长。教师的实践能力、教学指导能力、课堂掌控能力都得到了提升,并且反哺给学生,教学质量互动增长。

"创业孵化"教学模式

杜学森[1]

一、"创业孵化"教学模式的含义及特征

（一）引子

我们试着想一个问题,一个就业者和一个创业者谁的知识结构、能力结构更为合理? 谁的能力体系更为全面? 就就业者而言,他只是面对一个岗位,按照岗位标准、按照公司意图、按照上司指令扮演好岗位角色来完成公司的任务,考核他的更多的是执行能力。当他感觉岗位不太适合自己的时候,他可以有选择岗位或公司的自由。但对创业者而言,他面对的是一项事业、一个团队,肩负着个人以及他人的生存与发展的利益,需要独立地面对市场,学会选择、学会判断、学会决策、学会创新,担负着更大的责任,创业者不仅需要操作与技术技能,还需要关系与管理技能,更需要抉择与概念技能。创业更能培养人格的力量、毅力与魅力。

高等职业教育首先是教育,教育的功能就是使人成人。职业教育使人成为在职场中有工作能力的人,而高等二字要求其不仅是有能力的人,而且是有潜力、有创新、有创造的人。创业孵化教学模式可以说正契合了高等职业教育对人才培养的需要。

（二）"创业孵化"教学模式的内涵

1. 创业

创业是创业者对自己拥有的资源或通过努力能够拥有的资源进行优化整

---

[1] 杜学森,天津滨海职业学院院长、研究员。

合,从而创造出更大经济或社会价值的过程。创业是一种劳动方式,是一种需要创业者运营、组织、运用服务、技术、器物作业的思考、推理和判断的行为。根据杰夫里·提蒙斯所著的创业教育领域的经典教科书《创业创造》的定义,创业是一种思考、推理结合运气的行为方式,它为运气带来的机会所驱动,需要在方法上全盘考虑并拥有和谐的领导能力。

创业作为一个商业领域,致力于创造新事物(新产品、新市场、新生产过程或原材料、组织现有技术的新方法)的机会,如何出现并被特定个体发现或创造,这些人如何运用各种方法利用和开发它们,然后产生各种结果。

2. 创业活动

创业活动是创业实践过程,是机会评估、项目选择、注册公司、组建团队、筹集资金、开展生产经营过程一系列活动的组合。创业活动要求大学生具备自主、自信、勤奋、坚毅、果敢、诚信等品格与创新精神,要求大学培养未来创业者与领导者的成就动机、开拓精神、分析问题与解决问题的能力。

3. 创业教育

创业教育是培养人的创业意识、创业思维、创业技能等各种创业综合素质,并最终使被教育者具有一定的创业能力的教育。

创业教育的目的是培养学生形成创业所必需的领导力、全球化的眼光、敏锐的市场意识、务实踏实的作风、锲而不舍的精神、组织运作能力和为人处事的技巧,还包括商业谈判技巧、市场评估与预测、启动资金募集方式等,并使学生具备关于金融、财务、人事、市场、法规等方面的基本知识。

创业教育的目的也是培养"企业家型"复合型人才,培育企业家精神、企业创新体系,创业过程分析、创业机会与商业模式分析、创业计划撰写,创业团队组建、创业融资、创业企业战略管理、管理创业企业成长等。

4. 创业孵化

创业孵化,是指能给创业成功的"蛋"提供一定的条件,让它"孵出"并长大。给创业者提供这些条件的平台可以称为创业孵化基地,其为初始创业者提供共享服务空间、经营场地、政策指导、资金申请、技术鉴定、咨询策划、项目顾问、人才培训等多类创业的服务。

5. 创业孵化器

创业孵化器是为创业者开展创业活动的基地或生态系统。创业孵化器是把创业教育或投资回报作为其经营运作的主要目标和结果。创业孵化器为创业者孵化项目、产品、技术或企业组织创造环境。现在的大学也开始成为创业孵化器,为学生提供各种课程和项目,帮助学生完成自己创业的目标。

6.“创业孵化”教学模式

“创业孵化”教学模式是以就业为导向,以创业能力培养为目的,利用大学生创业孵化基地为载体,植入教学标准、教学过程、教学内容以及显现教学成果的教学模式。

(三)“创业孵化”教学模式的特征

1.“创业孵化”教学模式是一种开放系统型教学模式

系统是指由相互联系、相互作用的若干要素构成的具有特定功能的有机整体。系统有封闭型和开放型两种形式。创业孵化教学模式涉及创业基地、创业人员、创业项目等内部环境,也涉及消费市场、资源市场、创业政策、社会因素等外部环境,创业机会的有无、创业项目的成功与否关系到学生创业能力的培养。因此可以说,“创业孵化”教学模式是以外部市场为导向的开放型系统。

2.“创业孵化”教学模式是一种资源载体型教学模式

创业孵化,需要创业孵化器,也就是我们所说的创业基地,创业基地是创业场地、创业设施的集合体。联合国开发计划署在其研究报告《经济发展中的企业孵化器》中指出:“孵化器是一种受控制的工作环境,这种环境专为培育新生企业而设计,在这种环境中,试图创造一些条件来训练、支持和发展那些成功的小企业家和盈利的企业。”

3.“创业孵化”教学模式是一种学生个体以及团队为主体的教学模式

传统的教学模式是以教师的知识传授为主要内容的,在整个教学过程中,教学的主体是教师,教师教什么,学生学什么。而在创业孵化教学模式中,学生以主人翁或利益人或利益群体的角色,自觉、自愿、自发、自动地通过创业活动,体验式学习各种知识与技能,如市场、管理、公共关系、商务、财务、人力资源、投资、预算、风险评价等。

4.“创业孵化”教学模式是一种基于工作过程的教学模式

工作过程是指人完成职业工作任务的完整进程,通常情况下包含着“明确任务”“制订计划”“做出决策”“实施”“控制”和“评价反馈”六个阶段。创业活动过程是一个完整的工作过程,也是一个系统化的工作过程,创业者从识别与评估市场机会、规划创业目标、组建创业团队、实施公司注册、筹集创业资金、开展经营活动,要经历一系列工作环节,通过亲身经历,才能使创业者学到在课堂上学不到的东西。

5."创业孵化"教学模式是一种项目驱动型教学模式

所谓项目驱动型教学模式是一种建立在建构主义教学理论基础上的教学模式,同时也是 CDIO(Conceive. Design. Implement. Operate. 即构思、设计、实现、运行)理念所倡导的教学模式,学生综合素质和各种能力的提高都需要通过项目驱动教学模式来实现。与传统教学模式不同,项目驱动型教学模式要求以学生为中心,充分发挥学生的主动性、积极性和创新精神,使学生置身探索知识的情境之中。项目驱动型教学模式的基本思想是将学生的学习活动与实际的工程项目相结合,学生通过实施一个完整的项目而逐步深入,全面展开教学活动,通过探究问题和解决问题来提高学生的学习兴趣,进而树立他们的信心和培养他们的能力。

(四)"创业孵化"教学模式的理念

"创业孵化"教学模式是教学理念上的一次革命。运行这样的教学模式,需要学生树立以下理念。

1.市场化理念

市场化是指在开放的市场中,以市场需求为导向,竞争的优胜劣汰为手段,实现资源充分合理配制、效率最大化目标的机制。创业行为本身就是市场化行为,市场就是需求,就是人口、购买力、购买欲望的集合体,创业是以向市场提供产品和服务为主要内容的,创业是否成功取决于产品和服务满足市场需求的程度。所以通过创业,培养学生的市场意识,才能使其发现市场、分析市场甚至开拓市场。

2.服务化理念

服务是指满足顾客的需要,供方和顾客之间接触的活动以及供方内部活动所产生的结果。包括供方为顾客提供人员劳务活动完成的结果;供方为顾客提供通过人员对实物付出劳务活动完成的结果;供方为顾客提供实物实用活动完成的结果。创业活动就是一系列服务于客户的活动。通过创业活动,可以培养学生的主动服务的意识。

3.企业化理念

通过学生的创业活动以及未来企业、企业家的孵化孕育活动,引进真实的企业产品、企业项目、企业制度、企业工艺流程,特别是在学院的孵化园中,引进了企业文化,有效地促进了学生向真实职业人的转变。

学校文化与企业文化的比较

要素	学校文化	企业文化
目标	培养人才,注重科技成果	企业价值最大化
价值观	重理论,学术水平至上	以营利、效益为主
人员要求	理论水平高,学历高	以解决实际问题为主
管理风格	宽松,有弹性	以管理体制为中心
行为特色	随意,自由,按部就班	经常打破常规
解决问题	解决关键技术,研制原型	解决所有问题(包括非关键因素),研制产品
成果要求	技术水平高	产品实用
工作模式	个人奋斗,强调个性化	群体协作,强调团队
追求	学历、职称	事业发展和经济效益

4.虚拟化理念

虚拟化理念是指引入虚拟化孵化系统的概念。现有的孵化基地应该以互联网为平台提供多种形式的服务,如信息的发布、拟孵企业入住的申请、与在孵企业的沟通等。通过将孵化基地的网站与孵化基地的关系单位网站的链接,孵化基地可以非常容易地将一些相关的服务进行整合,使新创企业可以根据自己所处的阶段和类型进行选择,也可使拟创业者能够从网站上对孵化基地所能提供的服务一目了然。

二、“创业孵化”教学模式的功能及要素体现

(一)“创业孵化”教学模式的功能

1.企业孵化功能

学生创业孵化基地通过完备的支撑服务体系,整合服务资源,构建适于企业发展的创业平台。通过提供法律、税务、财务及其他的服务帮助初创企业规避创业风险,提高企业的成活率,通过项目对接,强强联合壮大创业企业。

2.研发创新功能

学生创业孵化基地通过项目选择、项目孵化为研发创新提供资金和政策的支持,鼓励学生将实验室研究的成果和创新项目带到基地进一步研究开发,使创新成果以最快捷的方式实现产业化,形成创新的知识流和技术流。

3.教学研用一体化功能

大学的功能是教学、科研、社会服务、文化创新。高等职业教育也是大学教

育,在强调这些基本功能的同时,高等职业教育更强调职业性特征。职业性特征的载体就是教师的"教"、学生的"学"、教学工作中的"研究"、工作过程中的"使用"形成的一个整体。"创业孵化"教学模式,通过产品、技术、工艺、企业组织的孵化过程,达到在做中教、做中学、学到的东西在做中用,遇到的问题、困难在做中研究,使人的职业能力得以全面提升。

4. 创业人才培养功能

能够开展创业活动的人才,要求综合素质、工作能力的结构比较合理,而"创业孵化"教学模式可以对人才开展系统培养。

(1)创业理念的培养。通过借助创业孵化基地,开展创业孵化活动,让学生感同身受、身临其境,能体会什么是创业、创业的重要意义、创业的责任与风险意识等等。培养学生应该创业、谨慎创业、大胆创业的理性思维和意识。

(2)创业精神的培养。创业者需要有一种精神,比如胸怀宽广、百折不挠、敢于冒险、敢于创新等。这些是在传统的课堂上无法实现的。

(3)创业知识的学习。比如团队组建、人力资源管理、资金筹集、财务管理、市场营销、项目管理、企业经营、公共关系等,这些都是系统的创业过程需要的知识,学习这些知识的最好的方式是在体验中学习、在工作中学习、在使用中学习。

(4)创业能力的培养。包括潜在的能力和显性的能力。潜在的能力也就是创业者的潜质,包括独立性、求异性、进取性、坚韧性、冒险性、乐观性、艰苦奋斗、自信心、恒心、诚心、决断性、控制欲、脚踏实地、乐于社交等。而显性的能力则是解决问题、与人相处、团结他人、市场拓展、赚取利润等能力。

(5)创业技巧的培养。技巧就是策略、就是艺术,技巧其实是不能传授的,能够传授的技巧其复制的价值就会大打折扣。技巧是在训练中发现、在训练中随机使用的。

(6)领导力与团队精神的培养。领导力就是一种有关前瞻与规划、沟通与协调、真诚与均衡的艺术,通过对这些艺术的把握,实现组织的目标。创业需要有一个同舟共济的团队。"创业孵化"教学模式,不仅可以孵化出未来优秀的创业领袖、创业团队,还可以培养企业家精神和团队精神。

(7)践错经历。失败、失误是难免的,但要在失败与失误中找到教训,然后去改进、去转变。所以,"创业孵化"教学模式可以以真实的工作环境,给人以试错、容错、以后避错的机会,使学生得到心理承受力、忍耐力的训练,继而增强认知风险、规避风险的能力。

（二）"创业孵化"教学模式的要素

1. 创业孵化基地

要运行"创业孵化"教学模式,必须建立创业孵化基地,创业孵化基地有大有小,可以是各个创业孵化单元的集合体,也可以是单个的创业孵化单元。根据学院开设的专业不同,建立的创业孵化基地可以有快递业务、货代业务、电子商务、超市、软件开发与维护、艺术设计、广告制作、管理咨询、制造加工等生产经营单元。

2. 系统性顶层设计

要进行"创业孵化"教学模式的顶层设计,设计要体现系统性思想。要将创业教育、创业计划大赛、课外科技作品大赛、ERP沙盘模拟大赛、电子设计制作竞赛等各种与生产经营活动和创业活动有关的竞赛事项以及校外创业实践活动、校内创业孵化中心的实践活动集合起来,使之成为一个有效的运行系统。

3. 资金

要形成一个创业资金来源的有效机制。可以有学院创业基金注入、企业赞助、创业者自筹、社会资助等多元渠道。

4. 风险

大学生缺乏社会经验,创业风险在所难免,创业者要有风险意识,要对创业者进行风险教育,并能培养承担风险责任的素养和心理意识。

5. 管理者

这里是指"创业孵化"基地的管理者或创业孵化工作室的管理者,管理者的水平决定了创业孵化基地的运行,也决定了"创业孵化"教学模式的有效性。

三、"创业孵化"教学模式的几个问题

（一）创业项目的选择问题

创业项目的选择要考虑内外两个因素,内部因素就是创业者的兴趣、能力水平、学院开设专业的相关度、资金投入的大小。外部因素主要是市场因素、社会环境、法律环境、经济环境、文化环境等。

（二）指导教师的聘任问题

要聘请那些具有企业经历、具有创业经历的人员作为创业孵化基地运行的指导教师或顾问。而没有企业经历的校内专业课或创业教育任课教师则很难完成这样的任务。

（三）创业教育与创业活动的链接问题

当前,一些高职院校的创业教育大多处在创业知识灌输的层次,而创业能力的提高只有通过开展创业活动才能得到训练,能力是训练出来的。通过创业实践活动开展创业教育是最有效的方式。

（四）创业活动与教学活动的关系问题

不能把创业活动与教学活动完全割裂开来,不能以创业活动取代教学活动,而应在设计时就让两个活动融为一体,教学标准与工作标准要结合起来,创业活动的考核与教学活动的考核要结合起来。

职业教育集团化发展进程中面临的
问题与对策

李 军①

职业教育集团是职业院校、行业企业等组织为实现资源共享、优势互补、合作发展而组织的教育团体,是近年来我国加快职业教育办学机制改革、促进优质资源开放共享的重要模式。职业教育集团的组成主体包括政府机构、行业组织、企(事)业单位、职业院校、研究机构和社会组织等六类。通过组建职业教育集团,不同主体可以充分发挥支持和参与职业教育发展的重要作用。实践证明,开展集团化办学是推进现代职业教育体系建设,系统培养技术技能人才,完善职业教育人才多样化成长渠道的重要载体。

一、职业教育集团化对于职业院校发展的重要作用

职业教育集团作为一种人才培养模式,为职业院校发展提供了宝贵的专业设置依据,注入了旺盛的生命力。职业院校要把提高教学质量作为重点,以服务为宗旨,以就业为导向,推进教育教学改革,实行工学结合、校企合作、顶岗实习的教育模式。职业教育集团的出现恰恰成为完成这一任务的重要保证。

(一)协同共赢,提高人才培养质量

职业教育院校主要是为企业输送高素质技能人才,培养目标要根据企业发展需要进行实时调整。教育具有一定的滞后性,为及时满足企业对人才的需要,必需紧密依靠企业,实时调整教学计划和教学内容,使毕业生成为"即插即用型"人才。对企业在职员工队伍的技术业务素质的培训,是增强企业竞争力的重要途径。要坚持面向企业、注重实效的原则,根据不同的工作岗位、专业工种

---

① 李军,天津工程职业技术学院院长。

和技术等级,确定不同的培训内容和培训要求。这就给职业教育提出了新的课题,在本课题的研究中,要很好地将职业院校和行业企业人才培养目标两者结合,突出重点带动整个教育方向准确定位。

(二)职业教育集团带动合作共建,加强实训基地建设

职业院校的实训基地在为学生提供实训的同时,也为企业职工提供技能训练场所;企业的技能培训基地同时也能为学生提供具有真实场景的实习场所。学生可以通过顶岗实践、"学徒制"等形式进入实际生产环节,增强实际操作技能。两者资源共享使在校学员的技能培养和在职员工培训的素质提高得到极大的促进,两者相得益彰。随着职业院校和行业企业协同发展的深入,将来的教育实训基地更会增强相通性、共融性,建立更紧密的校企合作。

(三)集团化发展整合资源共享,丰富教育主体

教育的主体无外乎教育者和被教育者。在师资方面,职业院校和企业员工培训完全可以做到教师互用。职业教育要大力提倡"双师型"教师的培养,做到在校教师既要懂理论,又要懂技术,既能上高职课程,又能上企业课程,同时企业的技术专家也要能够承担在校学生的教学工作,这对学生技能水平的提高有极大的帮助,两者在提倡"双师型"教师的培养和提高素质方面是一致的。另一方面,被教育者无论是在校学习还是岗位培训,都要组织好现场培训、仿真训练、职业技能大赛等活动,并积极创造条件组织开展远程培训,使受教育者熟练掌握岗位应知应会的知识和技能。着力培养和造就一批既有丰富理论知识、又具备较高操作水平的高级技能人才,影响和带动更多人走技能成才之路。

(四)职业教育集团订单培养,拓宽就业途径

面对目前国内日趋严峻的就业形势,职业院校要积极开拓就业渠道,深化和行业企业合作。职业教育集团应利用自身的优势,深入企业调研人才需求现状,创造与合作企业签订协议的机会,实行定向培养,校企双方共同为企业开设教学班,学生毕业后可直接进入企业实习或工作,从根本上解决学生在校学习的职业针对性、技术应用性以及就业岗前培训等问题,大大缩短了学生向"职业人"转变的过程,有效实现了高职院校学生走向就业的"零过度"。

二、职业教育集团化发展进程中面临的问题与对策

(一)职业院校方面

1.存在的问题

职业院校相关部门和教师对集团化协同发展都是比较认可的,认为这是职业院校将来发展的必然趋势,但对其内涵和具体的实施过程并不是很理解,主要

表现有对专业人才培养目标了解不透彻,对本专业人才培养模式的描述把握不准,对本专业课程体系的设置了解较少,教师们只管上课,其他事情好像与自己无关。虽大部分教师认为应该与企业和其他职业院校深入合作,形成职教集团,但由于学校政策的限制,没有教师愿意真正下到企业去和其他职业院校频繁合作,只管教好自己的课程。例如,学生在企业进行实践教学时,学院和教师对进入企业的学生很难细致管理,无形中造成了"放羊式"的合作。此外,大部分教师在授课时仍强调以课程教学为主,把校企合作、校校联合等同于认识实习或简单的教学交流,带着学生去其他院校或企业参观,学生的综合技能得不到训练和实质性提高。

2. 解决问题的对策

学院领导加强重视,加大对职业教育集团化协同育人机制的宣传力度,加大对实施校企合作、校校联合人才培养模式的投资力度,通过开展专题讲座、外出定向培训、对相关教师提高待遇等方式加强教师对职业教育集团化趋势的认识,对协同育人机制的深层次认识,提高教师参与的积极性。

(二)企业方面

1. 存在的问题

虽然企业认为学校培养的学生最终要进入企业,为企业服务,企业有责任参加到人才培养过程中,但企业对参与人才培养的积极性不高,对于他们是否愿意参与校企合作、是否愿意让员工担课、是否愿意共同参与校内外实训基地,都表示可以考虑或者有政策可以,很少有企业愿意积极主动地和学校共同培养学生,大多数企业只想用人而不愿意培养人,不愿派企业的工程技术骨干和能工巧匠到学校授课。不少企业把校企合作作为解决用工困难的手段。另外,由于受到短期化思想的影响,加上现代企业用工制度不够完善,国家也没有明确规定企业必须承担培养技能人才的任务,因而企业觉得培养技能人才是职业学校的事,与自己关系不大。对于职业教育集团这个新的趋势大部分企业没有触及,通过调研过程才有了一定的了解。

2. 解决问题的对策

在企业中普及职业教育集团的知识,企业作为人才使用单位,要从自身发展和提高核心竞争力的长远目标出发,认识到培养人才不是学校一方的事情,培养的人才最终要为企业服务,要变被动到学校招聘人才为主动与学校合作培养人才,要及时将人才需求信息反馈给学校,指导学校合理调整专业、设置课程和教学安排等。这样学校培养出来的学生才能及时顶岗,缩短企业开支,使企业树立一种"投资培训,必有厚报"的投资理念,真正成为合作主体。职业教育集团的出现,为校企合作奠定了新的合作契机,企业不仅仅是人才的使用者,更是人才的培养者,他们成为教育集团的主体。政府相关部门要加大对职业教育集团的宣传,不仅仅定位于开几个网站、挖掘几家大型的国有企业,更应该加大宣传的力度,要深入到各种不同层面的企业中去,使职业教育集团协同育人的参与者更加广泛。

（三）师资队伍建设方面

1. 存在的问题

师资队伍是推动集团化协同人才培养模式实施的关键。如果一个专业教研室师资队伍实力雄厚,尤其是既有现场经验又有较高理论知识的双师教师水平较高的话,校企合作、校校联合协同发展的实施情况就会较好。通过调研可知,师资队伍建设方面存在的问题有：

专职教师缺乏生产实践经验。虽然各个院校具备"双师"素质的教师的比率很高,但其中很多教师是仅参加一次培训获得相应资格就成为"双师",而真正有一两年现场实践经验又获得"双师"资格的教师不多,也就是说,真正具备较高理论知识又有丰富实践经验,能指导学生实训的"双师"教师严重不足,能参与企业新技术、新产品开发的就更少,因此,在校企合作、校校联合协同育人机制实施过程中,教师理论教学有余而实践经验不足,教学方法上多采用灌输式,难以培养学生创新能力,学生可持续发展空间小。这主要是因为学校教师多数是从高校毕业的本科生或研究生,缺乏生产实践经验,造成理论和实践教学难以真正结合,实践教学能力较差。另外,学校的教学事务较多,缺乏相应的培训机制,教师很难提高自身的实践能力,致使学校真正具有"双师"素质的教师很少。

兼职教师没有落实到位。针对专任教师实践教学水平较低的情况,可通过聘请现场专家、技术人员等作为兼职教师来解决。相关院校虽在一定程度上聘请了企业人员作为兼职教师,但很多时候,所聘请的兼职教师只是名义上的,并没有安排上课,有个别兼职教师来上课仅限于开展讲座,真正参与实际教学的企业人员并不多,兼职教师进行授课的说法大部分都是名存实亡。

2. 解决问题的对策

在师资队伍建设过程中,应加强对专任教师的培养力度,尤其是年富力强的中青年教师,安排教师定期到其他院校锻炼、到各大企业挂职实践,通过参与其他院校的教学过程和企业生产过程的设计和管理等途径,开阔教师的眼界,提高教师的实际操作能力。

通过提高兼职教师课时量、增拨经费等措施来吸引具有实际经验的现场专家、其他院校技术骨干作为兼职教师,把兼职教师的工作落到实处,使兼职教师真正到校上课,发挥其在现场操作、现场技能中的特长与优势。

(四)校内外实训基地方面

1. 存在的问题

校内实训设备一般,实训基地内涵建设有待进一步增强。职业集团协同教育模式的特点是教学过程的实践性、开放性和职业性,这需要一个完整的实训体系加以保证。近些年来,很多院校的实训基地建设有了长足的进步,但是大部分同学还是反映在校内实习实训过程中,实训设备较少,不能保障每个学生都有动手操作的机会,这样培养的学生动手能力差,学与用不能有效衔接,学校对企业的服务能力较弱,影响了校企合作的开展。此外,校内实训与企业操作存在一定的差距,即使学生对校内实训设备操作比较熟练,就业后也不能直接上岗,校内实训基地的内涵建设有待进一步加强。

校外实训基地的利用率较低。在职业教育集团建设的大浪潮中,许多职业院校与其他院校和企业签订了校校联合、校企合作协议,但因为距离、安全等因素,学生真正到其他院校和企业下场实习的机会并不多。通过教师和学生的反映,大部分学生并没有到过其他院校实习也没有进入到企业,或者有些在企业进行实习,也是走马观花,学生学不到真正应得的知识。

2. 解决问题的对策

加大对实训基地的资金投资力度,可引入其他相关院校和企业设备、技术等为校内实训创建真实的岗位训练、职场氛围和企业文化。在实训基地运行过程中,探索教师和技术人员融通、教学实训和生产过程结合、设备与利益共享的运行机制,实现运行机制市场化,使实训基地产生自我造血的功能,使实训设备发挥最大的功能。在实训基地的功能上,集生产、实训、技术开发与服务、技能培训与鉴定等四位于一体,并在校内实训基地建设过程中引入企业文化,实现校内实训基地文化与企业文化的对接。

按照校校联合、校企合作签订校外实习协议要求,使校外实训基地真正运转起来,承担学生的认识实习、专业实习、顶岗实习等实习工作。

(五)学生管理方面

1. 存在的问题

在集团化进程中,尤其是后续的校外实习过程中,学生进入企业实习,学生在实习过程中出现的问题与学校无关,这种观念导致企业压力增大,合作意识降低,学生虽在外校或企业进行实习,学院应该和其他院校企业共同管理学生,制定合理的管理制度,决不能放松对学生实习过程的关注,最好建立"指导教师—师傅—班主任—学生"逐级管理制度,对学生进行跟进管理,只要及时充分沟通信息就能达到较好的效果。

2.解决问题的对策

在学生管理上,明确学生实习期间应严格遵守的管理制度、劳动安全等方面的要求。同时对学生的权利、待遇及工作时间等也作明确规定。制订学生实习期间日常工作生活的管理和考核制度,如考勤制度、奖惩办法、校企联络制度、学生突发事件处理办法等。各种管理规定的制订要根据学校相应制度并结合企业生产的具体要求,经常组织学生进行安全教育和规章制度学习。以天津工程职业技术学院石油工程专业订单班的学生为例,他们在走上工作岗位之后并不像一些精密仪器制造者掌握工作程序、严格操作过程就可以了,他们必须具备实际操作的经验,石油的勘探开采需要一个依靠自己在操作中领悟的过程,潜移默化的一种工作"意识",这只有在专业实践的过程中真正达到"默会"的水平才能够实现,也只有这样,才能实现对"即插即用型"人才的培养目标。

石油行业的职业院校集团化建设是具有很重要的研究价值的,其不仅从更深层次上体现了校企合作,以"校企合作""工学结合"为依托,以企业需求、"默会"能力培养为核心,以就业岗位为导向,更重要的是丰富了集团化建设的内涵。应以天津工程职业技术学院的具体实践研究为突破口,在理论上对职业教育集团的内涵、功能及特征进行进一步的研究和探索,针对石油行业人才需求现状,形成能推动石油行业校企合作人才共享的双赢的职业教育集团模式。

总之,在职业教育集团化进程中要充分发挥企业的重要主体作用,企业在校企合作过程中不应是旁观者,而是参与者,更是受益者。校企双方按照"资源整合、文化融合、产学结合"的协同共赢模式,共建校内外生产性实训基地、技术服务和产品开发中心、技能大师工作室、创业教育实践平台等,切实增强职业院校技术技能积累能力和学生就业创业能力,以产业或专业(群)为纽带,推动专业人才培养与岗位需求衔接,人才培养链和产业链相融合。

石油高职地域文化与
石油企业文化的衔接与融合

韩福勇①

伴随着华北油田的发现、建设和发展而成长的天津石油职业技术学院,继承了石油企业优秀的文化元素。同时,在学院建设和发展的过程中,石油文化得到了较好的尊崇和发扬,并与学院自身构建的校园文化交汇相融。加上团泊洼远离城市地理核心区的区位条件的圈闭作用,独树一帜的天津石油职业技术学院"团泊洼文化"得以形成。

一、团泊洼文化的特色

(一)团泊洼文化是华北油田企业文化的传承和体现

天津石油职业技术学院前身是华北石油学校,最早可以追溯到 1976 年的华北油田"七二一"工人大学和华北油田技工学校,1977 年 5 月,学校迁址天津静海团泊洼。也就是那一代石油人,开始在大荒地里四间大平房的基础上开始了创业,学生入校发一把铁锹,没有宿舍搭帐篷,没有食堂用马棚。"有条件要上,没有条件创造条件也要上""石油工人一声吼,地球也要抖三抖"的艰苦奋斗精神和大无畏牺牲精神深深地根植在广大师生心中,可以说建校时代的学校文化就是石油企业文化。随着时代的变化,华北油田在四十多年的建设和发展过程中形成的特色文化内涵,在天津石油职业技术学院同样得到了发扬和体现。

创新创业是团泊洼建设和发展的传家宝。天津石油职业技术学院建设和发展的每个关键时期,都是在内外部条件极其恶劣的条件下进行的。无论是建校时的从无到有、计划经济下的毕业生统分政策,还是到自主择业、中职升格高职、

---

① 韩福勇,天津石油职业技术学院院长,副研究员。

建设国内一流高职院校等每一次变革,都是依靠艰苦奋斗、拼搏进取、求实奉献精神指导着实践并取得了巨大胜利。在整个天津石油职业技术学院的发展史上,团泊洼的师生员工始终坚持用艰苦奋斗的创业精神对待每一项工作,用海纳百川的创新视野学习每一个新生事物,在不断创业奋进的过程中体现出创新,在恒久创新的过程中又蕴含着创业。

精细管理是团泊洼文化精神的实质表现。在华北油田乃至石油系统的所有学校中有这样的共识:团泊洼日子过得细、账算得精、人勤劳朴实。团泊洼人在创业过程中始终坚持"精细管理",并将这种理念融入工作中的制度规范,落实到每一个人,体现到日常教育管理的每个环节,覆盖到每个具体事情,进而上升为以艰苦奋斗、精益求精的工作态度为基础,以不断探索、大胆实践的创新精神为要求,以强化全员参与建设和发展为落脚点,推动学院稳步健康发展的一种管理文化。

和谐共建是团泊洼团结奋进的坚强保障,是构建平安校园、和谐矿区的核心要求。团泊洼不是一所纯粹的高职学院,也不是一个独立的生活基地,而是一个统一的有机体,"团泊洼"三个字本身就包含着千余名居民、近六千名在校学生和近四万名毕业校友。积极推进学院与政府、企业的和谐共建关系,建设宜教、宜学、宜居的平安校园与和谐矿区,是加快学院发展、真正实现"本质稳定、环境优美、文化繁荣、生活幸福"目标的根本保障。

(二)团泊洼文化是华北油田企业文化和天津石油职业技术学院的特色

作为华北油田的二级单位,天津石油职业技术学院的文化建设一直紧跟着华北油田文化建设的步伐,并被赋予了新时代的鲜明特点和石油企业特色。学院以行业办学为背景,企业精神教育和企业文化建设一直都是学院文化建设的核心任务之一。学院充分尊重职业教育规律,遵循市场导向,因此,与纯粹的以经营为核心的企业还有着一些本质的差异。可以说,服务石油企业发展大局的任务与推动学院办好职业教育的现实之间的有机结合,成为团泊洼文化建设的落脚点和出发点。在此基础上,团泊洼文化可以理解为:在团泊洼这个特定的校园空间内,以职工、家属和学生为主体,经过多年教育实践逐步形成的,具有石油文化特征和自身鲜明特色的,为广大团泊洼干部员工、家属、学生认同的,价值观、思想方式、行为模式、制度规范以及校园环境、文化体育特色、群体活动等文化特征的总和,是被赋予了华北油田企业文化特征的"油院文化"。

伴随学院内涵发展和办学条件的改善,在华北油田特色石油企业文化基础上,人才立校、特色兴校、质量强校的办学理念逐步进入团泊洼人的头脑,"尚德砺能"的教育理念已经演化成为全校师生共勉的主张,"求实、勤奋、和谐、创新"

的精神追求已经成为团泊洼的现实校园风貌,再加上日趋稳定而特色鲜明的风土人情、特色活动,一同构成了团泊洼文化的基本内容。团泊洼这种鲜明的文化,随着一届届的毕业生被带到了不同区域、不同岗位的工作中,因此也可以说,为油田建设发展培养了近四万名毕业生的团泊洼是青年学生走入油田企业文化的第一个驿站。

学院的石油特色校园文化建设受到了教育部评估专家的充分肯定及社会各方的认可。《中国教育报》和《中国石油报》先后多次以头版和整版对学院的石油特色校园文化建设进行了报道。学院被华北油田公司命名为"华北油田公司企业精神教育基地",学院获得了2017年天津市第二届黄炎培职业教育奖优秀学校奖。

二、团泊洼文化的核心理念和基本内容

学院在持续建设和发展过程中,始终秉承建成"设施一流、管理一流、队伍一流、质量一流"的具有鲜明特色高职学院的总体奋斗目标。从总目标的描述可以看出,学院定位于建设特色鲜明的高职学院,而不是开办本科学院,学院不主张规模的无限扩张,总的目标要求是"设施、管理、队伍、质量",而核心是"服务"。

围绕总目标,学院提出了大力实施的四大战略:一是以育人为中心,以质量求生存的质量立校战略。二是以培养一支忠诚于石油职业教育事业、师德高尚、专兼结合、业务精湛、创新力强的"双师型"师资队伍为目标的人才强校战略。三是以建成在全国有较大影响、独具特色的,服务于石油工业发展、油田企业建设和地方经济发展的专业组群的特色兴校战略。四是坚持和弘扬"以大庆精神办学、以铁人精神育人"的办学理念,坚持以先进文化引领,努力提升石油文化内涵,凸显石油特色,强化育人功能,彰显办学生机活力的文化铸校战略。

学院发展的指导思想是坚持培育和践行社会主义核心价值观,并把核心价值观融入技术技能人才培养的全过程,全面贯彻党的教育方针,立足油田,面向行业,贴近经济,服务企业;以服务为宗旨,以就业为导向,把加强内涵、提高质量、打造特色作为重点,发挥行业办学优势,走校企合作、产教融合的办学道路,大力推进教育教学改革;以大庆精神办学,以铁人精神育人,秉承"尚德砺能"的校训,弘扬"求实、勤奋、和谐、创新"的校风,强化职业道德,加强素质教育,促进学生全面发展。

学院校训被概括为"尚德砺能"。"尚"指尊崇、仰慕;"德"为道德、操守,"尚德"即主张师生员工以德立身、以德载物,追求高尚的品德,成为受社会尊重和崇敬之人;"砺"意为砥砺、磨砺;"能"指才能、能力;"砺能"即期望师生员工不断加强能力培养,突出技能训练,提高职业发展能力,成为技术技能人才。

学院校风总结为"求实、勤奋、和谐、创新"。其中求实的意思是讲究实际、讲究科学、讲究"三老四严",脚踏实地、严细认真、注重实效;勤奋是指教职员工勤勤恳恳、兢兢业业、优质工作,做到"三育人""四服务";学生踏实认真、刻苦学习,熟练掌握知识与技能,努力成为高素质高技能人才;和谐则追求校园组织结构要素、教育环境、人际关系和谐以及自我教育、家庭教育、社会教育和学校教育的和谐,着力构建民主法治、公平正义、诚信友爱、安定有序、和谐发展的文明校园;创新是要努力实现在以教学为中心的各项工作中解放思想、转变观念、与时俱进、勇于探索,做到教学、管理、服务上人无我有、人有我精的目标,以创新创业精神不断促进学院新发展。

三、团泊洼文化建设的基本内容

团泊洼文化是华北油田企业精神化的校园石油文化,建设团泊洼文化就要构建校园文化与石油企业精神的高度统一。团泊洼文化建设主要包括物质文化建设、精神文化建设和制度文化建设三个方面,从这三个方面为学院树立起完整的石油文化形象。物质文化是显性的、外在的,是基础;精神文化是内隐的、核心的,是根本;制度文化是稳定的、强大的,是系统保障。文化建设以抓好理念宣传为核心,通过媒体报、橱窗、学院网站和举办专题讲座、征文、演讲会等活动形式,宣传并普及学院的石油文化核心理念,提高师生员工石油文化意识,树立良好的学院对外形象。

(一)物质文化筑牢团泊洼文化建设基础

团泊洼文化建设中的物质文化建设主要在于校园环境的建设,学院校园环境建设是在原有建筑条件约束下不断更新、改造中完成的。在更新改造中不断注入校园文化元素,建筑风格中正、布局简洁,保持了石油传统文化中务实、严谨的风格。近年来,学院新建修整学生宿舍楼、教学楼、体育馆、游泳馆、食堂、图书馆、文化活动中心等教学、工作和生活设施,大修了运动场和求知广场。此外,还改、扩建了数控技术、石油工程、化工生产技术、汽车检测与维修技术等国家和天津市级实训基地,使校内教学实训条件得到了明显改善。同时,进一步整合文化资源,建设了石油传统文化和校史综合展室、"石油文化主题公园""石油文化长廊"等文化建设阵地;在校园景点中增加刻有业内名言的石雕、碑文,如"三老四严",在广场上树立业内知名士的雕塑,如"铁人"王进喜的雕像;在教学楼、实训楼布置石油知识、石油行业各类杰出人物图片,特别是普通岗位技能工人的典型;在校内实训基地布置与石油企业文化对接的格言警句和规章制度等精致展牌;在学院办公楼、教学楼等醒目处布置体现学校办学思想和石油职业教育理念的宣传展牌,如"传承石油文化,发扬大庆精神,培养当代铁人""以大庆精神办学、以铁人精神育人"等具有石油特色的标语牌,使整个校园处处有文化标识,真正做到"一花一草会说话、一砖一木也传情"。

(二)精神文化确立团泊洼文化建设核心

团泊洼文化中的精神文化主要包括石油文化传统教育、校史教育以及被全体师生员工认同的共同文化观念、价值观念、生活观念等意识形态,具体体现在校风、教风、学风和学院人际关系等方面。学院从领导到职工、从教师到学生,对团泊洼精神文化建设的思想高度统一,共同参与其中。学院制订了校园文化实施方案,重新总结概括了校训、校风,设计了校徽、校旗,持续做好石油文化理念的宣传,不断深入开展"大庆精神、铁人精神"再学习、再教育活动。

学院在全院教职员工中树立"三全育人"思想,不断加强师德建设,培养教师教书育人的责任感和使命感。在干部职工中树立实事求是、艰苦奋斗、勤政廉政、服务周到的工作作风;在教师中树立为人师表、教书育人、治学严谨、开拓进取的教风;在矿区居民中树立环境友好、安全稳定、诚信友爱、互帮互助的生活风尚。

学院在学生中广泛开展学风教育活动,从开学典礼到毕业典礼形成了以"两大循环"教育为龙头的九大学生思想教育体系,时时处处秉承"尚德砺能"的校训,弘扬"求实、勤奋、和谐、创新"校风。学院每个专业都开设了大庆精神课程;在每年新生入学教育时,学院都组织学生参观石油传统文化和校史综合展室、石油文化主题公园、石油文化长廊;在学院每年都举办的"铁人精神感召我""同在一方热土、共建和谐学院"等活动以及每年的"十佳学生标兵""自强之星""优秀毕业生"评选中也都能体现出团泊洼文化的特点。一系列举措,真正实现了"传承石油文化、发扬大庆精神、培养当代铁人"的办学目标。

学院不断强化广大教职员工、学生之间的亲密联系,关心关爱弱势群体。学院坚持院领导值周、"院领导六个一"制度,坚持院务公开、院领导信箱、院长接待日制度;对职工家属坚持做到危有所扶、困有所济,全校一盘棋、上下一条心;坚持班有固定教室、班有班主任,楼有楼长、层有层长、室有室长,不断完善"奖、助、贷、补、减、访"助学制度,构建了物质和精神并重的"双轨资助"模式。使全院师生员工、家属,同学习、同生活、同活动的亲情;同事、同学间互谅互让、互帮互助的友情;学生对母校眷恋、母校对毕业生牵挂的依恋之情,这些共同汇聚为"团泊洼之情"。在全院共同努力下,构建了团泊洼良好的学院人际关系,实现了"人人关心学院发展,发展成果惠及人人"的局面,成为团泊洼文化的突出亮点之一。

（三）制度文化保障团泊洼文化建设成效

学院本着系统性、实用性原则，将"精细管理"理念纳入制度建设，制订、修订了《天津石油职业技术学院工作制度》《天津石油职业技术学院师德规范》《天津石油职业技术师生员工日常行为规范》以及教学、学管、后勤服务等一系列规章制度，推进全面风险体系建设和内部控制管理规范，使学院各项工作更加科学化、规范化和制度化。同时，完善机构设置和人员编制，并且适时按照"结构合理、精干高效、保持稳定、满足需要"的原则进行动态调整。学院着力提高教职工素质，加大人才引进、培养力度，坚持教师下厂锻炼制度，加大"双师型"教师队伍建设，使员工队伍的素质不断提高。学院在发展实践中，一直致力于建设科学、规范、系统的规章制度，建立健全的组织机构，打造高素质的员工队伍，确保了制度文化建设落到了实处，规范了学院办学行为和广大师生的行为，促进了良好校风、教风、学风的形成。

四、高职校园文化与企业文化对接融合的落脚点

我国的高职教育为社会主义现代化建设输送了大量技术技能人才，并培育出新的"工匠精神"和"大国重器"。高职校园文化与企业文化对接融合的落脚点还是在办学过程中要以人才培养为核心，校园文化建设要为人才培养服务，所培养出的人才要与行业对人才需求在结构、质量、水平上相适应，与区域经济及行业企业的发展相适配，通过优化专业布局、进行课程教学改革，实现职业教育与行业产业需求的精准对接，从而促进行业企业的可持续健康发展。

构建以行业企业岗位标准作为高职院校的人才培养标准的制度尤为必要，要以行业企业为主导，将行业企业的岗位设置、职责任务、基本素质、专业知识、专业技能等标准都纳入高职学院人才培养方案中，使人才培养方案、课程教学大纲及教学过程与行业企业岗位标准进行对标。在办学模式上，要充分依托校企合作，实现产教融合；在课程体系构建上，要注重发挥专业校企合作委员会的作用，认真研究行业企业标准，并尊重高职教育规律，将行业企业标准的能力目标融入课程内容；在专业建设上，基于行业企业技术标准，紧密联系企业的技术热点和难点问题，开展专业教学改革试点工作；在师资培养上，注重发挥专业带头人及企业技能大师的作用，不断提高专业教师的技能操作水平和技术研发创新能力；在学生培养上，注重将行业企业精神及职业规范和要求融入课程教学和培养过程中，强调行业性和职业性，永葆教学理念的先进性，促进学生可持续发展能力及不可替代性能力不断提升。

关于传媒艺术类高职教育的思考与实践

刘春光①

近年来,我国传媒艺术类的高职教育,对专业的教育改革,突出以人才培养为宗旨,通过课程设置、教学调整、专业建设等措施建立较为合理完善的工学结合、理实对接、"校企双元"的教育模式,对引领学生在掌握专业理论知识的同时掌握更多的职业技能、更好地步入社会发展具有一定的推进作用。在工、商、制造等专业占据大多数比例的高职教育领域,传媒艺术类专业是一个相对小众的群体。这个小众专业群体和传统高职教育专业群相比较,最显著的一个区别就是难以标准化——这既是传媒艺术类职业教育的特点,也是制约这类专业发展的瓶颈。全国职业院校技能大赛这一全国最高级别的职业院校专业教育成果比拼的赛场上,至今都没有传媒艺术类的相关赛项,其根本原因是传媒艺术类专业难以像其他高职专业一样实现基于普遍共识基础上的标准化和模块化。基于这个特点,天津广播影视职业学院建院以来在寻求传媒艺术类高职教育理念、方法和成果的突破上进行了一些尝试,也取得了一定的成果。

一、清晰专业理实教学无边界

传媒艺术类的高职教育是以就业为导向、以能力培养为本位、以"着力培养高素质劳动者和高技术技能人才"为办学目标的。由此,思考研究和探讨践行专业理论教学与实践教学的边界特性、有机融合、真实对接,打造符合传媒艺术类高职教育特点的教学模式,实现立德树人的根本任务就显得十分重要。

传媒艺术类的高职院校专业以技术能力和标准为基础,艺术水准和表达为

---

① 刘春光,天津广播影视职业学院党委副书记、院长、正高级编辑。

更高发展的保障。它显著区别于工科等类别院校专业的基本点是技术保障与艺术表达是无法分割的。编导、摄影摄像、影视剪辑、人物形象设计、播音主持和表演等专业更强调在基本专业能力与技巧的保障基础上进行个性化的艺术想象与创作。确切地说，不存在完全脱离了艺术表达的技巧呈现，也无法实现没有技术支撑的艺术进步。这就决定了传媒艺术类高职院校专业教学要更加注重实践教学，从思想认识和教学实践上彻底打破传统高职教育"理论教学"和"实践教学"各自独立的传统模式。

天津广播影视职业学院在多年的教学实践中，在课程设置方面始终强调实践教学课程要超过教育部规定的比例，加强对学生的训练和指导，让学生有更多的时间进行自我操作、自我锻炼，提高学生专业水平。

以摄影摄像专业的摄像技术专业课为例，天津广播影视职业学院的实践在课程设置上以每半天四节课为一个单元，其中前两个课时进行摄影摄像器材的使用方法和应用理论的课堂讲解，讲解过程中需要时刻结合摄影摄像器材和优秀作品的观赏剖析，不存在需要学生死记硬背的理论讲授；后两个课时由任课教师提出创作命题，学生以 5～7 人为一组的规模进行实拍训练，拍摄地点从校园景观开始，逐步覆盖情节线索、主题表达并逐步拓宽拍摄实训的场地空间，从校园到市区再到跨省市的采风拍摄；拍摄完成之后学生利用课余时间完成视频剪辑的作业，再利用课堂上的时间由专业教师结合理论要求与学生的具体创作进行点评、讲解、评定和奖励。全部学习过程就是理论教学与实训教学水乳交融、互相印证、不断提高的过程。

在要求教师和学生树立以作品说话意识的基础上，这样的教学安排逐步打破理论教学与实践教学的壁垒，以培养学生岗位能力为核心进行全真（不是单纯仿真的）实践教学，即让学生在真实的工作环境及岗位情景进行学习和实训。学生在真实的、专业的环境中，通过边学边练、再学再练的交叉运行，不断认知传媒艺术领域的行业规范、职业基本功要素和职业精神的内涵，这对提升学生专业应用能力和职业素养有很好的作用。可以说，实践证明，传媒艺术类高职院校专业教学没有理论教学与实践教学的明显界限，这是由院校专业的特点和专业性质而决定的。

二、实训教学跨越"仿真"，实现"全真"是传媒艺术类高职教育的天然优势和发展方向

和传统工科类高职专业不同，传媒艺术类高职专业完全可以在实训教学上跨越过"仿真"阶段，直接定位于"全真"，从而显著提升学生对专业能力掌握的速度和质量,显著提升学生对行业的熟悉程度和就业初期的适应度。

不需要昂贵的工业流水线,也不需要上下游的社会资源配合,绝大部分教学实训设备都是"轻武器"等特点是传媒艺术类专业的天然属性。这个特点也决定了传媒艺术类的实训完全具备跳过"仿真",直接攻坚"全真"的基础条件。对这一教育理念的认知逐步成为全学院的共识,帮助天津广播影视职业学院相关专业的学生真正实现了快速优质的成长。

自 2011 年 6 月起,学院先后配合全国职业院校技能大赛官网、天津市教委职教中心承办全国职业院校技能大赛宣传报道工作并已连续承办 9 届。对于新闻采编、摄影摄像、节目制作、编导等专业的同学们来讲,这个平台就是一个"全真"的实训平台,他们不是在"模拟"专业流程,而是真刀真枪地采访报道。他们拥有和来自全国各地的真正的记者、编导们完全一样的工作环境和条件。到 2019 年,已先后有 340 余位天津广播影视职业学院的学生参与了大赛的宣传报道工作,制作视频新闻 300 余条,视频总时长近 10 小时;文字稿件 300 余篇;图片万余张。9 年间,大赛报道工作不但使学生们走出了校园,给他们提供了全真锻炼实战的好机会,也向外界展示了同样作为职业院校的天津广播影视职业学院在专业技能方面的教学成果。作为大赛主办方指定的记者团,组委会为学生记者配发正式记者证,天津广播影视职业学院记者团在大赛期间和全国各地专业媒体记者同台工作,所有作品均为学生独立采集完成,带队教师只负责学生安全、交通餐饮和选题把关确认。记者团采编作品被大赛官网、现代职教网采用发布,2015 年至 2017 年三年间,大赛组委会将学生报道制作成作品集。天津市教委职教中心还在 2016 年专门为天津广播影视职业的学生记者们举办了报道大赛的图文、视频作品展。学院师生努力为全国职业院校技能大赛、全国职业教育活动周、天津市职业教育的记录、宣传和报道工作做出了自己的贡献。

同样以天津广播影视职业学院学生参加全国职业院校民政职业技能大赛礼仪主持人大赛的经历为例——在参赛前的集训中,选拔出的参赛学生在专业教师的带领下除了常规备战之外,还通过合作企业的渠道直接参与了真实婚礼的主持工作。全真的实训环境磨练出了直接对标行业需求的专业能力,再辅以专业教师由"理论型教师""实训指导教师"向"教练型教师"的转型,天津广播影视职业学院团队参加此项赛事取得了骄人成绩——2018 年首次参赛就包揽了一二三等奖,2019 年再次参赛依然包揽全部奖项,这在大赛历史上是第一次。天津广播影视职业学院播音和表演专业从全国相关专业领域的默默无闻到实现弯道超车,被许多业内人士了解并认可,为天津的职业教育争得了荣誉的同时,更加坚定了专业教师创新实践育人的理念,坚定了学生成长历练的勇气。

类似的实例在近年学院的教学工作中比比皆是——表演专业的毕业大戏走出校园,面向社会观众公演,接受社会检验的同时也服务于城市文化建设;学院与天津中新生态城管委会合作举办短视频大赛,学生专业课作业就是参赛作品,与全国各地的参赛者同台竞争等等。可以说,"全真"概念的实践大大提升了传媒艺术类高职教育的效率和成果。

自 2016 年以来,通过天津市财政、教委组织的"提升办学能力项目建设"这一平台,天津广播影视职业学院全面提升了学院内"全真"实训平台的软硬件建设水平。期间构建了全媒体融合生产实训、数字媒体艺术产品创作实训 2 个教学实训基地,搭建了摄影摄像技术专业的公共摄影实训室;新闻采编与制作专业的音视频融合创作实训室、高清自动化录播实训室;影视编导专业的编导素材创作实训室;影视动画专业的二维无纸动画实训室、定格动画实训室、影视后期实训室、衍生产品实训室等 8 个教学实训室。这些"全真"实训平台兼具教学和生产的双重功能,在课堂与行业、教学与市场之间实现了无缝对接,有力地保证了追求"全真"、提升效率教育理念的实践。

特别需要强调的一点是,在当今网络融媒体、自媒体全面发展、强势占领市场份额的大背景下,高职院校中的传媒艺术类专业追求"全真"实训效果的成本大大降低。2014 年,学院组建"新闻中心",仅仅通过互联网注册的微信公众号运营,五年间就发表了各类文字和图片、视频报道 1700 余篇,共计 50 余万字。在这些数字背后,是学生作品接受全社会监督检验并借助互联网实现全球传播以及相关专业学生迅速成长的成果。学院新闻中心这一校内实践平台也于2016 年在《中国青年报》举办的最受欢迎全国百强校媒评选中取得了全国第 38名、天津高职院校第一的好成绩。此外,在新闻中心这个实训平台上成长起来的新闻与采编专业 2016 届学生陈昇昇创作的纪录片《荒地》在 2017 年北京国际电影节"青春的纪录"单元获得评委会特别推荐大奖。

三、落实立德树人根本任务、引导学生建立正确积极的价值观和人生观是高职传媒艺术类教育的终极目标

习近平总书记在十九大报告中指出:"建设教育强国是中华民族伟大复兴的基础工程,必须把教育事业放在优先位置,加快教育现代化,办好人民满意的教育。要全面贯彻党的教育方针,落实立德树人根本任务"。天津市教育工委和教委对各院校加强思想政治教育工作提出了要推动思政教育体系化,构建"大思政"工作格局,加强实践育人任务的要求。

在这样的政策引领下，围绕着"立德树人"的总目标，设计好、落实好"课程思政"的各项要求，完成好每一堂课的价值观引领和情感教育目标便成为重中之重。特别值得相关从业人员重视的是，传媒艺术类专业和大多数高职教育专业相比，其培养的人才毕业后进入社会相关专业岗位后所承担的工作内容、工作成果绝大多数肩负着引领社会主流价值观走向、引导社会舆论、建设意识形态领域良好生态的职责和使命。而长年以来在高职教育领域中存在的"重技能、轻思想"的理念确实会为这些即将成为传媒、艺术、影视行业生力军的青年学生造成认知上的困惑并在成长过程中埋下隐患。

基于上述双重背景，天津广播影视职业学院近年来努力寻求在课程思政工作中实现新突破，将专业课学习与校园文化活动有机结合，对学生在实训创作中的内容进行前置引导，将立德树人的总要求细化到每一堂课、每一次社团活动、每一项专业竞赛、每一季四系联动综合实训，真正做到"随风潜入夜，润物细无声"，走出了一条事半功倍的传媒艺术类高职学生思政改革新路。

一是深入探讨了"课程思政"机制建设，确立了将思政教育融入全部专业课和基础课，努力构建以思想政治必修课为核心、思想政治选修课、综合素养课、各门专业课为辅助的"一核三环"机制。二是根据专业特点，梳理各门课程所蕴含的思想政治教育元素，主要包括理想信念教育、社会主义核心价值观教育、中华优秀文化教育、职业素养教育等内容，并融入课程大纲建设、授课教案、教学方法设计各教学环节中，使专业课程与思想政治理论课同向同行。三是通过组织专题研究、举办"课程思政"优质课程评选等推动学院育人工作。四是紧密依托专业优势，加大校园文化建设力度。

鉴于传媒艺术类的高职教育专业特点，在校园文化活动中，学院注重将学习贯彻党的十九大精神，学习理解习近平新时代中国特色社会主义思想，弘扬爱国主义、集体主义等内容的教育，融入学院专业的艺术性、传播性等属性中，以文艺活动形式突出主题教育，使专业教学的现实紧紧相扣，实现寓教于乐，很好地完成高职教育的立德树人任务。以学院一年一度最大规模的文艺演出"迎新晚会"为例：2016年晚会主题是"继往开来　荣耀天广"，2017年主题是"爱我中华　燃梦天广"，2018年主题是"自立自强　情系天广"；2019年为庆祝中华人民共和国成立70周年，确定晚会主题为"青春万岁　强国有我"——每一场演出甚至每一个节目都紧扣主题，在策划、编剧、排练、演出、网络直播的全过程中，强化学生爱党、爱国、爱家乡、爱母校的情感升华，时刻引导学生们践行学有所成、自立自强、自助助人、奉献社会、勇担使命的价值观。这些和专业学习、提升、展示紧密结合的校园文化活动已经成为学院的品牌活动,并通过腾讯、网易、津云等主流网络平台的直播形成了广泛的社会影响力,激励更多莘莘学子努力成长、报效祖国。

在"一切教育都是价值观教育"理念的基础上,为进一步深入培养学生爱党、爱国、爱校情怀,弘扬中华民族传统文化,践行社会主义核心价值观,类似的活动已经成为学院教学和校园文化建设的常态——2017 年至 2018 年,学院陆续组织开展了"践行核心价值观、聚力最美中国梦"系列主题教育活动、"践行贯彻党的十九大精神、展望民族复兴中国梦"专题宣讲会、"弘扬中华民族传统文化"书法绘画展、"青年兴则国家兴、青年强则国家强"朗诵比赛、"寻觅民族瑰宝、弘扬传统文化"摄影展、"唱青年之歌、响中华之魂"合唱比赛等,为广大学生提供专业展示、实践交流、弘扬主旋律、重塑价值观的平台。同样是在 2017 年和 2018 年,结合毕业季主题,由学院团委组织各专业优秀学生、教师和在校生、毕业生共同拍摄的 MV 作品《青春不散 1》和《青春不散 2》,颂扬了努力拼搏、学有所长、勇攀高峰、默默奉献的学院优秀学生代表,这些作品被共青团中央、团市委微信公众号推送转发,育人成果借助这些更高的平台得到了更广泛、更优质的传播。

健康、向上、丰富的校园文化对学生道德品质的养成具有渗透性、持久性、选择性影响;会对学生人生观、职业价值观产生潜移默化的影响;对提高学生人文道德素养、拓宽学生视野、培养跨世纪人才具有深远的意义。

可以说,传媒艺术类的高职院校在思政教育和校园文化建设领域天生具有明显优势,而如何深入结合好学生专业成长的需求与"立德树人"的总要求,则是考验这些专业的教育管理者和教师职业水准的一个核心指标。在这道命题作文的框架内,牢牢抓住这个核心指标做工作则会满盘皆活、事半功倍。

高职院校思政理论课程社会实践教学探索

——以天津体育职业学院为例

王　伟　康　璐　姚　磊　潘政彬①

习近平总书记在 2016 年全国高校思想政治工作会议上强调:"高校思想政治工作关系高校培养什么样的人、如何培养人以及为谁培养人这个根本问题。要坚持把立德树人作为中心环节,把思想政治工作贯穿教育教学全过程,实现全程育人、全方位育人,努力开创我国高等教育事业发展新局面。""要用好课堂教学这个主渠道……各类课程与思想政治理论课同向同行,形成协同效应。"探索高校思政理论课程在教学中如何加大社会实践教学的比例与社会实践教学的操作被提上日程。和其他类型的高等职业院校相比,体育类职业院校学生毕业后从事的工作岗位多与人打交道,涉及人的生理和心理健康等多方面,故体育类职业院校的思政课程理论教学的社会实践部分就显得更为重要。本文在"课程思政"视域下,以天津体育职业学院的教学实践为例,探索体育类高职院校思政理论课教学中的社会实践环节设计,旨在提升高等职业院校学生的思想品德素养。

一、思政理论课程社会实践教学的设计思路

2006 年教育部印发《教育部关于全面提高高等职业教育教学质量的若干意见》中指出:"我国高等职业教育蓬勃发展,为现代化建设培养了大量高素质技能型专门人才,对高等教育大众化作出了重要贡献;丰富了高等教育体系结构,形成了高等职业教育体系框架;顺应了人民群众接受高等教育的强烈需求。高等职业教育作为高等教育发展中的一个类型,肩负着培养面向生产、建设、服务

---

① 王伟,天津体育职业学院党委书记。康璐,天津体育职业学院教务处副主任。姚磊天津体育职业学院训练科研部干部。潘政彬,天津体育职院运动训练系主任。

和管理第一线需要的高技能人才的使命,在我国加快推进社会主义现代化建设进程中具有不可替代的作用。"立足学院实际并充分挖掘体育类高等职业院校办学特色,以竞技体育文化为基础,通过专项课程与社会实践相结合的方式,从多个层面将思政教育功能与体育事业发展有机结合,持续推进思政理论课程改革与综合素养课程和专业课程改革,完善具有体育类高职特色的课程思政教育教学体系,有效促进各类课程与思政理论课程同向同行,为体育类企业等用人单位培养和提供全面发展的优质人才。整合学院运动训练、体育保健与康复、体育运营与管理三个专业,分别从竞技体育文化、体医结合跟队及社区服务、体育赛事运营管理实践三个方面将思想理论课程融入专业课程实践教学中。体育保健与康复专业培养德、智、体、美等全面发展,为提高竞技体育科学化、系统化及大力推广全民健身做出贡献的人才;体育保健与康复专业以体教结合、院队共育、学训同步的人才培养模式为特色,培养具有体育道德精神,德、智、体、美全面发展,具有健康向上和团结合作信念的人才;运动训练专业致力于培养有勇气、有耐力、有毅力,具备坚持不懈的体育精神的运动人才。以上三个专业在培养学生的过程中注重学生的德育,重视树立学生服务意识,使学生能清楚地认识到将来面对的群体是需要用专业的技能提供服务的,而不是赛场,但是在学生学习的过程中,竞技文化又为他们提供良好的学习氛围和专业素养。

二、思政理论课程社会实践教学的具体开展

(一)思政课程中融入竞技文化

1.竞技文化融入思想政治教育队伍建设中

师者,传道授业解惑也。教师要传道,自身必须明道、信道。高校教师作为教育者,肩负着培养社会主义事业建设者和接班人的重任。天津体育职业学院作为一所体育类高职院校,具有得天独厚的资源优势,为学习、理解、运用竞技文化加强学生思政建设提供了丰富资源和可能性。将竞技文化融入思想政治教育队伍建设应做到以下三点。一要统一思政教师思想。作为文化的传播者,思政教师首先要接受竞技文化教育,理解竞技文化,把竞技文化作为思政建设的重要内容和载体。二要利用专业特点,选取优秀的教学素材。例如,运动训练专业是以培养教练员为主要目标,运动训练过程是竞技文化形成、发展、升级的过程。所以,以运动训练专业为主要突破口,提炼竞技文化内容,为全院思政教学服务,是思政教育队伍重要的工作内容之一。三是扩展思政教师结构,思政教师团队以思政专业毕业的教师为主导,逐渐拓展到各专业带头人、系部负责人、辅导员、一线优秀教师等不同人群,旨在强化不同学科背景、不同能力的教师之间的互补,提升思政教师团队整体水平。

2. 竞技文化融入思政理论课堂和课程思政建设过程中

课堂教学是教育教学最基本、最重要的形式,课堂教学是红色文化融入高校思政教育的主要渠道,将红色文化融入课堂教学,应根据红色文化的内容和特点与各门课程相结合,将红色文化融入课程思政的建设中。当竞技文化融入思政教育后,学生对竞技文化的纯洁性、竞争性、教育性赋予更多的正能量,对于竞技文化可能对青少年造成的负面影响将产生极大的抑制作用。而竞技文化中追求卓越的拼搏精神和永不放弃的运动精神十分契合,作为体育职业院校,思政课堂和课堂思政中时刻都能体现出体育精神和竞技精神。例如,排球课教学过程中的"女排精神",既是课堂思政的具体体现,又融入了竞技体育的文化。

3. 竞技文化融入校内、校外实践中

实践育人是高校思想政治教育工作的重要组成部分,也是增强高校思想政治教育实效性的重要举措。思想政治教育实践育人包括校内实践和校外实践。校内实践主要体现在大学生参与的各项校园文化活动,要将竞技文化融入校园文化建设中,以竞技文化营造校园文化氛围,对大学生进行润物细无声的影响,发挥资源的隐性教育功能,达到"以文化人、以文育人"的效果。

4. 竞技文化融入新媒体宣传教育中

随着信息化时代的到来,网络新媒体已经成为人们日常工作、学习和生活中不可或缺的一部分,微信、微博、QQ 等新媒体已被广泛应用。在实施学生思想政治教育过程中,学院充分利用官网、学院微信公众号、易拉宝、电子公告等多种媒体手段发布信息,围绕"两条主线",即以思想政治理论课程和课程思政为主线,推动学院思政教育向纵深发展,形成学院一盘棋,各系部为主要阵线的思政教育体系。

(二)体育保健与康复专业技能实践融入思政教学路径

在大健康理念与战略不断推进的今天,体育保健与康复专业作为体育与医疗的重要结合点受到广大人群的喜爱。体育保健与康复的学生们具有体育运动基础,同时,通过专业医疗诊治的学习和培养,结合自身的经历,能够为建设健康中国提供充足的后备人才。在培养过程中,学院以专业特点为基础,加强思政教育,做到把思政与专业特点紧密结合起来。

1. 培养学生传承尊老、敬老的优秀传统美德

保健康复系通过将思政教育与专业技能相结合的形式,开展以尊老、敬老为主题的思政教育实践课,并有机地将本专业的专业技能融合到思政教学活动中,

得到了同学们的热烈回应。由院领导带队指导,保健康复系教师带领学生赴康宁津园开展"志愿敬老行,关爱传真情"志愿服务活动,活动以关注社会、关爱老人为主题,将关注社会热点、敬老爱老的思想政治教育与专业知识紧密结合,采取多形式的互动,具有重要的教育意义。

保健康复系学生以"情暖五一、爱在护老院"为主题,赴静海区护老院开展保健知识宣讲活动。活动培养大学生关注社会热点、关爱老年人,做一名有见识、有担当的合格大学生。学院通过以上活动,将思政教育课堂放在了企业,放在了护老院,使同学们感受更加深刻,活动收到了很好的教育效果。

2. 弘扬雷锋精神

学院结合雷锋精神学习实践周,鼓励学生们从身边做起,树立奉献精神,关注校园。通过几次活动到达了很好的思政教育效果。保健康复系开展了教师指导、学生组织,以"弘扬雷锋精神,关注校园文化"为主题的服务校园、关注校园文化活动,学生们在实训室为园区内运动员、学生以及教师进行推拿按摩。活动旨在教育学生关注校园文化,做合格大学生,将思政教育与实习实践结合在一起,受到了广大参与者的一致好评,同时,雷锋同志的无私奉献精神得到了进一步的宣传。

此外,保健康复系教师带领部分学生参与并协助青年女排体能训练及训练后恢复的科技保障工作,学生能够参与到专业技术的实践中,更重要的是,在训练过程中,学生们学习到天津女排勇于拼搏、不畏强敌的顽强精神。通过为天津女排进行保障服务,学生们一方面对女排精神有了直观的体验和感受,另一方面也培养了勇于奉献的雷锋精神。

保健康复系学生以"康复在身边"为主题,在学院内开展服务校园的活动。活动培养了学生关注校园文化、服务校园的无私奉献精神。

3. 培养学生热爱国家、热爱领袖的崇高情怀

天津体育职业学院党委对学生思政工作尤为重视,利用各种机会为学生思政工作提供素材。国家主席习近平同俄罗斯总统普京在天津共同观看中俄青少年冰球友谊赛,通过天津市委、体育局以及天津体育职业学院领导的认真筹划,学院学生参加了本次活动。此次活动是一堂影响深刻的思想政治教育课。学生代表们目睹领袖风采,这在学生中产生了强烈的反响,强化了当代大学生热爱祖国、拥护领袖的正确思想和崇高情怀。

通过将思政教育课堂设在护老院、专业队等社会企事业单位,使学生们对雷锋精神、尊老爱幼、关心社会等优良传统有了更为深刻的理解。学院通过校企结

合,将思政课堂放在社会企业中,创新了思政课堂形式,提高了思政教育影响力和感染力,使学生能够充分感知到加强自我思想修养在社会上的重要性,树立成为大国工匠的远大理想。

（三）体育运营与管理专业推动课程思政建设的实践举措

体育运营与管理专业以党的十九大精神为指引,深入学习贯彻全国高校思想政治工作会议精神,坚持社会主义办学方向,落实立德树人根本任务,充分发挥思想政治理论课主渠道作用,深入挖掘通识课程、专业课程及各教学环节育人功能,形成各类各门课程协同育人格局,把思想政治工作贯穿教育教学全过程,实现知识传授、能力培养与价值引领的有机统一,着力培养有社会责任、有创新精神、有专业知识、有实践能力、有健康身心的应用型高级专业人才。

1.实践目标

总体目标:深入挖掘拓展学校各门课程的思想政治元素,充分发挥各门课程的思想政治教育功能,切实把思想政治工作贯穿教育教学全过程,提升思想政治教育亲和力和针对性,形成全程育人、全方位育人格局,全面加强学校思政工作,全力推动学校建成有特色、高水平、国内知名的教学研究型大学。

具体目标:建设学生真心喜爱、终身受益、毕生难忘的思想政治理论课;培育一批充满思政元素、发挥思政功能的示范通识课和专业课;开发一批具有本系特点的系列特色课程;培养一批具有亲和力和影响力的课程思政教学名师和团队;提炼一系列可推广的课程思政教育教学改革典型经验和特色做法。

2.实践教学的内容和形式

思政课实践教学是提高学生分析、解决问题能力的重要环节,应从学生成长与发展的需求出发,结合理论课程的内容综合思考。

（1）人生观主题教育班会。经过高考的洗礼,同学们走进大学开始了新的生活,然而,这里和大家梦想的乐园有一定距离。一方面,相对于本科而言,高职的学生高考分数较低,但高考前对自己的期望值普遍较高,因此,相当一部分同学有一种失败感,加之大学全新的生活环境和学习方式,容易使大一新生一时间感到无所适从。所以,同学们提及最多的就是郁闷和迷茫。如何帮助大家走出困境,以昂扬的姿态踏上新的征程,是必须解决的一个问题。对此,学院尝试激发学生的主观能动性,深入思考人生观、价值观的问题。即在课前给学生布置任务,要求组织人生观主题教育班会,教师可做必要的指导,但不做统一要求。主题教育班会活动效果很好,各班在形式上都有自己独特的创意,内容也十分丰富,同学们或引经据典,或探讨突出的社会现象,或讲出自己的生活经历等。由此既锻炼了学生的语言表达能力和创新能力,又使学生真正思考了人生观、价值观等人生的大问题。

(2)"新老生互动"活动。在大一新生面临的所有困惑中,对自己专业的理解和学习是其中一个非常重要的方面。对此问题的准确把握,无疑对个人发展具有重要意义。为此,在为新生授课过程中,学院在老生中找出若干优秀学生代表,组织"新老生互动"活动。实践表明,学生交流的内容十分广泛,涉及英语等级考试、专业课的学习、参加社团活动、做学生干部与学习的关系、本专业就业情况等很多方面。这对于引导和帮助大一同学尽快适应大学生活,明确大学的主要任务具有积极意义。

(3)开辟网络咨询空间。当代青年大学生思想活跃,兴趣广泛,接受各类信息的速度快,对社会关注程度高,但青年大学生对理论和实践问题的理解往往具有肤浅和片面的特点,有时甚至容易走极端。因此,在课堂之外加强师生交流,纠正其错误认识显得尤为重要。通过网上交流,学生可以打消一些对面对面交流的顾虑,使得师生交流更充分。这对及时解决学生学习生活中的问题是很有帮助的。

3.实践举措

体育运营与管理系深入学习和领会习近平总书记的重要讲话精神,不断探索和实践将立德树人根本任务贯穿人才培养和课堂教学全过程,把思想政治教育与专业教育融为一体。

(1)将思政教育融入课堂教学。专业教育与思政教育协同,一个落脚点是将"理论自信、道路自信、制度自信、文化自信"教育融入专业教育之中。管理环境对企业经营有着重要影响,体育运营与管理系的专业课教师在体育市场营销、体育社会学、体育管理实务、体育俱乐部管理、体育赛事策划和商务谈判等专业课程教学当中对管理环境进行分析时,会根据自己在企业的所学所见,现身说教,从经济制度、政治制度、社会文化等维度进行深入探讨,从专业角度,分析社会主义道路的正确性和社会主义制度的优越性。在专业课程教育中落实文化自信教育。传统文化教育是课堂教育中很受学生欢迎的内容之一。任课教师不仅基于对中国传统文化的深入研究,讲解现代运营管理理论,传授管理知识,更让同学们领略中国传统文化的智慧与魅力,培养同学们的民族自豪感。学院将德育教育作为专业教育的基础,结合国内外商学教育的趋势,将社会责任感的培养作为管理学、战略管理、人力资源管理、市场营销、企业文化等课程的核心内容。通过对三鹿、华为等管理案例的分析,明确提出管理者的首要素质是对国家和民族的责任感,企业及其管理者的命运与国家命运紧密相连。如何在专业课程中培养管理者正确的人生观、价值观、优秀的企业家精神也是课程思政探索的内容之一。在商务谈判课程中,系部任课教师要求同学们学习习近平关于奋斗的重要讲话精神,帮助学生树立良好的职业精神,更好地完成各项学习任务。在学生体育职业技能大赛以及实训实践活动周中,老师们带领学生深入天津知名体育企业,学习和分析企业党建对人才培养和经营管理的影响机制,实地感受党员先锋模范在企业经营中发挥的重要作用。学生们曾代表天津体育职业学院参加全国高等职业院校学生体育职业技能大赛,在营销策划方案、网络推广方案和运动技能赛项中表现优异,获得体育营销赛项二等奖。

(2)制作系部宣传微视频。体育运营与管理系始终坚持立德树人,以价值塑造为导向,以文化人、以文育人,师生协同共进,脚踏实地,让主流声音听得见、传得开、立得住,让主流文化看得见、记得住、能入心,构建和拓展了文化育人新平台,润物无声地做好思想政治教育工作。发动同学们组成微视频拍摄团队,记录同学们在天津体育职业学院这个温暖的大家庭里成长的点点滴滴,这些珍贵的影像资料将留下美好的回忆。搭建起立体多元的交流互动平台,从普通同学能感知、能参与的地方做起,发挥身边人、身边事的引领辐射功能,好学乐教蔚成风尚。

(3)以专题活动、赛事活动为载体,推动学生思政教育工作。学院紧紧依托体育优势,始终把人才培养作为中心工作,高度重视培养学生的创新精神和实践能力,实行"本色+特色"的人才培养模式,把科学文化素养和思想道德建设放在突出地位,以文化为根,时代精神为养,通过开展各种体育特色文化育人活动,将思想引领融于文化沿袭与发展的进程中,促进学生的健康成长。既要思想浸润,更须躬身践行。体育运营与管理系充分落实习近平总书记"以文化人、以文育人,广泛开展文明校园创建,开展形式多样、健康向上、格调高雅的校园文化活动"的理念,注重将中华优秀传统文化教育融入实践育人当中,真正将其内化为学生"进德修业"的精神源泉。学院引导学生将专业知识与具体实践相结合,通过课堂教学、学术讲坛、社会实践等形式和载体,以学科特色作为优秀传统文化育人的创新点,寻找优秀传统文化教育和专业教育的契合点,让学生在耳濡目染中体会优秀传统文化的魅力,实现专业知识学习、文化素质提高、思想政治水平提升的统一。

大学生志愿服务活动作为社会主义核心价值观宣传的重要途径,是高校进行思想政治教育的重要载体。大学生志愿服务活动在思想政治教育过程中的激励、凝聚、引导、检验、协调等功能,对于提升思想政治教育的实效性具有重要意义。体育运营与管理系学生参加了多项赛事的志愿者服务工作。

三、研究结论

第一,课程思政与思政课程是加强学生思想政治教育的两种模式,思想政治理论课是大学生的必修课,是对大学生系统进行思想政治理论教育的课程,具有鲜明的意识形态性,是思想政治教育的显性课程,是大学生思想政治教育的主渠道。"课程思政"视域下的大部分课程属于专业课和通识课,既有必修课,也有选修课。与思政课程相比,专业课和通识课的思想政治教育元素是隐性的,是通过其所蕴含的思想道德追求、科学精神、爱国情怀、优秀传统文化、人格培养等内容,对大学生发挥思想价值引领作用。

第二,充分利用各专业特色资源,运动训练专业的竞技文化、体育保健与康复专业的实践服务、体育运营与管理专业的多活动载体,是加强学生思政教育的重要资源力量,为推动思政理论课程建设提供了重要的路径选择。

第三,在实施学生思想政治教育过程中,要充分利用课堂内外、校内外各种载体和平台,通过理论与实践相结合等形式,构建思政教育综合体系。

关于"双师型"教师队伍的贯通式培养体系建设

赵春田　　朱津仪　　张树维①

2019 年 8 月 30 日,教育部等四部门印发了《深化新时代职业教育"双师型"教师队伍建设改革实施方案》的通知,明确指出"教师队伍是发展职业教育的第一资源,是支撑新时代国家职业教育改革的关键力量。建设高素质'双师型'教师队伍是加快推进职业教育现代化的基础性工作"。这是党中央、国务院高度重视职业教育教师队伍建设工作,对建设高素质"双师型"教师队伍的顶层决策部署。

天津滨海汽车工程职业学院(以下简称天汽职院)是天津市第一所全日制民办高职学院。天汽职院紧密结合企业办学的先天优势,以现代学徒制试点为契机,摸索出一套适应新时代高职教育发展的"双师型"教师队伍建设体系,此体系已在天汽职院稳定运行近两年,同时,此体系也为"双师型"教师队伍建设提供实质参照。

一、天汽职院"双师型"教师队伍建设体系概述

天汽职院"双师型"教师队伍建设体系与国家对于"双师型"教师(同时具备理论教学和实践教学能力的教师)的定位相一致,是充分融合自身特色、由创新小组设计并已经稳定运行的成熟体系。本体系主要包含四个模块,模块之间互为支撑且互相促进,构成一个能够动态更新并具有自适应自学习能力的有机整体。架构图如下图 1 - 1 所示:

---

① 赵春田,天津滨海汽车工程职业学院副院长。朱津仪,天津滨海汽车工程职业学院现代学徒制工作组负责人。张树维,天津滨海汽车工程职业学院现代学徒制工作组成员。

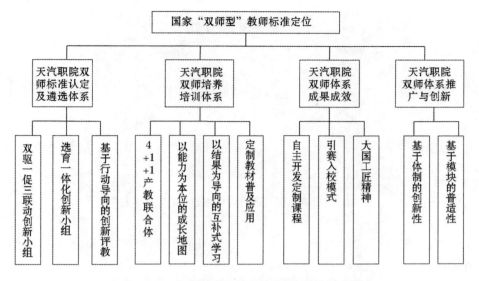

图 1-1 天汽职院"双师型"队伍建设体系架构图

标准认定及遴选体系方面实现了创新小组和创新评教模式的连锁反应,并形成了必然结果。

培养培训体系方面则以产教联合体为核心,以专业能力循序进阶和自我能力常态补强为支撑,促进了双师能力的强大竞争力。

成果成效方面侧重描述双师体系对天汽职院、相关企业等单位的影响作用。

推广与创新方面侧重描述双师体系的创新点及对平行院校的影响作用。

二、"双师型"教师队伍建设的标准认定及遴选体系

自建校伊始,学院领导高度重视"双师型"队伍的建设,积极融合多方资源,引入第三方专业公司共同实践,建立了一套符合本院特色并具有广泛推广价值的标准认定及遴选体系。

(一)标准认定及遴选体系创新小组

如何建设一支符合新时代职业教育发展趋势的优秀"双师"团队,天汽职院开创了根据双师教师来源不同,企业和学院分别进行推荐和验证的功能驱动,第三方评价则主导测评和促进"双师"能力的提升,从而形成了三联动创新小组。

(二)标准认定及遴选体系描述

天汽职院的"双师"标准认定及遴选体系是基于创新小组的创建,在认真研究和充分论证的基础上,形成的一套稳定运行、成熟发展的选育一体化标准体系。主要体现在如下三方面:

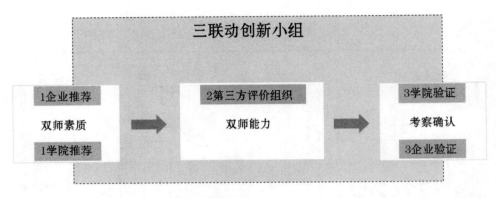

图 2 - 1 标准认定及遴选体系创新小组工作流程图

第一,在"选"的标准制订方面,天汽职院将"双师型"教师分成两类,分别是:

A 类教师(岗位实践型):从符合的企业关键岗位上遴选产生。

B 类教师(职业重塑型):从具有扎实理论基础的学校教师队伍中遴选产生。

首先,天汽职院确定了两类教师的 6 项基本素养,这是入评"双师型"教师的基本条件,必须符合。

表 2 - 1 "双师型"教师 6 项基本素养条件表

教育素养与理念	职业素养与能力
1. 贯彻党的教育方针,热心职业教育,具备良好的事业心和责任感。	1. 热爱劳动,具备精益求精的专业精神和工匠精神。
2. 以学生为中心,正确、持续理解学生学习认知规律和职业成长规律。	2. 在专项领域工作或行业融合 3 年及以上,具备优秀的实践技能。
3. 具有大专及以上学历。	3. 具备将工作实践过程转化成教学过程的能力。

然后,天汽职院制订了入门级"双师型"教师"三维度"遴选标准,并以创新小组联合工作的方式评定产生。

第二,在制订"选"的标准时,天汽职院同步制订了"双师型"教师"育"的标准:即为入门级双师设定了纵向成长阶梯,分成初级双师、中级双师、高级双师、正高级双师和王牌双师五个层级、四个维度和十类指标,为双师教师构建了完整的能力进阶、荣誉期望和激励体系。

表 2-2　"双师型"教师入门资质"三维度"评定表

维度（比例）	评估项（分值）	评估方式
态度与素养（20%）	1. 知识分享意愿（5）	企业/学院推荐
	2. 时间管理意识（5）	
	3. 为人师表（5）	
	4. 人际关系（5）	
训教能力（60%）	1. 课程开发能力（15）	第三方专业组织评价
	2. 表达互动能力（10）	
	3. 逻辑思维能力（15）	
	4. 教学训法应用（15）	
	5. PPT 及工具应用（5）	
专业背景（行业企业经验）（20%）	1. 工作领域（岗位）与课程方向的匹配度（5）	学校/企业验证
	2. 工作能力与成果（10）	
	3. 学习能力（5）	

表 2-3　双师成长进阶遴选表

评价维度	指标体系	初级双师	中级双师	高级双师	正高级双师	王牌双师
		单项	单项	单项	单项	单项
授课前后组织水平	授课组织准备有效性	10	－ －	－ －	－ －	－ －
		10	－ －	－ －	－ －	－ －
	授课改善提升创新度	10	5	－ －	－ －	－ －
		10	5	－ －	－ －	－ －

评价维度	指标体系	初级双师	中级双师	高级双师	正高级双师	王牌双师
		单项	单项	单项	单项	单项
课件开发水平	课件转化开发符合度	10	5	– –	– –	– –
		10		– –	– –	– –
		– –	15	10	5	– –
		10	10	10	– –	– –
		– –	– –	– –	10	10
	课件经验整合创新性	10	10	10	– –	– –
		– –	10	10	– –	– –
		– –	– –	– –	10	5
		– –	– –	– –	10	5
		– –	– –	– –	– –	10
课堂授课水平	授课演讲感染力	10	5	– –	– –	– –
		– –	5	10	– –	– –
		– –	– –	10	– –	– –
		– –	– –	– –	10	10
	问题解答权威性	– –	10	– –	– –	– –
		– –	10	5	– –	– –
		– –	– –	10	– –	– –
		– –	– –	– –	10	
		– –	– –	– –	10	15
	授课调查满意度	10	10	– –	– –	– –
		– –	– –	10	5	– –
		– –	– –	– –	– –	15

评价维度	指标体系	初级双师	中级双师	高级双师	正高级双师	王牌双师
		单项	单项	单项	单项	单项
团队协作培育水平	青蓝计划培养育成率	-	- -	5	5	- -
		- -	- -	10	10	- -
		- -	- -	- -	- -	10
	团队授课满意度	- -	- -	- -	5	5
	知识管理复制性	- -	- -	- -	5	5
		- -	- -	- -	5	10

（三）基于行动导向创新"双师型"教师评教模式

天汽职院"双师型"教师的遴选开展，并非是固定在每年或每学期某一时间段的遴选，而是基于行动导向的长期动态过程，其重点在于以遴选为平台，激励教师不断成长。此体系具有动态发展性，已成功认定的"双师型"教师，如果不能跟上技术的迭代升级、服务标准的不断提高和育人理念的持续创新，必将在动态的考核中降低等级或不再具备"双师型"教师的聘任资质。

遴选开展的具体操作者是督导组，督导组主要由学院和第三方评价组织的权威专家构成，采取每周现场听课或网络观摩的方式评教，以32个教学周为一个考核周期。一个考核周期结束后，教师可依据这32周加权平均分值的高低，积分进阶更高一级的双师资质。

在"双师型"教师的遴选体系中，师德师风方面的考核由行政主管院长亲自负责，师德师风考核遴选不合格者，实行一票否决制。

"双师型"教师通过考核后，将由人事部门对教师进行聘任，依据"双师型"教师的层级不同，聘任期限1~3年不等，同时发放聘任津贴。

三、"双师型"教师的培养与培训

为促进"双师型"教师的成长，天汽职院秉承"明德修身，术业专攻"的校训精神和工匠精神，在创新小组的推动下，以"4＋1＋1产教联合体"为平台、以"以能力为本位的成长地图"为抓手、以"以结果为导向的互补式学习"为补充，培养与培训体系日臻完善，效果凸显。

（一）"4＋1＋1产教联合体"平台的建设

入职前3年的教师和新遴选的现有教师的工作时间均采取"4＋1＋1"工作制，即每周4天在学校工作，1天在企业工作式学习，1天（由教师选择周六或周日）仍然坚持在企业工作式学习。学院针对每一个教师的专业方向定制企业和岗位（包括但不限于汽车4S店、汽车生产厂、汽车保险公司等），并和企业共同定制教师在企业岗位上的具体学习任务。因此，教师在学院工作的时间内由学院完成评价，在企业工作的时间由企业完成评价。每学期公布评价结果，评价结果同时作为教师进阶的关键评定项之一。

（二）持续构建"以能力为本位的成长地图"

创新小组中的第三方评价组织负责实施教师队伍的能力提升。2018年3月，天汽职院与第三方评价组织签订了"始于立心，能者为师"的师资培养合作项目，开启了定制打造双师能力的创新实践。

以能力为本位的成长地图与教师"育"的评价过程相辅相成。目前，天汽职院已经完成了首批教师的初级能力育成，主要包含角色转换、行业基础、思维基础和呈现基础的打造，课程开发阶段的流程创新和备课阶段的课程创新等内容。

（三）以结果为导向的互补式学习

根据评教结果和自我剖析，由教师本人在系部内部选定"师傅"，提出具体学习需求，由师傅制订带教计划，双方签字后报系部审核，审核通过后即可实施。

通过教师之间的互补式学习，使岗位实践型教师在教学技巧、教育理论、专业理论方面吸收了营养，职业重塑型教师在技能单元得到了提升。

四、"双师型"教师队伍建设的成效及成果

天汽职院"双师型"教师队伍的建设，为教学等工作的开展发挥了核心作用，取得了诸多成效，最具特色的有如下三点：

（一）自主开发的定制课程

"双师型"教师队伍的建设，促进了产教深度融合，提升了课程创建能力。依据专业人才培养方案中规划的岗位，在最新职业能力分析的基础上开发了12套岗位胜任力模型和胜任力课程，这些课程均经过了行业和市场的充分验证，力求让每位学生的技能水平达到上岗即能实战。

（二）引赛入校模式对教师的促进性成长

2018年11月24日，"第四届中国汽车诊断师大赛——津京冀赛区"选择在天汽职院举办，主要参赛人员为汽车修理厂的技术"专家"。汽车工程系邹明、张宇、张志国三位教师与师傅们同台竞技，荣获优胜奖。

2019年6月24日,"寻找传祺王牌,2019广汽传祺区域销售实战争霸赛"成功举办,此项赛事是广汽传祺品牌第一次将竞赛现场设置在高职学院里面,由本院教师与传祺品牌共同策划、实施,促进了"双师型"教师队伍建设体系的发展。

基于如上赛事成功举办的实际经验,学院建立了引赛入校模式的相关体系文件。"以赛助学、以赛助教"的思路也为"双师型"队伍建设注入新的动力。

(三)"大国工匠"精神的发挥与传承

"双师型"教师不仅是"工匠精神"的践行者,更是"工匠精神"的传承者。2018年,张宇、张志国教师在保定长城汽车股份有限公司工学交替时,在焊装、总装等车间岗位上精益求精、严守工艺流程,受到了长城汽车股份有限公司管理层的高度赞扬。两位教师的工作态度和技能水平也鼓舞了在长城汽车股份有限公司实践的学生,学生们积极发现并逐渐独立解决工作中遇到的问题,帮助长城汽车股份有限公司代培了3批共计99名学徒工人。

五、"双师型"教师队伍建设体系的创新性及普适性

天汽职院"双师型"教师队伍建设体系具有典型的创新性和普适性,创新性主要体现在如下三方面:

第一,成立了三方联合的创新小组,策划并推动了标准的建立、评价体系的建立和培育体系的建立。

第二,在标准认定方面的创新符合职业教育的发展趋势和专业建设的实际,选育一体化的创新标准贯穿了教师成长的全过程。

第三,遴选机制创新,本遴选机制是动态的、多层次、多维度的,避免了主观性、唯证书论等弊端。

一种制度体系不仅要有高度创新性,同时也要兼具普适性。天汽职院双师队伍建设体系的普适性主要体现在模块化方面,本体系共分成四个模块,其他平行院校既可以分模块单独借鉴,也可以整体借鉴,具有较强的灵活性。

这种体制创新吸引了社会各界的广泛关注,新华社分别于2018年5月和8月份以为题进行了2次专题报道。

关于石油工程技术专业现代学徒制试点工作

刘桂和①

因学徒制投入少、见效快，特别适用于新入职员工的培训，所以针对目前石油行业钻井工人紧缺现状和缺少具有一定理论基础又懂得一线操作人员的事实，在石油工程技术专业实施学徒制，可真正解决钻井现场员工紧缺的问题。同时，如何有效利用并发挥学徒制培训模式的积极作用，更是企业人才培养中的一个重要课题。

无论是生产企业还是经营企业都对工作岗位等都有严格的要求，因而开展学徒制人才培养模式，不仅是为了提高内部的质量管理水平，也是为了市场竞争的需要，为了企业发展的需要，更是为了不断增强企业发展后劲的迫切需要。学徒制人才培养模式一不需要企业多大的投入，二不影响正常工作和业务的开展，是员工岗位成才的最有效捷径之一。

一、试点目标

通过校企联合招生、校企联合培养方式真正实现现代学徒制在企业人才需求、人才选拔过程中的作用。

（一）健全现代学徒制管理机制

要不断推动学徒制工作的深入开展，就必须在石油钻井行业企业内建立起一套行之有效的管理机制，确立"围绕一个中心，强化两个结合，突出三个重点"的思想，即围绕培养人才这一中心，强化师傅讲授和自主学习相结合，理论知识与实践工作相结合，突出品德培养、知识教育和技能训练三个重点。

---

① 刘桂和，天津工程职业技术学院副院长。

（二）建立并完善现代学徒制师傅选聘制度

石油钻井企业中的师傅是新学生员工步入钻井队的第一位启蒙老师,对新学生员工的影响极大,所以做好师傅的选聘工作就显得尤为重要。石油钻井企业要不断打破师傅选聘的年龄界限,树立"能者为师"的理念,将真正有能力、品德高尚的人聘为师傅,委以他们培养新学生员工的责任。

（三）推进专兼结合、校企互聘互用的"双师型"师资队伍建设

校企人员互聘互用是校企联合深化发展的重要措施。参与校企联合培养模式的人员可在教学计划制订、课程设置与开发、教材编写、实训室建设、理论指导、实践操作指导、学业评价以及一线操作、课题调研、技术咨询与服务、技术攻关、产品研发等方面发挥重要作用。校企人员互聘互用更是推动校企双方教学及生产经营发展的重要手段。学校教师派驻到企业一方面可以通过下井队锻炼,转变教学观念,提高业务水平;另一方面可以发挥自身优势,为企业开展技术咨询与服务,解决企业技术难题。企业技术人员将企业经营理念、生产工艺要求及流程、行业前沿技术融入教学中来,使教学更符合企业需求。

（四）培养现代学徒制良好师徒关系

在石油钻井企业中逐步改变"支配"和"被支配"的师徒关系,建立民主的、合作的新型师徒关系,推动学徒制工作全面持续向好发展。建立师徒"双向"选择机制,改变原有石油钻井企业中安排师徒配对的形式,采用师徒自主配对的方式。在带教这一过程中,徒弟在师傅的指导下学习、进步,而师傅也在带徒的促进下再学习、再进步,这两者是同步的。因此,带教观念不能一方主动、一方被动,一方传授、一方服从,而应该是"互动、促进",充分调动师徒双方的主动性和积极性。

（五）建立现代学徒制科学的考评体系

实施有效的考评可以形成有利于调动员工积极性的工作氛围,创造特点鲜明、内涵丰富的企业文化,推动学徒制工作的持续有效推进和企业的可持续发展。制定规范、合理的考评标准。科学、规范、合理的考核评价标准是学徒制活动的关键性环节。要根据相应工种的岗位标准要求,按照"帮思想、专技能、带作风、保安全"的要求,制定出体现岗位水平、可操作性强的考核评价标准,并将其写进学徒制合同书中。

对考核指标尽可能量化,对不能量化的指标尽可能硬化,以确保考核结果的公平、公正。做好考核实施工作。要做好学徒制考核工作,必须使业务技能考核与思想道德考核相结合,阶段性考核与总结性考核相结合,师傅考核与徒弟考核

相结合,学校考核与企业考核相结合,并建立相应的考核档案,跟踪管理、定期检查、及时反馈,保证学徒制项目的顺利进行。重视考核结果评价分析。要实现学徒制活动的全面升级,就必须执行"闭环管理",做到"六有",即有计划、有方案、有实施、有考核、有分析、有反馈。

二、试点内容

(一)人才培养目标

对于人才培养,借鉴德国双元制职业教育理念,结合石油钻井行业特点,采用阶段递进式"2、3""2、4"人才培养模式,培养德、智、体全面发展,具有爱岗敬业精神、责任意识和诚信品质,具备较强的钻井实践能力、专业技术能力、管理能力和创新能力,掌握石油钻井从设备、技术到工艺的必要基本概念、基础理论及操作技能,能在钻井生产一线从事石油钻井工、司钻、钻井技术员及队长等方面的钻井生产操作、技术应用和生产管理等工作的高素质技术技能人才。

(二)联合招生招工方式

对于试点班毕业生,取得毕业证书,考取上岗资格证书,技能等级鉴定考试合格,且通过联合培养企业组织的综合考核的,将按照综合成绩排名择优录用。其中,综合成绩排名靠前的录用为享受合同化待遇的市场化员工,其次录用为市场化员工,再次录用为劳务用工,排名靠后的不承诺录用,四者所占比例分别为10%、70%、10%和10%。

(三)课程体系

根据典型石油钻井生产过程工序、工位及相应核心技能,结合钻井工五大工种以及钻井初、中、高级职业岗位证书所要求的钻井理论知识和操作技能,构建专业能力脉络清晰、课程结构合理、理论与实践相融合的、适应校企合作"2、3"和"2、4"人才培养模式的、教学做"三位一体"立体化教学模式课程体系,开发出钻井初级技能模块、中级技能模块和高级技能模块及课业内容,并开发出钻井设备使用与维护、钻井作业技术、油气井压力控制设备与技术、钻井仪器仪表、钻井井下事故处理等5门工学结合的优质核心课。5门优质核心课贯穿于三大模块之中,并占据主导地位,是每一模块的核心。结合钻井作业现场实际,并依据对每一模块的要求开发出各模块的学习内容,课程体系与课业内容的构建,既基于钻井井队现场实际,又考虑学生的认知规律,遵从由表及里、层层深入,从开发智力、掌握知识和技能,到改革创新这一原则进行精心构建,使之完全适合钻井试点班定向高职生的学习,为他们在工作中自我提高、改革创新铺路架桥。

（四）教学方案

以"校企合作""工学结合"为依托,以企业需求、能力培养为核心,以就业岗位为导向,大力推动阶梯递进式"2、3"和"2、4"教学做一体化的立体化教学模式,对5门优质核心课从教学内容和教学方法上进行全新改革。基于钻井工作过程,创设钻井现场情境,实施模块教学是教学内容和教学方法改革的精髓。

教学内容改革的关键是优化教学内容,其实质就是按照钻井企业所需突出的实际,基于钻井工序、工位及核心技能创设课业情境。因此,必须对5门新体系下的优质核心课程内容根据钻井企业的实际需要进行优化,必须删除冗长的理论公式推导、纯理论设计内容和陈旧过时的专业知识内容,必须突出钻井作业现场实用内容以及国内外在钻井设备、钻井工艺等方面的新设备、新技术、新工艺,必须完全适合"2、3"和"2、4"教学模式,将这些新内容编写在教师的教案中,必须打破原来的章节框架和陈旧知识结构的束缚,依据"2、3"和"2、4"的教学做一体化立体化教学模式,重新对教学模块、教学内容进行科学组合。

按照"2、3"或"2、4"教学模式,先要安排一定时间在学院学习钻井专业理论,然后再去渤海钻探钻井培训中心根据所学的理论进行钻井实训,因此,理论学习与实训必须紧密结合,融为一体,二者是一个不可分割的整体,这就要求理论学习和实训必须使用同一个教学模块,该模块被命名为"钻井理论与实际教学模块"。考虑实训的针对性及学生的认知规律,以钻井队作业工种为钻井理论与实际教学模块,即场地工模块、钻台工模块、井架工模块、副司钻模块、司钻模块。为了实施这种模块式教学,必须对前面的钻井初、中、高级模块和课程体系再次进行解构重构。将课程进程表中所构建的各门课程以及钻井初、中、高级模块中所要求的钻井专业理论知识和操作技能科学地融入这五大钻井理论与实际教学模块之中。

采用"课堂＋实训室"教学做"三位一体"立体化教学模式必须优化钻井专业理论教学,将实训室作为第二课堂,本着教学做"三位一体"立体化教学模式及依托企业、面向实际、注重实用、按需施教、学以致用、讲求实效的原则进行改革。因此,必须采用"课堂＋实训室/实训基地/企业"教学模式。课堂即是实训室/实训基地/企业,反之,实训室/实训基地/企业即是课堂。具体做法是:

首先,精选"课堂＋实训室/实训基地"授课内容。4门专业理论课的老师在授课前,各自对其授课内容进行精选,把与钻井作业现场实际密切相关的知识精选出来,并认真拟定出"课堂＋实训室/实训基地"授课计划。其授课方式涵盖两种类型,其一是课堂授课,课堂授课的内容应属于钻井初、中、高级岗位证书中所要求的基础理论知识;其二是"实训室/实训基地"授课,其授课的内容是与现场实际密切相关的内容。如某设备的安装、使用、维护、结构与维修,或某一工艺的具体实施与操作等。

其次,"实训室/实训基地/企业"现场授课。利用学院实训基地、实训室的实训设备、实物、模型及模拟演示真实操作等进行授课,并利用钻井公司、泥浆公司、定向井公司、管子工具公司、固井公司、钻采研究院等企业和科研单位离学院都很近的优势,在任何一门专业理论课课堂授课过程中,当讲授到与现场密切相关的内容时,利用两节课或四节课的时间随时即可去相关的企业结合现场实际进行授课。现场授课后,结合课堂精讲,以"画龙点睛"的形式弥补现场授课时因外界干扰而影响学生听课效果之不足,丰富和完善了现场授课效果。这样学生不但可以学到现场实际知识,而且还可以直接学习现场操作技能,突出了知识的实际、实用和实效性。

第三,优化"课堂+实训室/实训基地"授课效果。对于专业理论课中的任何一个知识点,特别是与实际作业相关的内容要少讲授"为什么",不要围绕知识点绕圈圈,要直接讲授怎样操作,在现场上要怎样做,不要使简单问题复杂化。通过对学生调研了解到,学生不喜欢学习所谓成套的理论知识,而喜欢学习现场实际知识,特别是操作技能。这样,才能真正突出知识的实用性。

(五)证书

试点班学生毕业前必须要通过国家人力资源和社会保障部规定的有关职业资格考试或者行业资格考试,获取钻井中级工及以上的职业资格证书,并获取钻井行业的井控证书和HSE证书。

总之,具有创新意义的现代学徒制人才培养模式能够为我国的职业教育增添活力,突破现阶段企业用人的瓶颈问题,促进职业教育与我国经济发展相适应,促进我国石油钻井行业企业做大做强。

努力深耕职业院校思政教育这片热土

荣长海　李　墨①

习近平总书记指出,职业教育是国民教育体系和人力资源开发的重要组成部分,是广大青年打开通往成功成才大门的重要途径。而要真正使广大青年成功成才,针对职业院校特点做好思政教育是不可缺少的关键环节。因此,加强新时代高水平职业院校建设,必须努力深耕职业院校思政教育这片热土。

一、重视"特殊性":职业院校思政教育必须体现职业教育的特点

(一)职业院校思政教育的特殊性必须引起足够重视

近年来,党和国家对高校思政教育工作一再做出重大决策和具体安排,职业院校思政教育的特殊性日益突显。按照教育部党组印发的《"新时代高校思想政治理论课创优行动"工作方案》,高校思政课教材要"针对本科和高职高专不同教学需求分课程编写专题教学指南",这表明在思政教学中,本科与高职高专是有区别的。同时又提出:"每两年开展一次全国高校思政课教学展示活动,覆盖高职高专、本科和研究生各门思政课必修课。"这里再次强调了高职高专在思政课教学上的特殊性。在 2019 年公布的《国家职业教育改革实施方案》中,关于职业院校思政课的要求更加明确:"努力实现职业技能和职业精神培养高度融合。"这里显然指出了职业院校思政课内容的特殊性。这种特殊性的根本性依据,是该方案中对职业教育"由参照普通教育办学模式向企业社会参与、专业特色鲜明的类型教育转变"这一重要判断。由此可见,职业院校思政教育必须

①　荣长海,天津市教育科学研究院原党委书记、天津市三方现代职业教育发展研究院院长、教授。李墨,天津美术学院思政课部讲师。

体现职业教育的特点是毋庸置疑的。但实际工作中普遍存在着对职业院校思政教育特殊性认识不到位的问题，必须努力加以纠正。

（二）加强职业院校思政教育特殊性的实践和研究是今后一个时期的迫切任务

一个时期以来，关于职业教育的实践和研究主要集中于人才培养模式以及学生专业技能培养等方面，对职业院校思政教育的特殊性关注程度不够高，思政教育往往比照普通教育的传统模式，在教材内容供给、教学方式转换、教育理念更新等方面，尚未形成能够体现职业教育特征的新的理论研究与实践路径。加上职业院校思政教育自身的研究滞后以及思政教育教学研究的投入相对不足，从一定程度上弱化了学生在职业道德、职业素养、职业精神、心理承受能力等方面的能力养成，这在一定程度上必然对他们有效掌握专业技能、快速适应岗位需求有一定的负面影响。实际上，职业教育作为以技能培养与岗位就业为导向的教育类型，更加注重对真实工作场景和工作过程的还原，要求专业技能学习过程中思政教育实现隐性渗透。就是说，在职业院校中，思政教育要同技能教育、职业要求以及实践能力提升进行深度融合，使思政教育的研究与实践紧扣学生专业技能发展、职业素养提高以及职业岗位要求，从而真正发挥思政教育的独特作用。总之，新时代职业教育发展的新要求，决定了职业院校的思政教育必须充分反映职业院校学生的特殊需求，其理论研究和实践发展水平必须迅速加以提高。

二、突出"针对性"：职业院校思政教育必须有效应对学生特点

（一）聚焦学生职业认知培育与动手能力培养

习近平总书记指出，要"把思政小课堂同社会大课堂结合起来"，"提升思想政治教育亲和力和针对性"，这实际上为职业院校思政教育指明了方向。现有招生制度下进入职业院校的学生，虽然在文化基础和职业认知上稍显薄弱，但普遍怀有通过职业技能发挥所长的强烈意愿，在动手能力方面有很大潜力。因此，职业院校思政教育应从学生的这个特点入手，通过"思政小课堂"对各类素质课程与专业课程的有机融入，有针对性地回应行业、企业、职业等"社会大课堂"的现实需求，引导和培育学生的职业认知和动手能力，以学生喜闻乐见的教学方式增强他们对自身职业选择的认同感，提升专业课程学习动力和职业自信，达到思政教育引领技能提升的教育效果。

（二）围绕提升学生职业精神开展思政教育

职业教育是为社会主义现代化建设培养大批量的高素质劳动者和技术技能型专门人才的教育，学生职业精神的养成和提升则是职业院校人才培养体系的核心要素。因此,职业院校的思政课作为价值引领和素质提升的重要课程,应当把提升学生职业精神作为主要着力点。对学生个体来说,职业精神就是反映自身职业特征的职业素质,具体包括人们在从事相关职业活动时所具备的职业理想、职业态度、职业责任、职业作风、职业纪律、职业良心、职业信誉等,是与职业技能相配套的不可或缺的重要素养。而在过去的实践中,职业院校一般更多地强调学生的专业技能与职业岗位的匹配,在培养学生职业精神的各个方面做得并不全面、深入,思政课在这方面的作用就更不明显,这显然不利于学生的健康成长。因此,新时代职业院校的思政课建设(当然也包括课程思政建设),必须将思政教育融入职业技能和职业精神培育全过程的各个环节之中。这就要求在教学内容上,注重职业精神的课程化改进,着力学生在技能习得过程中获得正确的人生观、世界观和价值观,进而提升知行合一的综合素养;在教学方式上,注重课堂教学突出职业精神、企业实训锤炼职业精神、社会实践拓展职业精神。总之,通过思政课程显性教育与人文课程、课程思政等隐性教育相融合的课程体系建设,培养学生全面、系统、理性的职业精神。

三、加强"协同性":课程思政是职业院校"三全育人"的发力点

(一)职业精神培育要通过专业课程和实训教学强化落实

习近平总书记在全国高校思想政治工作会议上强调,思想政治理论课要坚持在改进中加强,同时也要求各类课程与思想政治理论课同向同行,形成协同效应。职业院校努力构建全员、全过程、全方位"三全育人"的协同育人体系,不仅需要学校、家庭、社会、学生的全员参与,需要思政教育从技能学习到岗位实训的全过程融入,还需要对产教融合、校企合作以及各类职业精神教育资源的全方位挖掘。在这个过程中,既要关注思政课教学所发挥的主渠道引领作用,更要强调加强协同育人机制建设的发力点在于推进课程思政。职业院校课程思政在教学形式与功能定位上不同于思政课程,其学科支撑和教学载体是马克思主义理论学科以外的专业课程和实训教学。因此,落实好职业精神培育的各项要求,就要充分挖掘各类专业课程中蕴含的思政教育资源,打造由思政课、人文素养课、各类专业课、实训实操课、社会实践课等课程构成的思政教育课程体系,形成显性教育与隐性教育相结合的全员协同效应。

(二)职业院校所有教师都应成为思政教育的主体

习近平总书记在全国教育大会上指出,要把立德树人融入思想道德教育、文化知识教育、社会实践教育各环节,贯穿基础教育、职业教育、高等教育各领域,教师要围绕这个目标来教,学生要围绕这个目标来学。凡是不利于实现这个目

标的做法都要坚决改过来。此外,《国家职业教育改革实施方案》也明确要求,落实好立德树人根本任务,健全德技并修、工学结合的育人机制。新时代学校思政教育的根本任务在于立德树人,职业院校落实好这一重要要求,需要所有教师都成为思政教育的主体。一方面,要求各专业课教师懂得思政教育的一般规律和工作要求,能够在传授知识技能的同时,随时有意识地渗透思政教育内容,在培养学生动手能力的实践教学中,引领他们树立正确的思想价值观;另一方面,要求思政课专任教师在思政类课程教学中渗透职业精神教育,及时掌握与职业技能、职业精神相关的新闻信息与最新动态,并适时应用到思想理论教学之中,从而在与专业课程教学的协同中形成思想教育同频共振的良好效应。

四、做实"示范性":充分发挥职业院校思政课专任教师的引领作用

(一)思政课专任教师在职业院校思政教育工作大格局中作用突出

习近平总书记指出,办好思想政治理论课关键在教师,关键在发挥教师的积极性、主动性、创造性。职业院校思政课专任教师担负着引导学生在"拔节孕穗期"扣好人生第一粒扣子的重要职责,是影响整个思政教育工作成效的关键因素。发挥好职业院校思政课教师的突出作用,必须以党委为主体,在思政改革攻坚各项工作中加强顶层设计,把思政课教师队伍建设纳入学校事业发展和人才队伍建设的总体规划,以建设一支政治强、情怀深、思维新、视野广、自律严、人格正的思政课教师队伍为目标,搭建思政课教师交流发展平台,提升实践教学能力,加强思政课教师与专业课教师之间的师资融通,着力培养职业院校青年马克思主义者领军人才和后备师资队伍,充分激发思政课教师干事创业的内生动力。

(二)思政课教师要在懂得职业教育、了解学生专业和弘扬专业精神三个方面发挥示范作用

职业院校思政教育要突显职业教育的特点,必须在全面提升职业院校思政课专任教师自身素质上狠下功夫。一般来说,职业院校的思政课专任教师必须在三个方面表现突出:第一,懂得职业教育。职业院校思政课教师应当不同于普通学校思政课教师,正像职业教育不同于普通教育一样,其突出的不同之处是职业教育本身的特殊性,这种特殊性主要表现在学生本身的素养及其培养方式上,思政课专任教师也要通过案例教学、实训实践等方式引导学生提升综合职业素养和职业能力。第二,了解学生专业。思政课专任教师要提高教学效果,就必须针对不同专业特点和职业特征有的放矢地融入思政课教学内容,再通过小组讨论、举案说理、主题辩论等互动形式引导学生进行深度参与,使学生在接受思政教育的同时,潜移默化地获得职业道德、创新精神和工匠精神等职业素养。第

三,弘扬专业精神。思政教育本身是一门专业,思政课专任教师也是一个专业工作者。思政课专任教师在教学和科研活动中,也要与其他专业课教师一样,通过自己规范的言行、高尚的情操而不断提升自身专业素养,在养成勤勉专注、吃苦耐劳的工作作风,树立精益求精、务实奉献的职业追求的过程中,以自身专业工作中的工匠精神为广大职业院校的学生做出良好的表率。如果广大职业院校思政课专任教师做到、做好这三个方面,职业院校思政教育成效将会得到明显的提升。

第三部分

天津高职院校双创教育实践
和科研成果转化案例

创新创业教育与专业教育的融合路径探究

——以天津中德应用技术大学创新创业项目工作室为例

王桂莲①

深化高等学校创新创业教育改革,是我国实施十九大报告提出的创新驱动发展战略、建设创新型国家的重要举措,也是高等学校主动适应教育供给侧结构改革的现实要求。因此需要深入加强创新创业教育与专业教育的融合,从而构建研究与应用结合、专业与创新创业课程相衔接的新体系,培养具备较强专业技术创新与创业能力的技术技能型人才。国务院办公厅《关于深化高等学校创新创业教育改革的实施意见》(国办发〔2015〕36 号)指出,目前我国高校创新创业教育存在这样一些问题:创新创业教育理念滞后,与专业教育结合不紧,与实践脱节;教学方式方法单一,针对性实效性不强;实践平台短缺,指导帮扶不到位等,一针见血地指出了第一与第二课堂创业教育与专业教育融合脱节等问题。本文对天津中德应用技术大学(以下简称"我校")创新创业项目工作室的融合模式进行了样本分析,以期对基于第一与第二课堂创新创业教育与专业教育的融合路径、模式探索创新提供借鉴。

一、创新创业项目工作室的特征和建构

创新创业项目工作室是我校创新创业教育与专业教育融合的重要组成部分,是面向各学院(系)充分发挥专业与人才优势,围绕产业技术创新链,开展关键技术研发、科技成果转化、创新创业教育课程建设与教学方法改革和深化学院科技文化活动的创新创业服务平台。在人员构成方面,创新创业项目工作室设立 1 名学院教师负责人,由学院(系)匹配相关专业教师和学生团队、创业管理

---

① 王桂莲,天津中德应用技术大学教师。

部门匹配专职创业教师组成。具体操作层面由 3~5 个经过学校大学生创新立项和创业立项的项目团队组成。每个项目团队由 1~2 名专业老师和 1 名创业老师组成,专业教师作为项目的专业指导教师,创业教师从项目市场化角度作为创业技术顾问,使学生参与到项目的科技创新与成果转化工作中来。在场地要求方面,学院(系)为创新创业项目工作室建设、运行和发展提供场地、仪器设备及后勤保障。工作室依托学科专业优势,充分挖掘教学资源,场地一般依托 1~2 个固定的实验教学中心、重点实验室、工程中心等教学科研平台,实验或实训室所属部门为创新创业项目工作室提供场地保证。在资金支持方面,学校创新创业管理部门在共建周期内,向创新创业项目工作室提供一定额度的扶持资金支持项目工作室开展关键技术研发、创业立项、改革创新课程教学、建设创新课程资源的支出、改革创新教育研究与实践的支出等。

二、创新创业项目工作室的功能定位及发展方向

(一)开展基于第一课堂创新创业教育类课程建设,深化教学方法改革

1. 开展创新创业教育类课程建设

事实上,课程作为创业教育的基本形式同时也是创业教育的核心环节,是创业教育理念转化为教育实践的重要桥梁。高教厅〔2012〕4 号文件提出了把创新创业教育贯穿人才培养全过程。制订高校创新创业教育教学基本要求,开发创新创业类课程。鉴于此,我校积极探索应用型本科高校的创新创业课程教材,普及创业思维和方法,开发出了基于学生自我成长的双创课程体系模型,一方面培养学生的素质能力,如思维能力、沟通能力、环境决策能力,另一方面培养学生的创新精神、创业意识和创新创业能力。另外,开展分专业大类的创新创业教学模式。通过创新创业项目工作室的实践,总结师生创业成功典型案例。创业教师在进行课程教学时,不再是同一本教材和相同的课程资源,而是能做到有针对性地从课程案例库中选取适合该专业大类的行业创业案例植入创新创业课程教学中,将与专业融合的创新创业教育普及到每一个学生(见下图)。

2. 以课堂为抓手,深化专业教育教学

传统的教学法体现了深刻的管理思维,压抑了学生的积极性和主动性,限制了其思维和创新能力发展。因此,要建构有效的教学方式,教学过程中强调师生互动并体现学生的主体性,将创业教学法引入到专业课堂,通过改变传统的教学法来推动专业学习创新是融合路径之一;创业教师可将创新创业教学法中的启发式问题教学法、基于画布的教学法、工单式教学法、基于过程的考核方法融入专业课堂教学中。创新创业项目工作室定期召开教学研讨,创业教师分享创新

创业教学方法,并指导专业教师如何系统地嵌入专业其他课程中,真正实现从传统的"教"向"学"的教学方式转变。

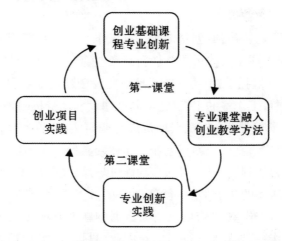

基于创新创业项目工作室的创新创业教育与专业教育融合生态圈

(二)开展基于第二课堂的专业教育实践教学与创业教育实践训练

创新创业教育的课堂教学和实践训练相辅相成、缺一不可。在创业第二课堂中融入专业实践是第二个有效的方式,让学生在行动中理解创业思维,能推动创业教育的落地。一是开展第二课堂基于专业的创业实践项目。实践教学是培养学生创新创业能力的关键,应增强实践环节,例如开展深化学院(系)科技文化活动,支持学院(系)广泛开展科普培训活动,举办专业类创新创业系列大赛和创新专题讲座、学习论坛、交流沙龙等活动。二是创业教育实践训练。在专业实践中进行创业教育,对接市场需求、企业产品研发需求。优秀的创新创业成果申请学校大学生创新立项和创业立项,给予适度资金匹配支持,适时申请实用新型与发明专利。通过"做中学"实践教学形式培养学生创业能力。在美国目前有100多个创业教育中心,他们发展往往依托传统院系,在运行过程中贯彻跨学科发展思路,从而有效调动跨学科资源,实现专业创业实践。

三、创新创业项目工作室的申请条件

申请建设创新创业项目工作室应具备以下条件:所属专业应是市、区重点支持的主导产业、战略性新兴产业和区域特色产业形成的专业;依托学院(系)应具有较大较强的专业科技实力,拥有自主知识产权和核心技术,能够为创新创业项目工作室建设和发展提供必要的人员;创新创业项目工作室应有固定的场所,具备先进的仪器设备和设施;创新创业项目工作室要制订科学合理的建设方案,方案主要包括发展目标、主要发展方向和功能定位、人才队伍、科研条件与设施、阶段性成果和经济效益等。

审核申请主要内容包括:创新创业项目工作室建设内容、研究方向是否符合国家产业政策,是否属于天津市战略性新兴产业、高新技术产业或重点发展的主导产业、支柱产业;依托学院(系)是否具备建设创新创业项目工作室的基础和条件,创新创业项目工作室的组织架构、制度建设和运行机制是否科学合理。

我校先以新能源系为合作试点单位进行调研实践,目的是搭建创业教育与专业教育融合的平台,真正把创新创业工作做到实处。半年之后效果显著,成功孵化了机电融合智能制造工厂设计、多功能气象站、复杂环境下多功能巡检机器人等项目。我校所属的9个学院"创新创业项目工作室"正式揭牌,分别是"新能源创新创业项目工作室""跨境电商大数据创新创业项目工作室""工程实践创新创业项目工作室""无人飞行器创新创业项目工作室""机械产品设计制造创新创业项目工作室""新时代翻译社创新创业项目工作室""艺术设计创新创业项目工作室""智能机器人创新创业项目工作室""人工智能应用研究创新创业项目工作室"。

四、创新创业项目工作室建成后的运行与管理

创新创业项目工作室建成后,应不断完善知识产权管理、创新绩效评价与奖励、项目立项评价与管理等各项规章制度;学校创新创业管理部门对创新创业项目工作室每年进行绩效考核。对绩效评价合格的创新创业项目工作室继续给予支持;对绩效评价不合格的暂缓支持,直至评价合格再给予支持。

创新创业项目工作室投入运行后实行日常管理,建立档案,每季度、年终报送工作总结和有关材料。项目到期前应提交验收申请和相关材料。评审组共同对项目进行验收,未能如期达到验收标准的项目可视情况申请延期。

为此学校先后拟定了《天津中德应用技术大学创新创业项目工作室共建管理办法(试行)》《天津中德应用技术大学创新创业项目工作室日常管理办法(试行)》和《天津中德应用技术大学创新创业项目工作室报销管理办法(试行)》,形成创新创业项目工作室日常管理长效机制。具体来讲要做到五个坚持。坚持实行创新创业项目工作室例会制度。采用集中与分组相结合,不定期采用网络交流平台对学生从创新或创业角度分别辅导。坚持会议制度,对项目进展情况通报;定期召开总结会,总结经验成果,梳理存在问题。坚持实行创新创业项目工作室学习交流制度。按时学习或集中交流,每学期组织专家培训集中学习一次。

坚持实行创新创业项目工作室工作制度,及时发布工作动态、成员论文、专题研究、课例设计、典型案例等。坚持实行创新创业项目工作室档案管理制度,建立项目日常管理档案,有较翔实的台账。对于各种技术资料,必须按要求严格存档。

五、对创新创业教育与专业教育融合模式的思考和启示

对于当前高等学校创新创业教育改革,教育部提出"要努力实现创新创业教育与专业教育由'两张皮'向有机融合的转变","创新创业项目工作室"作为我校创新创业发展中心和各学院(系)共同推动创新创业工作的平台,"创新创业项目工作室"的建立意味着各学院(系)与创新创业发展中心的合作进一步加深,双方将以"创新型、技术技能型"人才培养为主线,以师生团队为依托,以实体项目为导向,发挥学院(系)科研和人才优势及创新创业发展中心的资源优势,共同探索创新创业教育与专业教育融合的新路径。经过一个学期的项目实践,创新创业项目工作室孵化项目20余项,其中创业立项支持10项,申请专利10余项,正在科技成果转化过程中的项目2项,预计成立科技型企业2家。

实践证明,组建创新创业项目工作室,为各专业学生提供基于第一课堂和第二课堂有机融合平台是一种很好的模式创新。这种模式创新形成了"创业课程专业创新 + 专业课堂融入创业教学方法 + 专业创新实践 + 创业项目实践"相融合的生态圈,使提供的创新创业项目工作室软硬件真正契合创新创业项目在不同阶段的需求,初步构建了创业教育与专业教育深度融合的创业人才培养的可复制可推广的新模式。建议在具备条件的高等院校,复制推广这一以创新创业项目工作室为载体的创业教育与专业教育融合的模式,从而有效解决第一与第二课堂创业教育与专业教育融合脱节的问题。

高职院校促进科技成果转化的
举措探析及案例分析

——以天津职业大学为例

李德超　张　颖①

　　长期以来,我国高职院校科技成果转化效果不甚突出,截至目前,国家已投入大量人力、物力、财力用于支持科技成果转化领域的发展,并陆续出台了各类惠企惠民政策,但总体来说,高职院校的科技成果转化还处在起步阶段,发展较为薄弱。国家先后出台了一系列政策促进科技成果转化,如《中华人民共和国促进科技成果转化法》《关于加强高等学校科技成果转移转化工作的若干意见》等,在2019年年初国务院制订的《国家职业教育改革实施方案》中提到"职业教育与普通教育是两种不同的教育类型,具有同等重要的作用",同时文件中也提到,"加强新产品开发和技术成果的推广转化,推动中小企业的技术研发和产品升级"。高职院校的应用技术成果更接近于生产及生活实际,更加符合中小微型企业的发展特点,具有一定的适应性,对于经济的发展具有巨大的促进作用。找到高职院校科技成果转化的症结所在,建立高职院校的科技成果转化机制,是新时期"双高校"建设的新要求,同时也可促进服务社会能力再上新高度。本文以天津职业大学为例,寻找促进科技成果转化新的举措,同时加以具体案例,探索出适合高职院校发展特点的科技成果转化机制。

一、高职院校科技成果转化出现的问题

　　虽然高职院校科技成果取得了一定的进步,但是如何将科技成果转让出去,服务经济建设,还有很长的路要走,具体主要存在以下问题:

---

　　①　李德超 张颖,天津职业大学通讯员。

（一）缺乏平台支撑

缺乏一定的技术研发平台,没有平台的依托,就无法形成聚集作用,无法整合政校企行各类资源,资源利用不足导致有些科研项目无法完成立项。缺乏一定的科技成果转化机构,没有专门的机构去从事科技成果转化工作,就无法实现渠道的畅通,项目信息的不对称容易导致错失转化的机会。

（二）缺乏团队建设

缺乏具有带头作用的科研人员,高职院校教师往往是单打独斗,缺乏一定的凝聚力,此外,在项目进行的过程中,缺乏企业人员的参与,团队中缺乏具有实际生产经验的人员,导致成果与企业生产实际不匹配或者成熟度不足,科技成果无法直接应用生产生活中。同时学校从事科技成果转化工作的人员不足,往往一个学校只有一个专人负责,或者只是兼职从事科技成果转化工作,转化队伍不足,造成很大的局限性。

（三）科技成果转化积极性不高

高职院校教师教学任务比较繁重,在科研工作方面精力不足,对于科技成果转化的作用认识度不够。现有的职称评审制度中缺乏对科技成果转化的考量,使教师往往在精力有限的情况下将时间分配在写论文、申报专利及纵向科研项目中,对成果转化不重视,或者取得了论文、专利之后不再跟进后续的科学研究工作,导致研究中断。

二、促进科技成果转化的举措

为促进学校的科技成果转化,天津职业大学先后从平台、制度、团队三个方面实施了一系列措施,加大在科技成果转化中的投入,有力地服务了区域经济建设。

（一）构建应用技术研发及转化平台

第一,将学校各优势专业结合起来,形成了"三跨"平台,即跨专业、跨院校、跨校企的各类技术研发平台。学校在2017年首批建立了15个校内应用技术研究中心（协同创新中心）,每个中心在建立之初都有企业人员的参与,且中心基本涵盖了学校的全部学院（部）,具有较大的覆盖面。应用技术研究中心分为两类,一类是工程科技类,主要侧重于汽车、机电、眼视光、电子信息、包装印刷、生物化工等领域;另一类是人文社科类,主要侧重于高端智库方面,如养老服务、酒店管理、马克思主义研究等相关领域。第二,依托各类具有特色的研发平台,完成重点科研项目的研发。如天津市包装生产线技术工程中心、机械实训中心、、增材制造技术推广中心等,重点发挥在包装印刷、机械加工、3D推广技术等方面的作用。第三,以天津职业大学科技成果转化中心为核心平台,以其他平台为依托,完成各类科技成果转化工作。天津职业大学科技成果转化中心是天津市科技局建立的首批科技成果转化中心,中心统筹校内核心科研资源,连接校内外各种渠道,完成技术的转移转化。

(二)完善科研管理制度

第一,将科技成果转化成果纳入职称评审。横向科研经费与纵向科研项目相对应,根据引进经费多少确定相应的科研项目级别,出台了《天津职业大学关于将横向科研项目视同为相应级别纵向科研项目的通知》。第二,加大科技成果转化收益分配比例、项目绩效奖励比例,用足上级科研激励政策,出台《天津职业大学科技成果转化管理办法》《天津职业大学科研经费管理办法(试行)》等管理制度,有效提高教师做科研的主动性和积极性。第三,建立应用技术研究中心和协同创新中心绩效评估制度。评估制度遵循"目标导向、规范标准、分类实施、以评促建、注重实效"的基本原则,以各类指标为抓手,促进中心的建设。同时依托应用技术研究中心的建设,形成了校、学院、研究中心三级科研管理机制。第四,出台《天津职业大学骨干教师科研启动基金管理办法》,建立青年研创基金制度。该基金主要针对具有博士学历、副高级以上职称且具有硕士研究生以上学位、已完成省部级以上科研项目的项目负责人且具有中级以上职称硕士研究生以上学位教师,开展重点科研任务的研发工作,培育校内研发带头人及骨干人员。

(三)完善科研团队及科技成果转化队伍建设

第一,以省部级纵向科研项目及 30 万以上横向科研项目等重点项目为依托,完善并优化科研开发团队,培养教师的科研能力。深化校企合作,鼓励相关企业人员参与项目的开发过程,做到理论研究与实际生产相结合。同时在项目中培养教师申请专利意识,完成专利的申请及布局,形成具有自主产权的科技创新成果,促进后续以专利技术为核心的成果转移转化。第二,建设科技成果转化队伍,形成专兼结合,校内外互动技术经理人制度。校内有专人从事科技成果转化工作,各个中心都具有专门的科研联络人,科研联络人承担起兼职技术经理人的工作,同时积极沟通技术中介机构,建立并完善科技成果信息的渠道畅通,使供需双方对科技成果具有充分的了解与认识。

三、科技成果转化案例

(一)自主知识产权创新成果

天津职业大学教师自主研发项目《太阳能景观河道污水自净机器人》,已申报实用新型和发明专利 3 项,目前授权 2 项,并曾获"2017 年台湾国际发明设计比赛"金奖。其利用太阳能和风能所产生的电能,带动超高流量、超低扬程的超低耗轴流泵和驱动水泵,实现河道上、下层水体的直接流动,将被污染河道的底层贫氧水抽至表面复氧,加速水体表面更新,通过好氧菌的作用,降低 COD、BOD,实现水体自净。该项目所研发的机器人每小时换水量 60 吨,可实现自动处理 10000 吨污水。三年多的实际运行,证明该机器人能很好地解决二级河道的污染问题。目前该科技成果已进入市场化运作阶段,为企业产生经济效益 600 余万元。

(二)共建研发平台,校企深度融合

学校与天津奥展兴达化工技术有限公司在 2018 年签订了深度产学研合作协议,建立深度校企合作,在项目申报、共建平台、技术开发、人才培养等方面全面推进企业与学校的合作。同时学校教师作为天津市科技特派员入驻企业,及时解决企业生产中的实际难题,由于教师工作成效显著,其成为 2019 年度天津市优秀特派员,并得到 5 万元的项目资助。

在教师派驻企业期间,企业投资 50 余万元研究经费,与学校教师签订《氮气循环气提法废机油再生工艺》技术开发合同,开展横向科研项目。该项目主要采用氮气循环气提法实现废机油的再生。氮气循环气提法技术是一套专门针对热敏物系分离的新工艺。工业化生产能力大,不受规模限制,选择氮气作为介质,可以循环使用,减少耗材及成本。这一工艺经天津市高新技术成果转化中心鉴定属国内领先,成果转化经济效益 650 万元。

(三)打造专利布局,解决企业后顾之优

学校宝石与鉴定专业教师作为天津市科技特派员入驻企业开展工作,重点梳理了珠宝行业发展及存在的问题,解决珠宝首饰分选环节难题,帮助企业建立品牌意识,同时在服务企业期间,联合企业,先后申请了三项实用新型专利(《一种可以存放证书的珠宝首饰包装盒》《一种自带粉末回收装置的首饰加工工作台》《一种直线往复运动制定机构》),并将专利转让出去。对于企业发展具有良好作用的专利组合,扩大企业市场份额,并为企业提供重点支撑。

高职院校办学定位决定了技能型、应用技术类的科研项目相对较多,与生产生活实际结合得比较紧密,充分发挥这一优势,将科技成果应用价值转化到急需的地方,将学校和企业形成利益共同体,便能够促进经济的发展。虽然高职院校科技成果转化任重而道远,但高职院校结合自身定位,不断寻找转化的新的途径,促进技术转移转让还是有很大潜力的,长期发展下去,高职院校的科技成果转化工作会上一个新的台阶。

高职创新创业教育在专业教学中的
改革与实践

天津电子信息职业技术学院教育科研处

国务院办公厅发布的《关于深化高等学校创新创业教育改革的实施意见》中明确提出,高校的教育教学要科学设置专业课程,不断丰富和完善各专业课程的创新教学资源,在平时的专业教学中要积极渗透创新和创业思想,使专业教育和创新创业教育有效统一。党的十八大也指出,要积极贯彻用创新驱动发展,用创新来推进创业的方针策略。李克强总理也提出,大学生才是用创新推动发展策略的主要实施者,也是带动大众创业和创新的主要力量。这表明,在新时代背景下,在专业教育这个高校人才培养的重要场所融入创新创业教育,使学生树立良好的创业观和创业思维与技巧,研究并实践高校专业教育和创新创业教育融合的路径,成为广大教育工作者面临的重大课题。

一、理论思考

焦美莲(2018)认为:"创新创业教育是高等教育改革的重要方向,能够为学生由学习者到创业者的过渡提供创新型培养,学生在实践中运用专业理论知识,既检验了理论知识,又在实践中学习新的知识。""创新创业教育作为新型的教育模式,将其纳入到以往的教育模式中,可以使高校教育专业呈现出多元化特点。"戴栗军、颜建勇(2018)认为:"一个学生在创业的初始阶段所接触和运用的创业理论往往受到其专业理论知识的影响,因此创新创业理论具备一定的单一性特点。"刘广(2014)指出:"在创新创业教育理论的理论探究层面和从实践经验上来看,专业教育与创新创业教育的理论结合虽然暂时存在着理论悖离实践的弊端,但将其科学性的理论结合工作是一种必然的趋势。"余于(2007)认为:"还未能在教育改革的背景下,将双创教育的人才培养机制纳入其中……仍然与专业教育有着本质性的区别。"

结合学者研究成果,专业教育和创新创业教育的有机融合路径主要包括以下几个方面:

(一)教育理念的融合

改变传统的专业教育理念是前提,在进行专业知识教学的同时,适当渗透创新创业知识,逐渐树立学生的创新思想,传授学生必要的创业技能,提高课堂效率。

(二)培养人才目标的融合

把创新思想、进取精神、勇于实践等素养融入高校的人才培养目标。

(三)专业知识和"双创"知识的融合

把创新创业思想贯穿于教育教学的所有环节之中,并且把专业知识和"双创"知识融合在一起,借助不同学科的相互渗透,达到优化教学内容的目的。

(四)教学方法的融合

通过适用于创新型专业课的教学方法取代传统"填鸭式"的教学方法,注重采用多种方式,如探讨分析法,培养学生创新性思维、实际解决问题的能力。通过不断更新教学思想,创新教学方法,充实教学内容,打造民主化、生动化、趣味化的课堂模式,以此实现高效的课堂教学。

(五)教学内容的融合

在专业课程中适时适当地融合创新创业课程内容,并且要扩大和专业实践知识结合的比例。一方面通过必修课与选修课,实行学分制度,另一方面开展课上与课下模式,全面构建二者融合的课程内容。

(六)加强师资队伍建设

提升教师的创新创业理论知识水平,建设一个专业化、高素质的新型教师团队。在整个学习研究的环节,关于创业问题教师和学生之间要勤沟通、多交流。

(七)构建科学的评价系统

为了方便随时把握创新创业教育教学的具体操作情况和取得的效果,高校需要构建一个全面的、科学的、合理的评价系统。结合专业人才质量评估体系,将"双创"教育目标指标化,从多角度构建人才培养质量评估系统。

(八)完善保障机制

创新创业教育与专业教育有机融合是高校各部门统一协调合作的过程,因此要求高校有关部门要互相配合,完善各项管理制度和责任划分,切实保证在各个方面做好保障工作。

（九）创造实践机会和平台

通过开展创新创业基地建设等工作，为学生创造实践的机会，鼓励学生将自己掌握的理论知识付诸实践，通过实践来进一步验证理论知识。

二、教学改革与实践

天津电子信息职业技术学院借鉴欧美和国内院校创新创业教育的先进经验，基于对创新创业育人规律的理解，提出"创业源于创新，创新无处不在；创新思维先导，文化知识保证；实践提升能力，环境支撑育人"的教育教学新理念。明确了培养具有创新意识、科学精神和实践创新能力的高素质创新性技术技能人才的目标。相关实践如下：

（一）构建了"三维一体"创新创业人才培养模式

学院基于创新创业核心素养的养成规律，根据"创新是灵魂、知识是基础、能力是关键、环境是保障"的技术路线，构建了以"创新创业课程体系"（教育维度）、"梵天小站—创新创业基地"（活动维度）、"智慧城众创空间"（实践维度）为主体，以"创新创业教育教学资源平台"为支撑的"三维一体"创新创业人才培养模式。

（二）开发"三层递进、三点渗透"创新创业课程体系

学院以"注重核心素养、强化能力培养、完善知识结构"为指导，归纳总结出高职创新创业教育的具体内涵，制订了涵盖素质、能力、知识三个维度十八个要素的"高职创新创业人才基本要求大纲"，以此大纲为核心，构建了"三层递进、三点渗透"创新创业课程体系。

（三）形成培养创新创业核心素养的"三段六步"教学法

学院围绕创新创业核心素养，依据教育学理论，遵从创新人才的成长规律，借鉴国内外院校创新创业教学的经验，基于教学内容分别采用了探究式、启发式、问题式和项目式（创业计划）教学方法，形成了培养创新创业核心素养的"三段六步"教学法。学生学习的积极性得到提高，探索能力和创新能力不断加强，感受到亲身体验实践的乐趣，提升批判性思维，创新创业精神被不断激发。

（四）建设校企融合、双师结构、跨学科的教学团队

学院与智慧城众创空间（天津）有限公司、杭州贝腾科技有限公司等多家企业深度合作，聘请了30余位互联网、新媒体和法律等方面的行业专家、企业家、管理者作为兼职教师或创客导师，与校内11名跨学科专任教师组成了校企融合、双师结构、跨学科的教学团队。校企教师共同制订人才培养方案、共同开发建设课程及教学资源、协同指导培育创业项目。

（五）建成创新创业基地——梵天小站

学院在天津市"十二五"和"十三五"高等职业院校提升办学能力建设项目中，投入专项资金 106 万元，建成了面积为 420 平方米的大学生创新创业基地——梵天小站。以"梵天小站——创新创业基地"为依托，以创新创业社团为抓手，组建"创新社""大学生创业协会""新思创享社团"等学生社团，开展形式多样的创新类社团活动、培育创新创业项目，组织各类创新创业竞赛。三个创新创业社团参与人员累计 1283 人，开展创新创业类社团活动 152 次，参与论坛讲座、科技节、创新创业大赛等活动人数累计超过 2.7 万人次，成绩显著。

（六）校企融合，建成创业实践基地——智慧城众创空间

为了支撑"三维一体"创新创业人才培养体系实施，学院投资 300 万元建成了面积为 2152 平方米的校企融合、企业化运营与管理的智慧城众创空间，每年约投入 90 万元资金以支持创业项目的培育、启动和孵化。学院组建校企混搭的导师团队，共同开发创新创业实践项目、辅导孵化项目、指导新创企业，校内导师通过实践锻炼，开拓了创新精神、提升了专业水平、增长了创新创业指导经验，学院逐步构建起了一支素质高、专业强的合格导师团队。

三、典型案例

两年来，学院创新创业团队共申请发明专利 5 项，获得创新创业类大赛国家级个人奖项 2 个，集体奖项 1 个，市级奖项 29 个。《智能消防机器人》《基于互联网的智能盆栽养护系统》《天工 3D》等三个创业项目提供孵化补贴超过 3 万元，获得全国高职"挑战杯—彩虹人生"国家创新创效创业大赛二等奖的《基于互联网的智能盆栽养护系统》在学院团委的牵线搭桥下，为天津大顺国际花卉股份有限公司为产品升级改造提供了契机。

典型案例 1：校园快递服务中心——永嘉驿站

由物流管理、会计、电子商务等专业同学和合作企业共同筹建了校园快递服务中心——永嘉驿站。永嘉驿站于 2016 年初开始运营，为学院师生提供便捷的物流服务，满足了师生的生活所需，日接收、发送信件包裹超过 1000 件，热情周到的服务得到师生一致好评。

此外，永嘉驿站作为物流管理专业对口实习实训示范基地，建立了完整的实习实训体系，涵盖实习生遴选、实践课程指导、物流实景体验、毕业生顶岗实习等教学活动。实习基地鼓励学生将所学专业知识应用于实践当中，真正将工学结合落于实地。

典型案例 2：天津仁和鼎业商贸有限公司

学院商务管理专业 2012 级毕业生谭江山创立了天津仁和鼎业商贸有限公司和天津权思利网络科技有限公司。

天津仁和鼎业商贸有限公司主要经营快消品。公司成立于 2016 年 8 月 25 日，现在覆盖津南区、滨海新区，共计 600 家门店，年销售额 240 万元。

天津权思利网络科技有限公司创立于 2017 年 4 月 19 日，主要经营中高端商务礼品，年销售额达到 370 余万元。

典型案例 3：天津奇米科技有限公司

学院机电系以 3D 打印魔方社团为主体，成立了天津奇米科技有限公司。公司业务主要有复杂产品三维设计、三维打印设备改造、三维打印服务等。公司成立至今已完成重大企业技术服务 10 余项，取得了良好的创业实践成果，相关项目被天津电视台等主流媒体报道，累计增加企业效益 150 万元。

专创融合,打造面向人人的口腔云端健康生态圈

——天津医学高等专科学校萌牙儿互联网+ "口腔健康微学苑"创新创业案例分析

马菲菲　简雅娟　王　聪　郑雅菲　李亚利①

党的十九大报告提出:当前我国已进入全面建成小康社会决胜阶段、中国特色社会主义进入新时代的关键时期。创新作为引领发展的第一动力,是建设现代化经济体系的战略支撑。创新是一个民族进步的灵魂,是一个国家兴旺发达的不竭动力。在这个关键时期,高校的创新创业教育不仅意味着提高学生就业率,更意味着提高人才培养质量,为社会主义新时代培养创新型、复合型、技能型劳动者大军,变人口红利为人才红利,为新时代建设和发展提供源源不断的内生动力。加强创新创业教育的首要问题是:为谁培养创新创业人才? 培养什么样的创新创业人才? 怎样培养创新创业人才?

习近平总书记在给第三届中国"互联网+"大学生创新创业大赛"青年红色筑梦之旅"的大学生的回信中指出:"希望你们扎根中国大地了解国情民情,在创新创业中增长智慧才干,在艰苦奋斗中锤炼意志品质,在亿万人民为实现中国梦而进行的伟大奋斗中实现人生价值,用青春书写无愧于时代、无愧于历史的华彩篇章。"而目前的创新创业教育理念滞后,与专业教育结合不紧,与实践脱节;教师开展创新创业教育的意识和能力欠缺,教学方式方法单一,针对性实效性不强;实践平台短缺,指导帮扶不到位,创新创业教育体系亟待健全。这些极大影响了创新创业教育的效度。

本文以新时代健康中国战略为背景,重点以天津医学高等专科学校萌牙儿

---

①　马菲菲,天津医学高等专科学校口腔系副主任。简雅娟,天津医学高等专科学校科研处副处长。王聪,天津医学高等专科学校口腔系教师。郑雅菲,天津医学高等专科学校大学生创新创业指导中心研究实习员。李亚利,天津医学高等专科学校口腔系教师。

互联网 +"口腔健康微学苑"创新创业项目为例,研究专创融合,打造面向人人的口腔云端健康生态圈,医学学生创新创业教育的培育途径。通过文化引领、社会实践、项目培育,在健康中国的背景下,构筑起以中国优秀传统文化和医学职业精神为引领的医学院校大学生创新创业教育体系。医教协同、知行合一、科创融合,这一项目既是为新时代创新创业教育举旗定向,解决问题,补充与完善创新创业教育理论,又是对创新创业理论体系的丰富与创新。

一、项目研究背景

2016 年 8 月,习近平总书记在全国卫生与健康大会上发表重要讲话,指出:"要把人民健康放在优先发展的战略地位",顺应民众关切,对"健康中国"战略建设做出全面部署,由此而提出新时代"把以治病为中心转变为以人民健康为中心"的新主旨。

我国口腔疾病患者基数庞大,民众口腔状况较十年前更为堪忧。口腔疾病诊疗率低,发展潜力巨大。"牙疼不是病"充分说明了在我国口腔问题长期不受重视,人们面对口腔问题一贯的做法是"忍一忍就过去了",口腔健康观念的落后导致我国口腔患者诊疗率低。与此同时,我国口腔医疗服务供给能力与发达国家差距明显,口腔医师资源稀缺,人均牙医数量与发达国家差距明显。口腔医生是口腔医疗服务的实际提供者,其数量代表了一个国家口腔医疗资源水平。目前从世界主要国家来看,发达国家每百万人口的牙医数量大致在 500 ~ 1000之间。根据 2018 年巴西联邦牙科委员会(CFO)数据,巴西牙医数量已达到 31万人,每百万人拥有牙医数达到 1495 人,为人均牙医数量最多的国家。在与我国文化相近的日本和韩国,每百万人拥有牙医数量分别达到 840 人和 590 人,而我国仅为 137 人,与上述国家差距显著,还有巨大的提升空间。随着国家大力推进口腔健康产业,萌牙儿互联网 +"口腔健康微学苑"应运而生。

二、项目产品与服务

萌牙儿互联网 +"口腔健康微学苑"项目 2016 年由天津医学高等专科学校口腔众创基地孵化,立足利用学生创新创业工作,建立新型口腔健康云端生态圈,促进行业与学生、患者的良好互动,实现多赢。创业团队由天津医学高等专科学校口腔医学系学生组成,运用现代企业管理模式,由学生自主设立董事会,公开民主选举相关机构负责人,并由监事会(项目指导老师)进行业务监督,保障运行良好、有序。行业专家组成专家委员会,协助集成各方资源,对项目发展规划、执行、评价进行跟踪反馈并提供指导。

（一）深入调研

项目团队深感作为一名医学生的责任，在专业教师的带领下，历用一年时间开展深入市场调研，走访 50 个社区，5341 位居民；走访 34 所学校，2023 名师生；走访 200 家医院诊所，1048 位从业者；完成《居民口腔健康需求调研》《诊所合作需求调研》《健康从业者需求调研》，共计 7329 份调查问卷。

（二）项目团队梳理调研结果，认真分析市场现状与痛点

口腔健康生态圈基本包括三个主要部分：

口腔健康产业本身的上游、中游、下游，既有医院、诊所，又有耗材、设备、健康用品、技工企业。另外还包括口腔健康产业输入端的医学生和口腔健康产业输出端的广大民众、患者。但在现实中，这三个主要部分的交流沟通并不通畅。

作为口腔健康产业本身，存在的问题在于：1. 稳定的用户群从哪里来？健康医疗用品如何推广？2. 基层从业者如何学习行业新进展，增加竞争力？3. 口腔健康教育受众人群大、涉及工作多，医院专家没有精力，重"治"轻"防"！

作为口腔健康产业的输入端——医学生，存在的问题在于：1. 怎样找到自己合适的就业单位？2. 怎样让自己课堂上学到的专业知识得到应用？

作为口腔健康产业的输出端——广大民众患者，存在的问题在于：1. 缺乏口腔保健知识，容易错失最好的治疗时机。2. "牙疼不是病"的心态，遇到问题，死扛！3. 就医难，挂号难，医生解释病情时太专业，不明白！

如何实现三方互通共赢，特别是在"互联网＋时代"如何利用信息化技术手段，打造新的业态，项目组在专业教师的指导下，建立了全网首个集医学生、口腔产业、民众为一体的服务平台——萌牙儿互联网＋"口腔健康微学苑"，致力打造云端的口腔健康生态圈，为健康中国战略和健康口腔梦想贡献自己的力量。

（三）产品定位

项目分为：1. 专业信息专栏，发布：专业介绍、专业快讯、就业信息、就业快讯、执业资格考试等相关内容。面向人群为医学生、家长、民众、行业从业人员、诊所医院，范围覆盖京津冀，累计 5000 余人。2. 健康教育专栏，发布：健康知识、健康产品、宣教活动等相关内容。面向人群为民众、行业从业人员、诊所医院、医学生、家长，范围覆盖京津冀，累计 7000 余人。3. 牙医专区，发布：牙医热线、行业快讯、牙医培训、牙医加盟、疾病问诊。面向人群为行业从业人员、诊所医院、民众，范围覆盖京津冀，累计 5000 余人。

三、项目优势

一是契合口腔行业产业发展的契机，国家政策支持，人民保健意识不断提

升,生活水平不断提高。

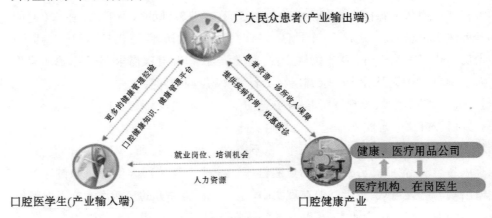

图1　萌牙儿互联网+"口腔健康微学苑"

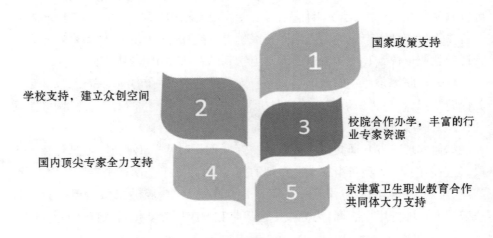

图2　萌牙儿互联网+"口腔健康微学苑"项目优势

二是学校支持大学生创新创业工作,专门开辟基地建设众创空间,安排专门老师指导,帮助学生集成各方资源。

三是专业教师全部来自天津市口腔医院或天津市口腔医学会,行业专家对大学生创新创业工作大力支持。

四是国内顶尖专家,全力支持口腔医学生利用互联网技术创新解决社会发展难题。

五是京津冀协同发展的国家战略,学校京津冀卫生职业教育合作共同体大力支持学生创新创业活动,建立"职业能力拓展研习计划",助力学生创业成才。

这些条件,使项目组有可能也有能力汇集学校、学生,医院、诊所,民众、患者,行业、企业各方资源,实现信息互通、资源共享、合作共赢。

四、运营体系

项目尝试建立从口腔医学在校生及毕业生的专业学习到口腔医学师资培训,从口腔医学生职业资格考试的培训到基层口腔医生的行业培训,从口腔医学生的就业到口腔医院及诊所的岗位招聘的一个良性循环生态圈,同时以此传播口腔医院及诊所品牌、产品、诊所内医生等信息,打造患者与口腔医生、口腔医学生在线交流,并邀请行业专家发布口腔知识宣传教育,吸引更多口腔医院及诊所与消费者成为企业移动互联网营销体系的重要组成部分。

营销渠道:线上、线下相促进,形成良性互动格局。

线上:与合作诊所签订《委托协议》,年费和活动服务费相结合,明确责、权、利。产品可以在线上直接购买,购买时享有优惠,收益按《合作协议》执行。

线下:免费赠送民众优惠卡,民众到诊所就诊,诊所返点收益。收费项目如"小小牙医"活动等,收益与幼教机构按协议比例分配。

表1 萌牙儿互联网+"口腔健康微学苑"注资企业明细

序号	项目名称	合作企业	注入资金
1	口腔临床训练示教系统	北京科学技术出版社	25万
2	共建共享口腔虚拟教学平台	上海桥媒信息科技有限公司	50万
3	口腔交互3D资源建设	上海桥媒信息科技有限公司	50万
4	口腔动画3D资源建设	上海桥媒信息科技有限公司	50万
5	基础教学训练考核系统	天津崇仁医疗科技有限公司	5万
6	口腔临床训练示教系统	天津崇仁医疗科技有限公司	5万
7	实训基地信息化管理系统	天津崇仁医疗科技有限公司	160万
8	OSCE管理平台教考平台建设	天津天堰科技股份有限公司	5万
9	口腔显微技术应用开发基地	天津斯达特进出口贸易有限公司	80万
10	口腔数字化技术应用开发基地	日进齿科材料(昆山)有限公司	40万
11	口腔助理执业医师学习平台	北京协和张博教育科技有限公司	40万

行业培训收益,与学校、专家、机构、企业按项目协议分配。

2016年项目孵化后,"口腔健康微学苑"将线上线下口腔教育相结合,用户人数在逐年增加,也吸引了整个口腔产业的企业。

2017 年项目在学生、亲友、民众之间广为流传,大量的关注人群吸引医院、企业加盟,专业教育的内容从学生、民众扩展到行业人员。

口腔产业不受地域时间限制。2017 年,萌牙儿互联网 + "口腔健康微学苑"成功与 11 个项目合作,融资 510 万,其中 250 万用于口腔众创基地建设,260 万用于口腔众创专业教学。

项目与京津冀 200 家诊所建立了稳定的委托合作关系,民众健康教育、专家讲堂、求医问药、健康管理、行业培训、用工对接、产品宣传、技术转化项目广泛开展,云端的口腔生态圈逐步形成。信息化资源产业化、行业培训、健康活动开展带来持续收益,年收益达 40 万元。

五、分析

本文通过对天津医学高等专科学校萌牙儿互联网 + "口腔健康微学苑"创新创业案例的具体分析介绍,深入探讨研究了医学高职院校专业与新型创新创业人才培养的有机融合。项目完善了"学校—医院—企业—兄弟院校" + 学生创新创业教育合作平台,重点突破了如何运用教育学理论将专业教育与创新创业教育解构、整合、重构,拧成一股绳,发挥协同育人效应。项目化解了教师原有的学科结构和思维定式与教学融合创新需求之间的矛盾,打造医教协同、知行合一、科创融合的创新创业范式,也培养了专创融合,有信念、懂理论、促融合和抓实践四位一体的创新型教师团队,提升了专业学生的创新创业能力,将培养学生创新精神、创业意识和创新创业能力与医学生增长专业才干、铸就职业精神紧密结合。

高职院校创新创业教育与
专业教育融合途径研究

霍　琳①

2014 年 9 月,夏季达沃斯论坛开幕式上,李克强总理首次提出要借改革创新的"东风",形成"大众创业""草根创业"的浪潮和"万众创新""人人创新"的新态势,我国的创新创业教育发展开始加速。2015 年 5 月 4 日,《国务院办公厅关于深化高等学校创新创业教育改革的实施意见》明确制定了高等学校创新创业教育的总体目标——到 2020 年建立健全课堂教学、自主学习、结合实践、指导帮扶、文化引领融为一体的高校创新创业教育体系。高职院校如何培养与专业融合的具有创新创业精神和创新创业能力的一线高技术技能人才,承担其为行业、企业、区域社会经济服务的重任,是摆在高职院校面前的重要问题,因此,对高职院校学生开展创新创业教育与专业教育融合的研究势在必行。

一、高职创新创业教育概念界定

目前,对创新创业教育的理解一般分为两个层次:广义上,创新创业教育是培养具有创新意识、开创性的教育,以提高和开发受教育者创新品质、开拓性创业素质为目标,重在素质素养培养;狭义上,创业教育则是对受教育者创新创业技能的培养,通过课程教学和实践训练、提供咨询等方式,以培养受教育者开创事业的能力为目标,重在能力培养。本文中创新创业教育指的是广义的创新创业教育,重在人才培养的可持续性。

高职院校创新创业教育并非鼓励学生去自主创业,并非要将所有的学生都培养成创业者,而是重在培养学生包括创新意识、创新思维、创业胆识以及敢于

---

①　霍琳,天津轻工职业技术学院教师。

创新、创造的创业精神在内的素质。高职院校创新创业教育的指向并不一定是创新创业的成果，即不一定是可见、可摸、可感的，而是通过教育的潜移默化，将创新创业素养根植于日常生活和工作学习中。

二、高职院校创新创业教育现状及发展瓶颈

在国家建设创新型社会，实施创新驱动发展战略及大众创业、万众创新等各项利好政策的支持下，全国各省市、各高职院校积极响应国家政策，积极探索创新创业教育的方法、模式，取得了一定的成果，但同时高职院校创新创业教育也存在一些问题，对创新创业教育的开展形成阻碍。

（一）高职院校创新创业教育成果斐然

互联网时代大众创业、万众创新的浪潮，让双创教育成为高职院校教育的重要内容，各高职院校也探索构建了双创教育的课程体系、发展模式，培养了一批创新创业教育的师资，组建了师资团队，并且大多已创立了属于自己的众创空间。截止 2015 年 11 月，天津市经认定的众创空间数量达到 86 个（其中高校 31个、区县 55 个），遍及全市 16 个区县和滨海新区各个功能区。截止 2016 年 9月，浙江全省的众创空间经统计达到了 200 多个，其数量与北京、上海等一线城市相当。从众创空间如雨后春笋般地成立可以看出大众创业、万众创新态势已经形成，高职院校创新创业教育也在如火如荼地开展，并且取得了一定的成效。

（二）高职院校创新创业教育存在发展瓶颈

1.创新创业教育片面开展

目前高职院校对创新创业教育开展趋向于两个方向：一是传统的专业教育人才培养与创新创业教育并行，忽视了创新创业教育的本质，导致学生不重视创新创业教育，不能真正实现培养创新意识和创业能力的目的。二是将创新创业教育狭隘地理解为培养企业创办者，课程开设重视创业知识和技能的传授，忽视了创新意识和创业精神的培养。究其原因，主要是因为对创新创业教育的认识和理解片面，没有将创新创业纳入人才培养的主线，没有将创新创业教育与专业教育融合，难以达到"增强学生的创新精神、创业意识和创新创业能力"的要求。

2.创新创业教育和专业教育课程体系割裂

近年来，高职院校逐步推进创新创业教育教学的改革和发展，从最初的倾向就业的教育逐步改革为倾向创新创业的教育，并从最初以管理类的学生为主推广面向各个专业的学生。但目前大部分的高职院校面向全体学生开设的创新创业类课程还是以公共选修课为主，作为必修课纳入人才培养方案的数量还比较少，课程体系偏向对学生创业技能的训练，课程总学时少，融入专业课及学时少，课程设置还游离在专业人才培养方案之外,与专业教育课程体系相割裂,没有形成从培养创业意识、了解创业知识、体验创业过程的课程体系,不能满足学生提高创新创业素质、能力的需要。

3.创新创业教育的师资队伍有待加强

目前我国大部分高职院校中很多教师专业知识来源较单一,忽视了拓展自己的知识面,导致创新能力不足,创新创业教育理论及创业实践经验略显不足,很难将创新创业知识与专业知识结合起来。一些教师自身不重视创新,其评价学生的侧重点就与理想状况有所偏颇,使那些创新型的学生得不到认同,对创造的兴趣不断衰减。同时来自企业的创新创业指导教师数量较少,缺少创新创业实践经验丰富的师资支持,创新创业教育必然与现实的职业环境脱节。从总体上看,创新创业教育的专业化师资队伍有待加强。

4.创新创业教育与专业教育没有有机融合

高等职业技术教育是培养适应未来创新型社会发展的高技术技能人才的教育,高职教育由门类齐全的各专业组群构成。所有的创新创业行为,都要依托一定的专业技术知识的应用,它不是凭空而起的,而是与专业技术技能紧密相关的活动。但是,目前国内的高职创新创业教育课程设置还没有与各类专业课程之间建立起相关联系,创新创业教育与专业教育并未形成有机融合的关系,所以,创新创业课程同其他专业课程之间的关联融合性有待进一步加强。

三、创新创业教育与专业教育融合的途径

创新创业教育与专业教育融合是创新创业教育未来发展的一大趋势,也是解决创新创业教育发展瓶颈的一个重要途径,创新创业教育与专业教育有机融合,可以培养学生基于专业知识的创新意识与创新能力,真正实现创新创业教育的广义目的;创新创业教育与专业教育融合的课程体系形成,创新创业教育也就不再是专业教育的附属或者独立于专业教育而存在;创新创业教育与专业教育有机融合也可以有效地解决师资队伍薄弱的问题,同时还可以培养一支具有创新意识的教师队伍;总的来说,创新创业教育发展的必然趋势即是与专业教育融合,形成创新创业型的课程体系、师资队伍,培养具有创新意识、创业精神的高技术技能人才。

(一)建立创新创业教育与专业教育相融合的人才培养体系

首先要加强学科交叉。坚持产学研结合、学产结合的原则,调整学生知识结构,强化多学科交叉,提升与开发学生发展潜质。其次加强创新创业教育。在专业教学内容中融入创新创业教育内容,并与专业难点、重点、企业需求、实习实训相结合,培养学生创新和创业管理能力。三是加强实践教学。校内外实践教学基地结合,建立适应创新创业人才成长的实践教育体系与方法,加强学生应用实践创新能力的培养。

（二）完善创新创业教育与专业教育相融合的课程体系

高等职业教育的人才培养目标是培养适应生产、建设、管理、服务一线的高技术技能人才,具有一定的理论基础及较强的实践能力;高等职业教育创新创业的本质在于知识和技能的创新性应用和基于岗位的创业。高等职业教育的属性决定了其课程体系构建要结合地方经济对人才的要求,教学内容既要注重专业性、实用性,又要注重前瞻性,既要培养学生的专业技能,又要培养学生的实践能力、自主创新和创业能力,使学生成为高技能、高素质的创新创业型人才。在创新创业人才培养中,增加创新思维训练内容、增加创业精神教育,构建依次递进、有机衔接的完善的创新创业教育课程体系。

（三）加强创新创业教育与专业教育相融合的师资队伍建设

加强专业教师创新创业教育教学能力培养,制订教师发展计划,对教师进行教学理念、教学改革和创新创业能力培训、实训和交流。支持教师到企业挂职锻炼、交流访学,鼓励教师参与社会行业企业创新创业实践,按照一定比例建设创新创业教育专职教师队伍。建立教师创新创业教育考评制度,完善专业技术职务评聘和绩效考核标准,将创新创业教育业绩列入教师专业技术职务评聘、岗位聘用和绩效考核的重要考察指标。建立创新创业优秀兼职导师人才库,加强校外创新创业兼职教师队伍建设,聘请创新人才、创业成功者、企业家、投资人等校外专家学者兼职创新创业导师,引入校外创新创业教育优秀师资,推行大学生创新创业校企协同"双导师"制。

（四）改革创新创业教育与专业教育相融合的考核方法

对创新创业教育进行考核时,坚持过程性考核和结果性考核相结合,尤其注重过程性考核,首先可根据学生情况编制量表,监测学生在接受了创新创业教育后其创新意识、创业精神的变化,根据变化情况来评价师资情况进而评价学生学习情况。其次在专业考核中改变传统的考核方式,可运用信息化、分组考核等方式进行考核,提升创新创业课程教学质量。

四、小结

综上所述,高职院校应立足区域经济发展、行业、企业,结合各专业特点和优势,依托专业教育,融入创新创业教育,从建立人才培养体系、完善课程体系、加强师资队伍建设、改革考核方法等方面入手,促进创新创业教育与专业教育融合发展。将创新创业教育融入人才培养的全过程,以培养企业青睐的创新创业型高技术技能人才。

天津交通职业学院"天创梦工厂"
众创空间实践案例报告

田亚南①

近年来,天津交通职业学院坚持贯彻落实国家创新发展驱动战略,高度重视"天创梦工厂"众创空间的建设、运行与发展,并将涵盖空间等载体的创新人才培养纳入学院"十三五"发展规划中,营造了校园创新创业的良好氛围。

一、空间基本情况

学院"天创梦工厂"创建于 2015 年 7 月,于同年 12 月被天津市科学技术委员会和天津市教育委员会联合认定为第二批高校众创空间(以下简称空间),现有面积 2140 平方米,由学院自主运营。空间主要有办公区、沙龙区、咖吧区、流动工位室、路演室、洽谈室等区域,服务类型涵盖了专业服务、创客孵化、投资促进、培训辅导等领域。

(一)运行组织持续健全

学院在现有学院、中心、部门三级运行组织基础上,2016 年下半年又整合吸纳了分院的教师资源,成立了"提高创新能力引导项目组(以下简称项目组)"。创业指导中心主要负责课程安排、日常管理及数据报送等常规性工作,项目组主要负责课程体系建设、众创空间服务功能拓展及学生创新项目培育、孵化等创新性工作。常规性工作和创新性工作分而治之且相互配合、协调推进,实现创新创业工作全覆盖、无死角。

(二)配套制度相继出台

为充分调动学院师生参与创新创业活动积极性,规范众创空间及创业企业

---

① 田亚南,天津交通职业学院教师。

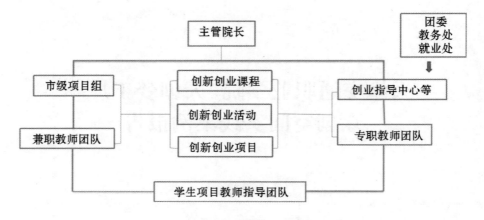

图1　三级运行组织架构图

（团队）的运营管理,提高企业（团队）管理水平及创业绩效,促进学生创新创业素质能力提升,学院制定了《天津交通职业学院众创空间物业管理规定》《天津交通职业学院众创空间日常管理规定》《天津交通职业学院众创空间入驻与退出管理规定》《众创空间创业企业（团队）考评办法》《学生创新创业学分管理制度》等。

（三）支持计划启动实施

2017年初,学院启动了师生创新创业项目支持计划,并在年末根据各项目的执行情况,给予绩效奖励,旨在激发师生的"双创"热情,挖潜师生的"双创"能力,让他们通过项目建设投身创新创业的大潮。目前,经校外专家评审,已有《多功能自动跟随自动机器人开发》等14个项目纳入立项计划。

（四）团队实力显著提升

近几年,学院继续着力打造专兼结合的空间运营团队。一是按照《学生创新创业导师暂行管理办法》,鼓励校内外、各专业背景专兼职教师担任学生创业辅导教师,为学生创客、创业团队及初创企业提供政策解读、市场分析、项目对接等专项服务。二是整合了一批对"双创"教育有热情且具备一定创新性思维的青年教师,组建成立了项目建设和课程研发两支团队。截止目前,空间已建成由48名专职管理教师、校内兼职教师和校外兼职教师组成的运营团队,为学院推进创新性人才培养奠定了基础。

二、空间服务对象的情况

空间建设至今,共有577名同学申请入驻空间,已有482名符合条件的同学入驻空间,其中流动创客354名,团队创客128名。

目前,空间入驻团队20个,其中那年那时（天津）商贸有限公司、天津市微

图2　师资团队组织架构图

视角广告制作有限公司、翼想天咖(天津)餐饮管理有限公司等9个团队注册企业,接纳毕业生20名。那年那时(天津)商贸有限公司已成功开办3家连锁店。

三、空间开展创新创业教育工作的情况

近几年,学院"双创"教育工作以天津市"高校提高创新能力引导项目"为抓手,按照"课程教学入情,课外活动动情,项目训练移情"的创新性人才培养思路,在深化专兼师资培训、探索课堂教学改革、强化大赛服务水平及加大项目扶植力度等方面积极开展工作。

(一)"学研结合"提升"双创"教师能力

学院按照"先熟知理念、再明晰课程、再到掌握教学方法"的培训理念,开展针对教师的培训。仅2019年上半年就先后组织老师参加各级各类培训43人次,累计学时达860个。通过参加培训及自主学习,目前团队成员基本掌握了国家创新创业的相关政策,了解了国内外先进的"双创"教育理念,并对创业流程及"如何教创业"等有了深刻认识,首创提出了"ATAPPT"六位一体创新创业意识引导与文化培育体系、"8+4"二力合一创新创业精英人才培养体系,提高了教师项目创新的研究与指导能力。

表1　创新成果一览表

序号	成果名称	出资方	技术提供商	设计及运营商	时间	合作方式
1	汽车医生APP	天津交通职业学院	天津蚁航网络科技有限公司	天津市微视角广告制作有限公司	2016.5.12 –2016.7.20	合作开发运营
2	巴哈赛车	天津交通职业学院	天津交通职业学院	天津交通职业学院	2017.8.20	独立开发

（二）"内外结合"共担双创课程教学

学院整合天津市创业指导中心及科委等外部资源，采取内外结合的方式，探索性地在大一和大二学生中分别开设了 12 个学时的创新类课程和 20 个学时的创业类课程，参加学习的学生已达 12497 人次。其中，学院聘请大学教授、社会知名创业教练等担任主讲教师，为大一学生开发了创造与创造学、创造性解决问题、创新与创业等 8 门创新类课程，得到学生们高度认可，非常满意率达到 85% 以上；创业类课程更加注重对学生实战能力的培养，学院与天津市创业指导中心合作，在大二的学生中开设了由全球模拟公司联合体中国中心与北京正保育才教育科技有限公司开发的创业实训课程，累计 254 个课程训练项目申报参加全国高校"互联网 + "创新创业大赛。

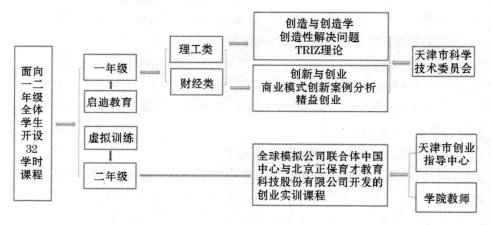

图 3　创新创业课程

（三）"讲赛结合"培育双创实战成果

学院本着服务师生创新创业的原则，一是针对创客及创业团队的需求，先后组织开展了创业知识、创业者必备法律知识、摄影知识和知识产权大讲堂等主题讲座 22 次；面向创新创业指导教师及学生创业团队提供创业辅导和专业技能培训 424 人次；二是针对各级各类比赛较为集中，选派 30 余名院级大赛优秀团队的负责人及指导教师赴校外参加赛前训练营，邀请校外知名创业者、投资人及创业教练等亲临学院，对参赛学生进行面对面的指导，探索将活动重心转为加大对参赛项目的打磨和指导上。实践证明，高质量的指导确实能让学生"动情"，参加培训的学生讲："虽然我们每天只睡 3 ~ 4 个小时，但我们痛并快乐着。"

四、提供创新创业指导服务的情况

学院为确保"天创梦工厂"的正常运营,并为创客及创业团队提供及时、精准的管理及服务,特选派 2 名专职教师担负空间的项目引进、对外协调、物业管理、安全保卫、基础资料管理等日常工作。同时,学院基于空间创新创业服务,先后与天津骏行企业管理咨询有限公司、北京橙果空间科技有限公司合作,为创客和创业团队提供法务咨询、代理记账、人社服务对接等服务;与天津森信科技有限公司合作,为创客和创业团队提供代理记账、纳税报税、报表审核等服务;与天津嘉信律师事务所等企业和三方机构进行合作,为创新创业团队提供法务等服务。同时,在与永年金融集团、上海景格科技股份有限公司、天津市玑瑛股权投资基金管理有限公司合作为创客和创业团队提供投融资、项目对接等服务基础上,确保学生真实创业及学生占主要股份的前提下,鼓励社会人员和教师作为天使投资人参与学生创新创业,累计吸纳天使投资 87 万余元,为学生创新创业活动的开展奠定了基础。

五、强化内涵发展探索特色品牌成果

(一)"师生捆绑"推进创新创业项目

学院基于学生创新创业项目社会融资难度较大,深入挖掘专业教师的研究潜能及服务能力,以师生双方共同出资或联合申报院级项目的方式,将具备一定科研水平的教师和有创新创业意向的师生结合起来,鼓励师生团队共同申报学院的创新创业项目。这些项目包括:团队指导教师科研与技术服务课题中的子项目,发明、创作、设计等制作项目,实训或实习基地中的综合性、设计性、创新性实验与训练项目,专业性研究及创新项目,创业计划与社会调查项目等。

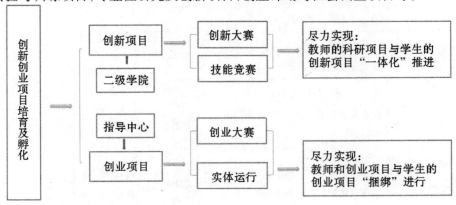

图 4　创新创业项目培育情况

"师生捆绑"创新创业,使得师生可以从不同的角度、以不同的方式各自获得收益,此举不但巩固了师生关系,方便了学院的管理,同时也充分调动了师生双方的积极性。

（二）"赛项转化"推进创新创业实践活动

学院通过网页、微信公众平台及举办创客成果展、创客文化艺术节等,持续在校园内营造创新创业的氛围,激发学生们的创业热情。"天创梦工厂"发挥校内外专兼职创业指导教师、专业教师、就业指导教师及合作企业专家的作用,积极推动路演、创新创业大赛及创业训练营等活动,不断强化学生的创新创业意识、思维及能力,大批优秀的创新创业项目涌现,这些项目获得了 7 项国家级奖项、三十多项市级奖项的良好成绩。

表 2　近三年大赛获奖情况

项目名称（全称）	项目类别	级别	获奖日期（年月）	学生名单	指导教师	获奖等级
那年那时 ONLY ONE 酸奶公社	2016 年"挑战杯——彩虹人生"国家创新创效创业大赛	国家级	2016.06	闫雯靖 成星 郑成功 张帆帆	王婕	一等奖
	2016 年"挑战杯——彩虹人生"市职业学校创新创效创业大赛	市级	2016.06			一等奖
	第十三届天津市妇女创业计划大赛企业组	市级	2016.12			三等奖
	第二届中国"互联网 +"大学生创新创业大赛天津赛区	市级	2016.09			三等奖
汽车医生 APP	第二届中国"互联网 +"大学生创新创业大赛天津赛区	国家级	2016.10	王鸿富 王梦茜 秦瑞	姜磊 贾启阳	铜奖
	2016 年"中诺思杯"全国交通运输职业院校物流创新大赛"创客之巅"路演	省部级	2016.10			最佳潜力奖
天津市微视角广告制作有限公司	2016 年"挑战杯——彩虹人生"市职业学校创新创效创业大赛	市级	201606	王鸿富、刘成 王梦茜、任丽颖	姜磊	三等奖

项目名称 （全称）	项目类别	级别	获奖日期 （年月）	学生名单	指导 教师	获奖 等级
基于影像制作技术的教学资源制作	大学生创新创业实践行服务企业	市级	2016.12	王鸿富、王梦茜 秦瑞	姜磊 贾启阳	优秀实践团队标兵
"瑞士军刀"下的堆料体积测量	2016年"挑战杯——彩虹人生"国家创新创效创业大赛	市级	2016.08	何静、李乐 刘雷	华英杰 叶威	二等奖
测绘测量工学结合的现代学徒制实践探究	大学生创新创业实践行服务企业	市级	2016.12	李乐	华英杰 叶威	优秀实践团队
关于西青道拥堵状况问题调查报告	2016年"挑战杯——彩虹人生"国家创新创效创业大赛	市级	2016.08	王秉正、韩政峰 刘宝鑫、党成明 樊金杨	刘称 纪欢乐	三等奖
翼想天咖	2016年"挑战杯——彩虹人生"市职业学校创新创效创业大赛	市级	2016.06	宋润涛、魏国清 李阳霖、雷启超 高伟杰	田亚南	三等奖
	第二届中国"互联网＋"大学生创新创业大赛天津赛区	市级	2016.10			三等奖
	中国创翼大赛	市级	2016.10			优秀奖
基于"互联网＋"下政府事业单位流程优化的APP	第二届中国"互联网＋"大学生创新创业大赛天津赛区	市级	2016.10	李晨	田亚南	三等奖
全地形小型越野赛车	2016年"挑战杯——彩虹人生"市职业学校创新创效创业大赛	市级	2016.06	王皓、朱光金 白聪兴、于剑 杨青山	辛会珍 李强	一等奖
车友家汽车服务有限公司	2016年"挑战杯——彩虹人生"市职业学校创新创效创业大赛	市级	2016.06	康晨城、李春辉 鱼强强、刁宇	孙静 王旭	二等奖

229

项目名称（全称）	项目类别	级别	获奖日期（年月）	学生名单	指导教师	获奖等级
关税新政对微商海淘影响的调查	2016 年"挑战杯——彩虹人生"市职业学校创新创效创业大赛	市级	2016.06	李超越、崔学光董瑞苗、范雪周树鹏	孙季震张红云	二等奖
校园整合平台创意设计	2016 年"挑战杯——彩虹人生"市职业学校创新创效创业大赛	市级	2016.06	季红祥、沈子亨许皓宸、刘静张琦	孙季震李帅	三等奖
Apple me 明星自创品牌化妆品	2016 年"挑战杯——彩虹人生"市职业学校创新创效创业大赛	市级	2016.06	郭明亮、李文杰任国元、张晓影马瑛歌	孙颖	三等奖
国际新企业家	2016 年"挑战杯——彩虹人生"市职业学校创新创效创业大赛	市级	2016.06	都晨星、李向军张永亮、陈壮	刘铸	三等奖
聚通书屋	2016 年"挑战杯——彩虹人生"市职业学校创新创效创业大赛	市级	2016.06	薛文杰、李佳荣王伟琛、李彦辰	窦津	三等奖
圆梦就业服务平台	第二届中国"互联网＋"大学生创新创业大赛天津赛区	市级	2016.10	李双波	魏林	二等奖
指尖上的杨柳青	2017 年黄炎培职业教育创新创业大赛	国家级	2017.10	王伟琛、薛文杰董勇、崔鸿发胡智青	田亚南傅莹	优胜奖
	2017 年天津市黄炎培职业教育创新创业大赛	市级	2017.10	王伟琛、薛文杰董勇、崔鸿发张世明、胡智青梁朝锐	田亚南傅莹	一等奖
	第三届中国"互联网＋"大学生创新创业大赛天津赛区	市级	2017.10	王伟琛、薛文杰董勇、崔鸿发张世明、胡智青梁朝锐	田亚南傅莹	二等奖

项目名称 （全称）	项目类别	级别	获奖日期 （年月）	学生名单	指导教师	获奖等级
手自一体化铺砂仪	第三届中国"互联网＋"大学生创新创业大赛天津赛区	市级	2017.10	彭涌财、刘帅 杨顺亿、陈福斌 王怡梅、徐宝双 崔方宇	魏林	二等奖
	2017年天津市黄炎培职业教育创新创业大赛	市级	2017.10	彭涌财、刘帅 杨顺亿、陈福斌 王怡梅、徐宝双 崔方宇	魏林	二等奖
3D虚拟建模的创新应用	第三届中国"互联网＋"大学生创新创业大赛天津赛区	市级	2017.10	陈志林、李键 张春宝、王小刚 张攀鹏	金鑫 周会娜	三等奖
饱你满意	第三届中国"互联网＋"大学生创新创业大赛天津赛区	市级	2017.10	王炳政、崔锦萍 武琦、李绪乐	潘璐璐 路娟	三等奖
翼想天咖	第三届中国"互联网＋"大学生创新创业大赛天津赛区	市级	2017.10	李阳霖、马雪婷	田亚南	三等奖
电缆隧道智能巡检及灭火机器人	第三届中国"互联网＋"大学生创新创业大赛天津赛区	市级	2017.10	赵信任、郭鹏翔 杨鑫、王硕 彭利生	岳刚 冯钊	三等奖
环保汽车配件之3D打印技术	第三届中国"互联网＋"大学生创新创业大赛天津赛区	市级	2017.10	殷佳琦、师建花 孙小琳、孙裴琳 孙伟达	王婕	三等奖
电动汽车装配机器人系统集成与仿真	创新方法大赛	市级	2017.10	熊明辉、刘奕含 胡海健	李丽娜	三等奖

项目名称 （全称）	项目类别	级别	获奖日期 （年月）	学生名单	指导 教师	获奖 等级
工程车辆理实一体化教学模型设计与开发	创新方法大赛	市级	2017.10	徐　锋、陈志林	周会娜 张家祥	三等奖
无人驾驶电动出租车	创新方法大赛	市级	2017.10	王珈斌、徐玉容 韩　婧	郭文莲	优胜奖
基于工业机器人的智能制造创新实验项目开发	创新方法大赛	市级	2017.10	陈志华、张仁允	李　萌	优胜奖
绿色环保之"节油模块"	互联网＋交通全国交通运输职业院校创新创业大赛	国家级	2018.10	董成星、侯鑫宇	王　婕 于博洋	一等奖
那年那时连锁店	互联网＋交通全国交通运输职业院校创新创业大赛	国家级	2018.10	张帆帆、李建华	王　婕	三等奖
翼想天咖精品咖啡体验馆	互联网＋交通全国交通运输职业院校创新创业大赛	国家级	2018.10	李阳霖、王建漳 巴特扎亚	田亚南	三等奖
分体式铺砂仪	互联网＋交通全国交通运输职业院校创新创业大赛	国家级	2018.10	安保龙、赵展辉 张　程、何志勇 彭涌财	魏　林 刘咏涛	三等奖
优搭衣着助手	第三届中国创翼创新创业大赛	市级	2018.10	连芸琪、崔正伟 田思梦	田亚南 周　杉	三等奖
指尖上的杨柳青	第三届中国创翼创新创业大赛	市级	2018.10	薛文杰、崔鸿发 袁宏凯、温　彦 霍毓玮	田亚南 傅　莹	优胜奖

项目名称 （全称）	项目类别	级别	获奖日期 （年月）	学生名单	指导 教师	获奖 等级
具有头发收集功能的新型婴幼儿理发器	2018 年"创青春"天津市大学生创新创业大赛	市级	2018.10	任忠龙、陈志林 王 春、张 虎 徐 锋、樊建忠 陈旭阳、裴俊龙 赵凯伟、席 彪	刘 称 金 鑫	铜奖
"花游"——天津市赏花旅游微信平台开发	2018 年"创青春"天津市大学生创新创业大赛	市级	2018.10	解宏福、刘存宏 李香玉、梁朝锐	窦 津	铜奖
翼想天咖（天津）餐饮管理有限公司	2018 年"创青春"天津市大学生创新创业大赛	市级	2018.10	李阳霖、包 蒙 王建漳 巴特扎亚 郭志年、钱峰	田亚南	铜奖
可折叠高楼火灾逃生装置	2018 年"创青春"天津市大学生创新创业大赛	市级	2018.10	任忠龙、陈 琪 王 春、张 虎 樊建忠、裴俊龙 赵凯伟、席 彪 敖日格勒 王建成	金 鑫	铜奖
智能除草机器人	第四届天津市大学生创新方法大赛	市级	2018.10	王建成、李永军 闫尚卓	李 昱 刘士琪	优胜奖
工业机器人模拟训练机	第四届天津市大学生创新方法大赛	市级	2018.10	王世发、陈启元 吴亚峰	岳 刚 金 鑫	优胜奖

创新人才培养模式　发展特色专创融合
搭建"实训式"创业平台

——以天津现代职业技术学院创新创业工作为例

李晓芳①

天津现代职业技术学院作为天津市教育委员会首批认定的高校众创空间，在学生创新创业工作中，充分利用专业及校企合作优势，打造多个二级学院创业基地，由学校提供基础资源，学生完成自主经营的"实训式"创业；以便利化、全要素、低成本、开放式为原则，打造与学校专业相结合的五大领域创业一站式指导服务以及孵化空间——现代领航者众创空间。

一、实践探索

（一）结合专业特色，搭建学生创新创业平台

学院与合作企业共同助推，依靠专业优势，为学生搭建了创新创业平台，各个院系均有特色创新创业项目。

信息工程学院电子商务专业选拔有创业热情的学生成立天津渤海轻工电子商务有限公司，培养了学生的创业能力，激发了学生的创业意识。

生物工程学院成立了起士林现代学院店，帮助在校生实现了创业梦想。众创咖啡则成为学生与企业创新创业交流的沙龙。

传媒设计学院则是依托专业技术以及设备，由专业教师引领，并指导学生开设了爱创意个性创作体验店、摄影工作室以及装潢公司，这也是学院众创空间建设的一部分。

来自智能工程学院的无人机以及3D打印的师生创客团队，对无人机以及3D打印技术进行跨专业研究及应用，并将创意转化，成功自主设计制作3D打印

---

①　李晓芳，天津现代职业技术学院创业就业指导中心主任。

四旋翼飞行器,可用手机 APP 操控等。

（二）五大活动板块营造"创新·创意·创业"校园文化氛围

1. 创客训练营

2015 年,学院与清华大学等创客团队共同合作开展"XLP 极限学习过程"项目训练营;2016 年开展专题创客训练营,如机器人创客训练营(首批入营学员 40 余名),并特邀校外机器人研发专家对他们进行指导。训练营结束后,团队从智能开发、机器人以及计算机应用等方面持续开展了各类相关创客活动。此外,学院在近三年还举办了文化创新创意、电商淘宝等方向的专题创客训练营,影响覆盖全校各专业学生,形成了由众多优秀学生组建的创客团队。

2017 年底,学院与北京中关村软件园工程实践教育发展中心合作,完成了为期两天的创客训练营培训活动。活动使学生们开阔了眼界,全面深入地了解创新创业新思维,掌握了精益创业的核心思想和运用方法,不仅有助于提高学生的技能素养,更有助于他们积极参与实践,跻身创新创业的时代浪潮中。

2. 创新创业路演

学院自 2015 年成立众创空间,便结合众创空间资源对学生项目定期开展创新创业路演,至今共对上百名创客、40 余支创业团队、50 多个创业项目进行了孵化,至今注册企业 20 余家,进行了 10 多场综合项目路演。

3. 培训讲座

学院大力开展创业就业相关讲座以及培训,近些年除了开展针对创业团队的项目指导活动以外,定期对学院所有在校大学生从职业指导、求职技巧、创新领域专题讲座、创业实训、创新创业政策讲解、优秀毕业生座谈等方面开展了共计三十余次活动,影响覆盖到全校师生。

4. 创新创业赛事

自 2015 年起,学院每年举办创新创业大赛,活动覆盖全校师生,每年都有来自各系的优秀学生团队项目。校内大赛共约 50 支团队项目进入决赛,有众多团队脱颖而出,相关项目被推荐参加全国各类创新创业赛事并获得佳绩。校内创新创业大赛在打造了一批精品创客团队的同时,更进一步激发了现代学子的创新创业热情,提高了师生创新创业能力。

学院在积极组织校内创新创业大赛为各类校外大赛推选优秀项目的同时,还大力组织优秀创业师生积极报名参加各类全国赛事。在第四届中国"互联网+"大学生创新创业大赛中,全校共有 167 个项目报名,5 个项目晋级天津市市级决赛。

5. 创意集市

学院每年定期开展创意集市活动两次,至今已举办7次,每次创意集市都吸引来自校内外优秀青年创业团体和商户个体达50余个,展卖各种主题特色产品,短短几个小时的集市汇集学生人流量达千余人。

创意集市为在校大学生搭建了创新创业实践平台,为大家提供了一个展现自我的舞台,熟悉了市场经营流程,培养了学生的创业市场经济意识,提升了创业的能力和水平。

(三)现代领航者众创空间助推创新创业优质服务

2015年7月,学院的现代领航者众创空间获得天津市首批众创空间认定。

现代领航者众创空间以学院创就业基地为依托载体,结合学院的创客教育与创客实践特色,以文化创意、无人机技术、3D打印技术、食品烘焙及电子商务为主导产业,以大学生及青年教师为创业主导力量,将创客运动和创客理念引入大学实践教学中,让学生近距离地接触创客文化,共同参与开发具有原创内涵的创意产品。

目前,领航者众创空间规划总面积为2472平方米,建有领航信息与管理中心、创客教育实验室、领航者训练营、领航者工作室、路演空间、新媒体中心等功能区,提供信息平台服务、创业团队管理服务、人才培训服务、技术交流服务、创新技术服务、渠道拓展服务、政策对策服务和综合生活配套服务。

(四)构建创业就业线上线下宣传平台

学院建立了创业就业指导中心网站、现代创客空间网站以及现代领航者众创空间微信公众号,定期更新推送,为大学生提供最新鲜的招聘信息、创业资讯以及众创活动通知。从而扩大了宣传平台,完善了相关宣传功能。

二、实践思考

学院创新创业工作的顺利开展与取得的成绩,得益于学院领导的高度重视与完善的相关制度,学生的成长进步更得益于完善的创就业课程体系。

(一)"三会共管"机制,大力完善相关制度,全面推进创新创业工作开展

学院在长期的校企合作中,探索建立了"校企合作董事会""校企合作产业理事会"和"校企合作专业指导委员会"的"三会共管"创新运行机制。学院一直由校长直接主管创业就业工作,组建创就业工作领导委员会,由创业就业指导中心负责人、二级学院院长书记、教务处长、学生处长、团委书记等相关领导组成,全面执行创就业制度建设。学院依据国家相关创就业政策及文件,制定有关校内创就业教育方面的保障文件,出台《天津现代职业技术学院创就业基地管理办

法》《天津现代职业技术学院学生校内创业管理办法》《天津现代职业技术学院学生创业竞赛奖励办法》《关于天津现代职业技术学院各二级学院成立专业创客团队的通知》等相应制度文件。

1. 坚持制度先行,规范管理

自2012年12月发布《天津现代职业技术学院创就业基地管理办法》至今,基地学生日常管理制度经过长期实践已日渐完善。几年来,创就业基地严格按照管理办法进行各方面管理,落实学生管理制度,形成了良好的有层次的自主管理结构,建立了较宽松的、富有活力的自我管理体系,力求使管理功能与服务功能有效结合,更好地贯彻落实基地管理办法。

2. 坚持例会制度,使信息交流、项目研讨常态化

学院进一步健全了例会制度,定期交流信息,布置任务,特别是每周五下午的学生项目交流例会,对项目的发展产生有效影响。

(二)全面完善创就业课程建设,提高创新人才培养质量

学院将创就业指导课作为必修课列入学院人才培养方案,为各年级开设职业生涯规划、创业实践、创业指导、创业典型案例分析等课程。学院构建分层递进的课程体系,形成以知识为基础、能力为导向、素质为核心的就业创业课程体系。

课程类型主要分为创业课程和就业课程:创业课程面向全校学生开放,包括创业的基本概念、一般流程和创业者、创业团队、创业机会、创业资源、创业计划、政策法规、新企业开办与管理等关键要素和环节的内容。授课计划日趋完善:一年级讲授职业生涯规划,二年级集中讲授就业指导内容,三年级进行创新创业内容讲授,使课程更具针对性。

学院开展以"创办你的企业(SYB)+创业实训"为主要内容的大学生创业实训,从二年级开始,每年完成培训人数2500名。创业实训提升了学生的创业就业能力,开拓了创新思维,提高了创业的综合素质。

三、实践成果

1. 2015年7月,成为天津市首批众创空间。

2. 2016年12月,获得创新创业示范校50强称号。

3. 在2017年第三届中国"互联网+"大学生创新创业大赛中获全国铜奖。

4. 在2017年第三届中国"互联网+"大学生创新创业大赛获天津市一等奖1个,三等奖4个。

5. 在2017天津青年社会创新论坛暨"鲲鹏杯"青年社会创新大赛中,获三

等奖1个,优秀奖8个,并获大赛优秀组织奖和优秀指导教师奖。

6. 在2018年"挑战杯——彩虹人生"国家创新创效创业大赛中获国赛二等奖。

7. 在2018年"挑战杯——彩虹人生"职业学校创新创效创业大赛中获天津市特等奖1个,三等奖2个。

8. 在2018年海河教育园区文化创意创新创业大赛中,获二等奖1个,三等奖1个。

9. 在2018年第四届中国"互联网＋"大学生创新创业大赛红色之旅赛道中获国赛铜奖。

10. 在2018年度"创青春"天津市大学生创新创业大赛中,获金奖1个,银奖4个,铜奖2个及优秀组织奖。

11. 在2018年度天津市黄炎培职业教育创新创业大赛中,获一等奖1个,三等奖1个。

12. 在第四届"互联网＋"大学生创新创业大赛红色赛道获一等奖1个,三等奖1个,优秀指导教师1个。

13. 在第四届"互联网＋"大学生创新创业大赛主赛道中获二等奖3个,三等奖4个。

14. 在2018年度天津市教育委员会创新创业工作众创空间考评中,获A级优秀的优异成绩,并且学院是15个A级院校中唯一的高职院校。

天津机电职业技术学院创新创业实践案例

天津机电职业技术学院

一、学院鼓励学生的创新创业工作

（一）学院重视思想政治教育和就业创业工作

学院注重学生的思想政治教育工作,通过开展创新创业大赛、跳蚤市场、模拟招聘会等各类活动,拓展大学生思想政治教育的内容。学院聘请南开大学教授为毕业生举办专题创业讲座,提高了思想政治教育的前瞻性和延续性学院有机地将毕业生思想政治教育与就业创业指导服务相结合,提高思想政治教育的实效性,有助于形成长效机制。

（二）落实毕业生就业创业工作的"一把手"工程,做好就业管理,创业引领,建立和完善以长效机制为核心就业创业保障体系

学院对就业创业工作高度重视,学校党委书记直接分管就业创业工作,并形成了学校统一领导、就业工作办公室和各系紧密配合、齐抓共管的毕业生就业创业二级工作管理机制。院长办公会定期研究和解决学院创新创业教育和毕业生就业工作,保障就业创业工作顺利开展。

（三）深化教育教学改革,提升人才培养质量

学院坚持以立德树人为根本,以服务发展为宗旨,以促进就业为导向,深化产教融合、校企合作,培养技术技能人才。创新教学模式,提高人才培养质量。学院"翻转课堂"创新项目是示范校建设项目的重要组成部分,在总结以往经验后,2016年全院继续推进"翻转课堂"的教学模式,组织召开了院级教研活动翻转课堂分享会,培训新就职教师深入了解"翻转课堂"的教学模式。通过开展"翻转课堂",学生出勤率、学习积极性与参与率得到明显提升,每个学生都得到

发展,收到很好的教学效果。"翻转课堂"的教学模式全方位地提升了教学质量,彰显了办学特色,使人才培养质量得到全面提升。

(四)全面建立增强学生创新精神和实践能力的实践教学体系和协同育人模式

在学生专业社团中的数控社团是"强化高职在校生职业技能型"的学生团体,经过社团活动的开展,学生均能独立完成较复杂的工业零件生产制造,形成一支成熟的"生产型"学生社团队伍,毕业后社团成员成为企业招聘的热门人选,同时在天津市直至全国"高职高专职业技能竞赛"中佳绩连连!

(五)完善创新创业教育课程体系,将创新创业教育融入职业教育

学院把创新创业教育作为推动高校教育综合改革的重要抓手,将创新创业教育融入专业和文化素质教育,将职业指导、创新创业课程作为在校学生的基础必修课,贯穿于高职教育的始终。

(六)加强就创业师资队伍建设,开展创新创业实践活动

学院组织各系专业教师开展创新创业教育教学研讨、培训和交流,与清华大学工程实践中心合作创立 XLP 极限学习过程创客团队,开展创新创业活动,培养和选拔创新创业教育领域的教师。同时与清华大学天津高端装备研究院进行合作,开发协同创新平台,通过平台拓宽合作途径,提高社会服务影响力。学院 XLP 创客时代团队在中美创客大赛中取得优异的成绩。学院定期选派新入职教师和专业带头人到西门子、天津正本电气股份有限公司等单位一线挂职、顶岗实践,参与企业的生产和创新创业活动,取得了良好效果。

学院邀请"最受大学生欢迎的职场教练"刘杨为在校学生进行了《创业必成》主题讲座。刘杨通过讲授亲身经历与大学生分享创业成功经验,剖析经典案例并现场提炼创业心法,使在校学生从中受益。此外,学院充分发挥就业社团的作用,积极组织开展如校园跳蚤市场和学校第一届创新创业计划书大赛等,学院通过活动增强了学生社会实践能力,培养了学生的自主创业理念。

学院积极组织学校专业教师和学生参加创新创业大赛,支持大学生自主创业,并取得优异成绩。

为做好学校就创业工作和众创空间的运营管理,学院编写制定了《天津机电职业技术学院众创空间管理办法》《创业项目留校合作经营办法》《天津机电职业技术学院关于加强创新创业工作的意见》《机电 GENSBOX 校内众创空间运营管理规则》等相关管理办法,为学院就创业工作提供保障支持。

二、创新创业工作基本情况及取得的成绩

（一）打造创新创业基地

学院与多家公司和团体共建创新创业基地。学院与天津动力火车生产力促进有限公司、天津明大华中企业孵化器有限公司、天津闽津企业联谊会、天津四川商会、天使投资等社会团体共同拟建立大学生实习创业基地，为创业者搭建了良好的桥梁。目前已建成共计4000平方米的实训基地，主要致力帮扶本院学生进行创新、创业。实训基地分为三个部分，分别为：

A. 以主体、孵化、创客、创业为主题的众创空间主体运营展示区域（实训楼三层），主要体现学院专业特色和创新创业文化，分装备制造加工区域、研发测量区域和创客工作室，包含了电子商务创业区、自由创业区、科技类产品孵化区、路演区、公共会议室、展示区、茶歇区、共享接待区、资料室、法务政务财务咨询室等功能区域。

B. 以商务接待、文化展示、第二课堂为主题的区域。本部分结合学院图文信息中心区域特点及优势，以书吧、创客咖啡、共享空间等区域进行创业项目开发，包括图书休闲吧（主要以休闲、展示学院主题文化为主，经营文具、纪念品、书籍）、创客咖啡桌游吧（主要以娱乐、休息、接待为主，经营饮品、食品），社团文化创业区。本部分为学院社团进行创新创造相关活动的区域和共享接待区域。

C. 以商业街、格子铺为主题（后勤服务中心）的区域。本部分将400平方米室内区域进行规划，打造成商业街、淘宝街模式，满足相关创业条件的学生可以申请店铺开展相关商业活动，在无人值守的格子铺、跳蚤市场进行个人物品展示及售卖。室外区将以休闲区模式打造，定期举行创业集市。

实训基地办公楼水电暖、通信设备齐全，预计共可容纳100多处创业办公地点，涵盖3D打印、3D建模、机械制造、机械设计、电子信息维护、动漫、电子商务、科普教育、艺术教育、餐饮管理、食品包装设计、形象设计、物流操控等多重业态。实训基地让创业的大学生能够得到充分的锻炼学习机会，为今后创业发展打下坚实的基础。自基地成立以来，先后入驻了创业团队27个，带动就业人数50人。

（二）参与创新创业大赛

学院积极组织学校专业教师和学生参加创新创业大赛，并取得优异成绩。其中学校王喆老师指导学生王涵、刘元寅参与《水体虹吸机》作品、刘海滨老师指导学生徐也、令狐伊桐、黄雅静参与《厨师来了》作品，在2015年中国"互联网＋"大学生创新创业大赛天津市复赛中荣获优秀奖；黄健成同学在学校创业政策支持下创建的天津九分科技有限公司正式运营,开展"互联网 + 3D 打印"主体业务,荣获"天津市大学生创业奖学金"优秀奖。2014 级刘洪同学的创业项目——天津大千文化传媒有限公司即将运营,其以传承我国舞狮舞龙文化遗产为主体业务。这两个创业项目均参加了首届天津市大学生创新创业人才与成果展洽会。此外,学院还精心组织"创业计划大赛""数学建模大赛"等各级各类竞赛,对创新人才在专业发展、学业评价等方面予以扶持,鼓励学生个性发展。

(三)加强众创空间创新创业平台建设

学院建立健全学生创业指导服务专门机构,做到"机构、人员、场地、经费"四到位,对自主创业学生实行持续帮扶、全程指导、一站式服务;举办学院创新创业大赛,支持举办各类科技创新、创意设计、创业计划等专题竞赛。依托平台开展多元化、主题丰富的活动,结合学院和运营主体的优势资源,吸纳更多的大学生创业团队进入空间进行孵化,培养更多的创新创业人才。

另外,学院充分利用"互联网 + 就业"新模式,搭建网络、微信服务平台,创新招聘形式。学院就业网站与中华人民共和国教育部、中国高职高专教育网、中国高校毕业生就业服务信息网、天津市高校毕业生就业信息网、新职业、北方人才网、中天人力资源网、泰达人才网、滨海人才网等网站链接,定期更新招聘信息、就业指导、创新创业教育等内容,做到就业政策法规宣传到位、就业服务内容与流程公开。此外,学院招生就业微信公众平台正式上线运行,为毕业生提供快速便捷的就业信息服务。

三、创新创业典型案例

学院毕业生孙惠敏,在 2017 年 1 月创办了天津维宁科技有限公司,主要经营:产品的研发和仿制、逆向设计培训、培训资源开发、转让、3D 打印技术服务等。公司主要成员是有高技术和实战经验的设计工程师,公司以培养本校的学生为主,学院为公司储备更多的优秀人才。大学期间,孙惠敏同学在 2013 年全国职业院校技能大赛高职组"注塑模具 CAD 设计与制造"赛项以及 2014 年全国职业院校技能大赛高职组"三维建模数字化设计与制造"赛项的比赛中取得优异成绩,并且多次为企业设计和研发产品。孙惠敏同学于 2016 年 8 月担任省培的讲师,为山东省 10 多个高职院校的 20 多位老师做三维扫描和逆向设计培训;2016 年 12 月,参与了"鲁班工坊"3D 打印培训项目,主讲逆向设计;2017 年与山东科技大学合作,参与编写普通高等教育"十三五"规划教材《3D 打印——Geomagic Design X 逆向建模设计实用教程》,现已出版;2017 年 3 月,为泰安市多个中小学的 50 多位老师做 3D 打印设计软件的培训,并在后期为他们定制了产品设计的培训资源;2017 年 5 月,为太原技师学院 3D 打印实验室的老师做 3D 打印设计服务、逆向设计的培训和开发课程资源;2017 年 8 月为中国潍坊 3D 打印创新中心的工程师做逆向设计培训及产品研发;2017 年 9 月初作为主讲师为新泰市职业中等专业学校组织的十多家中职、高职、本科的 40 多位老师做三维扫描和逆向设计培训以及 3D 打印技术服务;2017 年 9 月,先后为宁阳县职业中等专业学校、泰安市文化产业中等专业学校等做逆向设计培训和中职组市赛的培训,2017 年 10 月 28 日,为山东理工职业技术学院参加省赛的学生做逆向设计的大赛培训。2017 年 11 月 4 日,为齐鲁工业大学工程训练中心做三维扫描仪培训和逆向设计培训;2017 年 11 月 8 日,为泰山职业技术学校机电系快速成型实验室师生做三维扫描仪培训和逆向设计培训。此外,孙惠敏同学还为山东康盛医疗器械有限公司、河北敬业集团——增材制造科技有限公司等多家公司做产品的研发和仿制。

以工程实践创新促进大学生创新创业

天津渤海职业技术学院

天津渤海职业技术学院众创空间在 2015 年 11 月由天津市教委认定挂牌，认定面积 1390 平方米。学院依托集团化办学优势，构建高职院校创新创业型人才培养的新模式。

一、工程实践创新，促进大学生创新创业能力

学院通过建立导师制，在学院的工程实践创新实训基地（EPIP），利用工程实践创新平台，通过具体的科研案例，培养学生如何查专利、查资料，如何写开题报告和科研报告，增强学生的动手实验能力，培养学生对科研的兴趣，学生被培养成具有创新基因的优良种子，在合适的创新环境里，自然就会迸发出创新的想法，充满创新的自信，探索未知领域的新奇，享受创新成功的乐趣，把创新变成一种思维习惯、一种爱好。学院培养学生写科技论文、申请发明专利、转化科技成果的能力，特别是提升工艺研发、同机电仪、工程设计、成本管控、市场分析等综合能力，进而使学生形成立体的、多元的创新思维。

学院以工程实践创新实训基地，作为教师培养体系和学生实践的平台，具体做法如下：

一是拥有"企业人 + 学校人"的"双师"素质教学团队，以满足创新创业型人才培养模式的师资需要。这一般通过"专兼结合、校企共建"专业教学团队的建设思路完成，学院与企业联合培养专业教师，提高教师的实践动手能力和科技创新创业能力。实现专业教师由"学校人"到"企业人"的转变。

二是校企共同建立大学生专业实训基地、大学生创新创业基地和大学生社会实践基地，构建大学生创意、创新、创业的平台，使该平台成为大学生专业训练、社会实践、创新创业体验的应用平台。

二、创新课程体系,将"双创"教育融入教学全过程

创业不仅能够为国家缴纳税收,还可以解决社会就业,作为一名创业者是值得社会尊重的,成为一名企业家是很多人的梦想。开一个公司本身很简单,无须锻炼,关键是开公司干什么。开一个店也很简单,不能总靠交学费来锻炼或靠政策支持来开公司。开一个公司首先要经过详细调研,做一份可行性研究报告,算一算投资回收期是多长时间。

创业是有风险的,教育学生创业之前一定要学会创新,创新是创业成功的基础。干事创业,最核心的是这个创业项目的优势是什么?这个优势能保持多长时间?这个优势怎么获得?与竞争者相比,项目能带来多少额外的利润?如果项目的资金壁垒和技术壁垒不高,利润优势必然难于长期保持。创业之前必须要做一份完整仔细的可行性研究报告,同时创业要因人而异(各自背景不同),不能盲目追潮,创业需谨慎。

要培养学生的企业家精神,人品是创业的基石:诚信、宽容、民主、尊重人才、亲和力等个人素质;合作是创业的关键:政商关系、沟通能力、团队意识、互利共赢;敏锐的洞察力:机会的掌控、果断决策、丰富的想象力、精明而不投机等;冒险精神:创新意识、敢于挑战、看淡成败、风险管控;社会责任:敬业精神、服务意识、国家纳税、员工就业,重点培养学生创新创业的方法与兴趣,具体做法是:

构建科学合理的课程体系是实现创新创业型人才培养目标的关键。课程体系构建的基础是人才培养目标,即知识目标、能力目标和素质目标;课程体系构建的特点是将创新创业型教育贯穿职业教育的全程。通过第一个学年上半学期的学习与训练,实现学生顺利"入门";通过第一个学年下半学期的学习与训练,实现学生有效"入行";通过第二个学年的学习与实践,实现学生成功"入职"和学生职业创业能力和素质的递进式提升。

三、推动仿真模拟教学,提高学生创新创业的实战能力

仿真模拟教学是模仿真实的工作程序和环节进行教学,以达到理论与实践相结合的一种教学方法。通过创设连锁企业管理工作岗位,营造真实的连锁企业管理运行环境,增强学生岗位工作适应性。将一个班级学生分成若干学习小组,每个学习小组组建一个仿真模拟公司,模拟完成模拟公司的设立(公司核名、门店选址、编写"公司章程"、验资报告、公司注册、领取营业执照等)的基本流程;模拟公司运营(采购、商品定价、商品配送、广告促销、人力资源管理、收益分配等)和运营绩效评价等工作任务。工作成果以工作文案、市场调研报告、财务账簿报表、公司促销策划方案、员工招聘方案、员工激励政策文案等载体呈现。模拟公司的运营,是在内部分工合作、外部有效竞争、不断创新进取的基础上完成的,有利于开发学生的内在潜质,培养学生的团队合作精神,提高学生的抗挫折能力,为创业积累宝贵经验。

四、建立具有渤海特色的创新创业教育体系

组建博士团队作为创新创业导师,提高学生创造性,增加学生创新意识,促进创新创业教育京津冀协同发展。建立"中—泰"中高职衔接,延伸至教育国际化的创新创业工作体系,社团活动与创新创业服务相结合,多点开花,进行多样的创新创业活动,推进以创业大赛为引导,重点扶持获奖项目的创新创业工作体系。

四年来,学院以工程实践创新为平台,通过导师制、校企合作等创新创业型人才培养模式,取得了以下成果:

申请入驻学院众创空间的大学生创客205人,入驻团队49个。入驻学院众创空间的已注册初创企业26个;共开展创新创业专题实训实践36次,共有12732人次参与活动,其中投资路演12次,参与4000人次;创业参观交流16次,参与930人次;创新创业赛事4项,参与6000人次;举办以创新创业为内容的教育普及活动14次,共4800人次参与活动,其中开设创业培训4次,参与1200人次,创业沙龙24次,参与3600人次;学院于2015年将创新创业教育纳入必修课程,课时安排16学时;学院开设相关的校级创新创业选修课,参与人数达到1200人。

学院共聘任导师32人,其中校内导师8人,校外导师24人。有记录的创业导师辅导培训36次,其中校内导师培训辅导16次,校外导师辅导培训20次。依托众创空间创新创业交流学习14次,参与人数200人。

学院充分发挥集团化办学企业优势,为已入驻空间的创客提供企业对接服务,目前天津渤海化工集团有限责任公司众创空间,天津海职科技发展有限责任公司,天津市合成材料工业研究所,天津长芦汉沽盐场有限责任公司,天津启诚伟业科技有限公司,天津渤化盐业经销有限公司等公司已经与学院签订了合作协议。入驻学院的团队天津汇川文化传播有限公司获得天津渤海化工集团有限责任公司众创空间种子基金2万元并用于经营。入驻学院的团队天津军瑞达科技有限公司,主营机械加工以及机器人制造,年收入已达到40余万元。

学院创客及创业团队16人获得大学生创新创业奖学金,8人获得天津市科技型中小企业认定,学院推荐36个团队参加"挑战杯——彩虹人生"国家创新创效创业大赛,获得铜奖 2 个,天津市一等奖 6 个,二等奖 16 个,三等奖 28 个,经选拔推荐 18 个项目参加中国"互联网 +"大学生创新创业大赛天津市赛区比赛,获得全国铜奖 1 个,天津市一等奖 1 个,天津市二等奖 4 个,天津市三等奖 12 个。

目前学院的创新创业虽然取得了一定的成绩,但还存在一定的机制体制的限制和问题,比如如何把创新创业教学正式纳入学分管理、如何把兴趣相同的学生集中起来(各个专业的课程安排不一致);学生在校的有效时间太短,安排创新创业的时间不能保证;如何把创新创业的教育教学、科研创新和创新创业有机地衔接起来;有些学生在众创空间开设的公司,离开学校以后,作为法人已经不在天津了,公司想关闭也很困难;大学生缺乏社会实践经验,有热情,但较盲目,缺乏科学引导等。今后职业院校在大学生创新创业制度建设上,如何建立并规范大学生创新创业管理标准(包括统一各校的归口管理部门、学生的学分与时间的保证、适合创新创业教材、创新创业大讲堂、开展的创新创业项目管理、资金管理、成果转化引导、大学生创新创业能力评价标准等)是非常值得思考的。

数字化时代新商科高职院校
创新创业教育思考

天津商务职业学院

一、数字化时代的内涵

数字化时代是继工业时代和信息时代之后的一个新时代,是美国学者尼葛洛庞帝在《数字化生存》一书中提出的新概念。数字化时代的根本特征,是实现了"真正的个人化",一是个人选择丰富化,二是个人与环境能够恰当地配合。信息技术深入到各个行业,积累了大量的数据资源,通过网络平台进行信息共享和汇聚,通过挖掘萃取知识和理念,行业进入智能化应用阶段。数据的开放和共享促进组织内各个部门间、价值链上各个企业间甚至跨价值链、跨行业、跨组织的大规模协作和融合,实现价值链的优化和组合。由此可见,数字化时代的组织转型也面临着很大的挑战。

二、数字化时代对新商科人才的需求

近几年来随着数字化时代的到来,企业发展的规律发生了重大变化,企业的寿命、产品的生命周期、市场竞争的周期严重缩短,有一大批新锐企业爆发式增长,也有老牌传统企业迅速衰弱。产品、企业、行业都被重新定义,对于大部分事物的理解都要不断切换角度去尝试。同样,市场对人才的需求也在发生颠覆性变化,商科作为实践性很强、市场结合度很高的应用性学科,目前也面临很大挑战。在教育部高等学校工商管理类专业教学指导委员会2019年第一次会议上,齐佳音从新商科学生知识构成的视角指出,新思维、新规则、新理论和新工具是新商科的"新";席西民指出,商科融入工科、理科、行业教学中将会是新商科的发展趋势。综合而言,与传统商科相比,新商科一是淡化了商科的学科属性,强调商科与其他学科跨界融合;二是强调商科人才对于数字思维和工具方法应用的重要性;三是强调新商科人才与产业对接的适时性。因此,新商科是传统商科的拓展与创新,是在商业、技术和人文愈发深层次融合的新经济时代,对传统商科的教育理念、专业建设与人才培养模式进行革新探索,旨在培养出符合新经济环境需求的商科人才。

目前,高职院校的学科专业还是按照院系来划分的,每个院系都按照专业要求制订人才培养计划,每门课程都有既定的教学目标。然而这些目标设定基本还是以专业知识和专业技能为主。商科高职院校办学实践表明,商科和普通的应用型技术专业是有区别的,毕业生走上工作岗位后,除了需要具备一定的专业知识,个人的沟通、合作、协调能力、包容他人的能力以及领导能力等都十分重要。从职场的表现看来,后者往往比专业能力更重要。那些和专业看上去无关、在传统的学科专业教育中无法教给大学生却特别重要的能力,恰好可以通过创新创业教育来传导。

三、数字化时代中高职新商科创新创业教育的思路

数字化时代,新商科的人才需求与高校创新创业教育匹配度很高。

（一）构建符合数字化时代新商科需求的人才培养体系

在数字化时代新商科背景下,作为商科高职院校人才培养改革的重要举措,"双创"教育已经不满足只为某几门课程的几个学分,或是作为第二课堂、为一部分学生提供一些创业所需要的课程和技能准备、提供一些实践项目的平台。数字化时代要求新商科高职院校的"双创"教育必须要打造全新的升级版。高职院校的基本职责是立德树人,"双创"教育要以两个融合作为升级改革的基本理念。一是思创融合,将"双创"教育与正在推进的"三全育人"改革进行有机的融合;二是专创融合,将"双创"教育的理念和思维模式融汇到所有的专业课程中,并贯穿人才培养始终。具体来说,应从情怀塑造上激发学生抓住机遇、敢想敢做、笃行奋进、勇于创造、主动服务国家战略和社稷民生的热情,点燃年轻梦想并把梦想融入国家发展之中。在能力培育上,做到全员关注,侧重于培养学生的创新人格、特性和能力,向学生传授创新创业知识和专业职业知识,引导学生关注社会发展变迁、面向未来,帮助学生做好准备,不断提升自己,注重批判思维、表达与思考能力、可迁移能力、终身学习能力等的培养。对于具备实战能力的学生,通过针对性倾斜化的资源配置,帮助学生参与师生成果转化,鼓励组建创业团队和创办企业,并对其进行个性化的创业指导和全方位的帮扶。

（二）设置专创融合的协同教学场景

"场景"是数字化时代的产物,是广泛应用于与创业、管理、营销、教育有关

的特定词汇。在场景化的教学实践中,学生能够找到自己的主体地位,主动找到适合自己的角色和分工,与场景内的其他角色共同完成任务。教育场景的创设,目的既是为了解决传统教育与市场、行业的脱节,专业教育与"双创"教育脱节,符合人才培养的基本规律、提高人才培养工作的质量和效益。新商科高职院校可以以任务场景为切入点,让学生在实际场景中解决问题、完成任务,进而强化对知识的学习和掌握。不同场景之间可以自由转换或者无缝切换。比如,先在一个专业的部分课程试点中引入任务场景,让学生在选取任务、分析问题、解决问题中加强对行业的认知和知识的理解,进而把任务场景做大做真实,逐步推广到整门课程的学习过程,甚至是多门课程的协同运用,最终实现专创融合场景教学可以覆盖绝大多数的专业课从而可以贯穿人才培养的全过程。

(三)建设创新创业教育"多元化"的师资队伍

数字化时代,新商科高职院校应充分发挥创新创业师资队伍的作用,建立创新创业师资匹配机制,将创新创业教育各个阶段和教师能力发展有效地结合起来,从而促进创新创业教育新发展。"双创"师资不但要有丰富的专业创新能力和企业实践经验,还要具有开拓的视野和可迁移的教学能力,集"专业化+全能化""专职化+兼职化""境内+境外"等特点于一体。一方面,应从校内选聘一批有理想信念、有道德情操、有扎实学识、有仁爱之心并且具备双创教学能力的教师专门从事课堂教学,形成创新创业教育核心教学团队,特别优秀的教师成立创业导师工作室。同时通过定期顶岗实践、培训学习等方式,不断提升他们的创新创业能力、理论知识和育人水平。另一方面,应引进国内外等创新创业教育先行区域的专家学者、吸收企业具有丰富经验的创新创业型人才和实践技术骨干,形成学校的兼职创新创业师资队伍。

(四)营造"双创"教育儒商文化氛围

儒商文化作为儒家文化的一个子系统,从诞生之初就深深影响着中国商人的商业行为和思维模式。作为数字化时代的新商科高职院校,应该看到儒商文化对大学生创业精神培养具有积极意义。在教育教学中坚持以事启人、以情感人、以理服人,引领大学生树立正确的历史观、民族观、国家观、文化观,树立文化自觉,增强文化自信和价值观自信。根据时代发展的需求,结合高校众创空间建设,建设具有地方经贸文化特色的商业文化展示区、文化长廊,不断增强学生对地方文化特色、商贸历史的了解和认同。同时通过树立典型榜样激发大学生学习儒商精神的热情,运用儒商文化"内圣外王"修身观、"义以为上"的义利观、"以和为贵"的人际观和"经世济民"的社会责任观引导规范大学生创业者的从商行为。此外,还可以通过 QQ 空间、微信公众号、抖音等媒体以大学生喜闻乐见的宣传方式来对大学生创业者进行儒商文化的熏陶。通过一系列手段打造浓厚的儒商文化氛围,激发大学生对儒商文化的好感,使儒商这一中国本土文化对当代大学生创业精神产生更深远的影响。

（五）建立创新创业教育"多维度"评价体系

数字化时代,新商科高职院校应建立以应用为导向的"多维度"评价体系。评价体系面向学生、教师、学校、政府等主体,应覆盖创业教育教学全方位能力指标,评价者应注重形成性评价在评价过程中的应用,评价过程中应实施多主体评价,运用形成性评价的方式分时间节点对教学效果进行评价,强化评价导向、激励、诊断、调控、反思、发展等多重功能,更加关注学生在创业教育教学过程中的成长变化,洞悉学生学习的内在需求。一方面,评价各主体应明确利益需求点,不断推进跨界融合、共生发展,激发各主体的能动性和互动性;另一方面,教育成果的应用型导向必须贯穿学校各教学环节的始终。评价方式主要包括内部与外部评价、过程性评价与结果性评价、成果数量评价与转化效益评价,确保评价的客观公正性,促进学校、政府、企业的良性互动与融合共赢。

高职院校招生就业联动体系建设的探讨

——以天津海运职业学院为例

天津海运职业学院

随着招生规模的扩大、毕业生人数的增加,生源质量及毕业生就业质量问题越来越为社会、政府及媒体所关注。如何构建一种能够吸引优质生源、提高就业质量的工作模式正引起越来越多的思考与探索。在职业教育改革的形势下,必须将招生与就业综合考虑、合并分析才是最佳选择。基于此,如何构建高职院校招生就业联动机制,提升生源的整体素质,使学校成为学生就业的保障,这一课题的完成任重而道远。

一、招生就业联动机制的内涵

高职院校招生就业联动机制的内涵主要包括以下两个方面:

(一)根据就业状况制订调整招生计划

目前有些学校存在按照现有学科设置和教师状况设置专业的情况,并由此制订招生计划,这是很不科学的。毕业生的就业率和就业质量都是社会需求状况的现实反映,我们没有任何理由支持一个就业率和就业质量始终比较低的专业去扩大其招生计划。应当建立根据就业状况调整招生结构的机制,招生计划数量的投放重点要依据毕业生就业市场需求状况的变化来决定。就是要用若干年(一般以近三年)的就业率和就业质量统计数据来决定专业年度招生计划,以此来逐步引导高校各有关部门和学院以及学科专业调整人才培养方案、师资力量、资源配置和学科专业发展方向,以实现总体效果的优化。

(二)招生就业联动推进学校整体工作

招生就业工作和几乎学校所有的工作都有着十分重要的关系。不论是教学、科研、财务、资产设备,还是学工、后勤、校友,都与招生就业紧密相关。学校的人才培养、学科建设、绩效管理、资源配置、后勤保障等,无一不体现在学校的整体办学声誉和形象中,这对学校的招生和就业工作影响巨大。相反,学校在招生和就业工作中所得到的社会反馈信息,对于学校改革、创新和完善各方面事业而言也是非常重要的。因此,学校在开展相关工作的咨询、论证和决策过程中,要认真参考招生和就业情况,以此来增强工作部署和决策的科学性,提高学校的办学质量,促进学校整体工作的提升。

二、招生就业联动体系建设的基本思路

招生就业联动体系的构建是打破当前结构性就业难题的关键。招生就业联动体系建设的基本思路是"以社会需求为导向,以招生确保人才培养质量,以人才培养质量拓宽学生就业空间及未来发展空间,以就业前景促进招生,努力形成招生、培养、就业的良性循环"。

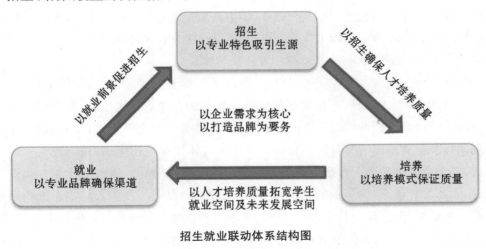

招生就业联动体系结构图

联动体系中所有的工作都应围绕用人单位需求展开,在进行专业建设时要考虑市场需求,认真进行市场调查,切实了解人才市场的供需情况,以市场紧缺人才为突破口设置、调整专业;在招生时,以市场需求量大、职业前景好、长期的薪资待遇等热门关注点吸引优秀考生,提高生源质量;在进行人才培养时,学校应围绕用人单位需要设计培养目标与人才定位,在课程设置上保持与用人单位需求同步,不断及时更新教学内容,改革教学模式,着力帮助学生树立正确的择业观,按照用人单位要求提升学生的职业素质与职业能力,确保教学质量;在学生就业时,帮助学生进行职业生涯规划与就业指导,以企业需求引导学生自我认知,调整心理落差,选择合适的就业单位、部门与岗位,在一定时期内比较稳定地扎根企业,以满足单位短期、中期乃至长期的用人需求。

三、招生就业联动体系建设的策略

(一)建立招生就业和人才培养工作的联动机制

人才培养质量和社会认可程度对高职院校的办学声誉、影响力和可持续发展至关重要。人才培养工作涉及招生、就业、教学等众多部门,但关键是招生、教学、学工和就业四个重要方面,这也可以称为高职院校人才培养的四大环节。招生和就业作为人才培养工作的开端和末端,通过招生工作可以准确掌握学生的报考意向和广大考生及家长对学校的评价情况,通过就业工作可以掌握学校毕业生的就业发展状况和社会就业市场对学校的认可程度。这些评价和反馈信息及时反馈到人才培养环节尤其是教学和学生管理环节,可以不断深化教育教学改革和人才培养模式改革,使其与经济社会发展需求相适应。客观来讲,高水平的人才培养工作会促进学生顺利就业,学生高质量就业会促进招生,较高素质的生源必然会促进人才培养工作顺利进行,这是一个良性循环的过程。

(二)构建适合本校发展的招生就业联动体系

各高职院校在办学性质与层次、学科门类与专业设置、人才培养体系、师资及科研水平、办学条件、招生地域情况等很多方面存在着很大不同,需要因地制宜地构建适合本校发展的招生就业联动体系,将本校专业设置等情况与招生计划制订及就业流向情况对接挂钩。学校各项具体情况与招生、就业问题交互影响,办学层次更是决定着招生的生源情况与人才培养目标。学科门类与专业设置、人才培养体系、师资及科研水平、办学条件等既是考生及家长填报志愿的重要参考指标,也是社会及用人单位选聘毕业生的重要参考内容。从地域上来说,我国各省市都有自己的发展特色,因不同地区经济发展及主体产业结构不同,不同的专业在不同地域范围内的认可度也不尽相同,招生生源情况自然也会有所区别。如在西部地区投放大量的航海类招生计划往往得不到考生认可,报考人员过少就会导致生源质量产生问题,加之毕业生流向一方面受各地主要经济发展行业及需求的影响,另一方面也具有一定的生源地趋向性,就业质量问题会进一步影响社会对学校的专业认可度,进而影响以后的招生。鉴于此,要充分考虑学校的具体情况,以前瞻性的眼光制定适合本校发展的招生就业联动机制。

(三)建立和完善联动体系建设中的组织与信息保障

高职院校招生就业联动体系的建设不是一蹴而就的,而是一项长期持续的工程。在这项长期工程中,必须打破当前制约招生就业联动体系建设的组织结构障碍,解决阻碍联动体系建设的信息沟通问题,才能形成良性互动机制,摒弃招生、培养、就业三环节条块分割、各自为政、相互分离的尴尬局面。

一些院校由于缺乏联动意识,各部门在工作中尊崇本位主义,仅关注自己这一环节的工作能否完成,例如,招生办只关注如何完成招生任务,很少从就业的角度考虑专业设置的合理性,每个专业招生的人数及其具体的地区分布也未能与现实中真实的就业情况结合起来;系部只关注自己的专业和教学过程,根本不关注学生是从哪里招来的、要到哪里去工作、他们实际的就业能力以及就业质量如何、他们的就业范围与专业的吻合程度怎样;就业指导中心也只负责催促学生签订三方协议,很少关注学生的培养质量以及其长期职业发展状况。三个环节严重脱节是当前高职院校工作的普遍现象。

要建立招生就业联动体系,学校必须在各部门贯彻"联动合作"的基本工作意识,改变当前各部门"只重分工,不重合作"的工作现状,加强部门之间的组织合作,建立健全信息沟通与反馈机制,例如,系部与就业指导中心需要时常与用人单位沟通联络,了解用人单位对毕业生及人才培养的评价与建议,必要时需对优秀毕业生进行跟踪调查,通过毕业生的职业生涯发展状况判定培养及就业质量,并据此进行分析研究,汇集对专业设置、招生布局、教学评估等工作有重要参考价值的信息,为上述工作的改善与提升提供决策依据。招生办应当通过上述信息,了解哪些专业的学生就业前景更好、哪些地区的生源在未来的工作中从事某专业或者行业工作的可能性更高,从而加大在该专业、该地区的招生力度;系部应当根据用人单位要求,从学生入学伊始即培养学生的专业兴趣,树立学生的从业观念,提高学生的就业能力,在专业的基础上拓宽学生的就业领域。

总而言之,高职院校必须以社会需求为导向,进行系统性思考,将招生、培养、就业三个环节一体化统筹,从组织合作与信息沟通反馈两个方面加强各部门之间的联合与协作,夯实招生就业联动体系建设的基础保障工作,才能实现以招生促培养,以培养促就业,以就业促招生的联动目标。

天津城市建设管理职业技术学院
学生创业实践案例

天津城市建设管理职业技术学院

李建亮，男，天津城市建设管理职业技术学院 2013 级建筑工程管理专业学生，于 2016 年毕业，学习成绩优异。

李建亮同学性格乐观开朗，积极向上，善于与人沟通交流，具备较强的吃苦能力和团队意识，做事严谨认真，具有很强的责任心和耐心，能够高效率高质量地按期完成任务，具有较强的自学能力和环境适应力，能够从容面对新事物。李建亮于 2015 年 7 月—8 月，在迭部县仕仪建筑安装公司见习；2015 年 10 月—11 月，在天津能源投资集团有限公司审计部任纪律检查员；2016 年 3 月至 2018 年 1 月，在天津市华泰建设监理有限公司做工程监理；2017 年 2 月至 2018 年 1 月，任中央学府五期项目总监代表。2017 年 5 月，注册天津竭威文化传播有限公司；2018 年 3 月，返回大学校园自主创业至今。

2017 年 5 月 18 日，天津竭威文化传播有限公司注册成立（以下简称"竭威文化"），其前身雕刻时光摄影工作室成立于 2015 年 10 月。2018 年 5 月，竭威文化正式入驻天津城市建设管理职业技术学院聚能思源众创空间，开始全新的发展历程。2018 年 9 月，创业团队与天津居家乐科技发展有限公司等四家公司达成合作关系，形成了集影像宣传、平面广告设计制作于一体的运营模式。同时，形成了以大学校园为客户群体，搭建集校园服务、生活服务、资讯平台、娱乐交流为一体的综合服务平台的商业思路。2018 年年 8 月，李建亮创建了"能源城"微信公众平台开始试运营，上线两月，仅餐饮一项就达到 10 万余元交易额，为公司发展奠定了坚实基础。自 2017 年至今，竭威文化已经走过了三年，创新创业是竭威文化团队砥砺前行的不竭动力。

互联网技术和移动智能终端的飞速发展,促使越来越多的高校大学生愿意通过互联网使用移动智能终端平台,校园网络服务平台也越来越受到师生们的关注。"能源城"是一款集 APP 与微信公众号两大媒介为载体的校园服务综合平台,功能齐全,服务全覆盖。该平台以天津城市建设管理职业技术学院全校师生作为第一批种子用户,通过用户反馈,不断完善和优化产品功能,逐渐扩大市场。2018 年 11 月 7 日,"能源城"在天津城市建设管理职业技术学院试点用户已达 3586 人,平台自 2018 年 11 月份试运营开始至 12 月底,交易额达 10 万余元。

一、创业项目基本情况

天津竭威文化传播有限公司注册资金五十万元人民币,2018 年 8 月,为"能源城"微信公众平台组建了专业的创业创新技术团队,从平台的页面设计装饰再到后台数据分析,形成了一套完整的技术体系。通过前期的试运营及总结,这是一个可复制性极强的运营模式,在技术完备的情况下可适用于各个高校。

二、实施情况

2018 年 5 月,竭威文化成立了"双鲤鱼"影像工作室;7 月,竭威文化正式推出"通渭草编工艺品项目",并参加第四届中国"互联网 +"大学生创新创业大赛,获得主赛道天津赛区三等奖,青年红色筑梦之旅二等奖的殊荣;11 月,竭威文化旗下业务"能源城"校园综合服务平台正式上线,上线两个月以来,产生交易额 20 余万元。

项目团队在技术方面,选用项目所必须的技术,在技术应用之前,针对相关人员开展好技术培训工作。首先,做好各阶段的技术评审工作,通过集体智慧保证项目所采用技术的可行性以及技术方案的正确性。其次,对新技术的使用要谨慎,要循序渐进,尽量采用成熟的技术方案完成软件开发工作。再次,在技术创新与技术风险之间进行平衡,并做好创新技术的研究和试验工作。需要对软件项目过程中使用的各种技术进行评估,软件项目管理在制订软件开发计划时必须考虑这些因素,并做出合理的权衡决策。

三、下一步实施计划

2019 年是竭威文化稳步发展的一年。"双鲤鱼"影像工作室业务不断增加,从最初的平面设计、证件照,现已发展到各类视频拍摄制作、写真约拍、订制纪念品等业务。工作室不断加入专业人员,专业设备基本配置齐全。

创业团队推出的"能源城"APP,关注量从最初的一千余人上涨到四千余人,平台商户从最初的十余家上涨到四十余家,行业种类也在不断丰富。"能源城"

平均每月产生交易额 15 万元,共解决大学生校内兼职岗位 20 余个,就业岗位 5 个。同时,增加了广告宣传模块,预计每月所产生的广告费将达到 2 万余元。2019 年 6 月,"能源城"校园综合服务平台项目参加了第五届中国"互联网＋"大学生创新创业大赛,取得校赛二等奖并被推荐进入市决赛。

未来,项目团队将从综合服务平台对大量行业产生深刻的影响、发展中存在若干尚未被很好解决的硬伤等问题出发,深刻思考平台所能够产生的社会价值。团队还将从市场风险角度出发,仔细分析并完善财务风险及应对措施、技术风险及应对措施、用户风险及应对措施并进行风险把控。具体来说,将采用以下三大战略:

（一）基本信息及服务多样化战略

严格保证首批高校信息的完整、多样化、准确性,保证初期的实地考察和后期的不断更新。采取服务多样性战略,不断开发和引进新的活动和服务,始终保持竭威文化的竞争力。

（二）文化普及战略

在发展初期广泛宣传公司的文化,提升公司的知名度,并在消费者心中树立公司的地位。

（三）资本运营战略

最有效地利用资本,使之产生最大的效益。

竭威文化的征程依然漫长,未来,项目团队会坚持不懈,立足当前业务,不断向专业化、精细化发展,打造品牌效应。同时,项目团队会将发展公司软实力,进行本行业相关的软件与专利的研发申请。目前,已申请了六项专利和九项软件知识著作权,预计 2019 年年底全部通过审批。竭威文化正在为转型成为国家高新技术企业做充分准备。

天津城市职业学院学生就业创业调研报告

——以 2018 届毕业生为例

天津城市职业学院

天津城市职业学院改进创新创业课程体系,积极开展全覆盖、多层次、多形式的创新创业教育课程与活动。学院高度重视就业创业工作,作为"一把手工程"全面推进,在院领导带领及各部门通力合作下,学院就业工作稳步提升,"双创"工作成效显著。

一、学院 2018 届毕业生基本情况简介

学院 2018 届毕业生共计 2532 人,总数较 2017 届毕业生增加了 202 人,其中本市生源 1106 人,占生源总数的 43.68%,外地生源 1426 人,占生源总数的 56.32%,男生 952 人,占生源总数 37.6%,女生 1580 人,占生源总数的 62.4%,2018 届毕业生就业率 95.77%,略高于 2017 届毕业生就业率。

学院以天津市职业教育提升办学能力项目为引领,强化专业建设,就业质量稳步提高。在京津冀地区就业的毕业生数量较多,且呈进一步上升趋势。从毕业生就职岗位看,毕业生集中服务业与中小微企业,薪资收入高于全国高职平均水平。毕业生就业流向充分体现学院办学特色,学院为京津冀地区特别是天津地区经济发展贡献了大量技术技能型人才。

2018 届与学校建立招聘关系的用人单位为 200 余家,发布岗位数 5000 余个,岗位信息供需比(毕业生总数/岗位需求量)约为1∶2。2018 届毕业生 2532 人,落实毕业去向的毕业生 2425 人,占所有毕业生人数的 95.77%,就业率保持稳定。

根据麦可思调查,2018 届毕业生毕业半年后的月收入为 4217 元,比 2017 届毕业生月收入提高了 18.4%,毕业生就业月收入连续 3 年高于全国平均水平。毕业生集中现代服务业。其中,毕业生在信息软件业(13.9%)、服务业(18.3%)就业的比例相对较高,并且主要是在 300 人及以下规模的中小型用人单位。2018 届毕业生对就业现状的满意度为 78%,职业期待吻合度为 50% 以上。2018 届有 74% 的毕业生对就业指导服务表示满意。

根据麦可思调查,学院毕业生工作三年后,月收入平均增长 1000 至 2000 元。学院物流管理专业毕业生董英杰在天津美泰格机械进出口有限公司工作,从普通的基层操作人员做起,现已升职为总经理助理。社区管理与服务专业毕业生通过在校学习,加上一两年的工作经历,多选择通过参加社会社区单位考试,进入政府社区街道工作。社区管理与服务(早期教育)、动漫制作技术、酒店管理等专业专业转岗率低。

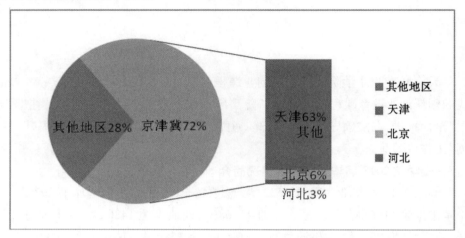

图 1　学院 2018 届毕业生就业区域分布

二、学院促进就业创业的主要举措

(一)落实"一把手工程",扎实推进就业创业管理

学院坚持就业工作"一把手工程",为就业服务工作的顺利开展提供了有力的组织保障。全年召开就业启动会、就业政策宣讲会、就业工作系统培训会以及阶段就业工作推进会等专题会议,召开上一年度毕业生就业工作追踪调研专项会议,研究分析就业形势对策,落实部署各项举措。院长主持召开系主任、学工负责人、辅导员和就业办人员的就业信息填报及数据统计专项会议,进行专题部署,严格数据统计工作,确保就业数据的真实有效。坚持就业率半月报,实时监控,定期公布,动态管理毕业生就业情况,加强各类信息上报的管理工作,提高工作效能,提升就业工作人员的服务意识。

学院成立"天津城市职业学院创新创业工作领导小组",由院长和书记担任组长,分管教学工作的副院长担任副组长,就业与对外联络处、教务处、学生处、团委及各系主任为成员,统筹协调大学生创新创业教育全局性工作,指导和协调各部门开展工作,齐抓共管,协同推进,积极开展学生创新创业教育工作。将创新创业教育切实融入人才培养方案,纳入职业基础、职业技术以及选修课程中,各专业设置创新创业教育课程。开展多类型创新创业宣传活动和学习活动,学生参与度高,创新意识和创新思维得到有效提升,形成全覆盖、多层次、多形式的创新创业教育活动。

(二)依托政校企(社)合作发展理事会,推动校企深度融合

2018年在改革开放40周年、学院建校60年之际,学院提升载体水平,汇聚更多资源,完成了政校企(社)合作发展理事会换届工作,新增了65家理事单位。召开了政校企(社)合作发展理事会第八次会议,邀请了70余家理事单位参会,并为29家理事单位产教融合实践基地挂牌,为15家企业现代学徒制合作单位挂牌,完善校企合作体系,建立对合作企业的激励机制,推进与联想集团、天津圣纳科技有限公司、威德教育集团、天津鹤童公益养老集团、天津瑞吉金融街酒店、北京优联信驰文化发展有限公司等知名企业的合作,引导更多优质企业举办专场招聘会或参加学院毕业生校园招聘会,着力提高招聘的岗位数量和质量。政校企(社)合作发展理事会成员单位与学院共同育人的途径更加明确,强化人才共育、资源共用、成果共享,育人功能更加清晰,推动了政校企(社)凝心聚力,产教融合发展。

(三)强化就业指导,做好精准就业服务工作

学院认真分析近年来毕业生就业状况及走向,制订就业市场拓展规划与实施计划。统筹资源做好精准服务,最大限度地减少用人单位与学生的求职信息不对称。及时收集和发布毕业生就业信息,充分利用学院网站、就业信息专栏、毕业生微信群、微信公众号以及班主任QQ群等各种通信手段,扩大就业创业政策的宣传和就业信息的覆盖,确保信息能够及时、准确地传递到每一位学生。做好辅导员的政策培训,确保每个辅导员都对就业创业基础信息清清楚楚。学院就业办公室联合各系部就业负责教师对学生通过面对面咨询、开恳谈会等形式,实行一对一辅导,深入了解未就业学生求职地域、意愿、薪水等就业意向。不断提高工作效能,严格执行工作问责制和激励制度,提高就业工作人员的服务意识、敬业精神和工作积极性。帮助未就业毕业生树立正确择业观,继续提供就业资讯,促进顺利求职。学院倡导和鼓励毕业生基层就业,宣传"西部计划""三支一扶"等政策,大力宣传感动中国的典型人物和事迹,用榜样的力量时刻提醒学

生要加强国家社会责任的理念意识,鼓励毕业生积极踊跃报名。

（四）改进课程体系,创新创业再提效

学院改进创新创业课程体系,将创新创业教育切实融入人才培养方案,纳入职业基础、职业技术以及选修课程中。各专业设置创新创业教育课程,面向全体学生开设体现行业特点、融入创新创业思维和方法的专业创新课程;开设创新思维训练、民间工艺等公选课程;对有创业意愿的学生,开设创业指导及实操类课程;对已经开始创业实践的学生开展企业经营管理类指导与帮助,逐步建立起依次递进、有机衔接、科学合理、应对实战的创新创业教育课程体系。财经商贸类专业新增 VBSE 创新创业实训课程,机电类专业开设自动化工程实践创新(能力源工程)课程,依托校内外资源,开展创新创业模拟实训,惠及学生 2124 人次。

学院形成全覆盖、多层次、多形式的创新创业教育活动。依托众创空间,聘请知名的企业专家、创业导师,组织开展了"璀璨青春 城职创翼 创新创业大赛""创业训练营""创客项目路演秀"等实践活动。组织 100 余个团队参加"互联网＋"大学生创新创业大赛等项目,积极组织参加"红色筑梦之旅"赛道项目,组织擂台赛。开展"创意无极限 创想新时代"大学生科技文化作品展示与评选活动,共有 20 余个项目参加展示与评选。青年创客社团获得"模拟校园网店建设"二等奖,"互联网＋"大学生创新创意大赛天津赛区二等奖、三等奖。2 人获得天津市创新创业奖学金。学院进行创新创业文化宣传,依托众创空间公众号推送信息百余次,覆盖千余人。

高职院校助力学生实现创业梦想的举措研究

——以天津滨海职业学院为例

沈艳辉①

自1999年开始,我国制定了旨在"拉动内需、刺激消费、促进经济增长、缓解就业压力"的高校扩招计划。随着大学生数量逐年增多,大学生的就业压力也逐年增大,大学生就业已成为一个不得不引起社会高度重视的问题,大学生创业被社会各界广泛关注,中央和地方各级政府相应出台了一系列政策,鼓励和引导大学生创业,以更好地促进社会良性发展。

然而,就在大学生创业成为社会经济一个不可忽视的就业增长点的同时,一些问题也渐渐浮出水面,成为大学生创业的"拦路虎"。据不完全统计,我国创业企业的失败率高达70%,而大学生创业成功率只有2%~3%,远低于一般企业的创业成功率。当前,我国的大学生特别是高职学生自主创业还处于初步探索阶段,面临着多方面的瓶颈。高职学生的学习往往注重职业技能培养,而非技术研发层面,往往重视职业素养的养成,即如何更好地被领导,而非概念和管理技能的培养。同时,高职院校学生的贫困人口比例明显高于本科院校,其社会资源调动能力也普遍偏低。因此,如何理解高职学生创业过程中面临的瓶颈问题,提升高职学生创业的成功率,成为目前高职院校亟待解决的一个问题。天津滨海职业学院在助力学生实现创业梦想,帮助创业学生解决创业瓶颈问题方面进行了一些探索。

一、开设创新创业教育课程,培养学生创新创业意识

自2015年以来,创业课程就成为天津滨海职业学院各专业的必修课程,课

---

①　沈艳辉,天津滨海职业学院就业指导中心教师。

程共 32 课时,帮助学生"树立科学的创业观、掌握开展创业活动所需要的基本知识和基本技能"。学院与天津市创业服务指导中心合作,采用"全球模拟公司联合体中国中心"提供的创业教育教学体系,持有由人力社保局(以下简称人社局)颁发"创业实训(模拟公司)培训师证书"的教师进行授课,重点讲述团队建设、项目驱动、公司架构、市场分析、战略决策、营销策划、财务管理、风险评估等内容;同时通过"金马兰创业实训远程平台"进行虚拟公司的运营,包括创业测评、项目遴选、创建公司、公司管理、公司运营等内容,让学生更直观地感受创办公司的流程及运营公司的步骤、方法、关注点和难点,从而进一步激发学生的创业热情。课程结束后学生还将获得"天津市创业服务指导中心"核发的"创业实训(模拟公司)学院培训合格证",为学生开展创业活动、申请创业贷款、享受创业扶持提供依据。目前学院又引入了虚拟商战平台,帮助学生在虚拟环境下体验公司运营、公司对抗、运营风险体验等环节,从而提高其创业体验感及创业技能。以上创业教育课程的开设得到了学生的认可,课程出勤比例均高达 98% 以上,每年学院参加全国"互联网+"大学生创新创业大赛的众多参赛项目的创意均来源于创业教育课程。

二、创建大学生创业基地,为学生创业项目提供服务

2015 年学院建成大学生创业基地,建筑面积 300 平方米,分设了 15 个房间,吸引了众多学生的关注。截至目前已有 19 个项目入住,主要包括校园服务 APP、快递服务、文印服务、摄影、文创、艺术培训、会展服务、IT、机电类产品开发、维修服务等。每年市财政拨付的创业引导项目资金大约 30 万,全部用于学生创业基地建设和创新创业课程建设、创新创业培训的开展。学院每年自筹 5 万元作为创新创业基金,支持学生创业竞赛和创业活动。2019 年学院成立了学生创业社团。学院投入 14 万元建设滨海文印社,由学生创业社团负责运营,主要为在校学生提供打印、复印、证件照等服务。大学生创业基地的建设有助于为具有创业梦想的学生提供一站式的指导和服务:从创业项目的遴选和认定到帮助其注册,从资金的支持和监管到创业扶植政策的落地,从经营管理的指导和服务到法律层面的帮助。这一切使创业学生不再盲从,创业实践有了方向;不再无助,全过程都有了指导;不再担心,各方面都有了帮助。大学生创业基地无疑是学生创业的摇篮,是踏上创业成功的起点。

三、开展丰富多彩的创新创业活动,营造浓郁的"双创"氛围

为进一步提升学生的创业素养、展示学生的创业成果,学院积极组织学生参加各级各类创业大赛。学院已连续 4 年组织学生参加中国"互联网+"大学生创新创业大赛,共获得了1个市级二等奖和6个市级三等奖;连续两年参加了中华职业教育社组织的黄炎培职业教育创新创业大赛,共获得了1个市级一等奖、1个市级二等奖和2个市级三等奖。2018年,学院承办了由滨海新区教体局、人社局、区工会、区团委、区妇联联合主办的"滨海新区青年创新创业大赛",吸引了来自滨海新区内的4所高校及区内创业企业的60多个创业团队参加了比赛,活跃了滨海新区青年创业氛围,激发了广大青年投身国家战略、服务新区建设的积极性。此外,学院还会定期聘请专家和同行进校交流,先后组织了创业政策宣讲会、创业沙龙、创业沙盘实战演练、创业特训营等活动,为学生提供更宽广的创业视角,营造了更为浓郁的创业氛围。

四、多渠道联系社会,助力创业学生实现创业梦想

为帮助有创业意愿的毕业生实现创业梦想,学院先后与启迪之星科技企业孵化器有限公司、腾讯众创空间及滨海新区徽商商会达成合作意向,为创业者提供机会和支持。2018年,学院有三名学生在人力社保局组织的天津市大学生企业家创业导师专项行动活动中,对接了心仪的企业家导师,其中一人实现了专利的成功转化,一人创办了自己的公司,一人的创业项目在市赛中获奖,为实现他们的创业梦想提供了帮助。2018年12月13日,由团区委牵头组织的滨海新区"青年梦想"创新创业导师团成立仪式在学院举行,12位滨海新区优秀青年企业家获得创业导师称号,2019年学院邀请创业导师们进校园为同学们指点迷津,分享成功经验。

五、发现问题,重点突破,不断提升创业指导工作效力

根据调查显示,毕业生认为学院创新创业教育最需要改进的地方是创新创业实践类活动不足。学院根据反馈意见进行了如下的改进和调整。学院带领学生走出去,深入创客空间、创业孵化器参观、走访、座谈,深入到项目里学习、借鉴。学院在腾讯众创开展了为期3个月的创业实践,学生深入创业企业一同完成创业目标;学院还计划与创业孵化器合作,利用假期举办一期创业训练营,给学生们提供更大的帮助。

学生们提出学院创新创业教师不具备创业实践经验,创业指导服务不能做到有的放矢。计划将创业导师、企业家、创客空间、创业孵化器的负责人请进校园,走进课堂,为学生带来更专业、更有效的指导。目前学院已对滨海新区"青年梦想"创新创业导师团的12位优秀青年企业家进校园的公益创客讲堂活动进行了部署。

学生们希望了解更多关于创业政策、融资方式以及如何获得更好的创业项目的信息,学院也希望通过政府和企业的支持与帮助获得更多的咨询与渠道,真正帮到有创业意愿的学生,实现创业梦想。目前学院已和滨海新区人社局合作开展了送政策进校园的活动,今后还将和企业局、税务局等政府部门一起开展活动,更好地为学生服务。

六、学生创业案例

孙颖欣,2017年毕业于天津滨海职业学院信息工程系计算机应用技术专业,在学期间多次荣获奖学金,曾两次参加天津市"互联网+"大学生创新创业大赛,分获市级大赛二、三等奖。孙颖欣在校期间积极参加学生社团活动及学院组织的创业活动,作为创业社团IT空间的负责人,参与了滨海职业学院手机官网开发等实践活动,得到了学校的认可和好评;实习时就职于华胜蓝泰科技有限公司做技术支持工程师,在工作岗位上不断创新并学习,将所学知识应用于工作实践,多次参加国内多家企业的互联网IT架构规划工作,成为企业的技术脊梁。2017年9月,孙颖欣注册成立了天津佳创科技有限公司。

基于专创融合的高职"双创"教育实践探索

——以天津工业职业学院为例

蔡　欣[①]

一、专创融合的理念与思路

专业教育与"双创"教育是高职教育不可或缺的两个方面。当前"双创"教育与专业教育各自为政、互不衔接,造成"双创"教育脱离专业教育体系独立运行的现状。

从教育目标的角度来看,与专业教育的目标相同,"双创"教育也是为了培养人才,而两种类型的教育内涵和达成目标的路径却是不同的,正所谓"殊途同归"。后者应该是学生接受"双创"教育所获得的,以创新能力为核心的综合素质提升和职业精神培育的高职教育人才质量来判断成效;而前者则是通过学科知识的传递、研究和生产所获得的,以理论知识的获取、科学研究能力的培养为核心的学科素养提升的人才质量来判断成效。

专业教育是学生创业意识、创新精神与创新创业能力培养的重要载体。因而,"双创"教育的课程设置应融入专业人才培养方案,重视与专业课程相融合的创业课程的开发与应用,实现生产教育与专业领域知识的共享与融合。

二、专创融合的基本原则

高职学院"双创"教育的本质是激发全体学生的创新精神和创业意识,其功能是分层分类地培养不同类型学生的创业能力。然而,以培养自主创业者为理念的"双创"教育在操作层面过于偏重实践领域,大多停留在鼓励学生参与创业实践活动而忽略了学科知识和课程实践实施的主战场,使学生的创业活动显得"激情有

---

① 蔡欣,天津工业职业学院就业与创业指导中心主任。

余"而"储备不足",无法全面而持续地对全校学生发挥应有的作用。创业能力的培养不应游离于学科课程之外,与其说培养创业能力所需的是一门新的独立研究领域,不如说是对学科教学过程中学科知识的一种"重构"或"再组织"。"双创"教育中的知识是一种实践性知识,与传统的脱离具体应用情境的纯粹知识的生产方式不同,其属于在应用的情境中进行的知识生产,其特征包括跨学科性和异质性,强调实践情境。这种应用型知识的生产不再是基于知识逻辑本身,而是基于纯粹实践目的和基于应用问题解决,这就是大学"双创"教育的知识生产脉络。正是基于这样一种对知识类型和生产模式的认识,我们需要打破专业之间的边界和壁垒,以社会需求为导向,使得专业发展与学科建设紧紧围绕社会实践逻辑和各类产业发展的现实情况,走学科融合、专业动态协调的发展路径。

三、专创融合的具体举措与实践

（一）改革培养制度,推动治理创新

实施创新创业教育是培养高素质应用型人才的重要途径,是素质教育的深化和具体化。为进一步深化学校教学改革,充分调动广大师生参与创新创业活动的积极性和主动性,全面推动学校创新与创业教育的开展,学院成立创新创业指导工作委员会,成立学院创新创业指导中心具体实施学院创新创业工作,并聘请专家成立学院创新创业专家工作室,以协助落实国家与政府相关创业政策的服务体系。创新创业指导工作是一个系统工程,需要科学、系统、严谨、务实的工作态度和良好的工作运行机制。学院建立了院、系、班级三级工作体系,将工作目标任务逐级分解,层层落实,各自承担职责,创建创新创业工作有效的管理体系。

学院完善校园网络创业服务教育载体建设,强化创业教育网络化建设。建成集思想性、知识性、趣味性、服务性为一体的校园创业服务教育网络,使其成为学院提供政策解读、项目对接和培训实训等指导服务的创业服务网络的有效平台。

学院出台《天津工业职业学院学籍管理规定》,对于从事自主创业的在校大学生办理休学后可保留学籍两年。

学院还出台了《天津工业职业学院创新创业发展基金管理制度》,为学生提供开展创业的资金支持。

（二）对接"双创"需求,优化专业结构

学院以"双创"需求为导向,持续优化学院专业结构,聚焦制造产业发展,推动专业链对接产业链。健全"科学诊断、分类管理、动态调整、持续改进"的专业设置与管理机制,将"双创"元素融入专业设置与调整评价体系,引导专业建设与发展聚焦"双创"方向。专业评价从成长性因素(产业发展、人才需求、招生就业等外部因素)和条件性因素(师资队伍、教学条件、资源状况等内部因素)两个维度展开,将专业划分为优先发展、特色发展、调整发展和限制撤销四类,实现专业结构的持续优化。

(三)聚焦专创融合,完善课程体系

学院将"做学创合一"理念贯穿"双创"教育体系设计和实践全程,强化双创教育"做中学""学中做",实现"做学创"的融通合一、和谐共存,根据学业水平高低开展分层教学,结合生源类型差异实施分类培养。

学院从课程体系顶层设计入手,以"专创融合"课程建设为重点,实现学生"双创"素养与专业技能的双提升,构建了"双创初识—专创融合—双创实践—双创拓展"四阶递进的课程体系。"双创初识"课程,启发学生创新思维、培养双创意识;"专创融合"课程,将"双创"教育融入专业教学,促进专业知识技能的学习与"双创"能力培养的有机融合;"双创实践"课程,鼓励学生开展技术研发、工艺革新和流程再造等创新实践,过程中提升"双创"精神和"双创"能力;"双创拓展"课程,通过不同类型、不同专业、不同项目的交叉跨界学习,提升学生"双创"综合素养。

学院深入扎实地开展创业教育,将学生的创新意识培养和创新思维养成融入教育教学全过程,按照高质量创新创业教育的需要调配师资,运用新颖的网络教学方法完善实践、因材施教,集聚创新创业教育要素与资源,分三个学年科学合理地设置 38 学时的课程,促进专业教育与创新创业教育有机融合。

学院将创新创业教育融入专业教育和文化素质教育,并纳入教学计划和学分体系。创新创业教育由创新创业教育课和创业实训两部分组成。创新创业教育课作为公共基础必修课程,全面向学生开设,创业实训作为必修课程的有益补充,全体二年级学生参加培训,有效地提高了创业教育的覆盖面和实效性。

(四)打造"双创"师资,提升育人能力

学院通过实施"十二五""十三五"建设规划及人才强校战略,加强对教师的管理、培养和培训,鼓励和定期组织教师开展创新创业教育教学研讨、培训和交流,全面提升创新创业工作队伍的整体素质。完善教师培养机制,对不同类型的教师采取不同的培养模式,推进学院与科研院所、行业企业联合培养人才的机制,促进科研与教学互动,扩大资源共享、校企合作、共赢发展。开展骨干教师综合能力提升工程,继续组织好骨干教师的国培和市培,进一步完善有利于专业带头人、骨干教师、"双师型"教师队伍脱颖而出的人才培养机制。

2018 年 6 月,学院与北京中科创大创业教育投资管理有限公司(以下简称中科创大)合作建立"中科创新创业学院",这是深入贯彻国家提出开展校企合作、产教融合新的尝试,是对混合所有制办学模式的有意探索,也是解决京津冀区域经济发展和产业转型过程中急需高技能人才培养的有效途径,双方本着优势互补、合作双赢、务实有效、共谋发展的原则,不断提高合作的层次、拓展合作的范围、挖掘合作的潜力,为共同推进高校创新创业教育活动注入新动能。"双创"学院的建立,将会展示学院职业教育的阶段性成果和大学生创新创业的教育成果,不断提高教师"双创"教学能力,推动学院形成新一轮大学生创新创业高潮。

同年,首期(天津)全国高职教师"双创"教学能力强化专训营在学院开营,这是第一期全国高职教师"双创"教学专训营,也是第一个实现无纸化培训模式的专训营。这次专训营从创新创业课程的授课内容、价值意义、教学方法、兴趣要素入手,用生动幽默的语言、丰富多彩的课件传达新颖的创新创业理念,进一步提升了学院"双创"团队的理论水平。

同时,为了进一步提升学院创新创业教育水平,进一步发挥大学生创新创业活动在提升人才培养质量上的成效和对学校创新创业工作的促进作用,努力将学院的师资优势更有效地转化为人才培养优势,学院成立了"大学生创新创业专家工作室",并聘任高职创新创业服务中心总经理、创新创业教育研究院院长、国家二级教授、教育部评估专家、高级经济师、中华职教社专家夏昌祥教授为首席创新创业专家指导工作。

学院全面提升思想政治工作队伍的整体素质,开启专业教师实践能力提升工程,构建高水平、跨专业、创新型的专业教学团队,完善专业教师到企业实践制度,专业教师每五年企业实践时间累计不少于 6 个月,专业教师年均参与社会服务人次达到 40% 以上。鼓励专业教师通过参加职业资格的培训考试,取得相关专业的职业资格证书。鼓励专业教师参加各级各类技能竞赛、创业大赛,以赛促教,力争每个项目每年在国家、天津市各级各类技能竞赛中再创佳绩。

(五)打造实践平台,强化协同育人

学院将"双创"实践平台搭建融入"双创"训练、竞赛、孵化和实习的全过程,形成多载体协同育人机制。打造"双创"训练平台,将实验室全部对学生开放,建立师生混编的"创新创意工作室",打造融入"双创"能力培养的专业社团体系。

学院在人才培养方案的修订中,将创新意识与创业能力作为新要求,融入各专业培养目标、课程体系、实践环节中。学院与天津明大华中企业孵化器有限公司签署协议,共同创建了"玑瑛智造"众创空间。

"玑瑛智造"众创空间是学院创新创业实践基地,总体面积约1000平方米。基地遵循"低成本、便利化、全要素、开放式"的原则。目前基地运营由学院就创业中心和玑瑛青年创新公社(天津明大华中企业孵化器有限公司)共同组建管理运营团队,学院就创业中心统筹众创空间的整体发展,玑瑛青年创新公社派出专职项目经理负责众创空间的具体运营,专职团队管理运营人员1名,学生创业团队30名,众创空间运营整体状况良好。众创空间目前已有的功能模块有:琢璞创投咖啡、创业团队独立工位、应用技术协同创新中心——创客实训室、模拟沙盘实训室、创新创业成果展示以及服务中心等。

学院为促进大学生尤其是应届毕业生创业工作,建立和完善创新创业服务平台,研究制定高职学生创新、创业学习学籍制度,设立学院创新创业奖学金。利用学院众创空间的建设,以学院创新创业大赛、科技创新活动、专业社团、创业社团为抓手,培养学生的创新创业意识,激发师生创业热情,构建创业团队,开展多种形式的创新创业体验活动,为师生创新创业提供服务、搭建平台。学院先后出台了《天津工业职业学院创新创业教育实施方案》《天津工业职业学院创新创业发展基金管理制度》,为大学生尤其是应届毕业生创业提供帮扶。

四、专创融合的实施成效

学院以"双创"教育模式为中心,以"立德树人"为根本任务,坚持"创新引领创业、创业带动就业",打造了"理念引导与政策支持同向、普惠教育与培优选树结合、典型示范与辐射服务结合"的"众创空间",构建了"精英带动、全面覆盖、全程融入、实践支撑""双创"教育模式。

学院为营造创业文化氛围,激发当代大学生的创业热情,提高学生的创业技能,扎实推进创新创业教育与大学生自主创业工作,联合玑瑛青年创新公社共同举办了天津工业职业学院"励志杯"大学生创新创业历届大赛。

学院以"双创"活动为基础,每年举办"双创"教育讲座、沙龙、论坛、训练营等活动;以"双创"训练计划为抓手;以"双创"竞赛为重点,以赛促教、以赛促学。几年来,积极参与全国"互联网+"大学生创新创业大赛、"挑战杯"系列赛事以天津市及国家举办的创新创业大赛并取得优异成绩,其中"外燃式双缸发动机""云智能老人看护系统"项目获得"挑战杯——彩虹人生"国家创新创效创业大赛特等奖,"手机控制的太阳能智能搬运车模型""校园照明控制系统""多功能扳手"项目获得"挑战杯——彩虹人生"国家创新创效创业大赛一等奖。

实施专创融合　提升学生创新创业能力

——以天津铁道职业技术学院为例

唐振刚　姚　磊①

一、创新创业教育开展情况

根据国家和天津市有关文件,学院积极推进深化创新创业教育改革工作。2015 年 12 月,学院成立了创新创业教育工作领导机构,建成睿道众创空间,在院系设立二级部门创业指导中心。

2016 年,学院组织召开校企合作专创融合研讨会,制订融创新创业教育于专业教育的人才培养方案,明确专业课教师是实施专创融合的主角,实施"产学研用创"多方协同创新和师生共创。在日常教育教学中,定期举办创业模拟实训、创业讲座、创客集训营、榜样分享、研讨交流会和创新创业大赛等丰富多彩的创新创业教育活动。自 2016 年以来,学院组队参加各类创新创业大赛,共获得80 余项天津市级以上荣誉,在天津市高职院校中名列前茅。

但是,学院创新创业教育工作中还存在一些亟待解决的问题,如创新创业教育理念滞后,教师开展创新创业教育的意识和能力欠缺,"双创"教育与专业教学"两层皮",实践平台短缺,指导帮扶不到位等。

二、实施专创融合,深化创新创业教育

(一)明确任务,做好顶层规划和设计

学院创新创业教育工作领导小组根据袁贵仁部长讲话精神,从三方面部署学院创新创业教育工作:一是明确创新创业教育目标,修订人才培养方案,融创

---

①　唐振刚,天津铁道职业技术学院创业指导中心主任。姚磊,天津铁道职业技术学院创业指导中心教师。

新创业教育于专业教学课程体系;二是推进高校与高校,高校与政府、企业间的协同,实施多方协同育人;三是加强教学资源建设和共享,搭建创新创业平台,举办各级各类创新创业竞赛,强化创新创业实践。

(二)重点培养,提升专业教师"双创"素养

专业教师具有一定深度和广度的专业知识,但是在创新创业素养方面比较欠缺。在实施专创融合中,需要从三个方面提升专业教师的创新创业素养。一是通过专家讲座、外出培训、论文撰写、带队参赛等方式进行创新创业教育能力培养;二是通过问题探究、剖析典型案例、项目参与等方法,提升创新创业能力;三是关注行业前沿技术和未来发展趋势,深入行业企业实践锻炼,基于企业实际需求,进行项目开发并促进项目落地转化。

(三)多方合作,协同推进创新创业教育工作

"产学研用创"多方协同创新、师生共创是检验专创融合教育成果的一个重要途径。没有创新,就不能谈创业,创新就是把创意创造性地做出来,需要融入技术、材料等实现条件,将具体情境、实施方案、解决途径等问题都系统罗列出来,之后才是创业。创业就是把创新卖出去,需要融入成本、市场用户、商业模式等管理要素,解决市场化的所有问题。好的项目不单单有产品和技术,遵循的是"事儿行,我也行"的原则。

表1 创业项目中的专创融合

事儿行	我也行
1. 基于应用场景,未被满足需求 (性能价格)	1. 实施路径 (分步骤做哪些事——研产销采运)
2. 问题产生的原因 (供应商未做到)	2. 技术匹配 (技术路径、性能指标、技术来源)
3. 产品描述 (解决了被替代品的哪些问题)	3. 人才匹配 (治理结构、股权比例、学科能力)
4. 市场分析 (容量、增长率、市场占有率、舆情检索)	4. 商业模式 (加价模式、回佣模式、三方模式)
	5. 竞争分析 (优势劣势、内部外部、辩证分析)
	6. 项目风险及控制 (政策、市场、技术、人才)

事儿行	我也行
	7.财务规划 （财务预算、筹资情况、融资需求）
	8.项目进展 （成果、收入、利税、就业、奖励）

三、机车车辆类专业专创融合案例

随着我国铁路行业的快速发展,学院铁道机车、铁道车辆和动车组检修技术等专业的毕业生就业率非常高,学生开展创新创业的积极性也非常高。转向架检修是机车车辆类专业岗位工作中必须掌握的技能,学生通过电力机车构造、电力机车电传动、车辆制动、动车组检修、动车组构造等核心专业课程,学习和掌握转向架构造、检修等技术技能。学生在这些课程学习过程中普遍存在不能直观了解设备内部结构、设备数量少、操作时间不足、不能试错、存在人身安全隐患等问题。学生孙海涛在教师指导下立项了"践学 VR 教育",针对教学学习中存在的困惑和薄弱点,提出开发 CRH380B 型动车组转向架 VR 实验系统的想法。在专业课教师梁炜昭的指导下,孙海涛组建了一支志同道合的项目团队,深入铁路企业、院校等单位进行调研,邀请专家顾问进行指导,论证了项目的可行性和实用价值,设计了系统功能模块。项目团队经过近三年的艰苦努力,边开发边使用系统,边使用边修改完善系统,终于完成了"践学 VR 教育"的开发。"践学 VR 教育"项目的成功开发,解决了专业教学中大型设备数量少、不能进行破坏性试验、实训时间短等诸多问题。"践学 VR 教育"项目是专创融合的一个良好示范,多方协同创新,提升了师生创新创业能力,该项目也在中国"互联网＋"大学生创新创业大赛中获得全国铜奖的优异成绩。

四、在实践中提升能力,在竞赛中锻炼队伍

自 2016 年开展专创融合以来,学院领导有意识地派遣创新创业团队参加各级各类比赛,目的是锻炼队伍、检验成果。近四年来,学院在比赛中累计获得国家级奖项 1 项,天津市级奖项 23 项。

中国"互联网＋"大学生创新创业大赛作为全国最高等级的创新创业大赛,受学院各级领导高度重视,各项目团队都积极准备,2018 年,"践学 VR 教育"作为天津市唯一高职院校的项目晋级国赛并获得铜奖。近四年来,学院连续组织

四届校级创新创业竞赛,共有 995 个项目参赛;共派出 49 个项目团队参加天津市级创新创业比赛,获得 25 个奖项;派出 1 个项目团队参加国赛,获得 1 个奖项。通过参赛,极大推进了学院创新创业教育工作,创新创业项目逐年递增,获奖率逐年递增,获得奖项级别逐年递增。2019 年,学院共有 24 个项目进入天津市市赛,其中"路安工具智能管家"以职教赛道创意组第一名的成绩晋级国赛。

表 2　近年来学院参加创新创业比赛及获奖情况

年度	参赛项目数量			所获奖项			
	校赛	市赛	国赛	天津市三等奖	天津市二等奖	天津市一等奖	国家铜奖
2016	57	6	0	6			
2017	271	9	0	7	2		
2018	278	10	1	8	1	1	1
2019	389	24	1				

任何一个优秀的创新创业项目都要经过"选题—设计—打磨—优化"四个阶段。针对获奖项目的分析可以发现,其获奖原因不外乎以下四项:一是依托于专业打造项目,市场定位比较明确;二是利用了学院良好的资源平台,帮助项目从 1.0 版本到 2.0 版本的升级;三是项目指导教师投入了大量的时间精力和学生共同打磨项目,达到师生共创的目的;四是项目核心成员有着超强的毅力和精益求精的优秀品质。

"路安工具智能管家"项目晋级国赛,从项目的价值主张到价值实现,涉及人力资源、市场、产品、销售、财务等诸多环节,除项目组成员自身努力之外,还需要借助大量外部资源,项目负责人时殿博率领团队克服种种困难,仅仅项目计划书就改了 35 版,模拟路演次数多达 1000 次以上,充分展现项目负责人自身的工匠精神,同时也展现出作为团队负责人所必备的语言表达能力、人格魅力、执行能力和领导能力等高端能力。

学生的人力资源价值主要取决于他的高端能力指标,指标分数越高,价值就越大。参加创新创业大赛是培养高端能力的一个有效途径。学院通过深化创新创业教育改革,提高学生的创新创业水平,培养学生高端能力,满足我国转型升级中经济社会发展的人才需要。

创新驱动背景下
大学生创新能力开发的路径研究①

杨保华②

在创新驱动战略背景下,创新能力成为就业指导的新导向,企业和社会都希望自己的员工思维灵活,具有一定的创新能力,能够持续为社会所需要。因此,高职院校为了培育国家需要的创新型人才,使他们顺应社会发展,满足企业需求,就必须完善创新能力的培养体系。

一、完善创新能力教学体系,激发学生创新的内在动力

(一)培养学生的创新意识

创新意识的培养也就是推崇创新、追求创新、以创新为荣的观念和意识的培养。只有在强烈的创新意识引导下,人们才可能产生强烈的创新意愿,树立创新目标,充分发挥创新能力和聪明才智,释放创新激情,处处留心观察,发现问题,勤于思考。教师可以通过提问引导学生自己去分析问题、解决问题、总结结论,尽力让学生自己解决问题,使学生获得成功的喜悦,愿意跟随课堂的学习思考,使课堂成为"学生为主体,教师为主导,训练为主线,思考为核心"的模式。

(二)培养学生的创新精神

创新精神包括求异精神、冒险精神、献身精神、自信心。

求异精神:求异精神并不是不倾听别人的意见、孤芳自赏、固执己见、狂妄自大,而是要团结合作、相互交流,这是当代创新活动不可少的精神。冒险精神:创造实质上是一种冒险,因为否定人们习惯了的旧思想可能遭致公众的反对,大多

---

① 本文系天津石油职业技术学院 2018 年度科研课题的研究成果。
② 杨保华,天津石油职业技术学院教务处讲师。

数人都不会成为伟人,但我们至少要最大限度地挖掘自己的创造潜能。献身精神:无数创造者的实践表明,创新付出的不仅仅是心血、智慧和汗水,有时甚至是生命的代价。创新需要勇气,勇气来源于自信。创新的道路上重重困难,在资料缺乏、条件不具备的情况下,在别人并不看好的质疑声中,要敢于迎着困难上,坚忍不拔、锲而不舍,一步一个脚印,坚持走自己的路,才能赢得创新目标的实现。

（三）培养学生的创新思维

创新思维是指以新颖独特的方法解决问题的思维过程,通过创新思维能突破常规思维的界限,以超常规甚至反常规的方法、视角去思考问题,提出与众不同的解决方案,从而产生新颖的、独到的、有社会意义的思维成果。从本质上说,创新思维是一种综合性很强的思维方式,它是多种思维方式的综合运用,也是多种思维方式的互补和有机组合。

1. 创新思维是逻辑思维与非逻辑思维的综合应用

逻辑思维一般是指符合形式逻辑要求的思维,非逻辑思维则是诸如直觉、联想、幻想、猜想以及灵感等不服从逻辑规律的思维。

创新思维是非逻辑思维与逻辑思维的综合应用。一般来说,在创新过程中,逻辑思维具有重要的基础地位。因为发明创造的发现与提出,主要是逻辑思维起作用。对发明创造对象的观察、描述以及概括,主要靠逻辑思维。即使是非逻辑思维的结果,最后也必定要求被补充、解释、完善成符合逻辑的概念和方法,才能成为具有普遍性指导意义的科学理论。一个足以完成科学创造过程的完整的创新思维方法,必须是逻辑方法与非逻辑方法的辩证统一和综合应用。

2. 创新思维是发散思维与收敛思维的互补

发散思维也称扩散思维、辐射思维、放射思维等,它是指围绕某一问题沿着不同方向、不同角度进行思考,从多方面寻求问题的多个答案的思维方法。发散思维是一种立体式的多向性的思维方法,它具有空间上的广延性、思路上的放射性、层次上的多样性、角度上的任意性等特点。一般来说,思维延伸越远,思路越开阔,获得新发现的概率越高。

收敛思维是一种与发散思维相反的思维方式。收敛思维要求将多路思维指向某个中心点,以问题为中心,围绕中心组织信息。从不同方面向中心收敛,以达到解决问题的目的。如果说发散思维是从一点向四周辐射的话,那么收敛思维就是从四周向某点集中,收敛、抽象、概括是其基本内核。

创新思维是发散思维与收敛思维的互补,它们相辅相成,对立统一,其交互发展、有机结合,便构成了个体创新思维的基础。研究表明,一个问题的解决往往是人的思维沿着一些不同的道路发散,然后又运用收敛思维,综合发散结果,敏锐地抓住其中最佳的线索,使发散性结果去粗取精、升华发展,最后促成问题的创新性解决。所以,创新思维是发散思维与收敛思维的互补。

3.创新教学过程中,教师要以灵活的方式积极引导学生参与,使每个学生都动起来

第一,巧妙设置问题情境,引领学生积极思考。乌申斯基说:"没有丝毫兴趣的强制学习,将会扼杀学生探求真理的欲望。"因此教师要以学生的视角寻求他们感兴趣的实例、问题,引导学生的思考。例如,我们以"龟兔赛跑,让乌龟胜利",让学生回答让乌龟胜利的方法。这个例子简单、有趣,激发了学生的思考欲望,学生回答非常积极。通过这个例子有效地锻炼了发散思维。

第二,以小组讨论的形式,引导学生积极参与。例如,在讲解强制联想法时,可以先让学生写出一些名词,把学生分组,从所写名词中抽取三个,利用三个名词组成一种全新的事物。由于学生全程参与,积极性高。活动期间,大家相互讨论、相互提示,气氛十分活跃。通过活动既锻炼了学生的强制联想思维,同时也锻炼了学生的合作能力和总结能力。

第三,利用蓝墨云班课,使学生都能参与进来。通过蓝墨云班课可以使每个学生都有回答问题的机会,并且每次回答问题都会有学习积分,这样就能够使学生更加积极地参与到课堂中来。

4.培养学生的创新技能

创新技能是创造学家根据创新思维的发展规律,收集研究大量的成功的创新实例后归纳总结出的技巧和方法,以供人们学习借鉴和仿效。

教学过程中为了使学生更直观地理解创新技法,教师可采用具体事例为引导,细致分析各种创新技法的应用过程,使学生掌握每种技法的不同形式的应用;采用分组讨论形式,利用创新技法对具体事物进行实际操作,使学生切实体会到了创新技法的应用过程,更好地掌握创新技法的应用技巧。

二、积极打造以创新为主题的校园文化,提升学生创新的外在动力

强调"身心自由发展"的校园文化活动有利于培养学生的创新意识。创新精神和冒险精神,在一定意义上说,是一种心理状态,同时也是一种强烈的意识。因此,提高创新意识和创新能力、创业能力,首先要在学生群体中倡导"有所发明,有所创造,有所前进"的精神,改变因循守旧、无所作为的精神状态。重视身心自由的人文素质教育活动能够激发学生的兴趣和求知欲,从而推动学生深入地钻研和思考问题。求知欲和兴趣的发展使学生产生探求事物奥秘的内在动

力,促使进一步探索未知的新情境,发现未掌握的新知识,最终才有可能产生新观点、创造新事物。学院通过积极开展学生创新活动,来引领以创新为主题的校园文化氛围,积极引导激发学生的创新意识。学院积极利用学校各种媒体宣传创新文化,形成倡导创新的校风,使创新成为学生的关注点。

三、为学生打造多渠道创新平台

实践教学是学生理论联系实际的载体,是训练学生创新思维、培养学生创新能力的必由之路。应打造更多的实践平台,为学生提供更多的能够锻炼创新能力的机会。

(一)积极打造创新型学校实践课程

实践课程是对理论课程的验证,更是对理论课程的更深一步的理解,也是学生进行创新的良好时机。经验告诉我们,新颖的实践课题能吸引学生开展实践设计,能培养学生的创新能力。为了防止出现实训内容的僵化和陈旧,应采取确定实训内容的方向、不确定实训具体内容的方案,给学生留出足够的空间进行探讨和研究;也可以通过分组完成的形式,同一个组内的同学又可以有不同的实训内容,大家可以相互沟通、相互学习,同中求异,异中又相互协作和帮助,既培养了学生的团队协作精神,又培养了独立思考和动手的能力。

(二)社会实践是学生创新的最大平台

社会实践是提高大学生创新能力的重要渠道。在社会实践中,大学生充分展示自我的发展空间,充分发挥其主观能动性和创造性,这有利于激发他们的创新意识和创新能力。同时社会实践可以弥补第一课堂枯燥与乏味的不足,将理论教学与实践教学融为一体,将传授知识与培养能力融为一体,为大学生完善自身的知识结构和创新素质教育构建了一个实践平台,成为大学生创新能力培养的重要途径。因此,为学生提供更多的社会实践,并相应健全社会实践管理机制,使社会实践真正落到实处而不是流于形式,这样就为学生提供了有效的创新平台。

(三)以社团为依托的第二课堂是学生创新的又一重要平台

单一的课程教学难以满足培养学生创新思维的需要,因此打造相应的第二课堂至关重要。大学生第二课堂并不是第一课堂的简单延伸和补充,而是高校人才培养体系的重要组成部分。第二课堂对培养大学生综合素质和能力的作用是第一课堂所不能替代的,它是创新教育的重要基地。在第二课堂中学生的角色由被动灌输变为主动学习,在实践中发现和解决问题,激发学生的学习兴趣,诱发了创新思维。在实践中发现问题和解决问题的过程,就是一个创新的过程。

学院成立了学生创新社团"DIY 创艺坊",社团宗旨是提升创新意识、拓展创新思维、锻炼创新能力。在社团活动中,学院精心设计活动内容,使学生的创新思维能够得到相应的锻炼;不定期邀请相关教师给学生上课,例如美学、创新思维培养等课程,使同学们在活动中增强自信心,提高学习兴趣,激发创新思维,培养综合素质。

(四)搭建竞赛、销售等学生创新的多渠道平台

搭建竞赛平台,创建创意手工作品展室。以学院团委、学院社团为依托,举办学院创意大赛、创新设计大赛,激励学生的竞争意识,提升学院创新氛围,为大学生创新活动提供更好的土壤。

创立销售平台,销售学生作品,争取更多资金。资金短缺是所有的社团要面对的问题,没有资金,学生的活动就无法进行,而学院的资金支持很难完全满足社团的需要。所以可以尝试在天猫或其他平台销售学生的作品,达到自养的目的。这样把创新创业结合在一起,锻炼了学生的就业能力。

(五)结合众创空间为学生搭建创业平台

众创空间是学院为学生打造的创业平台,课题组在研究过程中,结合众创空间,为学生开辟创业窗口,锻炼学生创新创业能力。学生社团"DIY 创意坊"社长,看准同学们有打印的大量需求,开设了"文印部"。

总之,通过对学生创新能力途径的有效开发,可以更加有效地开展创新人才培养工作,适应创新型社会的需求。

运用 SWOT 理论分析高职学生就业创业能力

——以天津生物工程职业技术学院学生就业创业工作为例

王　静[①]

当前,高职学生毕业后自主创新创业的能力较弱,毕业生中独立创业者寥寥无几。国家宏观政策积极鼓励大学生在提升专业技能的同时,积极投身创业行列,但是目前学生的实际创新能力堪忧。本文借助 SWOT 理论,深度分析高职学生就业创业能力,找出问题短板,提出相应的解决对策。

一、国家政策导向

2019 年两会期间,李克强总理在《政府工作报告》中提出:"改革完善高职院校考试招生办法……今年大规模扩招 100 万人。"这一决策是落实《国家职业教育改革实施方案》的重要举措,也是我国职业教育改革发展的重大机遇,有利于加快培养国家发展急需的各类技术技能人才,让更多的青年能够凭借一技之长实现人生价值。另外,国务院办公厅印发《职业技能提升行动方案(2019—2021年)》(以下简称《方案》)。该《方案》明确指出,2019 年至 2021,要持续开展职业技能提升行动,提高培训针对性实效性,全面提升劳动者职业技能水平和就业创业能力。新形势下,提高高职学生就业创业能力是今后一段时间发展的关键问题和核心问题。

二、SWOT 分析法的内涵

SWOT 分析法又称为态势分析法,它是由旧金山大学的管理学教授于 20 世纪 80 年代提出来的,是一种能够较客观而准确地分析和研究一个单位现实情况的方法。SWOT 分别代表:Strengths(优势)、Weaknesses(劣势)、Opportunities(机

---

① 王静,天津生物工程职业技术学院就业创业指导中心教师。

遇)、Threats(威胁)。SWOT是一种战略分析方法,通过对被分析对象的优势、劣势、机会和威胁等加以综合评估与分析得出结论,通过内部资源、外部环境有机结合来清晰地确定被分析对象的资源优势和缺陷,了解对象所面临的机会和挑战,从而在战略与战术两个层面调整方法、资源以保障被分析对象的行为,以达到所要实现的目标。

三、运用SWOT分析法分析当前高职学生就业创业现状

(一)"S"(优势)分析

就业优势主要是指毕业生自身具有的,能够满足用人单位需求的特征和能力,使其能够获得企业更多的接受度和认可度,这些优势包括基本素质和能力的优势、专业技能的优势和特殊技能的优势。

用人单位挑选毕业生时,往往会匹配企业实际岗位需求和学生专业知识,另外,大学生思维活跃、想象力丰富,还具有较强的语言表达能力、沟通能力、适应能力,所以多数大学生在就业后能够很好地适应工作环境,实现角色的转变,这样也可以减少学生适应企业岗位的时间。如果是高职扩招的学生,他们本来就来自企业或社会,这些学生对企业或者工作环境有着天然的亲切感,他们带着明确的需求来高职求学,毕业后会更加有效地将所学的内容应用到实际工作岗位。

以天津生物工程职业技术学院为例,2015年底,学院成立的"药苑宜康"众创空间,经过天津市教育委员会认定,成为创业实践基地。众创空间以第三方为运营主体,实行商业化的模块运营,免费为全体学生提供创新创业、孵化指导和专业化的服务,并长期扶持专业相关的创新项目,努力打造"便利化、低成本、开放式"的创新创业平台。学院先后与橙郡众创空间(天津)有限公司、青岛优优互联网络科技有限公司、普光医药等社会机构与企业合作,扶持大学生创业实践。与此同时,学院还及时通过创业网站、微信公众号等新媒体平台发布就创业的政策解读、项目对接服务与培训辅导等相关信息。

同时,鼓励学生通过参加各类创新创业大赛,以赛促创,如"云创杯"中国"互联网+"大学生创新创业大赛、"挑战杯——彩虹人生"国家创新创效创业大赛、"3的N次方"等,以大赛为主体,通过社团开展创新创业活动,专业教师作为指导,形成创业团队,培养学生的创业意识和创业能力。

(二)"W"(劣势)分析

就业劣势主要是指毕业生自身具有的,不能够满足用人单位需求的特征和能力,和其他竞争者相比,自身资源和能力存在的局限性和缺陷性。

很多高职毕业生缺乏明确的职业定位和良好的职业规划能力,随波逐流的

心态泛滥,没有明确的就业目标,"吃喝玩乐打游戏"成了生活的主旋律,进入校园学习后没有明确的职业定位,又缺乏专业的职业规划指导和长远的理性分析,专业课学习不精,毕业后找不到适合的工作,于是出现了"企业招不到人"和"大学毕业生找不到工作"的怪现象。另外,用人单位在招聘选拔人才时,更偏向实践经验丰富、执行力强的综合性人才,而现在的高职学生,缺乏实践经验,缺乏创新创业精神,于是高职学生"纸上谈兵、只说不做"的现象,成为目前学生们创新创业的主要劣势之一。

对于高职扩招的学生而言,他们社会实践经验更丰富,能够重新回到学校进行理论深造学习的人,一定是极度渴望学习,渴望毕业后运用所学知识进行自主创业。但是扩招的学生理论基础薄弱,学习专业知识难度较大,也存在一定劣势。

(三)"O"(机遇)分析

党和政府以及社会各界人士高度重视大学生就业创业工作。尤其是党的十九大以来,习近平总书记发表了多个关于提高大学生就业率和就业质量、实现现代化教育建设、将建立人才强国作为工作的着力点的讲话。大学生就业创业的政府环境、法律环境、市场环境和教育环境正在逐步规范。这些机遇和政策,为学生创业提供了千载难逢的机会。

学院积极探索将创新创业分阶段多渠道地融入人才培养方案的全过程,着力引导学生正确理解创新创业与社会发展的关系、创业与职业生涯规划的关系,提高学生的创新能力、创业水平,在专业教育教学中更加自觉地培养他们勇于发现创业的机会。目前,学院对学生分阶段进行创业引导,采取线上线下同步教学。同时,为学生开展职业生涯规划、创业教育,切实帮助学生树立生涯规划意识,规划好自己的职业生涯发展。学院组织每一届学生参加创业培训指导课,2016 年共举办创业培训 12 场,参与学生 1600 人。

(四)"T"(威胁)分析

当今社会,市场竞争越来越激烈,社会环境也越来越复杂多变,对于高职毕业生创业就业而言,威胁越来越多。首先,高职院校没有敏锐的市场观察力和快速的反应能力,不能及时对学生进行就业指导,这是对学生就业创业的不利因素之一。其次,高职学生在校学习期间,大部分理论知识都来源于课堂,学生缺乏对企业的了解,导致学生在激烈的市场竞争中比较被动,学生毕业后创业就业受阻。在高职学生就业市场中,不同用人单位对毕业学生的需求条件逐年提高,学生要不断提升自己以适应社会企业需求。

四、提高学生就业创业能力的应对方法

（一）学生在校学习期间，就业创业指导工作应分层次逐级开展

学生自身的综合素质才是就业的核心竞争力，综合素质高，求职能力就强，适应工作的能力就强。那么，以本学院为例，从新生入学开始，学院就帮助学生树立职业理想，确定自己的职业定位和事业发展方向，把就业创业指导列入学院整体的教育教学计划，开设"就业创业指导"课程，并根据不同年级确立了不同的指导教育侧重点，合理规划学生步入社会的职业发展道路，注重加强高职生在校期间的综合素质培养。其中，通过理论课的教学及各种技能的实习、实训，再辅之以职业发展和就业创业指导教育，有利于学生的准确职业定位，有利于将学生培养成知识和能力横向拓宽、专业能力纵向深化的复合型高技能人才。教育学生认清就业形势，在充分评价自己的能力和对现实做出客观判断的基础上加以科学定位，实事求是地设定期望值，树立"适合的就是最好的"观念，摆正心态，选好目标，多些务实，少些浮躁，结合自身特点，扬长避短，从而有的放矢地寻找适合自己的就业单位。

（二）聚焦京津冀发展战略需要，用实际行动提高就业率

学院贯彻落实京津冀协同发展的总体规划，为了给毕业生拓宽就业渠道，学院就业办多次赴北京（大兴区、通州区、顺义区）、河北省（石家庄、廊坊、保定）等生物医药企业较为集中的省、市、区县走访调研，通过实地考察，开辟了北京悦康凯悦制药有限公司、北京博奥晶典生物技术有限公司、北京亚东生物制药有限公司、河北神威药业集团有限公司、河北一禾药业有限公司、安国市一方中药材有限公司等20余家企业，三年来累计输送毕业生近五千余人。

学院积极组织开展毕业生基层就业政策宣讲会，邀请滨海新区武装部到校进行征兵宣传，多方收集各省市村官、"三支一扶"考试、招聘信息等工作资讯，近年来毕业生基层就业比例稳步增长。为了给学生提供更多的创业实践项目，学院就业办先后社会机构与企业合作，扶持大学生创业实践的项目与企业对接。

（三）聚合各类资源，强化立体式就业工作的载体建设

学院认真分析医药行业发展对人才的需要，加强与相关生物医药行业、部门、企事业单位的密切联系，主动根据市场需求，培养学生的专业能力。定期组织"就业分析研讨会""就业形势座谈会""专业就业讨论会"等，努力把握宏观就业形势，实现毕业生对口就业、优质就业。学院以"思想政治教育"和"心理疏导"为着手点，在就业形势十分严峻的当下，将重塑学生积极的就业心态作为重点，结合当前就业形势，及时帮助毕业生调整就业期望值、了解就业政策、提高求

职技巧。对就业困难的学生进行一对一的就业指导,实行重点帮扶。加强学生职业生涯规划教育和就业指导课程建设,落实就业指导"进课堂、进生活、进学生头脑",与学院对就业指导思想的要求相吻合。

(四)聚力稳定就业,强化研判应对,科学研判人才的供求需要

学院积极发动多方资源力量,与社会合作,广泛联系用人单位,深化用人企业联盟的大协同,在企业间根据不同的企业性质、用人方向、就业工作区域等因素对企业进行了划分,将符合条件的企业进行整合,为毕业生招聘提供了便利条件,切实突破招聘资源的壁垒,线上线下同步,推动更深入、更精准的校企合作。

学院使人才供需"点面结合",将各类招聘活动分层次组织开展,订单班培养常态化、中小型招聘会多样化、大型招聘会常规化,实现了供需信息的及时、有效、开放、共享。多年来,学院与诺和诺德、中美史克、凯莱英制药、中新药业、隆顺榕、达仁堂、老百姓大药房等一些国内外知名企业建立了长期、稳定的合作关系,除此之外,还与近200余家的中小微企业形成了良好的校企合作,为毕业生提供了稳定的、优质的就业岗位。迄今,学院为2019届毕业生组织举办了大型的招聘会1场、专场招聘会10场、宣讲会30场,使毕业生足不出户与招聘单位近距离交流,其中到校招聘企业达到227家,提供招聘岗位5000余个,学生平均供需比高达1:3,使毕业生具有充足的就业选择空间。

高校毕业生创业融资模式中
股权融资的相关问题研究

谢永建①

近几年来,随着"互联网+"大数据时代的到来,"大众创业,万众创新"这个当下比较热门的话题也在与时俱进地发展,与此同时,政府、社会、学校、企业等对高校毕业生创业行为给予大力的政策支持和充分的制度保障,因此,在高校毕业生中创业人数比例呈现逐年增长的态势。但我们必须客观地看到,在高校毕业生中创业成功的比例并不是很大,造成这一现象的原因是多种多样的,但归根结底主要是两大因素制约着高校毕业生创业,首先是高校毕业生创新创业理念的培养并不健全,其次就是创业需要资金支持。创业资金大大影响着高校毕业生创业的成功率。刚毕业的大学生本身资金实力弱,同时,由于高校毕业生刚刚接触社会,社会经验不足,因此风险控制和抗压能力不强。当下高校毕业生创业融资或是通过债权融资或是通过股权融资。股权融资由其自身的特点和优势,成为创业融资中比较重要而且所占比例较大的融资方式,而科学合理的股权融资对于创业成功与否起到关键的作用。

一、高校毕业生创业融资的主要渠道及现状

(一)亲朋融资方式

众所周知,高校毕业生基本上无资金实力,一般在创业过程中,需要通过父母、亲戚朋友来筹集资金,这种融资方式最大的特点就是风险小、速度快、融资成本低,一般没有利息等特点,这种方式对刚刚走出校园的大学毕业生来说无疑是一种最容易实现的融资方式。在高校毕业生创业融资方式中,这种方式占的比

---

① 谢永建,天津国土资源和房屋职业学院讲师。

例是最大的。但我们应该清楚地看到,这种融资方式也存在不少弊端,其中最大的弊端就是,亲朋好友要承担较大的创业失败风险。同时,这种融资方式筹集资金的数额也是有限的,一般情况下很难满足创业过程中较大的资金数额。

(二)风险投资方式

这种融资方式最大的特点就是融资速度快,同时具有较高的收益,但获得风险投资的项目局限性很大(一般主要集中在高新技术项目),因此这种融资方式对刚毕业的大学生来说实现难度较大。但好在,这种方式中有一种较低门槛的融资方式就是天使投资,天使投资一般对项目科技含量要求不是很高,所以一般对于初创企业来说更适合选择天使投资来融资,但天使投资最大的风险就是容易失去创业企业的控股权。

(三)银行贷款方式

银行贷款的方式一般主要有信用贷款、抵押贷款、贴现贷款和担保贷款等方式。对于高校毕业生来说,刚刚毕业时很难有抵押物,因此很难找到可靠的担保,而商业银行的短期贷款所贷数额又相对较低,很难满足创业资金的需求。而一些小额贷款手续费用较高、利息较高,导致融资成本较大。

(四)众筹融资方式

相对传统的融资方式,众筹更为开放,能否获得资金也不再是由项目的商业价值作为唯一标准。只要是网友喜欢的项目,都可以通过众筹方式获得项目启动的第一笔资金,为更多小本经营或创作人提供了无限可能。这种融资方式门槛较低,也是适合高校毕业生创业融资过程中选择的方式之一。

(五)国家创业基金

中国大学生创业基金是由中国社会福利教育基金会发起设立的一个全新的资助型公益基金。其遵照党中央"拓宽就业、择业、创业渠道,以创业带动就业"的指示精神,以"关心、扶持、资助大学生(含归国留学生)自主创业、成就梦想"为宗旨。中国大学生创业基金为有创业梦想的大学生筹措资助资金,通过建立资本市场与大学生创业项目的良性互动机制,每年在各高校推选优秀创业项目的基础上,为大学生创业计划实施提供资金资助,缓解大学生创业资金匮乏的问题。

二、股权融资的意义与作用

(一)股权融资能够极大减轻高校毕业生的创业压力

高校毕业生刚刚走出大学校门,几乎无创业资金,毕业生本身在大学期间已经给家庭增加了很多经济压力,如果在毕业初期进行创业仍然选择亲朋融资或债权融资方式的话,无疑给家庭带来了巨大经济负担和投资风险,因此在大学生创业中不提倡采取债权融资。如果选择天使投资方式进行融资的话,即使创业失败,也不需要偿还本金,这极大地减轻了大学生的创业压力。当然,在选择股权融资方式后有可能让大学生在创业中失去部分股权,也就是和投资人共同分享公司的收益,但这也是现代企业所倡导的团队协作精神的具体体现。

(二)股权融资能够为高校毕业生积累社会人脉

高校毕业生在创业融资方式中如果选择债权融资,除了资金的融通之外,并无其他社会利益,但如果选择用股权融资的方式则大大不同,除了能够解决资金的问题,更重要的是可以使初到社会的高校毕业生积累一定的社会网络和人脉。在高校毕业生创业过程中,尤其是项目融资过程中需要不断整合资源,编织社会关系网络,如营销领域、财务领域、艺术设计领域、软件开发领域等资源,这为高校毕业生的创业道路奠定了社会基础,极大地提高了创业成功的可能性。

(三)股权融资能够极大地提高创业成功率

高校毕业生在创业融资方式中如果选择股权融资,那么相比其他融资方式(尤其是债权融资),其创业成功的比率会大大提高,因为股权融资本身对高校毕业生的综合素质和项目可行性都有较高的要求,只有这样才会有天使投资或其他投资人愿意提供资金支持。因此一般选择股权融资的高校毕业生在创业过程中其本身一般都具有较高的专业能力、表达能力、创新能力等。

(四)股权融资能够不断提高高校毕业生的财会金融能力

采用股权融资方式,其本身就要掌握一定的财会金融知识,否则对将来公司的运营、收益、分配和股权等就无法准确合理地进行管理。纵观以往很多高校毕业生创业成功的案例可以发现,这些案例成功大部分都选择股权融资方式,且项目内部成员都具有一定的财会金融知识和能力。同时,随着公司的运营和发展,该能力不断提高和增强,这对提升公司的市场竞争力无疑是一种促进作用。

三、股权融资的现实问题及分析

(一)高校毕业生创业心智还不成熟

高校毕业生在创业过程中往往表现最突出的特点就是心智还不够成熟,对于小的成功会沾沾自喜,对于小的失败也会丧失信心,没有持之以恒的精神。很多大学生不懂得创业本身就是一件艰苦且不确定的事情。在以往接触高校毕业生进行项目推介或创业大赛时发现,有些项目并不大,但融资要求却很高,比如金额要求高、投资人要求高等。这样并不符合创业初期的特点。

（二）高校毕业生总体创业素质不高

创业对创业者的要求很高，社会上很多创业多年的人往往也会创业失败，更何况刚刚走出校门的大学毕业生。学生的创业能力仅限于在学校里老师讲授的一些创业课程和创业讲座或沙龙而已，往往不够深入、不够系统，创业课程并不能达到个性化培养。要想在创业中有所成绩，一般要求大学生具备较高的综合能力和素质，如语言表达能力、营销能力、创新能力、社会适应能力、管理能力、协调能力等。但以上这些能力往往很少能集中在一个人身上，即使组建团队，也很难把不同能力的人凑在一起，因此，高校毕业生创业素质还有待提高。

（三）高校毕业生在股权融资中未能准确把握创业大赛的地位

几年来，国家和各省、各地区、各高校的创新创业大赛蜂拥而起，这当然是件好事，对于了解大学生的创业能力，评价大学生的创业水平提供了一定的平台，很多学生和团队在比赛获奖之后回到学校往往也会受到学校表彰。但我们应该清醒地认识到，真正的创业与大学生创业比赛还是存在很多的区别和不同。因此一些高校毕业生沉浸在创业大赛获奖的喜悦中，走到社会如果被现实狠狠地一击，创业激情就会受到沉重的打击。

（四）高校、社会对大学生股权融资能力的提高还不够

高校大力开展创新创业课程，不断培养学生的创新创业能力，相关活动在近些年来开展得红红火火，但我们应该清楚地认识到，高校内相关的师资比较缺乏，绝大多数的高校教师并没有这方面经历和经验，虽然一些高校会定期邀请一些企业专家或创业者到学校讲座，但其对系统培养大学生的创业能力是远远不够的。而融资又是创业中最核心的一个环节，特别是股权融资，往往是创业成功的关键因素，但很多教师并不是财会金融或企业管理专业出身，本身对融资的相关内容就比较陌生，因此阻碍了大学生在创业过程中股权融资能力的培养。

四、对高校毕业生股权融资的相关建议

（一）高校应系统培养大学生股权融资能力，增强其创业信心

高校在制订人才培养方案中，尤其在创新创业课程中应加强对学生创业融资能力的培养，同时应不断提高学生的社会适应能力和抗压能力。当代大学生思想不成熟、心智不成熟的比例并不低，很多学生往往自己都管理不好自己，何况管理一个企业。因此，学校应该在这方面多动脑，给学生提供大量的案例并定期开展创业沙龙，同时要分类培养，针对不同学生的不同特点，加强学生的创业融资能力。

（二）高校应加强对学生股权融资综合能力的培养

现代社会要求大学毕业生要有良好的综合能力，无论是求职还是创业，但拥有这方面的能力的高校毕业生的比例并不高，因此学校应多开设一些公关礼仪、沟通与谈判、财会金融、企业管理的相关选修课程，让学生们结合自身的特点有针对性地提高自身的相关能力。单凭一些创业课程是远远不够培养学生综合的创业及创业融资能力的。让走出校门的大学生具有良好的沟通能力、表达能力、协调能力、管理能力等综合能力，即使不创业而选择就业，就业单位也相当欢迎这样的大学毕业生。

（三）高校应对创业大赛明确定位，建立科学合理完善的创新创业教育体系

现在很多高校都设立了创业园，同时还定期举办各类创新创业比赛，设立相关的训练项目等。这确实对大学生认识创业、了解创业、走进创业有一定的帮助。但同时高校还应该在此基础上，形成一套如何发现以及培养创新创业型人才的制度体系，为天使投资人、风险投资家及投资机构及时提供创新创业人才。高校应该鼓励多种股权融资方式，如股权众筹等。股权众筹是随互联网兴起而出现的新型融资模式，具有门槛低、融资快、易操作等特点。

（四）高校应重视创新创业师资的培养和建立

虽然国家给予地方和各高校相关的政策，但我们却不难发现，现在很多高校的创新创业师资仍然缺乏，很多教师都是兼职，更没有固定的教学团队，往往都是安排教学任务后，看哪些老师的课程不够，然后让其顺带讲授一些创业课。这样不但对于培养学生的创新创业能力不利，同时也对建立专业化的教师团队不利，建议相关主管机关应该强制规定各个高校的创新创业专兼职团队的建立规范，同时对相关师资进行定期和系统的培训。

五、结束语

随着中国资本市场迎来了科创板，股权融资在社会经济发展中越来越重要。相对于债券融资来说，大学生创新创业更偏好股权融资。大学生想在创新创业的道路上走得更远些，需要学习和了解股权融资相关知识，掌握股权融资实际操作技巧，努力使自己成为复合型创新创业型人才。

促进艺术类高职学生
创业就业能力提升的探索与实践

冯宇星①

　　近年来,在整体就业形势严峻的背景下,天津工艺美术职业学院结合自身艺术类专业特点,确定了"稳定规模、内涵建设、突出艺术类高职办学特色"的就业工作方针,强化就业工作精细化管理,努力提高服务意识和责任意识,学院就业率基本保持稳定,2016 年就业率为 95% ,2017 年就业率为 95.65% ,2018 年就业率为 95.89% 。三年来就业率基本保持稳定上升趋势。

　　为切实做好毕业生就业工作,拓宽毕业生就业渠道,学院大力构建毕业生与用人单位的交流平台,积极为用人单位输送应用型人才。近几年,学院每年坚持举办招聘会、就业双选会、就业宣讲会等促进就业活动。每年,学院于 5 月份举办"天津工艺美术职业学院毕业生作品展暨毕业生春季招聘会",邀请用人单位来到毕业设计作品展现场,开展具有艺术院校特色的招聘会。设计类作品展是学院全体毕业生学习成果的集中展示,在毕业设计指导老师的带领下,学生们组建自己的设计团队,共同协作,按照项目的要求完成设计作品。它不仅为毕业生提供展现自我的机会,同时也为招聘企业提供物色人才的依据。通过这种招聘会形式,学院打造学生与企业沟通、交流的零距离平台,从而服务学生、服务社会,创新学生就业指导模式,提升人才培养质量,得到了用人单位和毕业生的欢迎。

　　为了使毕业生更好地了解严峻的就业形势,更好地确定择业的目标,避免在就业过程中多走弯路,学院开展了大量的就业指导工作。

---

　　①　冯宇星,天津工艺美术职业学院科研处主任。

1. 组织学生参加学校开设的就业指导讲座活动,对毕业生进行就业形势分析、就业政策和就业技巧以及职业生涯规划的指导。

2. 就业创业指导课程已编入第一、二学年必修课,使用天津市就业中心指定教材,由拥有职业指导师职业资格证书的教师专人授课。

3. 以班级为单位,对毕业生进行"认清形势、先就业后择业"的择业教育,努力为毕业生营造良好的就业氛围。

4. 根据学院特色及毕业生在不同阶段的需求、心理特点,帮助学生树立正确的就业心态,在毕业班内开展形式多样的就业指导工作。

5. 树立全员动员意识,发动各系老师为毕业生服务。积极与用人单位联系,利用所学专业及在社会上的知名度,为毕业生提供就业信息及就业机会。

6. 鼓励学生在学习本专业知识的同时,积极提高自己的综合能力和就业含金量,利用实习的机会,拓宽就业渠道,积极寻找适合自己的就业方式。鼓励毕业生提高从事自由职业和自主创业的能力。

7. 发挥学院历史悠久的优势,大力开发校友的社会资源,把校友请进学院畅谈从业经验与体会,为毕业生开展别开生面的就业创业宣讲活动。有针对性地向校友企业岗位推荐合格毕业生,发挥老校友的传帮带作用,促进毕业生顺利就业。

附:实践案例

天津工艺美术职业学院众创空间 201 工作室(2018)

201 工作室创办于 2015 年 7 月,目前坐落在学院建昌道校区众创空间 201室,由学院数字媒体艺术系教师杨诺、宋刚、张驰担任校内导师。201 工作室为全方位助推创新、创业的孵化平台,团队师生与多个实体企业紧密对接,致力于培养实践型人才,带动释放创新活力、协同地方文化建设,并取得了颇为丰硕的成果。目前 201 工作室常驻人数 10 人左右,团队分别来自影视动画、影视多媒体、广告设计等不同专业的。

201 工作室自成立以来,参加实训的学生 30 余人,已毕业学生中就业率达100%,他们应聘至广告公司、影视制作公司、电视台等单位,从事影视拍摄、MG动画制作、交互动画制作、广告设计等工作。其中 3 名学生独立创业,取得营业执照,独立经营并已获利。

201 工作室与多个企业合作项目带动学生实训,目的在于提升学生未来的就业、创业能力。主要合作的企业有:佐佑定格动画(天津)有限公司、天津吉来力文化传播有限公司、天津泰利维恩影视文化公司、天津益泰科技有限公司等。实训项目由校内导师与企业导师共同带领学生进行。

(一)非遗教学资源库建设(参与学生15人)

学院在"非物质文化遗产——国家职业教育专业教学资源库"建设中承接了"建筑彩绘""衡水内画壶"两个子项目。201工作室与天津泰利维恩影视文化公司合作,共同承担了具体的制作工作。经过了校内导师、学生与企业专业人员共同商讨,反复研究制作技术,严把质量细节,现已验收合格,上传至智慧职教网教学资源库。制作内容包括WORD文档图文混编;内置动画链接的PPT课件30余件;拍摄、剪辑、制作视频30余个;完成交互动画6个小项目1个大项目等相关工作。

此次项目以学生为主导,共涉及校内导师3人、学生15人、企业人员5人。在企业人员技术支持下,教师和学生对影视项目的制作流程有了全面的实践体验,在策划、拍摄、栏目包装、字幕、剪辑等多方面都得到了锻炼,同时掌握了交互动画这一新技术,填补了专业空白。

(二)定格动画制作(参与学生5人)

201工作室与佐佑定格动画(天津)有限公司共同合作开发定格动画新课题,共有学生5人、指导教师1人进驻企业参与课题,历时2个月,学生全方位了解了定格动画的整体制作流程及相关技术,在指导教师和企业指导人员的辅导下,独立完成一部原创定格动画短片。该片获得了第四届全国高校数字艺术作品大赛学生组二等奖、2016年中国学院奖优秀作品等奖项。

本次校企合作采取校方主导、教师带队、企业培训、学生独立创作的形式,打破了以往学生实践只能依附企业项目,受限于商业形式等不利因素,真正实现综合学习与独立创作的理想模式。在企业实训期间,根据每名学生的专业能力及个人特点,实行岗位化、专业化的分配方式,让学生的特长潜质在实际工作中得到最佳的培养和最大的发挥。项目完成后,校企双方导师就本次合作总结经验、搜集资料,形成一套完整的定格动画教学课件。该课件在第五届全国高校数字艺术作品大赛微课程组获得二等奖的好成绩。

(三)哏儿都娃娃原创设计(参与学生13人)

2017年4月,201工作室与佐佑定格动画(天津)有限公司再次合作,开发原创IP形象"哏儿都娃娃"。项目由学生创作,教师指导,企业人员协助制作,共同开发了包括二维形象9个、三维实物22个以及部分周边产品等一整套原创卡通形象。目前该形象已进行卡通形象版权注册保护,未来将以校企合作的形式继续开发周边产品,并推向市场。

同时,此项目作为大学生创业项目由学校推荐,参加了第三届中国"互联网+"大学生创新创业大赛天津赛区的比赛,荣获二等奖。

参加本项目的学生中有 3 人留任佐佑定格动画(天津)有限公司,其他毕业生均已在北京、河北等地区顺利就业。

(四)消防漫画(参与学生 8 人)

201 工作室与天津和平消防支队合作开发漫画连载项目,绘制宣传消防知识 4 格漫画,漫画在《渤海早报》中刊出,目前已连载 12 期。

项目的参与学生分别来自影视动画班二、三年级的学生,目前已连续创作一年多,学生在绘制技巧方面有很大提升。

(五)中央党校 MG 动画(参与学生 12 人)

MG 动画是近年较为流行的一种动画形式,201 工作室与天津吉来力文化传播有限公司共同合作完成中央党校 MG 动画 22 部。项目参与学生 12 人,其中 4 人毕业后留任公司,2 人留在 201 工作室,其余同学毕业后均已顺利就业。

学院得到反馈,在 201 工作室参加过实训的学生,全部顺利就业,并在就业方面具有十分明显的,主要体现在:

1. 刚刚毕业就已具备工作经验,了解真实工作的整体流程;

2. 懂得公司化的运营模式,会沟通,能够快速融入团队合作;

3. 有一定的抗压能力,懂得如何获取支持和帮助;

4. 可以独立承担相关项目的制作工作,有自信,并且具备较强、较新的实操能力。

除了已就业的学生以外,201 工作室 3 名同学经过了 2 年左右的实训,积累了一定的经验,于 2017 年 7 月成立天津益泰科技发展有限公司,并已取得营业执照,目前在学院众创空间承接项目并已有所收益,相关企业及 201 工作室后续会跟进,给予创业指导。

打造数字创意工厂
提升工艺美术高职学生创新创业实践能力

裴敬涛①

天津工艺美术职业学院(以下简称工美)积极发掘工艺美术职业教育的深厚积淀,紧扣当前数字创意经济脉搏,总结近三年众创空间的成功建设经验,整合学院各专业资源优势,探索校企共建实训基地的新功能,创新服务教育教学新定位,企业深度参与协同育人的人才培养模式,提出了"数字创意工厂"的建设概念。结合学院特点和人才培养需求,学院与数字创意工厂的入驻企业在人才培养、技术创新、就业创业、社会服务、文化传承等方面开展全面合作,逐步探索出一条行之有效的、体现工艺美术职教特色的高层次应用型人才培养道路。

一、建设众创空间,体现工艺美术职教特色

为了积极响应中央提出的"大众创业、万众创新"号召,学院于 2016 年成立"工美众创空间"。学院紧抓众创空间获得天津市认定挂牌的有利契机,发扬专业特色和人才优势,整合学院存量资源和空间环境,发挥区位优势,服务社会经济,大力建设具有工艺美术特色的工美众创空间。

工美众创空间包括创业培训区、创业苗圃区、创业预孵化区、企业实体区、创业咖啡区、创业服务区、商务洽谈区,分别位于学院革新道校区和建昌道校区。其中,革新道校区主要为创业苗圃区和创业预孵化区,为大学生创客、创业团队提供创新创业技能教育培训、初创项目苗圃培育孵化等服务。建昌道校区主要为企业实体区,为孵化成功的创业团队和入驻企业实体提供各项创新创业指导与服务。两个校区的工美众创空间统一实行"工作室制"运营管理模式。

---

① 裴敬涛,天津工艺美术职业学院副院长。

学院立足工艺美术教育传统,发挥师资队伍创新能力强、创业技能突出的特色,聘请选派各专业教师担任创业导师进驻工作室共同开展创新创业实践活动,带领大学生创客参与了大量文创产业社会实践和创业项目,在艺术设计领域为学院赢得了良好的社会声誉。同时,学院广邀各界名师和工艺美术"非遗"传承人入校开展创新创业教学研讨、培训交流,进行课程共建,不断提高创客与创业团队的创新创业能力。

二、开展具有工艺美术特色的创新创业教育

学院积极完善人才培养质量标准和创新人才培养机制,健全创新创业教育课程体系并改革教学方法和考核方式,强化创新创业实践,着力加强教师创新创业教育教学能力建设,切实改进学生创业指导服务,有效完善创新创业资金支持和政策保障体系。学院整合众创空间与校内外软硬件资源,服务创客与创业团队,开展创新创业实践教育工作取得了较好的工作业绩。

学院连续举办两届工美大学生创新创业实践活动,校企合作开展大学生"双创"实践项目实训实践。累计正式立项各专业"双创"实践项目24个,项目内容涉及文化创意产业的方方面面,包括《山海经》文创产品模型设计、"哏儿都娃娃"文创设计推广及衍生品开发、己亥猪年生肖文化形象及衍生品设计、PAWS3D游戏设计与制作、VR虚拟现实环艺拍摄与制作、泥人张彩塑非遗微课程建设、中国古建彩画非遗衍生品开发、墙绘艺术开发、葫芦工艺品研发、展示文创产品开发等大学生"双创"实践项目。"双创"实践活动覆盖全院各专业师生,很好地促进了学院工艺美术职教科研成果的市场转化,取得了良好的社会反响。

学院开发用于宣传工美众创空间实践项目的网站;建立工美众创空间微信企业公众号;建立工美众创空间信息报送制度,定期收集汇总信息,发布众创空间工作信息简报;建设了工美众创空间线上推广平台。

学院依托工美众创空间开展商业计划书培训讲座、杨柳青年画"非遗"技艺培训、泥人张彩塑"非遗"技艺培训、摄影摄像技术培训等"双创"教育普及活动。学院在工美众创空间建立大师工作室,聘请著名"非遗"传承人与工艺美术大师来院讲座,引导大学生开拓创新视野、传承"非遗"技艺。

近年来,入驻工美众创空间的创客、创业团队、初创企业累计获得各类奖项数十项;古建彩画等多个"双创"团队参加全国职业院校艺术设计类作品广交会获一等奖;双创团队师生在连续三届全国高校数字艺术设计大赛获得一等奖5名、二等奖9名、三等奖12名、优秀奖若干名;2018年,工美众创空间入选文化和旅游部"文化产业双创扶持计划",获得文化和旅游部10万元专项支持资金;完成大量各级单位委托设计制作项目并广受认可,工艺美术特色创新创业教育成绩斐然。

三、构建工美模式"双创"特色的教学服务体系

（一）构建完善的服务机制

1.统筹协调的工作机制

学院成立了创新创业工作委员会和工美众创空间管理办公室,统筹协调、资源共享,共同推进创新创业教育与服务工作。

2.科学有效的管理机制

学院相继出台了《天津工美众创空间管理办法》《天津工艺美术职业学院创业导师认定管理办法》,科学管理、有效服务,充分保障了各类创新创业教育和服务的开展。

（二）艺术特色场地设施

学院拥有家具木艺工作室、雕刻工艺工作室、油泥模型工作室、建筑模型工作室、皮革艺术工作室、影像艺术工作室、虚拟现实工作室等一系列专业性强、设施先进、设备完善的工艺美术创新实验基地,环境优越,人力、物力资源丰富,制度完备,服务到位,为学生开展产品研发、设计、制造等创新创业实践活动提供了极大便利。

（三）优质的创业导师资源

学院充分发挥自身优势,鼓励和支持教学能力强、科研水平高的专业教师带领学生搞项目、做科研,培养创新意识、锻炼创业能力;组织具有丰富创业工作经验的教师开展创业讲座、创业训练营、创客沙龙、创业大讲堂等多样化的创业教育培训活动,营造创业氛围、普及创业知识;广开渠道、整合资源,积极聘请优秀企业家、创业指导专家、创业校友等校外人士为学校创新创业导师,为有需求的创业学生提供团队建设、项目优化、运营管理等方面的咨询指导。

（四）提供工美"双创"特色服务

1.开展创新创业基础教育

学院在公共必修课中引入创新创业教育板块,培养意识、宣传政策、普及知识;注重专业教师创新能力提升,在日常教学过程中注重塑造学生的创新精神和能力提升。

2.创新创业教学实践活动

学院连续开展创业讲座、创业训练营、"创客活动推广"、校园创业项目展示会、校园创业项目路演会等创业实践活动,普及面广、参与度高,校园创业氛围浓

郁,学生创新意识足、创业能力强。吸收部分科技型社团负责人参加创新工作室的创建活动,为学校众创空间建设提供高质量的创业导师服务和共享资源服务,培养学生创新创业能力。

3. 创业项目培育孵化

充分发挥大学生科技创业中心平台优势,整合校外优质资源、调动校内存量资源,为有成熟创业想法的学生创业团队提供专用场地和专业服务,让创业的"种子"生根、发芽并茁壮成长,实践创业理想、达成人生梦想。

四、打造工美"数字创意工厂",提升大学生创新创业实践能力

(一)工美"数字创意工厂"的建设基础

学院下设商业美术、环境艺术、工业设计、服装装饰、数字媒体艺术、综合绘画共计6个专业群,15个专业,涵盖当前工艺美术教育领域的各个主要研究方向。其中,工业设计、数字媒体艺术、环境艺术三个专业群是"十二五"期间中央财政和天津市财政重点支持建设的优质特色专业,已通过学院自建和校企合作等形式建成各种校内外创新工作室和实验实训基地。"十三五"期间,学院重点打造景观设计和人物形象设计两个骨干专业及包装艺术设计优质骨干专业。

学院立足代代传承的工艺美术高等职业教育特色,依托自身长期形成的工艺美术教学与创作的专业优势,在工美众创空间的建设过程中,不断发挥学院的艺术设计专业群、专业师资和专业创作队伍优势,高效利用学院的存量资源,建立起各专业间广泛的横向联系,以工美众创空间的各工作室为创新创业平台,结合当前数字创意经济发展的新形势和人才市场的新需求,提出了在工美众创空间的成功基础上,整合全院资源,着力打造工艺美术教育"数字创意工厂"的概念。全面提升工美众创空间的软硬件实力,更好地对接数字创意市场,组织开展横向艺术学科交叉和纵向艺术科研活动,力争在文创产业、数字创意、文旅融合、制作研发、市场开发等领域开拓创新,打造具有工艺美术特色的高职双创教学实践模式,在全市高职院校中独树一帜。

(二)紧扣数字创意经济发展脉搏,打造工美"数字创意工厂"

纵观当前,数字创意经济方兴未艾。《国家职业教育改革实施方案》明确提出:促进产教融合校企"双元"育人,校企共同研究制订人才培养方案,及时将新技术、新工艺、新规范纳入教学标准和教学内容,强化学生实习实训,推动校企全面加强深度合作,打造一批高水平实训基地。

《"十三五"国家战略性新兴产业发展规划》将数字创意产业首次纳入国家战略性新兴产业发展规划,与之配套文件《战略性新兴产业重点产品和服务指导目录》明确了数字创意产业的具体内容。数字创意产业与新一代信息技术、生物、高端装备、绿色低碳产业并列成为五大新兴产业支柱。数字经济是国家产业发展的重点内容,而数字创意产业作为数字经济的重要组成部分,发展前景广阔。

从近年来工艺美术教学科研发展前沿方向来看,VR、AR、MR、APP 开发与应用,交互多媒体,HTML5 等数字创意领域相关内容已经逐步引入教学环节,工艺美术职业教育不再仅仅是设计师和画家的事情,学科边界逐渐模糊,艺术与科技日益融合是工艺美术设计教育教学顺应时代发展的新形势、新要求。

学院紧扣数字创意经济发展脉搏,着力打造工美"数字创意工厂"。在工美众创空间的基础上结合教学能力提升建设项目,将各相关专业的实习实训设备和场地加以整合。按照数字创意教学实训的新要求,以符合各专业群开展数字创意设计加工制造的工艺流程和工种特点,重新规划、改造、提升专业教学空间环境。校企结合全面建构服务于学院各专业群数字化设计创意教学需求的"数字创意工厂"。开展各专业数字创意课程建设和师资队伍建设,让学院师生在产教融合背景下,接受校企联合开展的数字化工艺美术创新创业教育教学。整合各专业工作室软性资源,与工作室入驻企业在人才培养、技术创新、就业创业、社会服务、"非遗"技艺传承与创新等方面开展全面校企合作。引入更加系统化、市场化、更有针对性的"双创"教学实践项目,致力大学生"双创"实践能力提高。

综上所述,学院立足建院 60 多年以来积累的深厚工艺美术教育背景,通过由工美众创空间到工美数字创意工厂的整体升级,打造更加符合数字创意经济发展趋势的现代工艺美术创新创业教育环境。开展面向本校师生,并扩展服务于社会的特色服务。推行企业实体工作室、大师工作室、创客工作坊等灵活多样的运行模式。在数字创意工厂的建设理念下推进各专业教学能力的全面提升,打造工美教育品牌,大力发展具有工艺美术特色的艺术设计、教育、培训、研发、制造、市场化运作一条龙式的服务模式,提升工艺美术高职学生的创新创业实践能力。

天津工艺美术职业数字创意中心十年回顾

魏　群①

回顾十年,天津工艺美术职业学院数字创意中心(以下简称数字创意中心)从初建雏形到扩大规模、再到健全体系、输出服务,都与数字媒体艺术系(以下简称数媒系)发展历程密不可分。数字媒体艺术系前身为影视动画系,于 2009 年成立,专业教育以二维动画和漫画教学为主。2008 年,天津工艺美术职业学院动画系的影视动画专业申报动漫实训基地获批,2009 年底,校内 1000 余万元的基地设备采购启动,数字创意中心的前身数字媒体中心初建雏形。随着动漫实训基地的搭建,数字媒体中心直接负责学生实训运营与管理,与专业对接的工作室也应运而生。自此,数字媒体中心与数媒系紧密合作,开始了长达十余年的发展、壮大的改革之路。数字中心立足职教培养人才理念,主动对接工美众创空间,培养市场需要的创新创业型人才,同时以数媒系为试点,落地创新创意、产教融合理念,在这个过程中,形成 19 个工作室辐射全学院专业群建设,通过教学改革、文创开发、信息化建设、对接市场服务社会、输出人才进行全方位、体系化建构,随着教学内容的丰富和社会服务内容的增强,2017 年动画系更名为数字媒体艺术系,2019 年数字媒体中心正式更名为天津工艺美术职业学院数字创意中心。

一、适应时代发展,践行教改探索

数字创意中心建立在数媒系基础上,中心分为多个工作室,工作室主要由学院毕业生回校建立为主,多年来在专业申报、课程设置、教学方法、实训内容、毕

---

①　魏群,天津工艺美术职业学院数字媒体艺术系主任。

业创作、专业标准制定、信息化教学等方面为数媒系提供各种支持,合作共赢。二者本着改革创新理念,洞悉市场,对接行业前沿,走出传统教学模式,对教学涵盖内容辐射性探索,逐渐走向标准化道路。

专业申报方面。随着互联网技术的发展,传统影视动画专业(二维动画)已经无法满足市场新的需求,FLASH 动画、MG 动画和 HTML5 动画分别出现,三维动画也逐渐走向市场细分,数媒系在当年动漫实训基地采购影视前后期设备基础上,通过鼓励系内教师介入工作室模式试探市场、培养新专业教师、建立课程架构,筹备两年进行新专业设立可行性论证后,2011 年申报影视多媒体技术专业,课程内容涉及影视全流程制作及网站交互设计。2016 年申报游戏设计专业,内容涉及游戏设计制作及数字化展示、大小屏的 APP 开发领域。数媒系以市场为导向,以数字创意中心工作室实战经验支撑来论证专业申报,开创先河,二十年来成为天津高职中首家申报以上专业的学校。

课程设置和教学方法方面。在课程安排上,遵循人才培养与时代需求发展同步的职业教育方向,从单一的二维动画向多元大动漫时代过渡,多媒体技术应时而生、游戏领域异军突起,不断完善课程设置、丰富课程资源,多次调整课程大纲,吸收多个国外著名培训机构的课程及教学思路,力求接地气,将虚拟现实互动、数字化展示、3D 打印、无人机和手机拍摄等课程内容纳入教学,同时与职教标准对接。在教学方法上,融入信息化教学,优化教学效果、提高教学效率、改变授课方式、增进课堂活力,采用慕课、翻转课堂等形式打破传统教学模式,转向问题导向性教学和互动式教学。

实训和毕业创作方面。在实训上,以工作室为实训单位,将实训纳入课程教学体系中,低年级学生在业余时间通过自主选择大量参与实战项目,同时将以往有价值的项目通过整理作为实训内容,三年级学生全学年两个学期都在工作室度过,为学生进入市场做铺垫。在毕业创作上,在数字创意中心的协助下,结合大学生众创资金支持,近年来先后举办两届主题毕业展,泥人张主题和海河文化主题的毕业展获得了巨大的反响,部分作品已经进入市场并获得知识产权保护。

专业建设走在行列前列,影视动画专业 2014 年获批成为天津市特色专业,游戏设计专业 2018 年参与游戏设计专业全国标准制定,影视多媒体技术专业已获批参与国家影视多媒体专业资源库建设。

二、放眼产教融合,深化校企合作

数字创意中心自成立起,以影视动画专业为切入点,与多个入驻的专业企业签订校企合作协议,建立校内实训基地,通过承担学生实训实习、项目实战指导、校本教材开发、毕业创作辅导、创新创业等方式来对接市场、巩固合作关系。经过近十年的发展，已经摸索出一套双赢的产教融合的运作模式。多年来在开设影视多媒体技术、游戏设计新专业的背景下，根据专业涉及领域，陆续扩大工作室规模，现已建立 19 个工作室，工作室工作人员 70 人，涉及影视策划与拍摄、影视剪辑调色、三维动画、二维动画、电影特效、平面摄影、广告设计、广告策划、定格动画、虚拟现实、交互研究、综合实训等方向。通过整合现有 19 个工作室资源，集中实现了"数字创意中心"一个平台、"数字展馆、数字影片、文创动漫、教育培训"四大方向的战略构想。值得一提的是，为提升学院专业群建设，学院今年新增设了综合实训中心工作室，实现从数字内容向实物开发制作的方向转变，这将极大丰富学院各个专业的实践课程建设，辐射全院 6 个系、14 个专业。

目前，工作室实训项目覆盖全专业学生，数媒系现已经将大三课程调增实训课，全部学生自选工作室进行为期一年的实训。从教学教研、实训实习到生产研发，企业全程参与，使教学过程与生产过程对接，逐渐形成产学研合作机制。深化校企合作，不论从技术层、操作层、文案层到全过程制作层，还是从科技层、思政层，都融入了文技双行、德技并修的人才培养理念。通过校企合作工作室入驻的方式，校企合作向全过程化和体系化方向运作，企业深度参与协同育人，更直接地将"市场—学校—就业"紧密衔接，利用产学研合作机制，整合资源、产教融合、育训结合，联合培养人才，培养多类职业技能，拓展就业创业本领，甚至实现学生就近就业。

学院先后四次举办国培和省培的影视制作相关培训，常年开设针对社会的摄影培训和儿童美术教育班，承接虚拟现实技术服务外包专业社会培训。

三、主动迎接市场，提供社会服务

市场是专业建设和人才培养的风向标，灵敏的市场嗅觉和快速的项目运作调整是多年来数字创意中心行走在行业前沿的秘诀。数字创意中心将多年来产教融合成果加以应用，对外进行知识传播、技术输出、行业建设，对天津市政府、天津市文化和旅游局和天津职业教育的建设发展做出贡献。

在服务天津市政府方面，数字创意中心参与 2012 年全国大学生运动会，拍摄赛会宣传片并制作开幕式、闭幕式舞台现场视频；2013 年完成东亚运动会及天津达沃斯晚会的视频制作，拍摄对外宣传的赛会宣传片、志愿者片及全部体育展示视频，为天津达沃斯晚会制作舞台视频背景，共计 400 余条；2014 年完成天津城市规划影片，用于对外宣传天津未来的城市规划构想，该影片镜头涉及天津各地的各个领域，是天津规划馆对外宣传的重要影片。

在服务天津文旅事业方面,数字创意中心通过两届主题毕业展带动实物创作,着重进行文创产品和旅游纪念品开发,如"哏都娃娃 IP 衍生品"开发、"杨柳青旅游纪念品"开发、"猪年生肖产品"设计和开发、"3D 打印金刚桥复原"开发、"甘肃张掖七彩丹霞旅游纪念品"开发等;参加天津文化和旅游局组织的全国性展会、上海和北京各种创意产业博览会,参与惠民演出抖音拍摄制作。

在服务职业教育发展方面,数字创意中心完成全国职业教育周视频拍摄、全国职业技能大赛影片制作、文艺展演舞台视频制作,天津职业教育与成人教育网站设计等。此外,数字创意中心还参与国家"非遗"资源库建设,协助多所院校制作信息化大赛内容并获奖。

四、立足职教需求,探索未来方向

十年一剑,数字创意中心尽管取得了一些成绩,在职教艺术教育领域走在了前沿,但仍需弥补不足之处,尤其在《国家职业教育改革实施方案》发布,1 + X 证书制度和"双高计划"逐步落地的背景下,数字创意中心更应紧跟高职教育改革和发展方向进一步探索未来发展。结合近年来数字创意中心在产教融合、校企合作上的耕耘,总结过去,着眼未来,学院应把重点放在更为细致的制度建设和规范管理上,达到提高人才培养的数量和质量的目的,通过拓展校企合作内容,完善综合实训中心模式构建,承担高职扩招职责。

以拓展校企合作内容和综合实训中心模式构建为例。为建立健全产学研合作机制,增强教学实践能力,拓宽校企合作内容,学院与合作企业联合开发课程、联合设置专业、联合培养"双师型"教师、联合建立更为完善的实训实习和顶岗实习机制,数字创意中心协助学院向工学交替模式转变。

综合实训中心的建立是校企合作新形式的又一次尝试,不同于以往工作室服务于数媒系专业群建设,综合实训中心工作室将作为学院专业群建设机制的试点,如何利用实训中心促进专业资源整合、增强专业群集聚度、发挥专业群的集聚效应和服务功能、实现订单培养学生、提高学生多种职业技能、融合大学生创业与教学以及综合实训中心运营模式等,都将是重点探索内容。

数字创意中心的十年,是紧随中国职业教育发展的十年,也是打破陈规勇于创新的十年,愿数字创意中心能够一如既往,秉承实干专业的态度为学院、天津乃至国家职业教育的发展创造辉煌。

第四部分

天津中职院校发展特色案例

中职学校教学诊改机制建设的策略研究

——以天津市第一商业学校为例

郭　葳　尚雪艳①

一、问题的提出

2015 年 5 月,教育部出台了教政法〔2015〕5 号文件《教育部关于深入推进教育管办评分离促进政府职能转变的若干意见》,指出以落实学校办学主体地位、激发学校办学活力为核心任务,加快健全学校自主发展、自我约束的运行机制;以进一步简政放权、改进管理方式为前提,加快建设法治政府和服务型政府,主动开拓为学校、教师和学生服务的新形式、新途径;以推进科学、规范的教育评价为突破口,建立健全政府、学校、专业机构和社会组织等多元参与的教育评价体系。教育教学评价进入以"管办评分离""放管服"为主要特征的新的发展阶段。学校将在不依靠外部评估的情况下,自我承担质量保证主体责任,自我诊断教学质量并改进,自我发展。

"十二五"期间,约 1000 所中职学校获批国家改革发展示范校建设项目,紧密依托"项目建设"发展机遇与资金支持,实现了学校专业建设、师资队伍建设、实训基地建设和基础设施建设的多重提升,实现了学校综合实力的全面提升。但"十三五"期间(即后示范校建设时期),这些中职学校发展遇到了瓶颈,如何突破自己,实现学校的内涵式发展、螺旋式提升,成为迫切需要解决的重要问题。实施教学诊改,构建诊改机制,动态调整,实时改进,为学校持续发展提供了理念支撑与方法论指导。

---

①　郭葳,天津市第一商业学校校长、正高级讲师。尚雪艳,天津市第一商业学校质量管理办公室主任、高级讲师。

二、教学诊改机制建设的路径研究

全面质量管理(Total Quality Management)是一种预先控制和全面控制制度,其主要特点在于"全"字,包含三层含义:针对横向而言,管理对象全面;针对纵向而言,管理范围全面;针对质量主体而言,参加管理的人员全面。依据全面质量管理理论,可从以下六个方面构建教学诊改机制。

(一)科学设计,逐步实施,健全组织机构

1.依据"五纵系统",搭建组织框架

从管理学角度来看,组织机构主要是为了保证有效的通信和协调,确保目标达成。五纵系统即决策指挥系统、质量生成系统、资源建设系统、支持服务系统、监督控制系统。按照"五纵系统"思路设计,明确部门定位,厘清部门归属,构建中职学校内部质量保证组织体系框架,制订组织机构优化调整方案,并逐步落实,日趋优化部门设置,发挥组织机构最大效益。

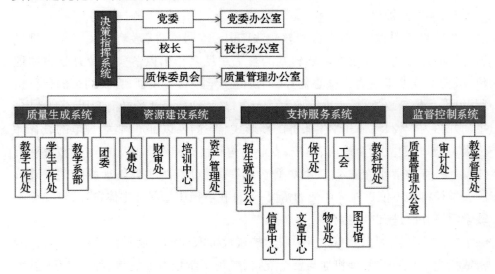

图1 学校组织体系框架图

2.基于体系设计,合理调整部门

依据系统定位,合理调整部门设置。一是增设必要部门。成立质量保证工作委员会,负责学校质量保证体系框架构建、质量保证工作制度制定和业务指导;确定质量目标;审议规划、标准等重要质量管理文件。成立质量管理办公室(以下简称质管办),主要负责学校内部质量保证体系的搭建和基于教学质量诊断的考核工作,直属校长(质量保证委员会主任)主管。二是撤销合并部门。为提高管理效率,可依据组织体系框架和大部制管理思想,整合相关部门,实施扁平化管理,减少部门间的接口,提高管理效能。教学工作处是学校教学管理的一个核心部门,可对其实施大部制,将专业建设、课程建设、学籍管理、校企合作等多种职能纳入教务职能,有效推动学校的专业建设。

表1　组织机构调整情况一览表

部门名称	业务职能	调整说明	备注
教学工作处	日常教学管理、专业管理、课程管理、学籍管理(增)、校企合作(增)、教材管理(增)、实训教学管理(增)等。	学籍管理由学生工作处调进;校企合作由项目建设办公室调进;教材管理由图书馆调进。	大部制
招生就业办公室	兼具招生和推荐学生就业职能。	将招生办公室与就业办公室合并。	大部制
项目建设办公室	学校层面各种项目建设管理、国际交流(增)、"鲁班工坊"项目管理(增)。	国际交流、"鲁班工坊"项目管理均为新增职能。	增加职能

3.服务专业发展,重组教学系部

专业建设是学校的核心工作,教学系部是实施教学管理的单元部门。为进一步激发专业(群)的发展活力,学校以人才培养为根本,主动适应地方经济发展需要,依据各专业的核心技术关联度及相关性,通过新增、调整专业设置及专业方向,提升组群建设优势,重组专业群。作为配套的教学管理部门,学校可打破原教学系部的建制,重组教学系部,凸显办学优势及专业发展特色。

(二)对接岗位职责,制定工作标准,明确诊断标准

标准是进行诊断与改进的依据,也是工作的起点。若将教学诊改工作视做设计一节课的话,标准建设则是这节课的难点。学校可以将部门岗位工作标准建设为突破口,对照部门岗位职责,细化岗位任务,岗位工作标准与岗位职责对应关联,将质量要求、工作完成时限等进行明确要求,形成管理岗位标准体系,使具有繁杂、多样特点的管理工作的质量诊断有据可依,助推各项管理支持服务工作的质量提升。

图 2　教学系部调整情况图

表2　人事处岗位工作标准（部分）

岗位名称	具体化的工作	工作标准
人事处主任	1.审核人事计划、编制计划并总结上报。	1.根据学校编制情况及各部门上报的用人需求,制订年度人事计划及编制增人计划; 2.两项计划上报商务委审批通过后,上报人社局综合计划处及编办综合处审批,上报工作在每年1月底前完成; 3.当年招聘完成后1个月内的10或20日,报人社局综合计划处核准当年计划完成情况,报编办核准增人计划完成情况,同时申报相应人员减少材料。
	2.学校人力资源管理系统的系统架构、模块设计维护。	1.根据学校数据中心整体建设、发展要求,制订学校人力资源管理系统的整体设计方案; 2.依据方案,协同软件开发人员进行系统架构与模块设计工作; 3.监督系统运行与维护,保障系统功能符合学校人力资源整体工作需求。

（三）完善工作流程,打通部门接口,提高工作效率

制度管人,流程管事。为打通工作路径,学校可依据管理思路,开展数据治理,梳理调整工作流程,厘清部门职责边界,明确责任、流向及流通内容,可有效解决流程重复、较长、管理权重偏高等问题,避免部门间互相推诿扯皮,使各项工作程序更加明晰,工作实施更加顺畅、高效。以下以学生学费减免工作程序为例加以说明。

（四）基于8字形质量改进螺旋的逻辑,梳理制度,将诊改融入日常

1.基于8字形质量改进螺旋的逻辑,搭建制度体系框架

中职学校在多年办学过程中,形成了大量的管理制度,但不够系统,整体效能没有得到有效激发。对此,学校可基于8字形质量改进螺旋的逻辑,搭建学校制度体系框架,增加制度建设的系统性。

2.梳理业务事项,查漏补缺

基于8字形质量改进螺旋构建的制度体系框架,学校可重新梳理横向五个层面的业务事项及与其对应的管理制度。查漏补缺,动态调整,制定教学诊改制度。

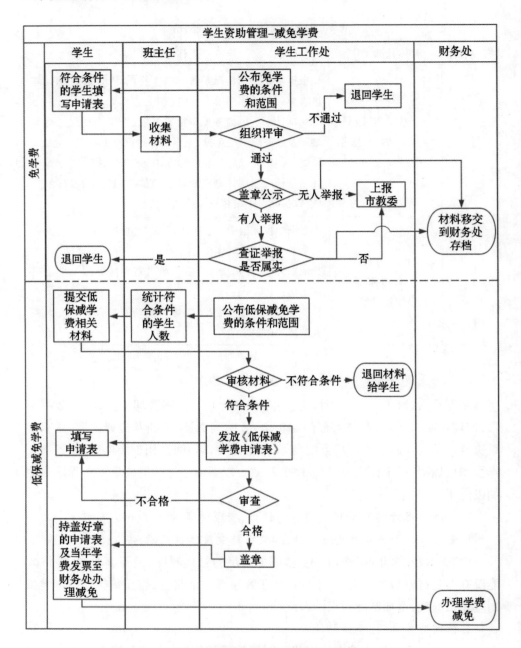

图 3　学生学费减免工作程序示意图

表3　学校工作诊改制度建设情况统计表（部分）

诊改环节	序号	诊改制度 制度名称	备注
目标	1	规划编制管理规定	新定
	2	规划论证管理规定	新定
	3	规划目标任务管理规定	新定
标准	4	标准制定管理规定	新定
	5	行政工作规章制度建设与管理规定	新定
设计	6	工作实施方案编制管理规定	新定
组织实施	7	工作质量改进螺旋构建与实施管理规定	新定
	8	法务审核管理制度	修改
	9	采购合同履行预警提示管理办法	修改
	10	履行采购合同执行跟踪管理办法	修改
	11	涉密采购项目范围管理规定	修改
	12	财务人员交流轮岗管理制度	修改
	13	校企合作管理制度	修改
监控预警	14	工作质量监控预警管理规定	新定
	15	人才培养工作状态数据平台建设与管理办法	新定
	16	数据采集工作指南	新定
诊断改进	17	质量分析报告管理制度	新定
	18	学校质量年度报告编制管理制度	新定
	19	大项目诊改管理流程	新定
学习激励	20	中层管理人员考核办法	修改
	21	班主任职级评定办法	修改
	22	教师教学工作学期考核办法	修改
	23	行政管理人员工作考核实施办法	修改
	24	工作考核反馈管理规定	新定
	25	教职工进修培训管理规定	修改
	26	中层管理人员培训工作管理制度	修改
	27	教师下企业实践管理规定	修改

3.制定制度管理规定,构建制度动态调整机制

规范的管理制度,能使学校教学工作有序进行,提升学校的人才培养质量。在查漏补缺解决制度缺失的基础上,如何发挥每一项制度及制度体系的最大效能是质量管理者应思考的问题。学校制定了《行政工作规章制度建设管理规定》《标准制定管理规定》等,对制度废改立进行明确规定,对制度进行统一管理。

(五)以点切入,构建内控机制

在中职学校的管理中,人员考核相对普遍,但问题是缺乏对专业建设、教学活动、管理行为等"事"的监控,尚未实现对每一项工作、每一件事的控制。对此,学校可根据天津市财政局的相关文件要求,基于构建大内控的管理思想,搭建内部控制体系架构,构建内控机制,包括学校行政管理、经济业务活动、教育教学工作、学生管理工作等,对学校内控体系构建进行顶层设计。一方面可以财务工作为试点,邀请会计师事务所对经济业务(预算、收支、政府采购、国有资产、建设项目、合同)进行全方位的梳理,形成学校经济事项内控规范。另一方面是梳理部门岗位风险点,确定重点岗位的关键风险点、风险等级,对人员及其工作过程进行风险控制。

(六)推进重点工作,实践机制运行

机制建设是否合理,需要通过各项工作的实施进行检验。学校可以部门重点工作诊改为突破口,构建 8 字形质量改进螺旋,在工作实施过程中执行相关制度、标准,使诊改机制运行起来,促使各项工作螺旋提升。

年初,各部门依据工作职责及年度工作计划,选定 1—2 项工作构建 8 字形质量改进螺旋。明确工作目标,确定工作起点;制订工作实施方案,对其进行策划设计。依据实施方案,有序推进,实时改进。在螺旋构建与实施过程中,诊改小组人员定期与部门负责人沟通,研讨标准制定、质控点挖掘等,对其进行指导。年末,各部门负责人依据标准,自主诊断,衡量目标达成情况。基于各项工作责任主体的自主诊断,诊改小组人员根据各部门提交的支撑材料对自诊报告进行复核。复核情况纳入中层管理人员绩效考核。通过部门专项工作 8 字形质量改进螺旋的构建,可形成一个个系统工作包,为部门工作规范化管理提供支撑。

以学校质量管理办公室工作为例,对机制运行进行解释说明。

表 4 质量管理办公室重点工作一览表

序号	重点工作	对应制度	建设情况
1	学校内部质量保证体系搭建		
2	学校内部质量保证体系运行监控	1. 工作质量改进螺旋构建与实施管理规定; 2. 工作质量监控预警管理规定。	新定
3	规划编制组织	1. 规划编制管理规定; 2. 规划论证管理规定; 3. 规划目标任务管理规定。	新定
4	标准制定组织	标准制定管理规定	新定
5	数据采集	1. 人才培养工作状态数据平台建设与管理办法; 2. 数据采集工作指南。	新定
6	数据分析	质量分析报告管理制度	新定
7	学校质量年度报告编制	学校质量年度报告编制管理制度	新定

质量管理办公室针对上述重点工作逐一构建 8 字形质量改进螺旋,现已针对标准制定、数据采集、数据分析、质量年度报告编制四项重点工作构建了 8 字形质量改进螺旋并实施,其他三项工作将陆续构建与实施,学校每一个部门重点工作亦如此。最终,学校各项工作均会以 8 字形质量改进螺旋的形式进行实施,学校的各项工作制度、流程、标准等将在螺旋实施过程中得到检验。数据采集工作的 8 字形质量改进螺旋构建情况见下图。

三、教学诊改机制建设的成效分析

学校教学诊改机制的建立,将教学诊改理念自然融入日常管理工作,使学校发生了如下变化。

(一)由管理向治理的转变

学校以教学诊改为引领,搭建了目标链和标准链,制定了教学诊改制度和业务工作流程,全校教职员工各司其职,各项工作依据制度有序实施,人人创造质量,人人是质量生成的主体,实现了学校由管理到治理的转变。

(二)由被动向主动的转变

"全员、全过程、全方位"的全面质量管理理念使全体教师积极参与课程诊改工作,实现教学工作与课程诊改同步进行。教师主动运用诊改思想,对教学过

315

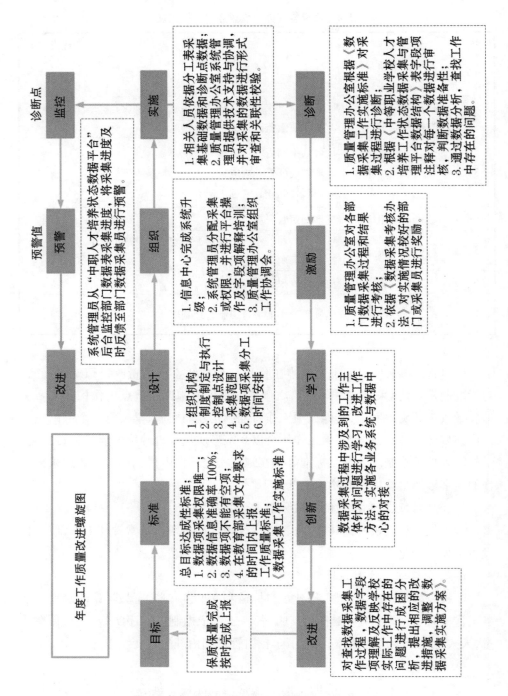

图 4　数据采集工作 8 字形质量改进螺旋构建图

程进行即时评价,一改以往单纯通过督导、教师考核的外界手段,促进教师成长的局面,同时,按照学校制定并运行的诊改制度,全体中层管理人员及教职工已初步形成在一个诊改周期结束后进行自主诊改的意识,变"要我成长"为"我要成长"。

(三)由零散向系统的转变

全面质量管理理论,质量的提升需要构建完善的质量保证体系。学校以构建内部质量保证体系为目标,搭建目标链、标准链,形成上下贯通、左右关联的目标体系和标准体系,并构建完整的8字形质量改进螺旋,形成一个完整的工作过程。实现了零敲碎打向有机融合的转变。

(四)由主观向客观的转变

诊改实施前,对工作成效及问题的判断多较主观,凭印象下结论,而现在会通过各业务管理系统生成的数据进行判断,用数据说话。

(五)由一时向常态的转变

教学诊改工作已深入人心,每位教职工对其均有了深刻的理解与认识。诊改理念已经融入日常工作,成为常态。在如今的学期或年度工作总结现场,能听到发自中层管理人员的诊改声音,他们采用诊改的思路进行汇报,通过数据分析挖掘问题、分析原因、提出改进措施,并将其融入下一年度工作计划。

教学诊改机制建设是一个永恒的话题,需要中职学校坚持不懈的努力,才能形成一种自觉、自律的质量文化,才能助力学校人才培养质量的螺旋式提升。

课程自主质量保障体系构建与实施

——基于中职教学管理实践视角

范 蓉[①]

中国职业教育作为当今世界规模最大的职业教育体系,走过了近三十年的数量增长、规模扩张、体系构建的发展之路。当前我国职业教育正处在全面深化改革、提高质量内涵发展的新时期,规范、标准、科学、精细成为职业教育教学管理的新要求。本文聚焦"课程自主质量保障"这一教学管理中的核心问题,以"55281"教学诊断与改进工作思路为思想指导,通过构建目标链、标准链、8字螺旋诊改循环、梳理流程机制的体系构建,利用信息化技术手段,在课程建设、实施、管理全过程中实现精细化、科学化的质量控制,从而保障课程教学的高质量实施,突破中职教育质量提升的瓶颈问题,从而确保人才培养质量的不断提升。

一、课程教学诊断与改进工作的指导思想及工作目标

(一)指导思想

依据《国务院关于加快发展现代职业教育的决定》《教育部关于深化职业教育教学改革全面提高人才培养质量的若干意见》等系列文件精神要求,课程教学诊断与改进工作的指导思想,应该以提高人才培养质量为根本,按照"需求导向、自我保证、多元诊断、重在改进"的工作方针,以提升课程内涵建设为目标,通过规范课程管理、深化教学改革、完善健全课程管理机制,构建课程自主质量保障体系。

(二)工作目标

内部质量保证体系中的横向层面包括学校、专业、课程、教师、学生五个部

---

① 范蓉,天津市第一商业学校副校长。

分,按照诊断与改进工作指导思想,课程层面诊断与改进工作具体目标为建设学校课程自主质量保障,工作目标体系、标准体系,搭建课程信息化数据平台,建立课程诊断与改进的运行机制,构建课程教学质量上升的 8 字螺旋,形成促进课程教学可持续发展的质量保证体系。通过实施课程教学工作诊断与改进,引导全体师生提升质量意识;落实课程质量主体责任,借助信息化数据管理平台,对课程的建设、实施、管理进行常态化周期性自主诊改,促进课程内涵发展,提升人才培养质量。

二、课程自主质量保障体系构建与实施

（一）成果反向设计理论助力课程开发

课程顶层设计要解决课程"从何处来""到何处去"的问题,课程设置来源于专业发展定位和人才培养目标。课程反向设计理论源于成果导向教育模式的课程设计方法,这一方法在近年来已成为一些国家主流的课程开发方式。课程反向设计主要是以学生预期的最终学习成果或最高学习成果为设计起点,反向进行分解设计,按照成果量化后的具体指标,按照最终（最高）的学习成果分析得到高度量化的毕业生能力指标体系;将指标体系解构为毕业生能力指标点和能力结构;按照指标点选取内容,按照能力结构组合内容,从而形成以学习成果为导向,以评价结果为依据的明确、清晰的学习内容和目标要求,将知识、技能、素质学习内容实现模块化输出,真正提供以学生为中心的课程教育。

课程开发前,通过行业企业调研了解人才市场对专业人员的能力需求;通过岗位及岗位群调研对毕业生胜任岗位情况及毕业生发展状况进行分析;通过对职业院校专业及专业方向开设情况的调研,分析出该专业在一定范围内的设置情况及每年毕业生的数量和水平。分析上述调研情况,将专业毕业生应达到的能力水平细化为毕业生能力要求,从而明确专业人才培养目标,根据人才培养目标制订专业人才培养方案;按照成果导向教学模式的课程设计思路,反向进行课程体系构建;同时根据课程体系要求进行课程目标分解,细化课程内容,制定课程标准、课程教学计划等教学文件,开展课程设计及实施。

（二）实施课程目标链、标准链体系建设

课程的目标链可追溯到学校的各级规划,主要是由"学校规划—专业建设规划—课程建设总规划—课程建设计划"等一系列教学文件构建的树形目标集合,从上到下,逐级细化,形成清晰具体、上下贯通的目标体系。课程的目标链可以为课程开发、建设、实施、管理提供不同时期、不同节点的目标要求,为课程教学管理提供清晰具体的时间点和路线图。

课程的标准链是指按照课程工作开展的需要,对课程建设、课程教学、课程管理不同环节和层面制订工作的最低要求,标准思维即是底线思维,制定标准就是所有工作必须高于或等于标准,绝不能低于标准的要求。从建设、实施、管理三个层面制定课程的标准,如制定课程体系开发标准、课程教学管理标准、课程质量评价体系标准等,进而形成标准体系,从而保证课程教学中的每项工作的质量,从而确保人才培养的质量。

(三)建构课程自主质量保障体系

根据"建设—诊断—自评—改进"的工作思路,确定课程工作的诊断与改进流程,构建课程自主诊断与改进运行机制。在课程建设层面,学校按照从"课程体系建设规划—课程建设方案—课程年度建设计划"的顺序进行课程体系建设的顶层设计;按照"课程开发—课堂教学实施—课堂在线检测"的步骤进行课程体系的组织实施;通过"课程质量分析—课程过程诊断—课程预警及反馈"实现课程体系建设诊断与改进的建设目标。即"课程建设计划—课程教学标准—课程教学计划—课堂教学实施—课程教学执行报告—课程教学自我诊断、提交诊改报告—抽样复核—反馈复核结论和改进建议—教学考核"。按照以上程序实施课程教学运行管理,不断提升课程教学质量,逼近课程建设目标。

三、课程教学管理流程制度建设

课程教学的管理内容包括开课管理、授课管理、实训管理、考试管理、资源管理、评价管理等若干核心职能。制定教学管理标准、完善教学管理制度、梳理教学管理流程是课程教学诊断与改进工作顺利开展的机制保障。

(一)课程开设管理

课程教学开始之前,第一,应制定相应的课程标准、课程教学计划等教学文件和实验(实训、实习)辅导材料、习题册等教学辅助材料;第二,应按照课程标准准备好相应的教学场馆、设备、耗材等相应教学设施;第三,应开发与课程教学需要相匹配的多媒体课程素材、试题库、电子书等课程教学资源。学校应根据课程性质和类型的不同制定相应的开课标准,并配套完善开课管理制度和从教师申报、系部检查上报到教务审查通过的教学管理流程。

(二)课程授课管理

授课管理是教学管理中最日常也是最重要的管理,一般来说课程授课管理包括师生出勤统计、教案学案检查、教学计划完成情况跟踪、课堂作业及测验实施情况等内容。通过日常抽查、月考核、中期检查、期末检查不同管理周期对日常授课管理进行全周期的教学管理,同时要配合相应的管理标准和检查流程。

（三）课程实训管理

根据实训教学质量保障的需要,对实训教学中实训项目完成情况、实训设备使用情况、学生技能水平提升情况及职业资格证书考取情况等内容进行全程跟踪,并将获取的数据与人才培养目标中的相应标准进行对比分析,得出分析报告,反馈实训教学内容的开发建设环节,开展诊断与改进工作。

（四）课程考试管理

考试是课程教学管理的重要内容,考试管理可通过在线考试平台的技术支持,同步挖掘试题库完善及使用情况、在线考试参考人数、考试成绩分布、知识点掌握情况及针对在线考试的个性化学习开展等相关数据,对照标准进行在线考试的关键指标分析,形成分析报告,反馈课程开发、课程教学等环节,促进课程开发及教学质量螺旋上升。

（五）课程资源管理

课程资源管理主要包含课程资源开发、使用、完善等相关情况,课程资源作为现代职业教育课程教学的重要组成部分,支撑着各类课程开展教学实施,高质量的课程资源是开展信息化教学的基础和保障,高效的课程资源使用才能保证高质量的课程教学实施。所以制定各类型课程资源开发标准,并根据标准进行资源开发、使用和完善的管理是课程管理的重要内容。

（六）课程评价管理

现代职业教育的快速发展促使课程评价内涵和外延都在不断丰富,课程评价维度已经从最初的成绩评价拓展到教学评价、学习评价、教学效果等内容的综合评价;课程评价主体从学生、教师拓展到学生、教师、企业、家长等多类型主体;课程评价内容从聚焦课堂拓展到课程开发、课堂教学、课程管理全过程;健全课程评价的管理制度,完善课程开发—教学—管理的评价流程,是课程管理的重要内容。

四、搭建技术平台支持课堂教学精细化实施

（一）常见课程平台功能模块

课程诊断与改进工作的开展实施,信息化技术平台的支持必不可少,在课程开发、课程教学、课程管理三个维度的诊断与改进工作中,会涉及多个信息化功能模块的技术支持。其中职业能力分析模块、专业管理模块、教学资源侧重作为课程开发阶段的技术支持;课程教学、在线考试主要服务于课程教学实施阶段,在助教助学同时可以实时地搜集在线教学数据,为课程教学诊改提供基础性数据;教务管理及教科研管理系统模块则作为课程运行管理的主要技术功能模块,可以对课程从开发到实施进行全生命周期在线实时监测；教学质量分析及校情分析等智能分析技术可以为课程诊改工作提供数据分析、预警反馈、可视化展示等技术支持，满足诊改 8 字螺旋自主质量保障的工作需要。

（二）课程信息化平台建设应注意的几点问题

教育管理的现代化首先是管理技术的现代化，信息技术与教学管理深度融合发展的今天，中职学校教学管理面临的信息技术服务越来越好，功能选择越来越多。那么在对接教学诊改工作需要、服务教学管理质量提升需求时，该如何进行功能模块的组合和配置，如何开展课程乃至教学管理信息化模块的开发建设，同时对于教学管理信息化建设与教学管理质量提升之间的关系如何清晰认识，都是当前课程诊改工作中在技术支撑环节应高度关注的问题。

1. 厘清教学管理各信息化功能模块之间的关系

在教学管理信息化功能模块建设中要遵循重视基础、科学规划、量需为度、合理配置的建设原则。系统性、科学性在信息化建设中的体现尤为重要，应在学校现有信息化建设基础分析研究的基础上，梳理信息化功能模块之间数据交换—共享、功能配置—组合、应用开发—优化等多层面的建设需求，结合学校建设发展目标和资金投入额度，本着科学规划、理性投入、分步实施、系统完善的建设思路实施信息化功能模块的建设。

2. 明确信息化平台作为技术支持的角色定位

课程自主质量保障体系构建与实施必须要以信息化平台建设为支撑，数据的实时监测、采集、分析、展现更离不开信息化手段作为技术支持。但信息化技术平台与课程教学管理的关系如同"先有鸡还是先有蛋"的著名问题一样，要分清管理与技术的相互关系，如果没有管理上系统科学的顶层设计，那么即使耗资巨大建设信息化平台，也难以发挥其强大功能；反过来，纵然再好的顶层设计，如果没有有效的技术手段支撑，恐怕也是阳春白雪，难以落地开花。所以，管理重在人的素质提升，平台建设重在技术的高效应用，在信息化平台的建设工作中，中职学校管理者只有充分兼顾两者作用，才能真正发挥信息化平台对诊断与改进工作的技术支持作用。

3. 辨析信息化监测数据的客观量化作用

"以数据为支撑"是教学工作诊断与改进工作的基本原则，同时数据支撑也为职业教育走向标准、精细的办学方向提供了有力的抓手和有效途径。同时，我们也要关注到教学管理工作本身的复杂、多变性，以及教学管理中数据的多样性，如何辨别、分析有效数据、真实数据、有意义的数据是教学诊改工作对每一位质量保证主体提出的更高要求,数据本身不具有客观性,只有我们选择了有效数据、有意义的数据并对其进行科学系统分析之后,它才能发挥其客观反映教学实际的积极作用。

以行业专家工作室为纽带
构建立体化校企合作机制的实践探索

郭　荔①

一、实践探索的背景

国家教育事业"十二五"规划中指出:促进职业教育与经济社会发展有机结合。着力推进政府主导、行业指导、企业参与的办学机制建设,落实各方主体责任;大力推行校企合作、工学结合、顶岗实习的人才培养模式,创新职业教育人才培养体制;完善政产学研的协作对话机制,推进行业企业全过程参与职业教育;加强行业指导能力建设,有效发挥行业在建立健全行业人才需求预测机制、行业人才规格标准和行业职业教育专业设置改革机制等方面的指导作用。鼓励各地、各行业从自身实际出发,实行多种形式的产教结合和校企合作,促进职业院校的专业设置与产业布局对接、课程内容与职业标准对接、教学过程与生产过程对接、学历证书与资格证书对接、职业教育与终身学习对接。建立职业教育与产业体系建设同步协调制度,实现职业教育体系与现代产业体系、公共服务体系的融合发展。为贯彻落实这一要求,天津市红星职业中等专业学校作为首批国家级中职示范校建设单位于中职示范校建设期间创建了行业专家工作室。习近平总书记在党的十九大提出:"完善职业教育和培训体系,深化产教融合、校企合作。"这为新时代职业教育改革发展提出了新使命,也为深化产教融合、校企合作指明了方向。

学校坚持问题导向,在不断推进校企合作过程中,逐步认识到目前校企合作中存在的单向性问题。在专业开发、课程建设、教材建设、师资队伍建设等方面

---

① 郭荔,天津市红星职业中等专业学校校长。

学校的主动性远高于企业的主动性。随着劳动力市场中一线操作工的日益短缺,在学生实习、就业等教育过程的末端,企业的主动性逐渐高于学校的主动性。这种单向性的校企合作,只是学校与企业的连接,不是完整的学校与企业的联合。职业教育要搞好产教融合、校企合作,要解决好以下问题:首先,在培养目标上,学校与企业需要依照岗位的阶梯、按照培养定位,设计出技能型人才的工作标准并进而开发出教育标准。其次,在教育过程中,学校与企业需要依照任务的内容,按照工作的过程,设计出技能型人才的课程标准并进而形成课程体系。第三,在人才评价的方式上,学校与企业需要依照新的课程体系,按照技能型人才的特点,创新技能型人才的综合评价标准。此外,在校企合作中,怎样既服务教育过程,又服务生产过程;怎样既合作开展教育科研,又合作开展生产科研,是一个值得深入研究和实践的课题。产教融合、校企合作,只有合作出经济发展的急需专业和准确的培养定位,合作出特色鲜明的教学内容和高素质的师资队伍,合作出高水平实训基地和服务经济的直接作用,才能推动职业教育的科学、持续发展。怎样在市场和社会需求为导向的基础上,找到合作双方互利互惠的利益共同点,为建立现代职教制度提供政策基础,这是校企合作要达到的更高的要求。

二、实践探索的任务

构建校企立体化合作机制。学校校企合作委员会和专业建设委员会的建立解决了校企间双向交流的机制问题,但由于这些来自行业企业的专家缺乏对教育规律的认识、缺乏对学生的了解,其对人才培养的建议需要一个纽带将其转化为学校的教育标准、课程体系、综合评价标准,而这个纽带必须既了解教育又了解行业企业,能起到支点的作用。聘请行业专家在校内建立工作室,则能很好地解决这一问题,使校企合作立体化。

构建完善产学研的协作对话机制,解决在校企合作中,既服务教育过程,又服务生产过程;既合作开展教育科研,又合作开展生产科研的问题,解决建设高水平实训基地和服务经济的问题。

三、建立行业专家工作室的实践

(一)厘清行业专家工作室的功能定位

通过调研及分析,我们对行业专家工作室进行了以下功能定位:

1.行业专家工作室是教师队伍建设的平台

行业专家工作室既要对教师队伍的培养与管理、成长评价进行一些新的思考,形成一套管理制度,更要在教育理论的学习、专业知识技能的更新、服务企业能力的提高等方面进行探索,创新活动方式,形成一套行动策略。实现职教骨干教师队伍的综合优化,提升学生培养的效率。

2.行业专家工作室是项目课程开发及实施的实验室

职教课程改革、项目课程的开发与实施是一项系统性很强的工程,要经历职业能力分析、教学分析、制订方案、开发课程、实施课程、反馈总结等过程。学校应借助该平台进行校企联合的项目课程开发,统一规划,合理分工,协调实验,及时总结,适时推广。

3.行业专家工作室是联系企业的纽带

将行业专家工作室作为专业建设指导委员会的常设机构,促进校企顺畅沟通、组织学校教师承担企业员工相关培训及技术服务工作,利用智力资源比较集中的优势,积极参与企业的技术攻关及推广工作。

4.行业专家工作室是完善产学研的协作对话机制的联络员

工作室成员充分利用自己既熟悉职业教育规律又熟悉企业生产的优势,凭借自己在企业中的人脉资源,外向开拓。

5.行业专家工作室是技能大赛的指导员

加强对学生技能及创新能力的培养,突出分层教学要求,为学有余力、有技能提升需要的学生提供更好的成长平台。

6.行业专家工作室是专业建设与发展的智囊团

开展专业设置的调研及建言工作,参与校内实训基地建设的研讨工作,参与校外实训基地的拓展工作,参与本专业课程设置及教材采用的研讨等。

(二)确定行业专家工作室带头人的标准

行业专家工作室是以来自行业企业的相关专家为龙头,以来自科研机构的研究人员为骨干组成的团队,是围绕教师专业成长、课程开发、校企合作、学生培养等目标进行产学研活动的学习型、研究型组织。入选行业专家工作室的带头人,要求专业知识深厚、专业技能精湛、在行业企业内有一定影响,最好拥有较多的企业信息资源,能为学校的校企合作提供支撑。同时,入选行业专家工作室的带头人还应有企业员工培养、培训经历,了解教育教学理论,在职教领域有较大影响。

(三)健全运行制度规范工作过程

为了保证工作室长期健康地发展,行业专家工作室制定了相应的制度及职责。

1.主要制度

(1)聘任制。行业专家工作室领衔人实行聘任制,聘期三年,聘期内实行年度考核,聘期结束时要以工作报告的形式总结聘期内工作。

(2)项目负责制。行业专家工作室领衔人及相应的团队应承担人才培养模式改革、课程体系开发、综合评价标准开发等项目,工作周期内有相关工作过程及成果显现。

(3)督导评估制。行业专家工作室要不定期地聘请行业企业的技术专家,通过听评课等方式对学校专业课教学进行督导评估,并对教学方法改革提供指导性意见和建议。

(4)专业指导制。行业专家工作室要组织行业企业专家团队通过专题讲座、安排教师企业实践、专业高校进修等方式指导学校教师的专业成长,提升教师的"双师"素养。要通过课堂授课、实训指导、职业资格考核培训、技能大赛的组织与指导等方式培养学生职业素养与能力。

(5)调研咨询制。行业专家工作室要发挥学校发展智囊团的作用,在校内实训基地建设、校内实训基地开发、专业内涵发展等方面开展广泛调研,为学校决策提供依据。要积极建立产学研对话机制,引企入校、引校入企,促进校企融合式发展。

2.主要职责

在本工作期内,行业专家工作室主要承担以下主要职责:

(1)协助完成所负责专业人才培养模式改革调研工作,完成职业能力分析、教学分析、制订方案、开发课程、实施课程、反馈总结等任务。

(2)协助完成所负责专业核心课程建设、实训讲义编写等工作阶段性评估工作,独立开发不少于1门的学生顶岗实训岗前培训课程。

(3)协助完成中药制药专业新建校内实训基地建设方案的论证工作。

(4)引入不少于1个高水平产学研合作项目,开发不少于2个校外实训基地。

(5)开展专业教师培训工作,以多种形式提升学校专业带头人、骨干教师的专业水平。

(6)开展教学督导评估。深入课堂进行教学质量评估,并对教学方法改革提供指导性意见和建议。

(7)指导学生参加各级职业技能大赛,力争在全国大赛中获得好成绩。

四、建立行业专家工作室的保障条件

(一)行业专家工作室的硬件支撑要求

行业专家工作室应拥有本专业相应的实训条件,能有效开展学生技能训练及开展生产性实习。实训基地的部分设备应有一定的超前性,能满足技术研发的要求,通过和企业的合作建设,可以形成产品研发优势,工作室应拥有学生开展创新活动的条件,为学生创新实验提供支撑。

（二）工作室的活动安排要求

行业专家工作室成员具有企业和学校双重身份,承担企业和学校双重任务,要充分发挥其职能,除校企保持单位间的良好沟通机制外,学校一要为行业专家工作室的专家提供人员上的辅助,可以安排行业专家到工作室进修的教师以"师徒"的形式担任其助手,减轻其压力;二要在工作时间与地点上采取灵活多样的形式,为其提供工作便利;三要在其成员承担企业员工培训中提供设备、场地、人员上的支持,使其双重身份、双重任务均得到认可并取得良好成效;四要在产品研发上加强合作,实现校企合作的双赢。

（三）行业专家工作室的知识产权保护要求

工作期内,行业专家工作室成员在产品研发、课程研发、教材研发等方面的成果,应以论文、专著、研讨会、报告会、论坛等形式予以介绍、推广,并对其知识产权予以保护。

五、行业专家工作室的建设成果

通过多年的建设,特别是党的十九大以来,学校以习近平新时代中国特色社会主义思想为指导,不断深化行业专家工作室建设并取得丰硕成果。

（一）形成了新的校企合作机制

1. 构建了校企合作新纽带

行业专家工作室成员的企业和学校双重身份、双重任务、双重工作环境以及其在行业企业中丰富的人力资源、信息资源,为校企合作铺设立体化的合作渠道。其负责人可以根据学校的任务,聘请企业人员参与学校教育教学、队伍建设、社会服务等多层次工作,又可以根据企业的任务,聘请学校教师参与员工培训、借助学校技术和设备资源进行产品研发试验、企业文化提升等多层次工作,形成校企立体合作、相互服务、多点融合的工作局面。

2. 构建了多形式多层次产学研的协作对话机制

中药制药技术专业在行业专家工作室带头人多方联络下,与天津中医药大学药学院合作,利用学校中药制药实训基地,建立了"健康产业产品研发基地"。天津中医药大学药学院派出以李玉博博士为代表的团队加盟行业专家工作室,与学校教师共同组建研发团队,进行健康产品的研发与试制,承担学校教师研发能力提升和专业理论培训工作。在产品试制过程中,组织学生进行生产性实训,实现实训教学产品化、实训耗材集约利用化。学校方面提供全套的中药生产设备和制药车间,支持基地所研发新产品的生产,通过学生的生产性实训,在提高学生制药技能的同时,为基地产品中试提供人力资源。由于天津中医药大学药学院在全国中药学研究、产品开发领域具有很强的影响力,拥有大量的合作企业,使得学校通过双方共建扩大了与行业企业对话的范围,对中药制药行业的发展前景、人力资源需求、岗位素质能力要求有了更准确的把握,有效地提升了中药制药技术专业市级重点建设专业的建设质量。

康复技术专业在行业专家工作室带头人指导下建立了完备的实训教学体系,开设了"养老护理创客培训中心",承担了大量养老产业员工岗前、岗中培训任务。大商科类专业则通过行业专家工作室带头人统筹,建立了赛训结合机制,建设了开放式创新创业教育基地,逐步形成以会计专业实践教学体系为核心,服务其他大类学科专业的全校整体实践教学体系,使学校会计专业成为办学质量一流、专业特色鲜明、服务区域经济社会发展的强势品牌专业。推进专业教学对接企业实际业务及生产过程,打造全国中职院校实践教学课程输出示范单位;加强教师专业技能、实践教学等方面能力提升,打造全国中职院校师资研修示范基地;促进大赛与专业教学的结合,打造全国职业院校技能大赛赛项—教学转化中心;聚焦中等职业院校创新创业教育,打造全国中职学生创新创业素质培养中心;推进学校国际化建设,打造国际化职业教育服务基地。

(二)开展专业研修提升教师专业能力

行业专家工作室通过多种资源、多种途径开展教师队伍建设。

1.以共建研发团队为平台,提升教师产品研发能力

学校派专业教师到行业工作室带头人所在企业实践,双方人员共同进行产品的研发和试制,通过产品研发环节的专业训练,教师产品研发能力明显提升。

2.强化专业理论培训

学校选派教师到工作室带头人所开发的培训单位进行重点学科理论和实践能力培训。组织全体专业教师全过程参与"行业专家大讲堂"培训,在提升教师专业能力的同时,收集源于企业生产实践的教学案例。通过系列培训,教师的专业素养明显提升。

3.强化实践能力

行业专家工作室建立后,通过教师企业实践、高级职业资格证书培训等方式协助学校强化"双师型"教师队伍建设,使学校"双师型"教师队伍建设目标圆满达成。

（三）前瞻研究，督导评估，提升了专业建设整体水平

学校借助行业专家工作室这一联系多方信息资源的平台，针对行业开展了周密调研，跟踪专业领域最新发展，进行了职业能力分析、教学分析、制订方案、开发课程、实施课程、反馈总结等系列教育科研，在相关专业核心课程建设、校本教材建设进行了应用，形成了任务引领、双证融通的课程模式。行业专家工作室不定期聘请行业企业的技术专家，通过听评课等方式对学校专业课教学进行督导评估，并对教学方法改革提供指导性意见和建议。有效的校企合作，提升了专业建设整体水平。

（四）创新设计，赛训结合，提升了学生实践能力

学校通过行业专家工作室聘请高水平企业专家加强对学生技能及创新能力的培养，突出分层教学要求，为学有余力、有技能提升需要的学生提供更好的成长平台；结合企业生产技术的发展方向，有效开展技能大赛、创新大赛选题及发展研究，加强对优秀学生的辅导，在全国及天津市技能大赛中荣获多项荣誉。

（五）促进了学校工作质量全面提升

以行业专家工作室为纽带构建立体化校企合作机制的实践，促进了学校工作质量全面提升。近两年来，学校在各级市级活动中有 6 人获奖，在各类全国职业院校教师教学竞赛中有 11 人获奖，在各类全市职业院校教师教学竞赛中有 8 人获奖，在天津市职业院校技能大赛中有 3 人获指导教师奖，在各类区级教师教学竞赛中有 43 人获奖。在全面落实立德树人根本任务工作方面，荣获市级奖项 7 个、区级奖项 4 个。学校思政工作取得丰硕研究成果，1 项课题荣获 2018 年天津市教学成果二等奖，参加 2 项中国职教学会课题研究，1 项荣获一等奖，1 项结题，在《天津教育报》发表纪实报道 1 篇，1 项课题作为天津市教学成果培育项目完成前期申报。学校学生管理工作迈入全国职业院校先进行列，在 2018 年的职教活动周京津冀职业院校思政课程教育成果交流展示活动中，学校参加国培项目的德育课教师代表天津中职学校以"传统文化走进哲学课堂"为题，展示了学校思想政治课程教学改革的成果。学校入选"全国职业院校学生管理工作 50 强"。在促进中等职业学校现代化建设和国际化水平提升工作方面，学校行业专家工作室的校内教师主持国际化课程建设，取得显著成果，建成集中药博物馆漫游、中药材学习、双语知识学习与交流于一体的一站式学习交流平台，集合中药资源博物馆虚拟实训仿真平台、中药鉴别虚拟仿真教学系统、中药空中课堂资源交互平台、数字化双语教学资源及精品课程等资源，该成果将以"鲁班工坊"建设的课程资源输出国外。学校国际化质量评价手段进一步完善，实现大集中

模式的信息共享和交换。学校国际化教学模式改革取得新突破,在 2018 年天津市教学成果评选中,学校荣获 2 个一等奖、1 个二等奖。信息化建设的龙头带动作用更加凸显,在信息化教学竞赛中,荣获国家级奖项 10 个,市级奖项 8 个,区级奖项 27 个,承办了京津冀地区 ARE 模拟企业经营挑战赛。学校完成 3 项天津市教学成果培育项目前期申报。在推动中高等职业教育有效衔接工作方面,《构建多元融通的职教体系,提高职业教育供给质量》作为学校相关工作的纪实报道在《天津教育报》发表。学校基于职业启蒙的普职融通教学体系形成引领示范,在 2018 年教学成果评选中荣获国家级二等奖、天津市特等奖,与雄安新区容城职教中心合作研究课题 1 个,完成天津市教学成果培育项目前期申报 1 个,将普职融通教学体系建设成果应用社区教育,荣获全国终身学习品牌项目。学校中高衔接、普职融通型技术技能实践体验基地建设进一步推进,建成 ICT 实践基地,建设 4 门理实一体化课程的课程资源。学校编写校本教材 1 部,向区内 25 所中小学开展了普职融通数字化课程赠课工作,助力青少年学生核心素养培养。

　　党的十九届四中全会提出,坚持和完善统筹城乡的民生保障制度,满足人民日益增长的美好生活需要。"要健全有利于更充分更高质量就业的促进机制,构建服务全民终身学习的教育体系。"深化产教融合、校企合作机制建设是健全有利于更充分更高质量就业的促进机制的重要内容,学校将持续推进以行业专家工作室为纽带构建立体化校企合作机制建设,为职业教育治理体系和治理能力现代化做出应有贡献。

以项目化管理提升中职学校
项目建设质量的实践研究

庄建军①

一、项目化管理实施的背景

天津市红星职业中等专业学校作为首批国家级中职示范校,在后示范校建设过程中又开展了"天津市职业院校基础能力建设项目""天津市职业院校优质专业群对接优势产业群建设项目""天津市中职学校办学能力提升国际先进水平建设项目"等。项目建设是一项创新性的庞大系统工程,有许多跨部门、跨职能的工作,有明确的建设目标、严格的经费预算和明确的进度要求,在项目建设中创新管理模式,回答好"怎么管""管什么"和"如何协调好项目建设和常规工作的关系"等问题成为一项重大的研究课题。学校通过多个建设项目管理经验的积累,实现了项目建设由管理向治理的跃进,总结出建设项目包括五个要素:目标、组织结构、质量、经费和时间进度。其中,项目的目标可分为成果性目标和约束性目标,成果性目标是项目建设全过程的主导目标,约束性目标是一种限制条件,是项目实施过程中需要管理的主要目标,主要包括质量、经费和时间进度三个方面;组织结构则对项目的成果性目标和约束性目标的达成起到保障性作用。

二、以项目化管理实现项目建设与常规工作协调发展的目标

在现代企业中,为提高具有系统性的创新工作的管理效益,把具有明确目标、预算和进度要求的复杂任务从原有的流程式、常规化的工作中分离出来,组织跨部门的团队,按照项目的技术和方法进行管理,从而能比传统的管理方式更

---

① 庄建军,天津市红星职业中等专业学校副校长。

好、更快地实现目标,这称之为"项目化管理",其管理的重点是创新性、交叉性的工作和任务。针对学校项目建设中,众多跨部门、跨职能的创新性工作,学校以项目化管理实现项目建设与常规工作协调发展的目标,通过对现代企业中实施"项目化管理"情况的调研,通过广泛培训形成理念认同、探索试验、整体启动、制度固化等步骤,协调组织学校内外资源,创新项目建设的管理机制,以保持常规性工作与创新性工作之间的平衡,将项目建设与常规工作相融合,明确了"项目建设常规化,常规工作项目化"的要求,点线结合,推动学校全面工作上水平。

三、项目化管理的实施

(一)项目团队建设是项目化管理的核心保障

学校成立项目建设领导小组,全面统领项目建设工作,下设项目建设管理办公室,负责项目建设的日常管理。实行项目负责人制度,成立子项目组具体实施建设方案中确定的任务。成立监督小组对建设过程中的资金使用全程监控。在这种扁平的管理架构中,领导小组如同一把扇子的轴心,为项目制定明确的规划和质量标准,项目负责人如同扇子的骨架,作为先锋团队,将项目建设的理念、目标和方法通过各种会议、培训及日常沟通等方式传递给团队成员,充分协调和整合各横向处、系的资源,打通上下层级间的信息和沟通渠道,以项目目标为中心,让工作任务在水平和垂直两个方向上顺畅地流动。

(二)顶层设计是项目化管理的关键环节

学校项目建设领导小组按照项目化管理的要求,将项目管理的顶层设计概括为"四控五管二协调",即进度、资金、质量和风险四控制,流程、标准、合同、档案、信息五管理,内部、外部二协调。制定《天津市红星职业中等专业学校建设项目实施管理办法》,规范建设项目管理工作,确保各个项目的建设能够落实到位,为建设项目的规范化、科学化运行奠定基础。确立了"项目驱动、层级管理、纵横交错、责任到人、全程监督、效益考核"的项目管理原则,规范了"项目分解、项目实施、项目监控、项目验收、项目评价"的项目实施流程。为保证建设项目质量、进度的落实,项目建设管理办公室制定了一系列强化关键点控制的规章制度,设计了《项目建设管理手册》《项目建设工作手册》,强化工作质量管理和过程管理。组织各项目组阶段成果汇报展示活动,达到促进内部沟通的效果。制订流程性档案目录,保证档案材料的充实和质量。《项目建设简报》及时宣传项目建设的动态和各项目组建设的方法、经验,强化了信息管理。制定《天津市红星职业中等专业学校建设项目专项资金管理办法》,切实加强对项目资金的使用与管理,保证建设项目资金的投向准确,项目建设领导小组严格资金使用的申请、审批、监督等程序,确保资金使用的科学化、合法化、程序化,做到专款专用。对项目建设的过程实施项目组负责制,通过前期调研论证、专家领导审核、教代会讨论通过、政府采购公开招标、项目监督组监督保障等步骤,确保项目在阳光中运作。

(三)"四控五管二协调"是项目化管理中关键点控制的重要手段

1. 进度、资金、质量和风险四控制

在项目化管理中,对关键点控制重在通过制度认同与创新,形成机制保障。为此,学校制定了《项目建设管理手册》,以纲领性管理文件,强化项目建设全体人员对制度的认同;《实施管理办法》《天津市红星职业中等专业学校专项资金管理办法》《项目建设质量标准》等项目建设关键点控制文件作为项目引领性、制约性管理文件,强化项目建设机制创新,将项目管理体系全面地深植于学校的各项管理制度之中。对关键点控制重在目标明确、责任到人。为此,学校制订《各项目组建设任务分解、进度安排及相关责任人一览表》《各项目组建设资金安排一览表》,同时,项目组成员逐级签署目标责任状,将责、权、利予以明确。对关键点控制重在督导检查。为此,学校制订了《项目建设工作手册》,要求各项目组成员做好相关工作记录,通过项目组周例会进行工作总结和反思。实行每月报告、阶段评估和项目终期验收制度,适时处理项目建设过程中出现的问题。每月报告由项目管理办公室组织实施,每月总结的主要核查内容:上一月度的项目建设的执行情况;项目建设进度、建设质量和阶段性建设成果;项目建设过程中档案形成、整理情况;建设中存在的问题及改进措施。每年的5月份和11月份由项目管理办公室对各工作组和各子项目组进行阶段性评估,并报学校项目建设工作领导小组。评估的主要内容:总结上一阶段项目建设的执行情况和建设成果;对下一阶段项目建设提出指导性意见;项目建设过程中档案形成、整理情况;项目建设中存在的问题及改进措施。对核查中发现的问题,项目建设管理办公室应及时向各工作组、各子项目组通报检查情况,并提出整改要求。各工作组、各子项目组应及时进行纠正,保证项目建设的顺利进行。

2. 流程、标准、合同、档案、信息五管理

《建设项目实施方案》是项目建设的路线图,在此基础上,学校制订《关于开展社会调研活动的实施意见》,对重点建设专业中人才培养模式改革、核心课程建设、校本实训讲义建设的相关社会调研的流程、方法及成果应用做了明确规定。在校企合作委员会和各专业建设委员会及课程专家指导下,制订并发布《关于制订工学结合人才培养方案指导意见》《专业人才培养方案规范》《核心课

程建设管理办法》《核心课程建设登记表》《核心课程建设验收标准》《教材建设与管理办法》《学生课程考核指导意见》《教学质量监控办法》《优秀教师团队建设管理办法》《教师赴企业实践锻炼管理办法》等文件,对重点专业建设中的人才培养模式改革、课程设置、教材建设、评价模式改革、师资队伍建设等重点工作做出了流程化、标准化的规定,确保项目建设按《建设项目实施方案》的要求高质量地完成建设任务。对重大设备采购、重大建设性支出严格合同的签署流程和资金支出管理,确保合同管理的严肃性。制订《项目建设关键档案一览表》,保证项目建设留下真实的轨迹及丰硕成果。在项目建设办公室和各项目组设信息员,组成宣传指导工作组,其职责是:及时掌握项目建设各专业、各环节的最新信息;审核各专业、各部门项目建设相应报道;负责对外宣传报道项目建设进展和建设成果。项目建设信息统计实行工作组负责人负责制,定期(每月末、半年、年末)向建设项目管理办公室报送本项目建设进展情况,及时将本专业最新建设动态报建设管理办公室。按项目建设工作需要,及时填写并报送项目建设管理办公室临时要求的各项建设信息,所有报送信息要实事求是、严格审核、认真汇总、科学分析,不得拒报、瞒报、迟报。严格的信息管理保证了项目建设中的决策准确、执行得力。

3. 内部、外部二协调

项目建设中有大量创新性工作,需要协调调动多部门的资源和人力,而协调和配合往往是传统职能处室组织中困难最大、效率最低的活动,而项目化管理的扁平化管理模式,在纵向上保持原有的直线式层级和汇报结构,横向上则增加了由各职能部门共同组成的项目团队,专门协调跨部门的工作,有利于整体目标的实现。

(1)内部协调

内部协调的重点是处理好人力资源统一调度和制度的协调统一,必须处理好项目建设与常规工作的关系。学校将项目建设作为推动内涵发展的重要契机,通过制度的调整与创新,将项目建设与常规工作相融合。以工学结合、校企合作体制机制建设作为长线,把具体校企合作项目打造成亮点。把教学模式改革作为长线,把课程建设作为突破点,在强化培训的基础上,规范模板,强化日常教研和考核。把教学方式改革作为攻坚点,集中推进。把校园文化氛围建设作为长线,把社团活动作为展示点,在综合思政课程建设中强化文化展示,在各专业形成有专业特点的文化氛围。打造精品社团,形成规范展演展示模式。把管理制度建设作为长线,把常规管理作为基准点,把"全市领先,全国一流"的管理理念贯穿其中,推动学校内涵式发展。

(2)外部协调

外部协调的重点是通过机制建设处理好学校与政府及企业的关系。学校在此方面做了如下工作:

①强化了校企合作"三坚持"原则,即坚持通过校企合作,充分利用社会和企业的智力资源、设备资源和信息资源;坚持通过校企合作,给教师提供专业实践和为企业服务、展示才能的空间;坚持通过校企合作,为学生搭建实习、就业并融入社会的平台。

②实施政府、学校、企业三方联动机制,完善产学研的协作对话机制,引入天津中医药大学药学院共建"健康产业产品研发基地",增强中药制药专业为社会服务、为企业服务的能力。强化与企业合作项目,扩大学校服务社会的范围。建立行业专家工作室,扩大了专业与行业的交流范围,增强了专业活力,形成以行业专家工作室为纽带的立体化校企合作机制。

③在学生生产实习管理中,按照"校企共管,以企为主,明确分工,相互融通"的原则建立校企双方领导、主管干部及实习指导教师间的三级联合办公制度,强化对顶岗实习过程的管理。

四、项目化管理的实施条件

(一)强化培训

项目化管理作为一种崭新的管理模式,在实施前必须强化培训工作。首先要做好对高级管理人员的培训,主要是项目化管理的基本方法、团队组织和领导、沟通和矛盾的解决、计划与风险管理等;其次是对中层和基层管理人员的培训,内容包括项目管理的方法和工具、经费使用、进度控制、信息管理、团队建设和领导、沟通与协作等。

(二)分步实施

第一步是组建项目建设领导小组和项目建设办公室,负责项目的评估、论证、过程监控及验收等工作。第二步是确定关键点控制文件。第三步是由项目建设办公室对各项目的实施进行监督和协调,并协助项目负责人对各项目进行管理。第四步是项目负责人按照关键点控制文件的要求全程管理,并随时与项目建设办公室保持信息沟通与协调。第五步是由项目建设办公室定期举行项目协调会和验收会,对项目建设过程中出现的问题进行评估,协调矛盾,优化资源配置;根据项目建设情况变化提出进度、资金控制意见,组织专家委员会对完成的项目进行验收。第六步是对优秀项目进行表彰。

五、项目化管理的实施成效

项目化管理是一种适应性变革,可以达到学校对外快速反应、对内整合、优化资源配置的目标。其实施成效可以概括为:一是项目化管理是一种目标明确、计划性强、分阶段控制的系统管理方法,在提高工作效率的同时,提升了项目建设质量。二是促进了教师观念更新。在项目建设过程中实施项目化管理,使参建教师通过参与教育教学工作以外的项目建设工作,既丰富了其工作内容,又提高了其创新能力,并逐渐使项目建设的思想、方法和成果融入教育教学工作中,从而达到了教育教学工作与项目建设工作相辅相成和优势互补,促使学校形成学习型创新文化,提升整个学校的创新能力和竞争力。三是项目化管理的实施为学校其他创新性、交叉性工作的管理提供了范例,在近几年中,学校先后承办了天津市第六届、第十届社区教育展示周暨全民读书活动周开幕式,中国乒乓球超级联赛天津赛区主赛场,全国职业院校技能大赛中职组"沙盘模拟企业经营"赛项及天津市职业院校技能大赛中职组多个赛项等重大社会服务项目,其组织与管理过程,均采用了项目化管理的方法,有效地提升了活动承办水平,展示了全国中职示范校建设单位的风采。

六、项目化管理对提升学校治理能力的启示

中国共产党第十九届中央委员会第四次全体会议审议通过了《中共中央关于坚持和完善中国特色社会主义制度、推进国家治理体系和治理能力现代化若干重大问题的决定》,会议提出,坚持和完善中国特色社会主义制度、推进国家治理体系和治理能力现代化的总体目标是:"到我们党成立一百年时,在各方面制度更加成熟更加定型上取得明显成效;到二○三五年,各方面制度更加完善,基本实现国家治理体系和治理能力现代化;到新中国成立一百年时,全面实现国家治理体系和治理能力现代化,使中国特色社会主义制度更加巩固、优越性充分展现。"这一重要要求,对职业学校治理体系和治理能力现代化指明了目标,随着《国家职业教育改革实施方案》和天津市委、市政府《关于做大做强做优职业教育的八项举措》的实施,职业教育将实现质的飞跃,这种飞跃必然基于职业学校治理体系和治理能力现代化。所以,要深入研究项目化管理中团队建设的规律,为学校实训基地建设、专业群建设等其他项目的管理提供依据与保障。要将项目化管理中关键点控制的"四控五管二协调"管理方法进一步融入学校常规管理之中,促进学校内涵发展水平,助力职业学校治理体系和治理能力现代化。

在转化全国大赛赛项资源中
实施"一中七化"人才培养模式

李　鑫　王主璋　李　军　张宏戍①

一、成果背景

（一）承办中职全国汽车技能大赛为实施培养模式奠基

全国职业院校技能大赛开赛十年,已成为中国职教发展的航标之一。全国范围内形成的校、市、省、国四级赛事,取得了丰硕的竞赛成果。2010 年至 2012 年、2017 年,天津市东丽区职业教育中心学校成功承办了 4 届全国中职汽修技能大赛,2017 年成功承办津京冀农民工和天津市青年汽车维修工技能大赛,2011 年至 2017 年连续 7 年成功承办天津市中职汽维技能大赛,在竞赛内容设置、评判标准、环境布局以及竞赛师资、学生的培养等方面积累了丰富经验,并形成可复制、可借鉴、可推广的成果经验——"一中七化"培养模式。

（二）党的十八大促使"一中七化"培养模式出新成就

党的十八大提出加快发展现代职业教育。习近平总书记在 2014 年对职业教育工作作出重要指示,其中特别强调要"着力提高人才培养质量"。国务院和天津市人民政府先后下发了《关于加快发展现代职业教育的决定》(国发〔2014〕19 号)、《关于加快发展现代职业教育的意见》(津政发〔2016〕3 号)等文件,对职业教育人才培养提出了新的更高的要求。借助国家级示范性中等职业学校和天津市中等职业学校布局结构调整和基础能力建设项目,学校全面拓展"一中七化"人才培养模式改革、建设与实践工作。

---

① 　李鑫,天津市东丽区职业教育中心学校党总支书记。王玉璋,天津市东丽区职业教育中心学校副校长。李军,天津市东丽区职业教育中心学校教务处主任。张宏戍,天津市东丽区职业教育中心学校教师。

（三）党的十九大指引"一中七化"培养模式上新水平

党的十九大报告中明确指出要完善职业教育和培训体系，深化产教融合、校企合作。学校以承办 2017 年至 2019 年全国中等职业学校汽修技能大赛为契机，深度转化大赛资源，大力弘扬劳模精神和工匠精神，与时俱进地提升"一中七化"人才培养模式。

二、成果内容

学校借助多年承办全国汽车维修技能大赛的经验，探索实践技能大赛资源转化工作，形成了"一中七化"的人才培养新模式。所谓"一中"指围绕"人才培养质量"一个中心，"七化"即"专业建设一体化、教学方法多样化、校本教材实训化、学生考核多元化、教学资源优质化、基地管理规范化、专业教师能力化"。

（一）实施五方携手，构建专业建设一体化

学校通过"政、行、企、校、研"职教发展新机制，形成政府主导、统筹，行业企业参与、指导，职业院校培养、实践，研究机构支撑、服务，五方权责清晰、定位明确的共同体。借助承办技能大赛的契机和区位优势，学校先后聘请汽车维修行业协会、上海通用汽车公司、中国汽车技术研究中心和天津职业技术师范大学汽车职业教育研究所等顶级专家，成立技能大赛资源转化中心（科研中心）。通过对技能竞赛内容、方式、评判等内容的研究与探索，开发了适应中等职业学校特点和社会需求的方向化专业建设新模式，即机修（机械）方向、机修（电工）方向、钣金方向、喷漆方向、汽车后市场服务方向等 5 个专业建设方向，形成了"能力主线、任务载体、实践主导、方向教学"的人才培养模式。

2014 年，学校《转化技能大赛成果，助推中等职业教育教学改革》项目荣获天津市教学成果二等奖。2016 年，学校又以专业优势强、人才需求量大和就业前景好的"汽车运用与维修"专业为引领，牵头申报了《中等职业教育"理实一体"高效教学模式探索》《校企共同育人的人才培养模式探索》天津市"十二五"重点课题并顺利结题，建设完成了发动机构造与维修、电器构造与维修、底盘构造与维修 3 门优质核心课程的开发任务并通过天津市的验收评审。2017 年，学校成为天津大学职业技术教育学硕士研究生培养基地，将在双导师培养、课程建设、科研等方面进行研究与实践。

（二）关注学生特点，形成教学方法多样化

结合几年来学校承办、参加全国汽修技能大赛经验，在选手训练过程中探索出了分解训练法、解压训练法、紧贴训练法、模拟训练法、对抗训练法、揣摩训练法和冥想训练法等 7 种训练方法，并将这些技能大赛的训练方法与日常的专业教学方法进行有机结合,通过计算机多媒体技术、信息网络技术和虚拟仿真技术等现代教育技术手段的灵活运用,提高了学生学习兴趣,强化了学生技能操作,提升了人才培养质量。

（三）针对岗位需求,推进校本教材实训化

大赛的竞赛内容来源于企业的生产岗位,这为校本教材的开发提供了依据、样本和途径。通过对大赛的技术资料的学习、梳理和归纳,结合"JEM"对岗位需求分析,学校开发了"六步教学法"系列校本教材,即整车机械实训、车身涂装、车身修复等6本校本教材。校本教材在内容上突出了加强专业技能训练和实际动手能力的培养,实现了教材内容与生产岗位的对接。

另外,学校根据"六步教学法"系列校本教材工作任务,与企业深度合作,联合开发了与实训任务配套的汽车电器电路检测实验台、全车电器故障诊断系统示教板等教学设备并申请获得国家专利。

（四）注重职业素养,实施学生考核多元化

学校参考和借鉴技能大赛评价标准和方法,结合学生特点,创建了"四方三层五证"学生考核新模式。打破传统的试卷考试的方式,取而代之的是"教学过程考核"。在考核中,不同性质的课程采用不同形式的考核,原则上采用技能考核与理论考核相结合的方法,尽最大力量突出技能考核。同时,注重考核的过程化、多样化和灵活化,从出勤、作业、课堂提问、职业素养和学习态度等方面进行全面考核,客观对学生进行评价。

"四方三层五证"教学质量监控体系运行以来,培养了学生良好的职业道德,提升了职业技能。几年来,学校学生参加天津市技能大赛取得了优异的成绩,先后荣获一等奖18个,二等奖21个,三等奖16个;同时还有49名学生入选全国技能大赛天津市代表队,并在全国技能大赛中获得一等奖2个,二等奖6个,三等奖16个。

（五）围绕共建共享,开发教学资源优质化

学校以技能大赛为支撑,以市场需求为主导,以培养能力为目标,实现资源优质化。

学校与企业合作,开发建设汽车服务与营销教学素材资源、汽车营销综合实训资源、商务情境仿真系统资源和汽车维修教学素材资源库,形成图片、视频、动画、仿真、案例、课件与题库等丰富的素材资源。借助大赛资源转化中心的平台,组建微课课题研究团队,开展微课的开发与实践。先后开发了发动机构造与维修、整车综合化实训等课程的微课视频100余个。利用现代信息技术,与企业合作开发汽车发动机构造与维修、底盘构造与维修、电器构造与维修 VR 教学系统等 VR 资源。通过几年的建设与积累,实现了课程、教材、视频、仿真和虚拟等多种资源介质的立体化融合,教学资源容量达到 1.08T。

（六）借鉴企业文化,形成基地管理规范化

大赛的承办使学校对企业更加了解,校企合作更加紧密。通过大赛,学校将企业的"7S"管理模式引入到学校的实训基地管理中来。在管理中,实施整理（sort）、整顿（straighten）、清洁（sanjtary）、清扫（sweep）、安全（safety）、节约（save）、学习（study）8 项内容。"7S"管理活动作为我校推行精细化管理的一项重要工作实施后,有效提高实训资源的利用率、学生职业素养和安全意识。

"7S"管理深化了学校的精细化管理,取得了阶段性的成果,为建设节能、环保的绿色实训基地提供了一些思路和借鉴。

（七）优化师资队伍,提升教师能力常态化

为打造一支"双师—双能—双证"素质的教师队伍,学校坚持"走出去、引进来"战略,聘请一批学术水平高、教学能力强的行业企业专家、能工巧匠来校任教,形成稳定的外聘专家教学团队;积极选派教师出国进修、学历晋升、下企业实践、技能取证,为专业化建设培养一批理念先进、能力突出的教师团队。

借助承办全国技能大赛的平台,学校聘请汽车维修行业协会首席专家王凯明、天津职业技术师范大学关志伟、迈特汽车股份有限公司刘亮等知名专家、能工巧匠,组建外聘教师团队。学校实施"导师制"专业带头人培养制度,为每一位专业带头人对接一名外聘专家导师,指导专业建设、业务提升。学校与天津职业技术师范大学联合开发教育部、财政部职业院校素质提高计划汽车服务工程专业职教师资培养包并顺利结题。

依托国家和天津市建设项目,学校制订了专业带头人、骨干教师、"双师型"教师等培养方案,建立了青年教师成长档案,成立了教师书吧,为教师能力提升奠定了良好基础;学校先后选派张宏戌等 20 余名教师,下企业实践、参与技术革新,提升教师双师素质;李军等 8 名教师考取硕士和高级技师证书,双证书比例达 100%。几年来,学校专业教师发表论文 10 余篇,参与企业技术革新与专利申请 3 个,参加教师技能大赛获得国家级奖项 4 个,市级奖项 12 个,3 名教师先后到 12 所职业院校开展专业建设等方面讲座,形成了具有一定教育技术应用能力的"双师—双能—双证"型教学团队。

三、成果创新点

(一)创新"一体化"人才培养体系,助校企深度融合产教化

学校从中职基础出发,把专业的概念转化成方向的概念,有效解决了专业建设基础与社会岗位需求的矛盾。根据汽车维修专业岗位群的特点,形成了"一体化"人才培养体系。

根据方向化人才培养的规划,校企双方共同制定年度培养计划,确定师资及教学场所,理论课程和基本技能培训由专任教师在校内完成;企业深度介入人才培养全过程,配备专职培训人员进行专业技能训练,与学校联合建立质量监控机制;学生在学校与企业之间交替学习,直接参与一线操作实践。

学校与乐达长城、华北农机集团、东大二手车公司、PPG工业集团和奔腾公司合作,各个方向累计培养4780人,工作涉及职能管理、营销、机电维修、钣金和涂漆等一线岗位。

(二)创新"四方三层五证"考核评价机制,助职业培养科学化

学校以人才培养质量为核心,把知识评分标准与能力检测标准有机结合,创建"四方三层五证"考核评价机制。依托学校、教师、企业和学生四方,针对理论、校内外实训和顶岗实习三个层次,根据学校学生考核评定实施细则,最终评定仪容仪表合格证、行为习惯合格证、文化理论合格证、专业技能等级证和顶岗实习合格证等五项证书。

四、成果推广应用

(一)服务学历教育和社会培训,成果应用惠及众学员

自2012年以来,学历教育已惠及2500人。学校依托天津市职业培训中心东丽分中心资源,实施了"4435"社会培训工程,面向下岗工人、企业新员工、现退役士兵以及残疾人等四类人群,累计培训2280人。

(二)服务京津冀协同发展战略,成果应用辐射兄弟校

根据《"十三五"时期京津冀教育协同发展专项工作计划》《京津冀教育对口帮扶项目》《推进京津冀教育协同发展备忘录》,学校先后成为京津冀鲁汽车职教联盟理事单位,承办津京冀职工技能竞赛,与石家庄第一职业中专学校建立对口帮扶院校,与肥乡职教中心等7所职业院校建立合作关系。

在天津市教委的组织下,学校面向河北省中等职业学校,开展《搭建培训立交桥 谱写共赢新篇章》宣讲,与兄弟院校启动了周期性的师资培训、联合办学和师徒结对等工作,先后为邯郸、肥乡、涿州等学校,在方向化人才培养、课程建设、考核评价、技能培训等方面,开展成果辐射工作。几年来,学校先后培养河北涿

州李健等 20 名骨干教师;帮扶肥乡职教中心完成方向化课程置换;帮扶 6 所职业院校 37 名学生提高技能大赛训练水平并获得全国职业院校技能大赛二、三等奖。

（三）服务"一带一路"国家战略,成果应用输出国外

在"一带一路"的大背景下,学校充分利用专业优势、优质资源,加强对"一带一路"沿线国家的职业教育服务输出探索。

依托"一中七化"的人才培养优质成果,学校在印尼东爪哇省建立"鲁班工坊"。该"鲁班工坊"以"汽车维修技术"为核心理念和主线,分为汽车维修应用智能、工程实践创新、无人机技术、新能源汽车和空中课堂五个教学区,是集培训、教学功能于一体的现代化实训基地。通过师资培训、邀请参与技能竞赛和课程认证等途径,进一步推动成果在印尼的应用。学校以"鲁班工坊"为载体,邀请印尼东爪哇省泗水市第五职业学校等 10 所学校来华,举办中国—印尼"产教融合"高峰论坛,拓展成果在印尼的影响,并将培训范围逐步辐射到东盟各国。

（四）再次承办中职全国汽车技能大赛,成果更上一层楼

继 2010 年至 2012 连续承办全国中职汽修技能大赛,时隔四年后,2017 年学校再次承办此项赛事并将延续至 2019 年。竞赛项目从四大类 10 小项增加到六大类 12 小项,参赛学校和选手数量逐年增加,学校"一中七化"的人才培养模式成果得到了全国肯定。随着成果影响不断扩大,先后有内蒙古呼和浩特市汽车工程职业技术学校、鄂尔多斯职业学院等 30 余所兄弟院校来校参观、学习。

立德树人理念下中职学校学生管理工作
的创新与改革

王喜华　杨　毅①

育人之本，在于立德铸魂。天津市仪表无线电工业学校坚持以中国特色社会主义理论体系为指导，深入贯彻党的十九大精神，全面贯彻党的教育方针，紧密围绕教育部《中等职业学校德育大纲》部署管理工作，以社会主义核心价值观为引领，全面落实立德树人的根本要求，坚持以人为本、以学生为本的理念，将学生健康成长作为学生教育管理工作的出发点和落脚点，满足学生各方面发展的正当需要，把学生的缺点当作特点因势利导，竭诚服务学生发展，致力引领学生成才，给予学生全方位的关爱与保障。在倡导全员、全过程、全方位育人的新阶段，学生教育管理工作作为学校"大思政"格局中的重要一环，形成了以育人为先为重点、以提高培养质量为核心、以文化活动为载体、以规范教育为抓手的德育工作格局，完备具有职业教育特色的德育精细化管理机制，打造了一批以职业生涯规划、工匠精神培育、安全法制教育等为主要内容的德育工作品牌项目，并取得了良好成效。

学校坚持一个核心，重构思政格局。学校率先召开中等专业学校思想政治工作会议，凝聚德育力量，积极做好学生德育评估创建活动。由学校领导、各系支部书记、学生处、校团委、外聘企业专家等成员组成学校德育工作委员会，下设德育工作办公室、核心素质教育教学研究室、校园文化工作室、班主任工作研究会、德育研究督导组等机构，在师德建设、课程开设、实训德育、操行评定、心理健

---

①　王喜华，天津市仪表无线电工业学校党委书记、校长。杨毅，天津市仪表无线电工业学校学生处主任。

康教育、职业指导、队伍建设、校园文化、安全教育等方面常抓不懈。在强调理想信念教育、道德品行教育的基础上，突出职业学校特点，注重职业精神教育、养成教育和实践教育，致力于引导学生树立正确的人生观、价值观。

学校构建一个体系，保持政治底色。思想政治教育是共青团工作永恒的主题，也是学生管理工作的题中应有之义。校团委深入贯彻落实《中共中央关于加强和改进党的群团工作的意见》，大力推进职业院校共青团改革创新，切实加强和改进学校共青团工作，制订学校共青团改革实施方案，并严格执行。依照共青团"凝聚青年、服务大局、当好桥梁、从严治团"四维工作格局，着力推进共青团组织创新和工作创新，主动融入教育大局，找准中职院校共青团工作的职能定位和工作路径，自觉将实现立德树人的根本任务贯穿共青团改革各方面、全过程。建立健全党领导下的"一心双环"中职共青团组织格局，以团组织为核心和枢纽，以学生会为学生"自我服务、自我管理、自我教育、自我监督"的组织，以学生社团及相关学生组织为外围手臂延伸。推行直接联系服务引领青年制度，制度化开展学校团干部直接联系学生团支部和青年学生活动，充分利用智慧团建系统平台，建立线上线下相结合的机制，扩大共青团工作覆盖面，实现共青团基础工作、团员管理网络化。严把入口关，团积极分子的推荐确定、培养考察，新团员的大会表决、审批、宣誓、教育等各个环节都做到程序严格、手续完备。充分运用学习培训、主题教育、实践活动、同伴分享等方式加强团员经常性教育，更好发挥共青团价值引领作用。遵循中职学生成长和思想教育引导的客观规律，针对各年级学生制定中职共青团思想引领指导意见，统筹组织育人、实践育人、文化育人，构建分层分类一体化思想引领工作体系。建立健全以志愿服务基层党组织社团活动为核心的实践育人制度、学生困难帮扶和权益维护机制。

陶铸一种文化，厚植人文素养。学校主要从道德规范、礼仪举止、传统文化、哲学审美等方面着手提升学生人文素养，塑造学生完整人格，培养追求幸福生活的能力。加强教研活动管理，挖掘语文、哲学与人生、职业生涯规划、法律等课程人文精神内容，与时代特点相结合、与专业特色相交融，传授基本人文知识，教会学生争先创优、懂得感恩、明辨是非。与此同时，加强学生宿舍、教学楼的走廊文化建设，在学生生活、学习主要区域营造良好向上的氛围，让学生在不知不觉中受到思想教育与情感熏陶。深化"彩虹人生""18岁成人仪式"、主题团日实践、中华颂·经典诵读、"最美中职生"等评选活动内涵，弘扬中华优秀传统文化与传统美德，引导学生感悟传统文化之美、增强传统文化底蕴。依托"第二课堂"、合唱比赛、手抄报比赛等活动，陶冶学生审美情操，提高感受美、追求美及创造美的内涵。利用关键节点开展教育活动,如"五四"青年节"抗日战胜利纪念日""国家宪法日""国家公祭日"等,传输历史知识与法治精神。营造崇德尚能、勤业精业的校园氛围,对学生形成潜移默化的教育。在各项评优考核中,把道德标准放在首位,将思想端正、学习勤奋、向善崇德、自觉奉献的先进分子树立为先进典型,充分挖掘其蕴含的高尚道德品质并加以宣传,引领道德新风尚。按照学校教育活动计划广泛组织开展安全法制主题班会、校园广播讲座、读书节、艺术节、体育节、技能节及各种社团活动。按照团中央要求,组建暑期社会实践团参与志愿服务活动,精心充分的筹备收到了良好的社会效果,2018 年学校"知行合一 仁爱筑梦"彩虹人生暑期社会实践团荣获"青春大学习 奋斗新时代"2018 年天津市大中专学生志愿者暑期文化科技卫生"三下乡"社会实践活动"优秀团队"称号。

培育一种文化,树立职业意识。一直以来,学校在培养学生职业技能的同时,更注重对学生良好职业精神、职业素养及可持续发展能力的培养,致力于使学生具备良好的职业态度、高度的职业责任、扎实的职业作风。在学生入学伊始,利用"开学第一课"系列活动,引导学生明确职业目标,学习工匠精神,形成积极向上的职业态度。聘请优秀毕业生回校,现身说法、言传身教,进行职业道德教育。积极开展学生顶岗实习,在企业中强化学生职业技能和素养,感知企业管理机制与企业职员的内涵,逐步形成正确的劳动观,树立爱岗敬业、吃苦耐劳的职业精神。将经过培训的从事职业指导的思想政治课教师、就业指导教师及聘请的专业职业生涯规划师等力量整合,建立专兼结合的学生职业生涯规划指导队伍。增强学生职业生涯规划工作的系统性、持续性和制度化。

搭建一个平台,助力平安校园。自 2016 年始,学校在官方微信公众平台开发"智慧校园"板块,提供新生入宿宿舍号查询、住宿生请销假、考勤等服务,使宿舍管理更加便捷高效。住宿学生的考勤统计是宿舍管理的重要环节,也是校园安全工作的重点任务。为提升学生考勤统计实效,学校采用了住宿生指纹打卡考勤系统、宿舍人脸识别门禁系统,并实行 360°无死角监控。由学生处牵头组织各教学系德育主任、辅导员、班主任老师、宿舍管理老师、宿舍学生干部共同配合,明确各自职责任务,严格落实考勤管理各个环节,指纹打卡过程中有效避免了住宿学生代打、漏打等问题。人脸门禁系统利用活体生物识别技术,通过采用摄像头采集含有人脸的图像或视频流,并自动在图像中检测和跟踪,进而对检测到的人脸进行一系列的匹配核对,达到识别不同人的身份的目的。通过人脸识别系统,将宿舍学生人脸图像录入,学生通过人脸识别进入宿舍,以智能设施取代宿舍管理员的肉眼识别人脸。此系统的运行解决了对学生上课监督和高峰时段人流量能正常通行等问题,也减轻了宿舍管理人员的压力。另外,此系统兼具红外线报警功能,非本楼学生或以不正当方式进出宿舍时,门禁系统会报警通知管理员,有效防止了外来不明人员进入宿舍楼,保障了学生人身和财务安全。一旦住宿学生发现异常情况会及时被知晓,可有效防止意外事件发生,实现了学校和家长对学生住宿情况的及时监控。

立德树人是办学治校的永恒主题。面对纷繁复杂的社会大环境和学生的个性化特点,学校将一如既往地运用好党的十九大以来形成的政治优势、制度优势,理直气壮地开展学生工作。同时,珍视多年来在学生工作方面形成的优势和传统,增强做好学生工作的信心和决心,练就做好学生工作的能力和本领,打造仪表品牌,创造仪表经验,贡献仪表智慧,形成全员育人、全过程育人、全方位育人的有效格局,形成德育工作无处不在的良好局面。

世界技能大赛中国集训基地建设实践研究

——以世界技能大赛信息网络布线项目中国集训基地为例

杨红梅　高夕庆①

随着我国加入世界技能组织并开始组队参加世界技能大赛(以下简称世赛),世赛开始在我国职教领域产生越来越大的影响。为了将世赛与我国的技能人才培养更好地融合,人力资源和社会保障部(以下简称人社部)开始在全国各职业院校及企事业单位积极布局世赛培训基地。天津市仪表无线电工业学校作为一所在职教领域深耕多年的职业学校,凭借着电子信息行业集团办学的独特优势及深厚的办学实力,经过全力筹备、积极申报,成功被人社部确立为第42届世界技能大赛信息网络布线项目中国集训基地,并在之后的评审申报中被连续批准成为第43、44、45届该赛项中国集训基地。八载积淀,化茧成蝶,从第一次参赛获得优胜奖直到成功摘取世赛金牌,八年间,基地走出的选手在四届世赛中斩获了一金一银一铜一优胜的优异成绩。这些成绩的取得,得益于学校在世赛基地建设过程中始终坚持"高标准、高水平、高质量、高效率",为"金牌"世赛基地建设提供了一条可供借鉴的实践建设途径。

一、携手知名企业,高标准筹建世赛基地

"工欲善其事,必先利其器。"为了给选手提供更好的实训设备、更"真实"的赛场环境,世赛基地的建设应对接世赛标准,以校企合作为核心,尽量做到与世赛赛场环境相近、设备相同。在信息网络布线基地具体实践建设中,天津市仪表无线电工业学校在基地筹建之初就确立了"携手国际知名企业,建设对接世赛、功能先进、高端引领的世赛基地"的建设目标。

---

① 杨红梅,天津市仪表无线电工业学校副校长。高夕庆,天津市仪表无线电工业学校教研员。

为此,学校从规划布局、设备选择、制度建设三个方面开展了世赛培训基地的建设工作:

在规划布局方面,学校规划出500平方米场地作为世赛培训基地,参考世赛的组织方式、技术标准和场地要求,对实训场地进行规划设计,在功能分区上规划有工具材料存储区、选手训练区、专家讨论区、评分区、资料室及休息室等,做到了按照1∶1的比例完全仿真世赛的比赛环境。

在训练设备的选择上,基地坚持与本领域知名企业合作,优中选优,力求将国际先进水平的设备及行业企业技术引入基地训练教学中。学校与日本藤仓(中国)有限、美国福禄克公司、美国康宁公司、西安开元、广东维康药业有限公司等知名企业合作共建基地,其中藤仓(中国)有限公司在建设初期就为学校无偿提供了12台光纤熔接机、光纤冷接工具和材料等训练设备。美国福禄克公司不但为基地提供了相关测试仪器设备,还派出技术总监、世赛评判专家尹刚高级工程师来基地开展培训,基地多名骨干教师通过了CCTT认证。美国康宁公司为使学生能够迅速掌握国内少见的无油干式光缆的连接操作方法和技术规范,特意从美国总部调拨了2500米长的光缆免费供学生练习使用,并派出工程师为学生进行培训,增进了对国外光纤布线新工艺方法的认识。西安开元与广东维康药业有限公司分别作为第42届和第44届世赛信息网络布线核心赞助商及设备材料提供商,为基地提供的实训设备与世赛比赛专用设备对标,做到了同规格、同标准、同型号,为选手更好地熟悉赛场设备创造了条件。

在制度建设上,为了更好地开展基地训练工作,基地制定了《基地安全管理制度》《基地材料借用采买制度》《基地选手训练管理手册》等一系列规章制度,对基地培训人员管理、时间规划、财务程序、安全保障等方面进行了规范和保障,管理模式更加清晰,沟通方式更加顺畅,信息传递更加便捷,责任分工更加明确,保障了基地培训工作的顺利进行。

二、瞄准知名专家,高水平配备师资团队

"名师出高徒。"一流的基地需要配上一流的师资才有可能带出一流的选手,取得一流的成绩。正是基于对以上观点的深刻认识,基地创设了以世界知名技能大师讲学,企业专家与学校教师共同授课的"大师+团队"的工作模式。

首先,建立了相对稳定的外籍或外企专家团队,多次邀请信息网络布线领域的世界级大师——世界技能大赛信息网络布线项目发起人,来自日本的菊池拓男先生,来中国对专业教师和选手开办讲座和技能培训,由国际权威专家来详细解读信息网络布线领域的国际标准与操作规范,讲解世赛组织形式、命题思路、考核规则、注意事项等,从而让基地专家教练团队和选手能够对世界技能大赛进行更精准的把握和分析。同时还多次邀请第41届世界技能大赛信息网络布线项目的金牌得主来到基地进行技能交流和现场演示。

其次,从全国范围遴选企业专家和学校教授,组成以知名专家卢勤教授领衔的专家团队,团队共同探讨信息网络布线的知识、技能和素养的培养标准,将大师传授的内容和对人才培养的体会,归纳总结出符合工业标准和职业养成规律的技能训练教材,并发挥专家在各方向的特长,逐步探索出一整套实践教学方案,辅导选手进行实训。

最后在教练团队的组成上,同样经过全国遴选,形成了以杨阳教授为教练组长,包含世赛金牌得主梁嘉伟等金牌教师在内,对世赛训练具有丰富实践指导经验的教练团队。三支队伍齐心合作、协调一致,共同组建成高水平的世赛培训师资团队。

三、对接世赛技能标准,高质量开展选手培训

"宝剑锋从磨砺出,梅花香自苦寒来。"为了能够将选手这把宝剑磨砺出锐刃锋芒,基地专家团队与教练组经过反复研讨和实践总结,最终确立了"从细、从真、从新、从严"的一整套选手培训体系。

(一)"从细"制订训练计划

良好的计划,是成功的一半,在选手训练计划的制作上,专家团队从世赛备战训练的实际出发,按照基础技能训练、专项技能训练、综合技能训练、赛前强化训练四个阶段分别制订了详细的训练计划,每一个阶段每一个技能小项都有明确的目标要求。以基本技能训练中的水晶头制作为例,在制作质量有保证的前提下,制作速度就成为该项技能训练中的重中之重,为了达到世赛中20秒的速度要求,训练计划中将对这项技能的训练分成了40秒、30秒、20秒3个小项计划递进完成。正是这种把细微之处做到极致的训练计划,才能有效保证选手一步一个脚印地向前不断进步。

(二)"从真"确立训练内容

专家组对历届世赛赛题进行研读、分析、拆解、细化,将其转变成一处处技能训练点、一个个技能专项模块、一项项综合实训任务,结合企业真实工作任务,形成选手训练内容。同时专家组还注意及时关注世赛新动态,吸收最新的先进技术工艺,对选手训练内容进行调整和更新。

(三)"从新"创建训练方法

基地师资团队参考国际通用的技能人才实训教学所采用的行动导向教学

法,根据赛项特点,在实训过程中设计并实施了"四段六步项目式教学训练法",该方法以从世赛试题中提取的真实工作项目为教学主线,以选手为主体,将教学过程分为"项目布置、项目实操、项目验收、项目总结"4 个阶段,并对各个阶段需要完成的任务进行细化,共分为"下达任务、开工准备、示范演示、实作模仿、多元评价、总结反思"6 个步骤开展实际教学与训练。实践表明,新的教学训练方法更有利于选手综合素质的提升。

（四）"从严"制订考核要求

在日常训练中,每一次训练评判都严格按照竞赛标准进行,对每一次失误都要求进行分析和反思,对每一天的训练结果都进行总结和优化,以严格的考核要求激励与鞭策选手在技能上不断追求精益求精,实现自我超越。

四、树立服务理念,高效率组织后勤保障

"兵马未动、粮草先行。"为了能够让选手以最佳状态进行训练和比赛,学校在后勤保障上下足了功夫:组织人员专门成立大赛办公室,负责基地各项服务工作;协调计算机网络技术专业为基地建设提供人力和技术支持;协调体育组为基地选手制订体能训练计划;协调保健站及食堂为选手制订营养餐及保健安排;协调后勤部为选手安排好舒心的生活环境;协调心理咨询室为选手提供心理素质训练等。全校相关部门上下一条心,全力为世赛基地顺利运行提供了政策、人力、物力、财力支持,真正将服务理念落到了实处。

世赛基地的建设是一个需要从上到下协调贯通的系统性工程,尽管我国在世赛中已经取得了非常傲人的佳绩,但是也应该看到在世赛基地的共建共享、成果转化等方面仍需要我们在建设实践过程中进行更深入的研究和探讨,从而更好地发挥出世赛基地在技能人才培养中的积极作用,将世赛基地打造成弘扬工匠精神、引领高技能人才培养方向的标杆和旗帜,为实现中国制造向中国创造的跨越做出积极贡献。

以七个"强化"提升职业素养教育品质

宋春林　孟　虹①

天津市机电工艺学院成立于 1976 年,是全日制中等职业院校。2011 年,学院整合其他四所学校后迁至天津市海河教育园区。入园初期,学院在校生基数庞大,生源构成多元,整体素质参差不齐,德育任务十分艰巨。面对困难,学院大胆改革、锐意创新,在实践中摸索研究,以求真务实的态度提升育人工作,取得了一定成绩:连续 5 年在园区开展的综合评比中蝉联第一;通过首批国家级示范校建设检查验收,排名位居天津市首位;被评为全国职业教育先进单位、全国师德建设先进单位、全国黄炎培职业教育优秀学校奖、首批国家中等职业教育改革发展示范校等。

一、强化政治引领:坚持不忘初心,立德树人展示新担当

习近平总书记在 2018 年全国教育大会上强调:"加强党对教育工作的全面领导,是办好教育的根本保证。"学院党委长期坚持社会主义办学方向不动摇,把立德树人根本任务纳入办学发展规划,狠抓学生职业素养教育,并将其列入党委工作议程,全面统筹,把控细节,构建了"党委统一领导、院长行政负责、思政工作部组织推动、各系部配合实施、广大师生积极参与"的工作新格局。

在院党委全面领导下,通过抓好四支队伍推动职业素养教育,实现全员育人。

(一)加强中层干部队伍建设

院领导每天至少要有三分之一的时间在基层工作,中层干部每天至少要有

---

①　宋春林,天津市机电工艺学院党委书记。孟虹,天津市机电工艺学院科研处主任。

一半时间在一线工作,四十岁以下的中层干部要任课、要带班,因为只有走近学生"接地气",开展工作才能"增底气"。领导班子率先垂范,中层干部主动作为,合力推动职业素养教育工作不断迈上新台阶。

(二)发挥班主任在职业素养教育工作中的骨干作用

经常性开展班主任业务培训、骨干培养、经验交流等,不断提升班主任队伍的理论水平、业务水平、履职能力。多年来,学院持续开展"心灵教育""爱的德育",班主任秉持"爱自己的孩子是人,爱别人的孩子是神"的理念,在传递爱、播撒爱的过程中成为学生的良师益友,并提升"教有所思"的研究能力。学院涌现出国家级、市级优秀教育工作者、优秀师德教师和优秀德育教师。

(三)充分发挥住宿管理教师在职业素养教育工作中的作用

学院现有住宿学生 6706 人,做好住宿学生的职业素养教育工作从很大程度上来说也就意味着学校做好了此项工作。住宿管理老师在工作中坚持走动管理,不仅"身入",而且"心入""情入",及时了解掌握学生行为养成、品德养成及其心理状态,全力帮助学生解决实际困难,全力做好"思政进宿舍"工作。

(四)党员、青年教师深入联系学生

学院现有党员青年志愿者先锋队队员 168 名,与民族班等重点关注学生坚持"每天有联系、三天一谈心、每周共进餐",他们主动进宿舍、进食堂、进班级、进家庭,深入联系学生,形成校园文化建设的教育合力。

二、强化文化治校:坚持培根铸魂,文化育人融入新思想

文化是学校发展的灵魂,是学院的精神脊梁。学院艰辛的发展历程,让人能够深深体会到:任何一种文化,真正打动人心的,是精神与价值的内核。经过多年的办学实践,学院形成了以办学理念为核心,包括学院使命、心态、信念在内的理念文化体系,形成机电人共同的文化归属和价值认同,让师生在践行中自我升华文化,润物无声。

★文化理念

学院核心价值观:责任　良心　品质　服务

学院使命:创造社会需求

学院精神:忠诚敬业　慎独奉献
　　　　　持续挑战　永远卓越

学院心态:积极　感恩　愧疚　谦逊

学院信念:有激情就有梦想
　　　　　有追求就有成就

有创新就能超越

学院作风:求实　求是　求新　求变

学院共识:使命胜于生命

★一训三风

校训:责任　良心　品质　服务

校风:让爱和感恩弥漫整个校园

教风:让每一堂课都有效果

　　　让每一名学生都受益

学风:勤学苦练　立志成才

三、强化过程管理:坚持标准建设,管理育人注入新活力

进入新时代,我国教育事业步入高质量发展阶段,教育标准的重要性愈发凸显。教育部于 2018 年 11 月 14 日颁布《教育部关于完善教育标准化工作的指导意见》,2019 年 2 月 13 日,国务院印发了《国家职业教育改革实施方案》,强调在育人过程中要增强标准意识和标准观念,形成按标准办事的习惯,提升运用标准的能力和水平,形成可观察、可量化、可比较、可评估的工作机制,充分发挥标准的支撑和引领作用。

学院首先将质量标准理念引入工作管理体系,搭建全员覆盖、全过程内控、全方位探索的内控机制,完善了《领导班子与学生座谈会制度》《中层干部听课制度》等 40 项制度,形成满足高质量发展需求、彰显办学特色、提升育人水平、优化行政绩效的标准化管理体系。

一是面向全体教师,围绕"信息要畅通、反应要迅速、措施要有效、教育要真诚"等具体工作要求,提出定量定性的实施标准。如《班主任量化考核制度》中加入了"三个一"的内容:基本要求须做到"三个一":不让一个学生犯罪、不让一个学生厌学、不让一个学生掉队;提升要求须做到:要让每一名学生进步、要让每一名学生成才、要让每一名学生闪光。同时,要求班主任组织学生落实"135"读书工程,即每名学生要在 1 个学期读完 3 本书,完成 5000 字读书体会。

二是面向全体学生,建立了定量定性的考核标准,为管理育人注入新活力。如建立了《学生综合素质测评制度》,以学生综合评测中心为依托,对全体学生进行职业素养、企业素养、专业素养等过程性测评,有效把控了教育教学质量。

此外,为了把社会主义核心价值观贯穿育人各环节,学院坚持推行"34566"制度,具体内容为:

"3 个全覆盖":学生参加素养课、劳技课全覆盖;学雷锋志愿者参与范围全覆盖;签订承诺书全覆盖。

"4个百分百":主动问好率100%、弯腰行动率100%、光盘行动率100%、仪表发型达标率100%。

"5个做到":做到校园无垃圾纸屑、做到无任何人为损坏公物、做到校园地面无污迹、做到就餐环境文明有序、做到室内墙壁一尘不染。

"6个杜绝":杜绝打架现象、杜绝偷盗现象、杜绝随意拨打"110"现象、杜绝随意践踏草坪、杜绝校园欺凌现象、杜绝随地吐痰。

"6个转变":变逆反任性为懂得感恩、变相互计较为包容友爱、变心浮气躁为情绪稳定、变自私为己为帮助他人、变消极被动为积极主动、变拈轻怕重为爱岗敬业。

"3个全覆盖,4个百分百,5个做到,6个杜绝,6个转变",提高学生职业道德修养和文明程度,促进学生职业态度、职业行为和职业习惯的形成,帮助青年学生"扣好人生的第一粒扣子"。

四、强化课程改革:坚持守正创新,课程育人赋予新内涵

习近平总书记主持的学校思想政治理论课教师座谈会,是我们党成立以来第一次围绕一门课程在中央层面召开的重要会议。习近平总书记在讲话中对广大思政课教师提出了"六个要"的希望和嘱托,为我们办好教育、抓好职业素养教育提供了根本遵循。

学院专门成立了思政工作部,着力推动从"课程育人"向"全课程育人"转变,将对职业道德、职业思想、职业行为、职业技能方面的培育贯穿始终。一是建设一支高素质的德育课教师队伍,"让有信仰的人讲信仰",积极推进思政专业带头人和骨干教师培养;二是革新教材,积极开发符合中职生特点的校本教材,丰富职业素养课程资源库;三是创新教法和手段,教师要用"真"的态度、"高"的境界、"热"的情感、"活"的艺术,不断增强职业素养课程的吸引力,把课程建设成为学生真心喜爱、终身受益的"金课";四是要求全体专任教师深挖职业素养元素、各类思政元素,把价值观引领"基因式"地融入课程,使学生成为德智体美劳全面发展的高素质技术技能人才。

学院以民族班管理为切入点,涵养正气、淬炼思想,创新职业素养教育,展现机电作为。学院为每名民族班学生建档立卡,实现"一人一策",提供个性化的"精准教育";以"两会一课"(校会课、班会课、素养课)为平台,实施"扶志计划",用爱播撒党的恩情,使学生拥有家国情怀,心里装着国家和民族,同时激励学生主动参与社会实践,立鸿鹄志,做奋斗者。

五、强化活动载体：坚持价值导向，活动育人赋予新使命

学院把社会主义核心价值观贯穿育人各环节，提高学生职业道德修养和文明程度，促进学生职业态度、职业行为和职业习惯的形成，帮助青年学生"扣好人生的第一粒扣子"。

学院坚持开展"我与祖国共奋进""与信仰对话"等主题活动，强化学生对社会主义核心价值观的思想认同、理论认同、情感认同、文化认同。

学院坚持开展"技能节""劳模进校园"等活动，强化学生崇敬劳模、崇尚劳动、热爱技能的思想意识，弘扬精益求精的工匠精神，将职业理想与爱国之情、报国之志紧密相连。

学院坚持开展"雷锋精神在今天""十八岁成人礼"等特殊时间节点纪念活动，从知、情、意、行四个方面来全面提升学生的职业认识，陶冶学生的职业情感，锻炼学生的职业意志，培养学生的职业行为。

学院坚持开展"清朗行动"等网络志愿活动，唱响主旋律、弘扬正能量，旗帜鲜明地批判各种错误观点和思潮，引导学生正确评价社会现象，褒良贬劣，树立健康向上的职业道德和价值导向，丰润学生的心灵。

学院坚持开展金秋艺术节、校园运动会、社团活动等，强化德育与美育、智育、体育的融合，培养造就德智体美劳全面发展的社会主义建设者和接班人。

六、强化劳动实践：坚持品牌特色，实践育人打造新亮点

劳动实践是职业素养教育的重要环节，学院通过牢抓"六深入六增强"，构建系统开放的工作实践模式，将职业素养的触角延伸到实践中来，使学生向生活学习、向实践学习，引导学生崇尚劳动、尊重劳动，树立辛勤劳动、诚实劳动、创造性劳动的职业观。

学院带领学生深入社区实践，通过定期组织"技能献社会""社区有我更美丽"等活动，增强学生的创新精神和实践能力。

学院带领学生深入到节水展馆、污水处理企业，增强学生的环境保护意识和低碳生活能力。

学院带领学生深入到交通队、消防队、安全体验中心，增强学生的安全防护意识和应急处置能力。

学院带领学生深入到养老院、儿童福利院，增强学生关爱老人、孤儿、残疾人的奉献意识和社会责任感。

学院带领学生深入到校园各个角落，开展"弯腰行动""和谐使者""绿色使者"等活动，增强学生自我教育、自我服务、自我管理的实践能力。

学院带领学生深入国际友好学校研学旅行,增强学生的国际交往能力,扩大视野、提升品位,成为更加有自信、会思考、具备国际竞争力的技能人才。

七、强化协同育人:坚持凝聚共识,协同育人促进新发展

学院多措并举,汇聚各界力量全力打磨学生的职业素养和工作品质。

学院成立"家校委员会"。建立了以书记、院长为组长,德育副院长为副组长,学工处主任、年级组长、家长代表为组员的家庭教育指导队伍,通过组织家访、"家长进校园"等活动,促进双方交流与配合,充分发挥家庭在学生职业素养形成过程中的重要作用。

学院发挥企业育人优势。聘请行业企业专家担任专业指导委员会委员,全过程参与学院管理、课程改革、学生就业。此外,在每年全国职业院校技能大赛展示周期间,举办三方(学校、企业、家长)共育研讨会,加强了学校、企业、家庭三方联动,全方位渗透职业素养教育,奏响协同育人的"交响曲"。

学院构建社会共育机制。突出"五老"在学校文化的引导和示范作用。积极与本地公安、司法、共青团、关工委等部门对接,聘请多名党政机关和企事业单位领导干部、专家学者以及老干部、老战士、老专家、老模范到校讲座,构建起立体化、多层次、全方位的培养体系。

综上,学院要继续高举习近平新时代中国特色社会主义伟大旗帜,围绕立德树人根本任务,牢牢把握职业素养教育工作的理论之新、时代之新、要求之新、使命之新,回答好新时代育人工作的信仰之问、发展之问、实践之问、初心之问,以时不我待的精神,在基础性和创新性的工作上下功夫,在关键处和要害处下功夫,在工作质量和水平上下功夫,一步一个脚印,一棒接着一棒,用高质量发展在新长征路上成就振奋人心的更大奇迹,为职业教育发展再立新功!

用美的情怀做有温度的教育

王彩霞　曾　杭①

　　天津市机电工艺学院的校风是"让爱和感恩弥漫整个校园",学院的团队共识是"爱自己的孩子是人,爱别人的孩子是神""使命胜于生命"。这种文化理念不仅反映了一个校长的办学思想和灵魂,更是一个教育团队、一所学校让教育带着温度落地的真挚体现。

一、办有温度的教育

　　"文化"本身就是一个有温度、有灵魂的词语。教育的温度必然来自教育者内心的温度,只有开启学生的内驱力,树立正确的"三观",养成高尚的道德人格,提升健康审美能力,才能达到成风化人、敦风化俗的目的。天津市机电工艺学院始终坚持用美的情怀办有温度的教育,用"领导真爱老师,老师真爱学生,学生真爱学习,师生真爱学院"的"四真爱"情怀,点燃师生的心灯,唤醒师生潜在优势,让每一名师生成为美的传播者。学院重点在政治要强上做足了功课。

　　学院紧紧围绕立德树人根本任务,在坚定理想信念、厚植爱国主义情怀、加强品德修养、增长知识见识、培养奋斗精神、增强综合素质等方面的教育内容上下功夫,充分体现了时代性、针对性、有效性,使思想政治工作纵向衔接、横向贯通。

　　一是"院长讲堂"润泽心灵。几年来,院长坚持利用放学后为学生们开设"院长讲堂"。讲授内容由浅入深,带着同学们了解基本的礼貌礼仪,如何尊重

---

　　①　王彩霞,天津市机电工艺学院工会主席。曾杭,天津市机电工艺学院汽车系党支部书记、系主任。

他人,如何怀有感恩之情,成为准职业人后如何才能有良好的职业操守等等。授课形式与内容吸引力强、新颖生动,互动性强、气氛热烈。每场3个小时200人的讲堂开设以来场场爆满,不仅达到了抬头率100%,而且连续3个小时的课程竟没有一人中途离开,反响爆棚,院长受到学生的追捧与爱戴。

二是"书记讲堂"引领思想。党委书记充分利用开学第一课、全院校会课、素养课时间,通过为全院师生讲述黄大年、大国工匠等先进人物的事迹,诠释社会主义核心价值观的真正内涵,让师生们在感动中体会与铭记不同层面社会主义核心价值理念,收到了很好的效果。这种教育形式,使社会主义核心价值观的内容根植于广大师生的心里。

三是"励志课堂"讲身边事。学院党委高度重视学生的教育,以"先成人,后成才"为出发点,顶层设计,要求全体中层以上干部利用业余时间为学生讲述自己的成长经历。一个个真实生动的故事,让学生从看得见摸得着的身边人身上,体会到:从改变、突破、超越自我做起,让自己的人生由自己做主。

四是制定制度体现关爱。进入海河教育园区以来,学院在高质量的发展中不断完善制度,在坚持一流的标准、实施一流的管理的基础上,更加体现传承与创新,更加体现"一切以学生为中心"的办学思想。学院不仅有坚持了长达九年的《"孩子,我送你回家"——周末领导干部校外执勤送学生回家》《每周四院领导与学生座谈》等深受学生和家长赞扬的制度外,近年来又与时俱进,制定了《"143"学生周末外出管理制度》《"437+1"晚间住宿老师巡视管理制度》《"135"读书制度》《学生综合测评制度》等,为确保学生的安全,提升学生的内涵,提高学生的综合素质奠定了坚实的基础,在学院成为天津市国际化建设水平单位的不断深化中起到了示范引领作用。

二、做有情怀的教师

教育最让人牵肠挂肚的是情感。缺乏情感的活动再轰轰烈烈,只能带给学生浮躁与功利。唯有真爱其中,才能春风化雨,润物无声。多年来,天津市机电工艺学院注重培根铸魂,把学院核心价值观"责任、良心、品质、服务"作为社会主义核心价值观的延续和细化,使其价值取向深深地渗透在每一位教职员工的骨髓里、融化在血液中。"使命胜于生命""爱自己的孩子是人,爱别人的孩子是神"作为团队共识,在铸就育人者高尚的理想信念、价值理念和道德观念上下功夫;在注重延续校园文脉,树立新时代教育理念,增强时代责任感的熏陶上下功夫;在注重担负起新的文化使命,传递精神品质,实现文化自强,促进师生和谐上下功夫,走出了一条与众不同的育人特色之路。

学院践行"达标三个一"的教育目标。要让学生改变命运,学生必须享受到最好的教育,充分享受党的温暖。因此对全体班主任提出在教育过程中的"三个一"目标。即基本要求是"不让一个学生犯罪,不让一个学生厌学,不让一个学生掉队";提升要求是"要让每一名学生进步,要让每一名学生成才,每班要有一批学生闪光"。

做法一:守初心情系机电学子。让爱延伸——家访力求做到全覆盖。教育是一个好的生态系统,学生是种子,家庭是土壤,教师是园丁,社会是环境;种子饱满,土壤肥沃,园丁辛勤,环境适宜,才能为学生的健康成长提供有力保障。家访传承了形式,创新了内容,一改以往的告状、指责,而是发现学生的闪光点,把学生在学校进步的点点滴滴记录下来制作成光盘、相册送至家中,与家长共同分享学生的进步与改变,了解学生的真实情况,拉近师生之间、学校与家庭之间的距离。市区学生家要去,郊县的学生家要去,外省的学生家要去,远在西藏、云南的民族班的学生家更要去。

做法二:担使命手牵民族学生。走入心灵——让民族学生充分体会党的温暖。举办内地民族班是党和国家培养少数民族人才的伟大创举,是落实党的民族政策的生动实践。为认真贯彻落实党的民族教育政策,促进各民族交往交流交融,学院党委一直以强烈的责任感和历史使命感扎实办好民族班,培养了大批少数民族技术技能人才。在工作中学院始终坚持关心、关爱、关注民族班孩子。自2011年以来的节假日,机电大家庭中陆续迎来了来自西藏、青海、云南等地的少数民族学生。宋春林书记坚持带领班子成员放弃与家人的团聚时间,与民族班学生共度节日,陪伴在孩子们身边。每项活动都是顶层设计,特别是每年的藏历新年,为了让学生在异地感受家的温暖,领导们亲自上网查资料,了解西藏的风俗,让学生们喝到地道的"古突",吃上家乡味道的"卡塞"和丰盛的年夜饭。几任西藏班的生活老师都说:"我们感到天天像在家过年一样。"学生们亲切地称领导、老师们为"老爸、老妈"。学校党委还组织开展了"结对子、认孩子、交朋友"活动,在老师们一对一、亲如一家的亲情感召和细心关怀下,每一名同学都发生了质的改变,对党怀有深深的爱,懂得了做人的道理,感受到最真的爱。

做法三:有情怀成为有温度的教师。视生如子——孕育每一位渴求关爱的学生。别林斯基在《新年的礼物》中说:"爱是教育的工具,也是鉴别教育的尺度。"在教育中老师要给予学生更多的温暖和关爱,教育效果才能最大化。学院坚持在住宿区域为每一个学生送生日祝福;坚持为生病的学生做鸡蛋面并送到学生床前;坚持每周为不回家的同学提供半价菜;坚持学生回家报平安制度,一系列有"情"的坚持,才能让教师与学生产生共鸣,才能使学生尊重、信任教师,才会产生了无形的教育力量,学生及家长才会自动自发地宣传学院。一位班主任在总结中写道:作为教师,要把学生当成自己的孩子来教育,要舍得对每一个学生投入情感。情感的双向互动才能产生作用,只有架起师生间信任的桥梁,学生才把老师当作可以依赖的人,教育才会真正的成功。

三、育有梦想的学生

勤学苦练、励志成才是机电工艺学院的学风。在实施教育的过程中,学院力求让教育带着温度落地,精心打造学生的精神世界,深化育人效果。学院以课堂教学为渠道,增强理论育人的说服力;以校园文化为依托,增强环境育人的感染力;以学生活动为突破口,增强活动育人的凝聚力;以社会实践为平台,增强实践育人的锻造力;以规章制度为抓手,增强规则意识的渗透力。

第一,让学生树立自信心,成为最好的自己。学院每个学生的实训服上都绣有"我最好、我最行、我最棒"9个字。20余个社团让学生在日常的学习生活中找到挖掘自己潜能和展示自我的平台;大赛训练队、一年一度的技能节等,又为学生培养工匠精神、提升技术技能营造了浓厚的学习氛围;国际交流、友好学校来访、身边品学兼优的伙伴出国学访等不仅打开了学生的视野、增长了见识,更让学生体会到学习的重要性,增强了超越自我的勇气和力量。

第二,让学生增强自律力,成为自主管理的模范。从2013年初至今,学院已组建5批"准教师"。在全体学生中以自愿原则,通过自荐、推荐、竞选、面试等环节选拔;通过意志品质、理想信念、感恩情怀、管理方法等有针对性的培训后,一批批思想进步、积极向上、乐于奉献、品学兼优的骨干脱颖而出,开创了学生自主管理的新局面,为学院营造和谐稳定的校园氛围起到了不可替代的作用。

第三,让学生提升软实力,成为有内涵的中职生。作为示范校、中职学校的排头兵的机电工艺学院,学院党委始终以空杯心态,冷静思考学校的可持续发展、高质量发展路径。坚持在内涵建设方面下大力气,在如何培养一流的人才方面创新招法。近期实施的《135读书工程》(即每名学生要在1个学期读完3本书,完成5000字读书体会)在全院师生中掀起了读书热,让校园到处散发着书香的气息。

四、享有职业的幸福

拥有温度的教育是快乐的。教育能唤醒沉睡的潜能,激活封存的记忆,开启幽闭的心智,放飞囚禁的情愫,这不仅仅是教育的功能,更是教师教书育人的幸福所在。

我们的幸福就在：我们的机电园，犹如一部立体的、多彩的、富有吸引力的教科书，当你细细品读着用爱与感恩编织的教育史诗时，可以体会到"春有花，夏有荫，秋有果，冬有绿"的美妙。

我们的幸福就在：我们的学生在坚持不懈的"3 个全覆盖、4 个百分百、5 个做到、6 个杜绝"的行为规范锻造下，变逆反任性为懂得感恩、变相互计较为包容友爱、变心浮气躁为情绪稳定、变自私为己为帮助他人、变消极被动为积极主动、变拈轻怕重为爱岗敬业。

我们的幸福就在：我们的"感恩教育"开出了"心与灵对白"的硕果。我们培养的数以万计的毕业生在企业发挥着巨大的作用，为装备制造业做出贡献；我们的师生在全国各类大赛中永争第一，勇夺金牌；我们西藏班的孩子全部成为学院近 4000 名注册中国志愿者的成员；我们青海班的学生连续三年 100% 升入高职，圆了自己的大学梦；我们云南班孩子能站在技能大赛的领奖台上展现不一样的自我……

我们的幸福更在：每天晚间与学生无怨无悔的陪伴、家长对我们管理的高度认可、各级领导对我们的肯定与支持……

一切的一切，幸福是源于我们把工作当作事业去热爱，我们在追寻生命的意义，在展现新时代的殉道精神！因为——

每每回忆我们的故事

总会笑着流出眼泪

因为我们看到了每个孩子人生的希望

每每回忆我们的故事

总会想起所走过的日日夜夜

因为辛苦的付出收获了满满的幸福

每每回忆我们的故事

总会坚定地告诫自己

要继续书写好这个美丽的梦

孩子成长的梦

职业教育的梦……

我们用心滋养学生，用美的情怀做有温度的教育，让学生的内心更多地储存阳光，茁壮成长。我们希望学生在校时留下的是热爱，离校时留下的是眷恋；希望这份有温度的教育能让学生因在学校的学习而有所改变、有所突破，健康成长，让学生背后的家庭因此而改变命运，变得更加幸福！

"海河工匠"人才培养与
天津市职业教育深化改革研究

勾东海　宋　丽①

2019 年 4 月 28 日,天津市人民政府办公厅印发《天津市人民政府办公厅关于实施"海河工匠"建设的通知》(津政办发〔2019〕24 号),紧随其后,一批具体制度落地。该政策是天津市聚焦全国先进制造研发基地建设,全面深入贯彻习近平新时代中国特色社会主义思想和党的十九大精神,落实"海河英才"行动计划高技能人才培养措施,弘扬精益求精工匠精神,发挥企业职业技能培训主阵地作用,实现职业技能培训与经济发展方向相一致、与产业布局相一致、与企业需求相一致,建设一支知识型、技能型、创新型劳动者大军,助力企业提质增效,推动经济高质量发展的重要推手。其颁布意义之重大,奖励激励力度之大,让人眼前一亮,倍感振奋。作为职业院校,如何抓住此次契机,更好地为经济链、产业链发展服务,打造符合要求的人才链,是当前我们深化职业教育教学改革的重要落脚点。本文将结合作者多年工作经验,对职业院校如何在当前形势下深化改革进行深入思考。

一、领悟文件精神,找准行动抓手

一直以来,职业教育承担着为我国经济社会发展提供人才和智力支持的重要使命。此次"海河工匠"建设政策,主要包括利用企业资源开展培训、培养和引进企业高技能领军人才、鼓励企业开展多样化培训、实行技能人才多元化评价、完善奖励激励机制、提升技能人才待遇水平 18 条、6 方面的内容。其中,涉及职业教育的主要任务有三点,即企校合作培训、企业新型学徒制和推进技能人

---

① 勾东海,天津市劳动保护学校党委书记、校长。宋丽,天津市劳动保护学校督导室主任。

才终身培训。这为新时期天津市的职业院校培养什么样的人才、怎样培养人才以及如何实现深化产教融合、校企合作提供了具体模式并配套了强有力的支持政策。

因此,在当前及未来很长时间内,这均是天津市职业院校改革发展的重要抓手。各职业院校可根据自身特点,聚焦政策内容,找准发力点,与相关企业建立起深度合作的关系,并建立健全相关机制和制度,使企业在设施、设备、生产、管理、技术和经验等方面的优势以及职业院校在师资、课程、教法、项目等方面的优势得到充分融合,从而在共同推进"海河工匠"培养的过程中,发挥出更大的效能。

二、弘扬工匠精神,在实践中积淀

制造业的转型升级除了需要先进技术力量外,内化到技术工人思想和血液中,散发到每一工作环节里的"工匠精神"是必不可少的,这也是"海河工匠"必备精神。若想让我们培养出的各类人员具备"工匠精神",教师队伍必须首先具备"工匠精神",才能在教育教学、培训当中潜移默化地将其传达给学生或学员。

到底何为"工匠精神"? 著名学者付守永在《工匠精神 国家战略行动路线图》中,给出了较精准的诠释,"工匠精神的首要标准是,对所有产品的精益求精。其次,真正的工匠精神,不仅是指制作过程中具有精益求精的专业精神,还需要具备一种无比坚定的信仰。最后,创新是'工匠精神'的重要组成部分。"而对于工匠精神的核心,付守永认为是"精进",即"通过兴趣热爱、自律自省、强大心理韧性和抗挫力,不断推进自身在本职岗位和本专业领域内锐意进取、贡献价值,持续助力人企和谐共赢、国家社会繁荣发展"。

在明确了"工匠精神"的内涵后,如何在人才培养过程中,通过教师的言传身教,将"工匠精神"在学生、学员的精神世界里点亮,还需要具体的路径。在这一点上,笔者所在中职学校是一所具有 60 多年历史的老牌学校,在"工匠精神"的培养和传承上具有很深的历史积淀。"天津市劳动局第一半工半读中等职业学校"是学校的前身,很多老教师年轻时支援过三线建设,制造过机床,加工过大量军工产品,从教后将对产品质量精益求精的理念,细致入微地带到了教学的方方面面。为了将宝贵的"工匠精神"传承下去,自 2005 年开始,学校数控专业每年均成立产教结合班,并将企业的真实产品和技术骨干引入教学。学生在师傅的带领下,参与日常生产,并跟随师傅加工不同类型、不同标准、不同精度级别的零件,涉及汽车零部件、军工产品及航空航天产品等多种类型,其中部分零件的加工精度已经达到了国际先进水平,这对于师生"工匠精神"的培养均起到了巨大的推动作用。特别是在加工过实际产品后,学生们对"工匠精神"有了更直接、更深刻的感悟,不知不觉当中规范了自身的职业思想和行为,并在工作岗位上得到了用人企业的高度认可。

三、强化师资团队,凝聚核心竞争力

百年大计,教育为本,教育大计,教师为本,因此"海河工匠"的培养,师资是关键,也是每个职业院校实现长期稳定发展的核心竞争力。职业院校能否在激烈的竞争中保持自身优势,不在于招生规模有多大,设备有多先进,而在于师资力量的强弱。这里的师资,不是指一个或几个师资,而是指团体的力量。这个团体应该在合理分工的基础上,互相协作、配合,将学生、学员对企业和社会的独特价值挖掘出来,使他们均能够学有所成,服务经济与社会发展。

为了打造强有力的师资团队,学校认真贯彻落实《关于全面深化新时代教师队伍建设改革的意见》要求,以培养"四有好教师"为目标,通过"完善制度""内培外引""外出学习"等多种途径,推进教师的梯队发展,并由点及面,全面提升师资队伍能力水平,目前已经形成了较合理的师资队伍建设长效机制。在举措上主要包括以下三个方面:

第一,构建模式分类培养师资。通过建立"教练型"教学名师、国际水平专兼职教师、专业带头人和骨干教师几种不同发展模式,为不同特点的教师提供适合自身的成长路径。同时,及时跟进相关制度,明确约束和激励措施,以不同的方式引导教师更新教育教学理念,不断提升专业能力水平,从而以不同的侧重点,全方位保障人才培养质量。

第二,注重职业特色引进师资。根据职业教育特色及专业发展需求,学校在近三年的人才招聘上注重了对企业技术人员的引进,包括工程师、技术骨干和企业管理人员等,为加工制造类、机电类、尤其是智能制造方向的专业建设和发展提供了强有力的师资支持,同时将企业的管理理念、对员工的职业素养的要求及鲜活的生产案例等带到了课堂当中,极大增强了课程内容与生产实际的关联性。

第三,健全培训与服务载体培养师资。近年来,学校在教育教学的同时,也积极联合企业、职业院校等开展了一系列工作。包括助力环保工程,为天津市多家污水处理厂设计、制造和调试总控柜,使其由手动变为自动,既大大降低了工作人员的劳动强度,也提高了设备操作的安全性,并使企业污水处理效率提高了20%以上;服务"一带一路",与企业合作,完成五轴电气安装、精度调整、试切等工作,并指派多名教师作为技术支持,参与完成2019"一带一路"暨金砖国家技能发展与技术创新大赛之"金砖国家青年创客大赛"指定设备的功能开发、调试

及现场比赛技术总负责任务；投身"精准扶贫"计划，承担 2 期云南滇西地区汽车维修专业学生技能培训，5 期甘南藏族学员电工技能培训等。通过打造多个载体，为教师搭建起成长的实战平台，并在实践中不断提高职业站位，切实增强使命感和责任感，更好地投入到人才培养工作当中。

四、完善课程建设，规范一体化教学

课程是实施教育教学的载体，对于职业院校来说，为了更好地参与到"海河工匠"人才培养中来，课程建设也需要与时俱进，尤其在课程内容与课堂组织形式上，要与企业的应用实际相统一。自 2012 年以来，学校积极推行工学一体化课程，力求做到学生所学内容、学习过程与岗位工作内容、与工作过程相统一。但在实施当中，要开展好一体化课程并不容易。

首先，要有学习环境的保障。各专业应根据不同课程的特点，结合其课程目标，建立并规范与课程相配套的教学场所，形成与企业相一致或类似的工作情景。其次，要完善课程教材。要立足专业人才培养目标、设施设备等实际，以"工学结合"为切入点，以典型工作任务为导向，开发与专业实际相适应的一体化教材。该环节相当重要，需要打破传统的学科体系，将学习内容转变为工作任务，将学习过程变为工作任务的执行过程，做到专业理论知识与专业技能充分融合，这是实施一体化课程的关键载体。第三，要改革教学方法。在建立一体化的教学情境之后，结合教材内容，教师可采用任务驱动法、情境教学法、模拟教学法等，引导学生进入领取任务、资料查阅、小组研讨、任务实施及成果展示等环节，从而在高度参与的过程中，不断增强学习的兴趣和热情，加深对专业知识的理解、对专业技能的掌握，进而全面提升学生的职业能力和职业素养，提高对未来岗位的适应能力。

综上，针对"先进制造研发基地"的城市定位，以及"国家现代职业教育改革创新示范区"的发展规划，笔者认为在天津市职业教育的整体布局上、各职业院校的发展规划中，都要瞄准、抓牢区域经济社会发展的方略，及时实施职业教育改革。因此，结合当前"海河工匠"培养政策，建议在全市范围内，针对就业技能培训、岗位能力提升培训、创新创业培训等重点，加强政府规划与引导，统筹中、高职和企业优势资源，形成合力，共同推进全市技能人才工作，并逐步形成覆盖全区域和各层次的培训网络，从而在"海河工匠"的培养上形成天津模式，并在促进中国职业教育制度和体系的升级方面，起到应有的引领示范作用。

现代职业教育创新实践之英国"鲁班工坊"项目

刘恩丽　张　功①

天津作为国家现代职业教育改革创新示范区,在人才培养、课程研发、师资配置、合作交流等体系机制建设方面积累了宝贵经验,特别是在创新发展领域大胆先行先试,其中,"鲁班工坊"堪称典范。英国"鲁班工坊"项目依托天津市经济贸易学校(天津市第二商业学校)烹饪特色专业优势,将优秀的职业技术和职业文化,采用学历教育与职业培训的方式带出国门,与世界分享,展现文化自信;同时打造高端中餐品牌、中餐体系,建设良好中国企业海外形象。

一、弘扬中华饮食文化,建立中餐烹饪国际标准

2015 年 7 月,在刘延东副总理见证下,教育部与天津市人民政府共同签署共建"国家现代职业教育改革创新示范区"协议,围绕国家"一带一路"建设,确立了示范区建设任务之一是提高职业教育国际化水平,创建职业教育国际化新窗口。"鲁班工坊"国际化项目便是在此背景下产生的。

(一)建设过程

2016 年 12 月 14 日,在天津市经济贸易学校,英国奇切斯特学院的代表 Mark Bloodworth 先生正式与天津市经济贸易学校签署合作框架协议,建立战略合作伙伴关系,共同建设英国"鲁班工坊"。

2017 年 5 月,天津市经济贸易学校与英国奇切斯特学院强强联合、合作建立的"鲁班工坊"正式揭牌运行,这是天津在海外建立的第二个"鲁班工坊",也是在欧洲建立的首个"鲁班工坊"。其旨在提供正宗的中餐烹饪技术学历教育

---

① 刘恩丽,天津市经济贸易学校校长。张功,天津市经济贸易学校行政办科长助理。

和资格技能培训,通过师资培训、学生交流、国际化课程及技能大赛等项目合作,培养国际化高技能人才。

2017年8月,学校开发的中餐烹饪国际化教学标准与资源经英国职业教育资格证书颁发机构 Qualifi 核准颁证,天津市经济贸易学校成为国内首个且唯一被英国国家职业教育承认的开发、讲授二至八级学历的教育认证中心。

2018年4月,学校成功开发了英国"鲁班工坊"中餐烹饪艺术(鲁班)三级学历证书,形成了一套完善的中餐烹饪国际化教学标准,以603/3164/1编号正式纳入英格兰国家普通和职业学历框架(RQF-qual ref),该学历同时获得欧盟及美国共三千余家大学和学院认可,进阶英国五到八级学历。

2019年中餐烹饪艺术(鲁班)二级、四级学历相继成功上架,与三级学历共同组成一条得到国际认可的中餐烹饪艺术职业发展途径,为五级营养学等专业的开发和实现职业教育和普通教育的国际化融通打下基础。

随着项目的深度发展,英国"鲁班工坊"开发的英国中餐烹饪技术标准和产教结合式人才培养体系在业内获得了多方好评,并接受世界顶尖的职业技能资历颁授机构之一"英国伦敦城市行业协会 City & Guilds"的资质评估,意味着我们学员所有的资格证书以及在旗下餐厅的工作经验将获得 City & Guilds 和世界厨师协会认可。"鲁班工坊"的学员将获得一个证书两个资格,大大增加了就业机会。

(二)建设内容

1. 创建标准

一是教学标准。学校为了更好地呈现中餐烹饪教学资源,传播中华饮食文化,学校教师为热菜制作、盘饰及冷菜制作、面点制作、津派面塑、中餐饮食礼仪文化五个教学模块均编写了教学计划、讲义,制作了中英文对照的 PPT;为科学考评专门制作了考试纠错视频和考试题库。

二是实训标准。学校建成校内200平方米"鲁班工坊"中餐烹饪实训基地,基地设有中餐烹饪实训区、中式面点实训区、津派面塑实训区以及中餐饮食礼仪文化实训区,同时基地还配备了国际领先水平的中餐烹饪教学设施设备、呈现"互联网+"现代智能烹饪教学载体应用的空中课堂设施设备,通过成果展示、技能培训、学习体验三个功能,体现"鲁班工坊"特色。在学校的指导下,按照中方标准,英国奇切斯特教育集团克劳利学院也已建成90平方米实训基地,现已正式投入使用。

三是师资培训标准。英国"鲁班工坊"以"津派、津系、津菜、津艺"为基础,由多位国家级、市级烹饪大师共同研发,制定了完整的师资培训标准。标准的制定细化了教学手段及学生制作成品考核依据,为全面开展不同层次学生的学历教育和技能培训打下坚实基础。

2. 开发资源

学校深入研究中餐教育资源的整合与创新,设计研发出850个小时时长,含5个模块、60万字、200个视频和14个动画影片的专业学习资源库,为在世界范围内推广标准化的中餐职业技术技能奠定了基础。

二、运用混成式教学模式,提升项目合作水平

"鲁班工坊"开发了丰富的教学资源,制定了完善的考评标准,形成了完整的教学体系,但是仍然受制于学习时空的限制,为了打破这一限制,学校和英方共同探索出混成学习的课程设计方案。

英国"鲁班工坊"中餐烹饪艺术三级学历是比较典型的跨境教育项目,其实质为实现英国教师教授中餐烹饪的课程。学校结合网络科技和面对面授课的新型教学形式,将课堂的实际学习环境与虚拟的网络世界相结合,制作了中英文对照的教学视频和PPT资源,同时为了增加国际化课程的趣味性、直观性,中英双方还共同探索开发了学习资源的动画制作,帮助英国学生理解的中餐烹饪学习中抽象概念。

学校研发的中餐烹饪国际化教学标准,填补了英国职业教育的空白,细化了教学标准和手段,建立了科学合理的教学体系。其特有的中餐学历教育衔接机制,也突破了英国现代学徒制无证书无学历的狭窄空间,使学生拥有了更宽广的向上通道。未来,"鲁班工坊"作为中餐烹饪技术培训基地将进一步突出天津职业教育国际合作内涵性成果,继续依托"互联网+"现代智能烹饪教学载体平台,培养国际化烹饪技能人才。

三、实施产教融合,探寻国际合作新路径

产教融合是职业教育的本质特色,也是职业教育与其他教育的最大区别,"鲁班工坊"项目为国际职业教育的产教融合提供了有效平台。

(一)创新实践,建立集教学、考评、体验于一体的实训中心

为了呈现高端正宗中餐烹饪品牌形象,高质量推进英国鲁班中餐烹饪艺术,让外国宾客享受地道中国美食,学校在英国利物浦建立了集中餐烹饪教学与考评、中餐旗舰店和食品研发于一体的实训中心。在实训中心筹备阶段,中方和英方建设团队通力合作,联合制订建设方案,分别成立项目策划团队、项目建设团队及项目运营团队。实训中心的建立创新了产教结合、校企一体的学徒制教育

合作新模式,使职教产品能支持产业的发展需求,同时搭建了天津食品集团企业及产品走进英国发展的平台。

2019年11月,利物浦实训中心的鲁班餐厅正式启运,餐厅的设计理念、布局装潢、餐具摆设、工服标志等各个方面都充满中国元素。例如,餐厅运营经理Mike变成了中国代言人,每周都到英国市场寻找和鲁班、中国相关的装饰产品,连古代的鲁班锁、鲁班伞等各种罕见的榫卯结构的工具都被他淘到并摆放在餐厅,他认为这是对鲁班精神最好的阐释和传承。开业当天,英国企业家、名流、名厨200余人汇聚一堂,对经过学校国家级烹饪大师亲自把关培训的Dave主厨烹制的中式菜肴赞不绝口,鲁班餐厅在利物浦当地的餐厅排行榜上更是稳居榜首,英国广播公司(BBC)更是全程直播开业盛况。

(二)以点带面,带动食品集团产业、产品走向英国

1. 赢得当地政府的大力支持

英国利物浦市政府表示支持当地有实力的企业与天津食品集团合作,共同推进"鲁班工坊"项目及开展进出口贸易,拉动当地餐饮及旅游经济发展,并将英国"鲁班工坊"作为推进利物浦与天津友好城市协议的重要组成部分;英国诺丁汉市政府表示大力支持英国"鲁班工坊"建设,并就诺丁汉市与天津食品集团产业的合作事宜进行深入探讨。

2. 获得企业积极参与

在英国首相府春节筵席上,天津食品集团旗下利民调料公司提供的调味料、大红方腐乳等得到了一致认可和好评;2019年8月,鲁班餐厅代表访问天津,与天津食品集团旗下天津利达粮油有限公司的食品研发团队就"利达包"的生产制作、技术培训、口味改良等方面进行研究探讨。在英国"鲁班工坊"的辐射影响下,中国—天津企业装备和产品不断走出去,现在利民调料、王朝红酒、电磁灶等产品已成为英国"鲁班工坊"标配,拓展英国"鲁班工坊"商业市场,为中餐烹饪学历教育提供支撑。

3. 得到行业政策支持

2018年,天津市烹饪协会秘书长孔令涛到访英国,从行业协会角度与英国当地烹饪协会及企业家联合会就英国"鲁班工坊"未来发展进行了深入探讨;2019年鲁班餐厅设计者、英国餐饮教育专家Mike先生受邀来津参加中国厨师节,并作主题发言,与中国同行分享了英国鲁班餐厅的建设心得。

四、多方合作，提升学校国际化办学能力

（一）开拓视野

借助中英"鲁班工坊"窗口，结合学校国际化专业教学标准，建设智慧课程交互平台，服务于学校智能食品生产加工专业群课程资源建设，为专业群提供专业展示、国际交流、成果推广和课程直播输送的媒介，提升学校国际化水平。

（二）建强团队

学校成立了"鲁班工坊"项目领导小组，由三位校领导任组长，下设组织策划、专业及建设三个团队。组织策划团队负责项目顶层设计、策划、宣传及对外联络等工作；专业团队由多名国家级、市级烹饪大师组成，负责项目各模块建设及教学资源开发等工作；建设团队负责项目基础设施建设及项目保障等工作。在领导小组的统筹安排下，在各专业团队共同努力下，本着平等合作、因地制宜、优质优先、重技培养的原则，以中式烹调实训基地为基础，以管理机制和队伍建设为保障，以培养和选拔优秀技术技能人才、输出中餐烹饪职业教育成果、搭建天津职业教育高水平国际交流合作平台、提升天津餐饮国际竞争力为目标，逐步推进中英"鲁班工坊"项目的实施和建设。同时，英方合作院校奇切斯特学院也抽调精干力量成立中英"鲁班工坊"建设工作小组，中英双方团队形成固定机制，通过视频会议、高层对话、沟通协调等方式推进项目日常工作，双方在长期的沟通合作中不断深化互信，为项目的发展打下牢固基础。

（三）培养人才

学院通过"鲁班工坊"这一国际化平台，开展"一带一路"人才战略研究，整合国内企业优势资源，建立国际化人才培养和人力资源优化配置机制，实现国际产教融合创新发展，以产教融合校企合作，探索国际化人才培养的新路径。

（四）重铸精神

"这是一个令人振奋的项目，再辛苦也值得。"这是中英"鲁班工坊"项目团队里的每一个人都常说的一句话。在这个团队里，不论是行将退休的老教师，还是刚刚入职的年轻教师，仿佛都被一股力量所吸引，他们怀有一颗爱国之心，为了弘扬中国传统饮食文化，为了项目能够真正地落地生根，他们团结一心、不计得失，这就是一种团队精神，是鲁班工匠精神的展现，更是一股可以战胜一切困难的强大力量。

五、展望未来，进一步扩大中国职业教育

（一）项目结出累累硕果，引起广泛关注

2018 年"鲁班中餐烹饪技术首进英国学历教育"作为案例入选《中国中等职

业教育质量年度报告》。与天津渤海职业技术学院等学校联合研究的教学成果《开发国际化专业教学标准 创设"鲁班工坊"职业教育国际合作的研究与实践》获得国家级职业教育教学成果一等奖。学校独立研究的教学成果《中餐烹饪教学标准的推广与实践——"鲁班工坊"英国案例》获得国家级职业教育教学成果二等奖,获得天津市职业教育教学成果特等奖。学校独立研究的教学成果《中英"鲁班工坊"——英国鲁班中餐烹调师三级学历课程》获得天津市职业教育教学成果一等奖。新华社、《人民日报》、凤凰卫视、英国广播公司(BBC)、《天津日报》、天津电视台等多家知名媒体多次报道刊登中英"鲁班工坊"相关活动。

（二）大力推广,打造国际知名教育品牌

未来,学校将在英国"鲁班工坊"成功经验基础上,计划建设加纳和保加利亚"鲁班工坊",并逐步将"鲁班工坊"推进到更多国家。

1. 建设加纳"鲁班工坊"

2018 年 9 月 3 日,习近平总书记在中非合作论坛北京峰会上宣布实施"八大行动",明确提出在非洲设立 10 个"鲁班工坊",这标志着"鲁班工坊"已上升为国家战略。2019 年 7 月 1 日,天津市副市长曹小红指出,非洲"鲁班工坊"建设是天津市服务国家"一带一路"的重大举措,体现了天津职教精神,要掷地有声、扩大影响,要服务好中国标准、中国装备、中国技术走出去。加纳"鲁班工坊"将借助英国"鲁班工坊"的成功经验,联合天津食品集团旗下加纳利丰食品有限公司共同建立,充分发挥中餐特色专业和天津食品集团企业优势,采取学历教育与职业培训相结合的方式将中餐烹饪技术输出国门,与非洲人民共享。

2. 建设保加利亚"鲁班工坊"

为高水平推进中国—中东欧国家农业合作示范区建设、扎实推动津保重点合作项目、贯彻落实李鸿忠书记访问保加利亚及考察天津食品集团保加利亚农业项目的指示精神,按照天津市教委、市外办的统一部署,天津农学院、天津市经济贸易学校将联合保加利亚普罗夫迪夫农业大学共同建设保加利亚"鲁班工坊"项目,项目将以现代农业技术、电子商务培训为起点,发挥职业教育优势,推进中国—中东欧国家农业合作示范区建设,扎实推动津保重点合作项目。

在天津食品集团、天津市教委支持下,"鲁班工坊"项目在实现文化融合、产教融合上不断创新突破,探索了英国"鲁班工坊"标准化推广的新路径,努力打造"一带一路"合作的新亮点,形成了具有国际竞争力和影响力的职业教育品牌,通过教育平台合作推动更深层次的产业合作,拓展产教结合、校企一体的学徒制教育新模式,搭建天津食品集团及更多中国企业在英国的发展通道,拓展更广泛的国际合作。